위드 코로나 시대의
AI 경영

양준영 지음

KM 경문사

펴내면서

4차 산업혁명, 인공지능(AI), 사물인터넷(LoT), 클라우드(Cloud) 컴퓨팅, 빅데이터(Big data)라고 하는 용어들이 각종 매스컴들을 통해 화두가 되고 있고, 멀게만 느껴졌던 인공지능의 시대가 우리 실생활에도 적용되고 있음을 실감하면서 산업 전반에 걸쳐 초래하는 디지털 혁신을 맞이하고 있다.

경영에 관한 업무를 수행하면서 이러한 변화가 산업적, 경영적으로 어떠한 의미를 지니고 있으며 경영현장에는 어떠한 영향을 미치는지를 살펴보고 싶었다.

4차 산업혁명은 2016년 세계경제포럼(WEF)이 4차 산업혁명 시대를 공식 선언하면서 정보통신기술(ICT) 기반의 새로운 산업 시대를 대표하는 용어가 되었으며 컴퓨터, 인터넷으로 대표되는 정보화 혁명(3차 산업혁명)의 연장선상에서 한 단계 더 진화한 혁명으로도 일컬어지고 있다.

인류의 역사상 산업 분야에 혁명이라는 단어를 붙인 경우는 지금까지 단 세 번에 불과했다. 그만큼 4차 산업혁명이 우리의 일상에 가져올 변화는 크고 광범위할 것으로 예측된다.

1700년대 말 1차 산업혁명은 영국에서 증기기관과 방직기의 발명으로 엄청난 생산량의 증가 및 대량 이동수단의 발달을 가져왔고, 1800년대 초 2차 산업혁명은 전기에너지의 개발과 컨베이어 벨트를 통한 대량생산, 3차 산업혁명은 컴퓨터와 디지털 기술, 인터넷의 발달로 이른바 '정보화 혁명'이라는 명칭으로 지금의 디지털 문명을 가져왔다.

4차 산업혁명은 다양한 제품·서비스가 네트워크와 연결되는 초연결성과 사물이 지능화되는 초지능성이 특징이다. 방대한 데이터를 학습하는 인공지능기술과 정보통신기술이 3D 프린팅, 무인 운송수단, 로봇공학 등 여러 분야의 혁신적인 기술들과 융합함으로써 생산성이 급격히 향상되고 더 넓은 범위에 더 빠른 속도로 삶의 변화를 초래할 것으로 전망된다.

특히 4차 산업혁명의 핵심이라 할 수 있는 인공지능 활용의 성과는 다양한 경영자원인 데이터, 기술, 인력, 서비스, 의사결정 등의 창의적 연계를 통해 어떻게 새로운 가치를 창출하고 활용하느냐에 달려있다.

AI 기능을 탑재한 스마트 기기의 확산과 더불어 모바일과 디지털 플랫폼 기술의 발전은 일반적인 경제활동뿐만 아니라 경영조직의 경쟁력 강화를 위한 중요한 도구로 활용되고 있으며 AI 경영의 확산에 많은 영향을 미치고 있다.

경영 현장에서 인공지능을 업무처리의 협업도구로 활용하고, 업무의 효율성을 높이기 위한 수단으로 조직 경영에 활발히 적용해야 함은 시대적 요구이다. 따라서 경영담당자를 포함한 조직 구성원들은 인공지능 기술을 적극적으로 학습하고, 다양한 활용사례를 분석하여 자체 조직의 경영에 적용하고 활용할 수 있도록 하는 것이 조직의 성장에 중요한 요소가 될 것이다. 경영조직의 지식집약화 진전은 집단적인 접근보다는 구성원 개개인의 능력에 의해 조직의 가치를 더할 수 있기 때문이다.

본서는 4차 산업혁명 특히 경영과 관련된 인공지능의 역할과 기능이외에도 경제활동 현장에서 활용되고 있는 디지털 기법과 활용 용어 등을 가급적 빠짐없이 다루고자 하였으며, 관련 자료는 각종 매스컴이나 간행물, 인터넷과 IT 관련 기업의 홈피 등에서 부분적으로 다루었던 자료들을 선별하여 본서 집필에 활용하였다.

다만 집필과정에서 코로나 팬데믹으로 인한 환경 변화를 경험하면서 'AI 경영'의 내용에 상당 부분 영향을 미친 부분이 있다. 향후 집단면역을 통하여 코로나 이전으로 정상화될 경우에는 한정된 의견으로 치부될 수 있는 부분이다.

AI 기반의 글로벌 경쟁시대에 변화의 본질을 파악하고, 산업적, 경제적으로 영향을 미치는 여러 요인의 분석을 통하여 AI 경영의 활용성을 보다 폭넓게 확보할 뿐만 아니라 현실적인 해답을 통한 경쟁력 강화의 방법을 제시하고자 하는 것이 본서의 목적이다.

본서는 7장으로 구성했으며 기술된 주요 내용은 다음과 같다.

1장에서는 1~4차 산업혁명의 흐름을 간단히 언급하면서, 4차 산업이 우리의 경제생활에 어떠한 영향을 미치고 있으며 인공지능은 어떠한 기능으로 우리와 밀접한 관계를 맺고 있는지를 살펴보았다.

2장 인공지능의 융합기술에서는 각종 메스컴을 통해 자주 대면하고 있는 사물인터넷, 클라우드 컴퓨팅, 빅데이터, 가상현실과 증강현실, 메타버스, 블록체인, 3D프린팅 기술들에 대해 기초적인 내용을 중심으로 폭넓게 검토하였다.

3장에서는 인공지능이 직·간접적으로 산업사회에 미치는 영향과 향후의 환경 변화 모습을 그려보았고, 환경변화에 따른 일자리 환경은 어떠한 상황으로 변화되고 줄어드는 일자리와 새롭게 늘어날 것으로 전망되는 일자리는 어떤 모습으로 다가올지를 예측해 보았다.

4장에서는 인공지능의 활용 사례로 로봇 분야를 비롯해서 드론,

자율주행차, 의학, 제약, 의사소통 분야로 구분하여 살펴보고, 인공지능(AI) 경영의 추진 현황으로 국내 IT 기업들과 미국을 비롯한 글로벌 기업들의 활동 상황을 살펴보았다.

5장에서는 AI 경영에 필요한 제도적 환경으로 데이터 산업, 정보보안 문제, 코로나 이후의 환경변화 등을, 교육 환경으로 교육시스템, AI 인재 양성, 창의성 개발 등을, 창작 경영 환경으로는 미술, 음악, 문학 부문 등을 구분하여 살펴보았다.

6장에서는 스마트(지능형) 시설로 스마트 도시를 비롯하여 스마트 공장, 스마트 농장, 스마트 홈, 스마트 상점의 운영 활성화 방안을 제시하였다.

마지막 7장에서는 AI 경영의 발전 방안으로 경영환경 문제와 더불어 최근 뜨거운 이슈로 떠오르고 있는 ESG 경영, 새로운 경영조직의 운영 활성화 방안, 제도적 지원의 필요성과 업무 환경 개선 방안에 대해 의견을 제시하였다.

기업의 경영자, 관리자나 종사자 그리고 경제생활에 참여하고 있는 개개인이 위드 코로나 시대에 진행 중 파악하고 적응력을 키우기 위한 가이드북 역할을 기대하며 본서를 출간한다.

끝으로 이 책의 출판을 기꺼이 맡아주신 경문사의 조경희 사장님, 많은 분량의 원고를 짜임새 있게 정리해주신 편집부에 감사를 드린다.

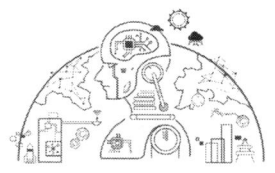

4차산업 시대의 AI 경영

1장

산업혁명과
인공지능

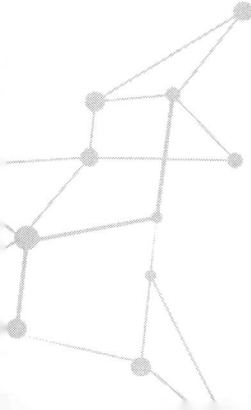

산업혁명이란 과학 기술의 혁신과 발전이 산업에 접목되면서 수공업 생산방식이 대규모 공장제 생산방식으로 전환되고, 이로 인해 생산성에서 질적인 변화를 일으켜 자본주의 체제를 성립시키는 등 사회 경제적으로 엄청난 변화를 야기하는 현상을 의미한다.

1760년대 영국에서 일어난 1차 산업혁명은 제임스 와트의 증기기관과 방직기라는 기계의 발명으로 이뤄진 엄청난 생산량의 증가 및 대량 이동 수단의 발달을 가져왔다. 증기기관이 다양한 산업 현장에 보급되면서 생산성이 비약적으로 향상되고 인간의 육체노동을 기계로 대체하는 증기기관 기반의 기계화 혁명을 이루었다. 그 결과 영국은 '해가 지지 않는 나라'로 세계 최고의 경제 수준을 누리는 계기가 되었다.

1870년부터 유럽을 중심으로 일어난 2차 산업혁명은 발전기 등 전기에너지의 개발을 통한 대량생산과 산업시스템의 혁신을 가능케 했으며, 철강, 석유, 화학, 조선 산업 등의 발전을 가져온 전기 혁명이다. 그리고 그 핵심은 그동안의 노동력을 컨베이어벨트를 사용한 '대량생산'으로 대체하게 되어 노동의 재분배를 일으킨 사회적 의미가 크다.

도축장을 우연히 방문한 미국의 헨리 포드는 컨베이어 벨트에 가축을 매달아 효율적으로 도축하는 장면을 목격하고, 컨베이어 벨트 시스템을 자동차 산업에 본격적으로 등장시켰다. 노동자는 쉴 수 없이 고된 노동을 하게 되는 반면에 상대적으로 노동 시간은 기존 9시간에서 8시간으로 줄어들고, 시간당 임금은 2.34달러에서 5달러로 인상된 임금을 받게 되었다. 이런 고임금과 여유 시간의 보장은 구매력 향상을 불러왔고 대량 생산과 아울러 대량 소비라는 삶의 조건을 마련해 주었다.

2차 산업혁명을 통해 만들어진 컨베이어 벨트 시스템 자체가 부품과 노동의 평준화로 이뤄진 시스템이기 때문에 생산되는 제품은 당연히 표준화된 제품일 수밖에 없고 모든 소비자는 획일화된 제품을 여유 있게 사용할 수 있게 되었다. 획일화된 제품을 대량으로 소비하는 사람들이 사회 구성원의 대부분을 차지하면서 포드주의적 생산 방식이 대중사회라는 사회구조를 만들어내는 데 크게 기여했다고 볼 수 있다. 물질적 풍요를 누리게 되면서 문화 소비를 촉진하는 대중매체(mass media)들의 등장으로, TV와 라디오, 신문 등의 대중문화를 등장시켰다.

3차 산업혁명은 우리 생활에 컴퓨터가 일상화된 20세기 후반에 일어났다. 3차 산업혁명은 컴퓨터와 디지털 기술, 인터넷의 발달로 정보와 지식을 공유하게 되었으며, 인간의 두뇌노동을 대체하는 이른바 '지식 정보화 혁명'이라는 명칭으로 지금의 디지털 문명을 가져왔다.

'정보화 혁명'이라는 용어는 미래학자 앨빈 토플러가 그의 저서 《제3의 물결(The Third Wave)》에서 대중화시킨 개념이며, 정보통신 기술이 발달된 현대사회를 지칭한다. 컴퓨터와 인터넷 등 고도로 발달된 과학기술에 의해서 우리의 삶이 지대한 영향을 받고 있음을 경험하고 있다.

1차 산업혁명은 제임스 와트의 집념에서 비롯됐고, 2차와 3차 산업혁명도 각각 전기와 컨베이어 벨트, 그리고 인터넷 등을 상용화시킨 사람들의 의지가 낳은 결과다. 한 사람의 열정이 만든 작은 변화가 확산되고 과거와는 전혀 다른 가치창출의 모델과 기술혁신이 전 산업에 형성되며 산업혁명으로 발전해왔다.

그리고 이제 4차 산업혁명의 시대에 진입하고 있다. 아직까지 4차 산업혁명을 실감하는 단계는 아니겠지만, 자주 접하는 인공지능(AI), 사물인터넷(IoT), 빅데이터, 정보기술(IT) 등의 첨단 정보통신 기술로 등장하며 경제는 물론 사회 모든 분야에 큰 파장을 불러오고 있다.

특히 2016년 구글의 AI 알파고와 이세돌 9단의 바둑 대국을 지켜보면서 AI 시대가 눈앞에 왔음을 인식하게 되었으며, 정부도 뒤늦게나마 AI의 중요성을 깨닫고 국가 주요 과제로 삼게 된 계기가 되었다.

4차 산업혁명의 용어는 독일 정부가 제조업의 생산성 향상을 도모하기 위해 2011년부터 실시한 인더스트리 4.0이라는 정책의 일환으로 선정된 독일 지멘스의 암베르크 공장[1])에서 유래됐다. 이 공장의 생산 전체가 자동화되고 성공하면서 인더스트리 4.0이라는 단어가 대중화되고 4차 산업혁명과 연계됐다. 암베르크 공장의 생산공정에 투입된 컴퓨터는 매일 수천만 건의 정보를 생산하고 이렇게 모인 빅데이터를 바탕으로 가동률과 불량률 등을 실시간으로 점검해 놀라운 생산성 향상을 이루었다.

독일의 산업정책인 인더스트리 4.0이 전통산업의 기존 공장에 ICT(정보통신기술: Information and Communication Technology)[2]) 시스템을 결합해 생산시설을 네트워크화하고 지적 기반을 가진 생산 시스템을 갖춘 스마트 공장으로 진일보했다는 측면에서 4차 산업혁명의 밑거름이 되었다고 할 수 있다.

4차 산업혁명은 사람과 사물, 공간을 초연결(Hyper-connected)하는 지능화 혁명으로 불리며 디지털 공간과 물리적 공간의 기술융합 체

---

1) 엔지니어링 기업인 지멘스의 암베르크 공장은 독일의 4차 산업혁명 대비 경제정책인 인더스트리 4.0에 맞추어 2억 유로가 넘는 비용을 들여 건설한 스마트팩토리이다.
2) 정보기술(IT)과 통신기술(CT)의 합성어로, 정보에 관한 하드웨어를 운영하고 관리하는 데 필요한 기술과 이 기술을 이용하여 정보를 수집, 가공, 보전, 활용하는 모든 방법을 말한다.

제를 가능케 하고 있다. 달리 말하면 4차 산업혁명시대의 경쟁력은 ICT를 통한 연결과 융합에 있고 개별적으로 모든 것을 처리하겠다는 독불장군식의 경영은 더 이상 설 땅이 없어진다. 인재 확보, 기술혁신, 자금관리, 판로 확보, 기업 간 협력 등이 4차 산업혁명시대를 대비하는 기업경영의 핵심키워드라 할 수 있다.

2차 산업혁명이 전기와 석유라는 물질에 근거해서 사람들에게 물질적 풍요를 안겨 주었다면 4차 산업혁명은 인공지능과 빅데이터라는 무형의 정보에 근거해 사람들에게 정신적 풍요를 안겨줄 것이다. 반면에 과거 3차례 산업혁명보다 변화의 속도가 매우 빠른 4차 산업혁명은 코로나19라는 전 세계적 팬데믹(pandemic) 현상과 맞닥뜨리면서, 향후 10년 내에 국내총생산(GDP)의 3분의 2가 영향을 받고 고용의 60% 이상이 AI와 로봇으로 대체된다는 불안한 예측도 나오고 있다.

1~4차 산업혁명의 특징을 요약하면 〈표 1-1〉과 같다.

표 1-1 1~4차 산업혁명의 특징

단계	시 기	동인(動因)	키워드	노동 대체	비 고
1차	18c중~19c초	증기기관(석탄)	기계화(경공업)	단순육체노동	영국 중심, 분업화 대중문화 태동
2차	19c중~20c초	전기, 석유, 전화	산업화(중공업)	주요육체노동	미국 중심, 대량생산 대중문화 확산
3차	1960년대	컴퓨터, PC, 인터넷	정보화(서비스업)	단순지식노동	디지털, 사이버문화, 다품종소량생산
4차	2010년 이후	인공지능, IoT,	지능화(IT 산업)	고급지식노동	사이버물리시스템3) AI, 머신러닝기술확산

---

3) CPS: 사이버 세계와 물리 세계가 서로 영향을 주고받을 수 있도록 하는 기술이다. 서로 다른 가상(Cyber)의 세계와 물리(Physical)체계가 모든 정도(Scale)와 수준(Level)에서 치밀하게 통합하는 시스템을 말한다. 사이버 세계에 속한 소프트웨어가 물리 세계에 있는 사물을 제어하고, 물리 세계에 있는 사물의 상태는 센서 데이터를 통해 사이버 세계의 소프트웨어로 전달되어 서로 영향을 주게 된다.

02 4차 산업혁명과 인공지능(AI)의 태동

2015년 세계경제포럼(WEF) 회장인 클라우스 슈밥(Klaus Schwab)이 4차 산업혁명을 "디지털 혁명인 3차 산업혁명에 기반을 두고 있으며, 디지털(Digital), 물리적(Physical), 생물학(Biological)적인 기존 영역의 경계가 사라지면서 융합되는(Fusion) 기술적인 혁명"이라고 언급하면서 빛을 보기 시작했다. 인공지능(AI), 사물인터넷(Iot) 등 최신 기술의 발전이 혁신적인 생산성 향상은 물론 정치, 경제, 사회 전반에 걸쳐 혁명적 변화를 가져온다는 것이다.

4차 산업혁명의 핵심어는 '초연결', '초지능', '자동화'라고 할 수 있다. 컴퓨터, 스마트폰뿐 아니라 자동차, 냉장고, 세탁기 등이 네트워크와 연결되어 인간이 명령을 내리지 않아도 인공지능이 빅데이터를 기반으로 스스로 중요한 판단을 하고 실행 하며, 정보기술이 기존의 사물과 융복합하면서 이전에 없었던 삶의 변화를 일으키는 것이다.

인공지능이 알아서 운전도 하고 회계도 하며, 환자를 진찰하기도 한다. 심지어는 인간 고유의 영역이라고 여겨지던 글쓰기, 그림 그리기, 음악 만들기까지 예술분야에서도 창작물을 만들어낸다.

세계적인 자동차 회사들은 인공지능에 의한 자율운전 기술 개발을 마무리하는 단계에 와 있으며, 2021년 현재 상용화를 추진하고 있다. 지하철도 멀지 않은 미래에 운전 인력 없이 움직이는 시스템으로 전환될 것으로 전망된다. 우리나라에서도 지하철 신분당선에는 이미 사람 없이 움직이는 전철이 있을 정도다.

기술이 바뀌고, 사람들의 일상이 바뀌면 사회구조가 변하기 마련이다. 각 나라들은 현재 자율주행 자동차의 가이드라인을 만들고 관련법을 준비하고 있다. 관련법이나 도로시설 등 사람이 운전하는 시스템에 맞춰 건설된 기반시설들이 인공지능 운전의 상황에 맞게 변화되고 있다.

모든 자동차가 하나의 네트워크에 공유되기 때문에 각각의 자동차들은 네트워크에 기반하여 주행을 결정하게 되는 만큼 교통체증이 완화될 것이다. 사람들은 자동차를 소유하기 보다는 공유하는 것이 유리하다는 것을 깨닫게 되어 지금처럼 자동차를 각 가정이 가지고 있는 소유의 방식이 바뀔 가능성도 크다.

이외에도 4차 산업혁명이 가져올 변화는 제조, 서비스뿐 아니라 경제, 사회, 문화, 고용, 노동 시스템 등 삶의 전반에 걸쳐 영향을 미칠 것으로 예상된다. 의료분야에서는 빅데이터와 인공지능의 분석으로 질병 진단 및 치료 정확도가 향상될 것이고, 위험한 임무 수행은 로봇과 드론 기술이 담당할 것이며, 교육 분야에서도 개인 맞춤형 서비스 제공이 보편화될 것이다.

바둑의 알파고처럼 비생물학적 지능이 인간의 생물학적 지능을 능가하는 시점을 미래학자 레이몬드 커즈와일(Raymond Kurzweil)은 '특이점'(特異點, singularity)이라고 말했다. 커즈와일은 2006년 저서에서 특이점의 시대가 2045년에 도래한다고 예측했다.

일부 미래학자들은 인지구조 분야에서 인간 두뇌를 따라잡거나 이를 넘어서는 인지 컴퓨팅 기술이 출현한다면 특이점은 훨씬 앞당겨져 2029년 이전이라고도 한다.

바둑의 특이점을 접하면서 우리는 보다 많은 분야에서 특이점이 다가오고 있음을 느끼고 있다.

세계적으로 유명한 역사학자이자 생물학자인 예루살렘 히브리대학의 유발 하라리(Yuval Noah Harari) 교수는 2016년 출간한 자신의 저서

《호모 데우스(Homo Deus)》에서 20년 후에 의식을 갖고 있지 않은 인공지능이 사람 수준으로 똑똑해지고 인간의 일을 대신할 것이라고 예언한 바 있다. 기계가 사람을 쓰는 것보다 더 빠르고 저렴하며, 24시간 일을 할 수 있어 우리 인간의 일자리는 더욱 줄어들 것이 예견된다.

'부의 분배'에 있어서도 유발 하라리 교수는 이러한 시대에는 극소수 사람들이 문제 해결을 위한 논리적 방법을 소유하고 지배하게 될 것이며, 이로 인해 사회의 불평등은 지금보다도 훨씬 더 심화될 것이라고 예측한다.

4차 산업혁명의 시대에는 편리하게 바뀌는 세상과 불가피하게 일자리를 잃게 될 사람들과의 간극과 갈등을 어떻게 해결해야 하는가의 문제가 커다란 사회문제가 될 가능성이 높다. 2차 산업혁명 당시에도 기계의 발달로 한 대의 기계가 여러 사람이 하던 일을 대신하면서 사람의 일자리가 줄어들고 노동자의 임금은 점점 낮아지게 되자 자본가와 노동자의 대립이 격화되었고, 노동자들이 이 원인을 기계의 탓으로 돌리며 기계를 파괴하는 운동, 이른바 '러다이트 운동(Luddite Movement)'[4]을 벌였던 역사를 우리는 알고 있다.

이러한 급격한 변화가 우리 사회에 긍정적으로 영향을 미칠 지 아니면 부정적으로 영향을 미칠 지는 아직 미지수이나 우리 삶에 가장 큰 영향을 미치는 '일자리', 그리고 '부의 분배'에 있어서는 부정적인 영향을 미칠 가능성이 크다.

4차 산업혁명 관련 경제정책 연구기관으로 2016년 8월에 창립된 파이터치(π-Touch)연구원은 20년 내에 4차 혁명으로 사라질 일자리가 124만 개라고 예측하고 있다. 단순노동은 물론 창의력과 전문성이 요구되는 의사, 디자이너, 작곡가, 작가 등의 영역까지 빠르게 인공

---

4) 1811~1812년 영국에서 일어났던 기계 파괴 운동으로 기술진보에 따른 방직기의 등장으로 일자리를 잃은 민중들이 첨단기술에 반발하여 방직기를 파괴한 사건이다.

지능에 의해 영향을 받을 수 있기 때문이다.

4차 산업사회를 이끄는 인공지능과 주요 기술들의 기능과 역할이 어떤 모습으로 우리의 일상생활에 영향을 미칠지를 살펴보도록 한다.

03 4차 산업혁명의 영향과 효과

2021년 3월 4차산업혁명위원회의 게시판에 게시된 4차 산업혁명의 영향 및 효과에 관한 내용을 경제적 측면, 고용시장 측면, 업종별 산업발전 측면, 지역경제와 산업 공간 측면 등 4개 부문으로 구분하여 살펴보면 다음과 같다.

경제적 측면

경제적인 측면에서 4차 산업혁명은 신기술 혁신을 비롯한 생산성과 효율성 증가를 통해 경제성장을 촉진시킬 것으로 예측된다. ICT 플랫폼을 토대로 전 세계적인 공급망의 구축과 제품생산 공정의 혁신을 촉발하면서 물류와 통신비용의 감소, 전 세계적 공급망의 효율성 제고 등으로 생산의 효율을 높일 것이다.

또한 사물인터넷이 불러오는 초연결성과 인공지능(AI) 및 빅데이터 분석에 의한 초지능화를 특징으로 하는 새로운 산업생태계가 구축될 것으로 예상된다. 기술기반 플랫폼 기술의 발전은 공유경제와 수요 맞춤형 경제를 확산시키고, 소비자 참여, 모바일 네트워크, 데이터 기반 주문형태 등은 공정과 제품뿐만 아니라 비즈니스모델의 혁신을 촉진할 것이다.

스마트공장으로 인한 생산과정의 자동화와 제품 제조라인을 포함한 광범위한 데이터 교환이 이루어지면서 생산이 유연해지고, 3D프린팅 기술을 이용한 맞춤형 소량 생산이 실현될 것이다. 또한 가상 모델링은 제품의 디자인과 생산 사이의 시간적 간극을 축소시킬 뿐 아니라, 데이터 주도 공급체인은 주문을 실현하는 데 필요한 시간과, 시장에서 제품을 얻는 시간을 각각 축소시켜 제조업의 생산부터 유통까지의 속도를 큰 폭으로 축소시켜 나갈 것이다.

MGI(McKinsey Global Institute)[5]는 인공지능(AI)이 향후 최소한 10년 간 연간 국내총생산(GDP)에 추가로 1.2% 포인트 기여할 것으로 예상하는 시뮬레이션 결과를 발표했다. MGI는 보고서에서 전반적으로 인공지능은 2030년까지 13조 달러 규모의 세계 경제활동을 더 늘려 증기기관차와 같은 혁신적인 기술의 도입에 필적할 만큼 기여할 것이며, 기업들의 약 70%는 최소한 1개의 인공지능을 채택하고, 상당수의 대기업들은 인공지능 기술을 전방위적으로 이용할 것으로 예측했다.

전 세계 인구의 절반 이상이 인터넷으로 연결되어 있으며, ICT 플랫폼을 통해 글로벌 네트워크에 연결되어 있어 상품거래, 금융정보, 동영상 등 데이터가 유통되고, IoT가 확산되면서 기계 간 데이터 이동은 더욱 급증할 것으로 전망했다. 그러나 보고서는 인공지능 기술이 시행되면 고용을 저해해 소비가 감소할 뿐만 아니라, 다양한 기업 및 사회 구조조정 비용이 발생할 가능성에 대해 언급했다.

---

5) McKinsey & Company의 부설 연구소로 1926년에 시카고 대학교의 교수였던 제임스 맥킨지(McKinsey)와 A.T. 커니 등의 동료들(Company)을 기반으로 창립된 전략컨설팅 기업이다. 싱글 파트너십이라는 컨셉 하에 본사라는 개념이 없으며, 지사 수는 110여 개이고 직원 규모는 전세계 11,000명(2017)이다. 업계 부동의 1위의 명성을 자랑하며, 포춘 500 대기업과 세계 각국 정부에 컨설팅을 제공하고 있다.

이제 기업들은 노동비용을 절약하기 위해 공장을 해외로 이전할 필요도 줄어들고 있으며, AI로 인하여 인간의 시행착오도 줄일 수 있어 생산성이 향상될 것이다. 인공지능은 빅데이터 활용을 통해, 최적의 대안을 제시하기 때문에 실패율이 낮아 품질 향상도 기대할 수 있다.

결국 설비 가동 상황의 정확한 파악과, 빅데이터를 이용한 수요 예측의 정확성, 공유서비스를 이용한 수요자와 공급자의 연결 향상은 시설 가동률의 제고를 통해 생산성 향상으로 이어질 것이다. 또한 AI와 빅데이터를 활용해 업무효율화를 이끌어냄으로써 생산성 향상을 불러올 수 있다. 사무실 업무와 높은 기술이 요구되고 있는 지적 노동에 대해서도 AI의 활용으로 대체하면 결과적으로 노동 생산성을 높일 수 있다.

클라우드의 활용이나 분산 시스템 구축은 막대한 비용이 드는 설비투자를 감소시켜 생산성 증대를 불러올 수 있다. 특히 금융의 경우 블록체인의 도입 등을 통해 막대한 시스템 투자 없이 결제수단의 구축과 안전성 확보가 가능하며 개인 서비스업에서도 ICT의 진전과 재택근무 등 방식을 통해 생산성을 높일 수 있다.

호텔, 미용 등 개인 서비스업은 재고(在庫)가 존재하지 않기 때문에 서비스 제공이 가능한 상태라도 고객이 방문해야 비로서 생산이 이뤄진다. 즉 생산과 소비의 동시성 때문에 가동률의 제고가 중요하다. 사물인터넷(IoT)과 AI로 ICT가 더욱 발달하여 매일 일어나는 날씨 변화와 소비자의 요구를 빨리 감지하고 이러한 수요에 맞춰적절한 인력 배치가 가능하다면, 가동률이 높아져 노동 생산성의 상승을 실현할 수 있다.

기업의 구조도 변화될 것이다. 벤처기업은 제4차 산업혁명의 시대에 어느 때보다도 경제혁신을 선도하게 될 것이다. 제4차 산업혁명

시대는 사물인터넷, 빅데이터, AI로봇 등의 분야에서 빠른 속도로 진행되는 기술혁신에 의해 새로운 비즈니스의 출현과 사회 변혁으로 이어진다.

이러한 시대적 환경에서 벤처기업의 발전은 필수불가결하다. 특히 제4차 산업혁명에서 제조 및 서비스, 시스템 등이 융합한 사업이 확대되는 상황에서는 대기업 주도의 기업구조는 성장성 있는 사업이나 신산업 진출의 기회를 축소시킬 수 있다. 향후 기업들이 다양한 데이터와 정보 등을 활용하여 고부가가치 분야에서의 제품 또는 서비스의 차별을 실현하여 고객을 선점하는 것이 핵심이기 때문에, 대기업은 거대한 규모의 관료적 지배구조로 인해 제4차 산업혁명시대의 급격한 변화에 대응하기가 쉽지 않기 때문이다.

고용시장 측면

제4차 산업혁명은 AI와 로봇 등에 의한 노동의 대체가 이루어져 노동수요가 감소하지만, 새로운 상품과 서비스의 등장으로 노동수요가 증가하는 효과도 공존한다. 그러나 어느 효과가 큰지 아직은 판단하기가 쉽지 않다. 제4차 산업혁명이 고용을 감소시킬 것이라는 쪽에서는 노동력의 대부분이 AI와 로봇에 의해 대체됨으로 인해 많은 일자리가 사라지고 그 결과 일부 고숙련 기술 고소득자와 미숙련 저소득자 간의 양극화가 더욱 확대될 것으로 주장하고 있다.

옥스퍼드 대학의 마틴 스쿨(Martin School)은 디지털화 및 자동화로 인해 미래에 사라질 가능성이 높은 직업에 대한 연구를 수행하였는데, 현재 직업의 47%가 20년 이내에 사라질 가능성이 높은 것으로 도출되었다고 발표한 바 있다. 스위스계 대형 투자은행인 UBS(Union Bank of Switzerland)에 따르면 앞으로 5년 안에 700만 개의 기존 일자리가 없어지고 200만 개의 새로운 일자리가 생겨 결과적으로 약

500만 개의 일자리가 감소하게 된다고 하였다.

AI로봇에 의한 일자리 대체는 산업 전 부문에서 구조적 실업의 증가가 불가피할 것으로 예상된다. 인공지능은 육체노동만이 아니라 사무 행정, 보험, 법률, 회계 등 업무를 대체할 수 있으므로 사무직도 상당한 위협을 받을 것으로 예측된다. 즉, 인공지능 기술이 보다 더 지능화된다면, 일자리 경쟁은 더욱 심화될 것이고 장기 실업으로 인한 노동시장의 불안으로 사회안전망에 대한 요구가 높아질 것으로 예상된다. 단순 반복성이 높은 직종, 일부 단순 전문서비스 직종은 AI기술로 대체되어 고용이 줄어들 것으로 예측되고 있다.

그러나 모든 제조 서비스에서 인간이 불필요하게 되는 것은 아니다. 직접대면을 요구하는 직업, 창의적·예술적·감성적 직업, 높은 난이도의 정신적인 업무를 수행하는 직업 등은 오히려 고용이 증가하고, 노동가치 상승을 가져올 것으로 예측되고 있다.

4차 산업혁명시대에는 자동화 기술 및 컴퓨터 연산기술의 발전으로 단순·반복적인 사무행정직이나 저숙련(low-skills) 업무와 관련된 일자리는 줄겠지만, 인공지능, 3D 프린팅, 빅데이터 및 산업로봇 등 제4차 산업혁명의 주요 변화 동인과 관련성이 높은 기술 분야에서는 200만 개의 새로운 일자리가 창출되고, 그 중 65%는 신생직업이 될 것이라는 전망도 있다(GE, 2016). 다양한 산업에 ICT를 결합하면서 이를 구현할 수 있는 핵심역량을 보유한 기술 전문 인력이 요구되고, 이러한 인력의 확보가 향후 기업의 경쟁력과도 직결될 것으로 예상된다.

컴퓨터, 건축공학, 수학적 분야에서는 전문지식이 더 필요해질 것이며 엔터테인먼트와 같은 산업에서는 새로운 일자리가 생겨날 수 있다. 오히려 제4차 산업혁명의 진전에 따라 힘든 육체노동 등의 근로(labor)나 기계나 정보시스템을 운영하는 작업(work)에서 해방되어 사람과 사람의 커뮤니케이션과 문화예술 등 인간만이 할 수 있는 양질의 고급 서비스 및 예술 활동은 더욱 증가할 것이다.

유럽위원회(EC)는 로봇과 관련하여 24만 개의 일자리가 생겨날 것으로 추측하고 있다. 이러한 제4차 산업혁명이 가져올 수 있는 노동시장의 부정적 효과를 줄여가기 위해서는 새로운 벤처기업들이 지속적으로 만들어져야 하며, 규제개선을 비롯하여 기술혁신을 위한 인프라의 구축이 필요할 것이다.

업종별 산업발전 측면

제4차 산업혁명은 업종별 발전에도 영향을 미치고 있다. 먼저 제조업 및 유통업 분야에서는 소비자 정보를 공유함으로써 공급망을 최소·최적화하는 형태로 산업구조가 변화함에 따라 고객의 주문에 의한 맞춤형 적기 생산체제로 전환될 것이다. 또한 AI를 활용하여 소비자의 취향 등을 분석하여 고객 수요에 맞는 제품의 개발과 생산의 효율화를 도모할 수 있을 것으로 예측된다.

금융서비스 분야는 AI 등 최첨단기술을 가장 빨리 활용하고 있으므로 금융과 IT의 결합으로 이루어진 핀테크[6]는 금융시장에 영향이 가장 클 것으로 예상된다. 금융서비스는 거래가 온라인으로 결제되는 등 금융과 ICT의 융합은 핀테크로 인해 기업금융만이 아니라 개인 투자자, 벤처기업 등에도 양질의 서비스가 제공된다.

핀테크 업체들이 플랫폼으로 은행 시스템을 이용하고 그 시스템 위에 다양한 서비스를 개발·제공이 가능하도록 은행이 API(Application Programming Interface)[7]를 개방하는 기술혁신도 진행되고 있다. 오픈

---

6) 금융(Financial)과 정보기술(Technology)의 합성어로, 인터넷·모바일 공간에서 결제·송금·이체, 인터넷 전문 은행, 크라우드 펀딩, 디지털화폐 등 각종 금융 서비스를 제공하는 산업을 뜻한다.
7) 특정 프로그램의 기능이나 데이터를 다른 프로그램이 접근할 수 있도록 미리 정한 통

API는 은행이 보유중인 정보 등을 핀테크 업체들이 안전하게 이용할 수 있어 새로운 결제서비스를 제공하는 계기가 될 것으로 예상된다.

의료·헬스케어 분야는 AI의 기반 정비와 데이터 활용 등에서 중요한 분야이다. 의료 진단 데이터나 의료비 청구서 외에도 웨어러블 단말기 등의 IoT를 활용해 고객(환자)의 정보를 수집하여 의료서비스를 실현할 뿐 아니라, 빅데이터와 AI·로봇 등의 신기술을 활용하여 방대한 임상데이터와 환자 개개인의 건강 상태를 바탕으로 하는 신약을 개발하거나, 의료 기기를 개발하는 등 의료계 발전에 크게 기여할 것으로 예상된다. 특히 최근에는 분석 장비의 개발로 유전자 정보와 생체 감지를 이용한 데이터 수집 등 개인별 맞춤 정보가 증가하고 있으며, ICT 벤처기업을 중심으로 의료정보 및 역학정보라는 새로 생겨난 의료 빅데이터에 AI를 결합한 서비스를 활발하게 진행하고 있다.

지역경제와 산업 공간 측면

고도의 자동화와 초연결성은 입지를 선택할 때 토지나 교통여건과 같은 입지요인에 의존하는 정도를 크게 줄일 것으로 보인다. 규모의 경제 효과가 줄어들어 기업단위와 생산시설의 규모 역시 축소되는 경향을 보일 것으로 예상되며, 이에 따라 대규모 산업단지를 조성하고 그곳에 입지로 선정할 필요성은 감소될 것이다.

또한 연결성의 확대는 더욱 유연하고 역동적인 기업네트워크를 조성할 수 있기 때문에 소지역 단위의 클러스터 중요성은 감소하고 세계적 차원에서의 도시 연결망을 확대할 필요성은 더욱 커질 것으로 예상된다.

신규칙으로, 네트워크상으로 서로 다른 프로그램 간 기능·데이터를 연결하는 매개체 역할을 한다.

적층형 생산방식을 사용하는 3D프린팅은 사용자 맞춤형 생산품을 소량 생산하는데 적절한데, 이는 규모의 경제 원리가 적용되지 않기에 공장 및 기업의 규모가 작아도 무관하다. 이는 넓은 토지가 필요한 기존의 시설에서 벗어나 제조 소기업이 대도시권에 위치하게 되는 요인으로 작용하며, 주거 및 상업시설 근처에 위치하기 어렵게 만들었던 산업폐기물 및 생산소음 문제도 해결할 수 있다. 이는 운송비 절감을 가져와 지리적 집중에 의한 경제적 효과를 증대시킬 것이다.

04 인공지능의 주요 기능

인공지능(AI: Artificial Inteligence)이 등장한 1956년 다트머스 회의(Dartmouth Conference)[8] 이후 오랫동안 인공지능은 별다른 진전이 없다가 지속적인 연구와 개발 덕에 1997년 5월 IBM이 만든 인공지능 딥 블루(Deep Blue)가 체스 경기에서 인간 최고수를 꺾었고, 2011년에는 IBM의 인공지능 왓슨이 미국 유명 TV 퀴즈쇼 '제퍼디'에 출전해 우승했다. 2012년에는 세계 최대 이미지 인식 경연대회에 참가한 인공지능 슈퍼비전이 압도적 성적으로 우승을 차지하기도 했다.

현재 AI는 주어진 데이터를 소화해 비디오나 음성 등의 패턴을 인식하는 머신러닝(machine learning)에서 새로운 데이터에 적응해 스스

---

8) 미국 다트머스 대학에 있던 존 매카시(Dr. Jhon McCarthy) 교수가 1956년에 개최한 다트머스 회의에서 처음 인공지능이라는 개념을 설정했다.

로 학습하고 추론하고 판단하는 딥러닝(Deep learning)을 인공지능에 적용시키면서 급속히 고도화되었다. 데이터를 입력하면 인공지능이 패턴을 스스로 인식하여 스스로 규칙을 찾아내고 최적의 선택을 하는 딥러닝 기술을 통하여 기업이 인공지능을 이용한 사업 모델을 만들어 낼 수 있는지가 기업의 미래를 좌우할 정도가 되고 있다.

강한 인공지능과 약한 인공지능

인공지능은 지각능력, 추론능력, 이해능력 등 인간이 가진 지적 능력을 컴퓨터를 통해 구현하는 기술이며, 개념적으로 〈표 1-2〉와 같이 '강한 인공지능(Strong AI)'과 '약한 인공지능(Weak AI)'으로 구분할 수 있다.

강한 인공지능이란 사람처럼 자유로운 사고가 가능한 자아를 지닌 인공지능을 말하며, 자의식이 없이 특정 분야에 특화된 형태로 개발된 인공지능을 약한 인공지능이라 한다.

약한 인공지능은 사진에서 물체를 찾거나 소리를 듣고 상황을 파악하는 것과 같이 기존에 인간은 쉽게 해결할 수 있으나 컴퓨터로 처리하기에는 어려웠던 각종 문제를 컴퓨터로 수행하게 만드는데 중점을 두고 있다.

바둑 프로그램인 알파고(AlphaGo)나 의료 분야에 사용되는 왓슨(Watson) 등 현재까지 개발된 인공지능은 모두 약한AI에 속하며, 자

표 1-2 강한 인공지능과 약한 인공지능

강한 인공지능	약한 인공지능
• 사람과 같은 지능 수준 • 마음을 지니고 사람처럼 지능적으로 행동하는 기계 • 추론, 문제해결, 판단, 계획, 의사 소통, 자아의식, 감정, 지혜, 양심	• 특정 문제를 해결하는 지능적 행동 • 사람의 지능적 행동을 흉내 낼 수 있는 수준 • 대부분의 인공지능의 접근 방식

아를 가진 강한AI는 아직 등장하지 않았다.

'약한AI'에서 더 발전하여 모든 분야에서 인간의 지능을 능가하는 '강한AI'의 시대가 도래하면 기존의 물리 법칙이 작동하지 않는 블랙홀처럼 상상하기 어려운 정도로 큰 변화를 맞이할 것이다.

AI 활용의 윤리 기준

인공지능의 활용이 확산되면서 발생할 수 있는 기술의 오남용 등 부작용을 사전에 예방한다는 차원에서 정부의 4차산업혁명위원회는 2020년 12월 23일 '사람이 중심이 되는 인공지능(AI) 윤리기준'을 심의·의결하였다. 본 윤리기준은 2019년 12월의 '인공지능 국가전략 주요과제 및 지능정보화 기본법 제정' 후속조치로 추진되어 온 것으로, 학계·기업을 비롯해서 시민단체 전문가 간담회, 공개 공청회 등 폭넓은 각계 의견수렴을 거쳐 마련된 것이다.

인공지능이 지향하는 최고 가치를 '인간성(Humanity)'으로 설정하고, '인간성을 위한 인공지능(AI for Humanity)' 활용의 3대 원칙과 10대 요건을 제시하였다.

3대 원칙은 '인간성을 위한 인공지능'을 위해 인공지능 개발 및 활용과정에서 ① 인간의 존엄성 원칙, ② 사회의 공공선 원칙, ③ 기술의 합목적성 원칙을 지켜야 한다는 것이다.

10대 핵심요건은 3대 기본원칙을 실천하고 이행할 수 있도록 인공지능의 개발에서 활용까지의 전 과정에서 ① 인권 보장, ② 프라이버시 보호, ③ 다양성 존중, ④ 침해금지, ⑤ 공공성, ⑥ 연대성, ⑦ 데이터 관리, ⑧ 책임성, ⑨ 안전성, ⑩ 투명성의 요건이 충족되어야 한다.

동 윤리기준은 인공지능 기술이 제조·의료·교육 등 산업 전 분야에 걸쳐 국민 생활 전반에 활용·확산되는 상황에서, 기술 오남용과 데이터 편향성 등 문제를 최소화하고 윤리적으로 인공지능을 개발·활용하기 위해 모든 사회 구성원이 참조할 수 있는 기준을 제시한다는 점에서 의미가 있다.

과학기술정보통신부는 향후 윤리기준이 기술 발전과 사회 변화를 반영하여 다양한 행위자들의 참여하에 지속적으로 발전해나갈 수 있도록 노력하는 한편, 윤리기준이 널리 실천될 수 있도록 주체별 체크리스트 개발과 인공지능 윤리 교육 등 다양한 실천방안을 마련해 추진할 계획이다.

AI의 주요 기능을 살펴보면 다음과 같다.

자연어 처리

일상생활에서 사용하는 언어를 형태 분석, 의미 분석, 대화 분석 등을 통하여 컴퓨터가 처리할 수 있도록 변환시키고, 컴퓨터가 처리한 결과물을 사람의 편의성에 입각하여 텍스트, 음성, 그래픽 등으로 데이터를 분석, 정답을 도출하는 인공지능 기술이다. 이처럼 사람의 언어를 컴퓨터가 이해하도록 하는 변환 기술을 '자연어 처리(NLP: Natural Language Processing)'라고 부른다.

지금까지 개발된 자연어 처리 소프트웨어 프로그램은 대부분 특정 분야의 데이터베이스에 질문하기 위해 개발되었으며, 2013년부터 암 치료 등 의료 분야에 진출한 IBM의 컴퓨터 프로그램인 왓슨(Watson)이 대표적이다.

이러한 다양한 서비스를 제공할 수 있는 것은 '인공지능 플랫폼(AI Platform)'을 이용하여 가능하며, 이 플랫폼을 구성하는 주요 기술이 '자연어 처리', '이미지 인식' 등에서 성능 향상을 가지고 온 AI 기술이다.

대부분의 사용자는 보통 디스플레이를 기반으로 마우스나 키보드 같은 입력기기를 이용해 디지털 기계와 대화하는 게 일반적이지만 인공지능 서비스의 활용은 대부분 음성을 이용하고 있다. 음성인식으로 가정의 전자기기를 작동할 수 있고, 전화를 걸고 문자를 보낼 수 있으며, 음악 감상과 인터넷 검색뿐 아니라 일정 관리 등도 할 수 있다.

음성인식 기능은 기계와 사람의 접점에서 서로의 언어를 해석하고 원활한 커뮤니케이션을 가능케 하는 인터페이스로, AI 플랫폼의 수요가 증가하면서 시대의 상징처럼 주목받고 있다.

자연어 인식, 언어 번역, 문서 처리, 색인 작성, 챗봇(질문 응답) 등 많은 응용 분야에서 활용되고 있는 사례는 다음과 같다.

KT의 '기가지니'

KT는 2017년, 실리콘밸리의 대표적인 AI 음성인식 업체인 미국의 '사운드하운드(Sound Hound)'에 500만 달러를 투자하고 협업을 통하여 음성인식 서비스인 '기가지니(GiGA Genie)'를 출시했다. 고객이 원하는 음악을 노래 한 소절만 듣고도 정확하게 곡명을 찾아주고 재생시키는 기능을 탑재했다. 또한 콜센터로 걸려오는 전화를 자동으로 분류하고 응대할 수 있는 기술도 개발했다. 2019년 5월에는 '기가지니'에다 11.6인치 디스플레이를 탑재한 '기가지니 테이블TV'를 출시했다.

SK텔레컴의 T전화 x 누구

전화 앱 T전화에 AI 기술 '누구(NUGU)'를 결합한 지능형 전화 서비스를 2020년 10월에 출시했다. 별도 앱 설치 없이 기존 T전화 앱을 업데이트하면 자동으로 전환된다. 'T전화 x 누구'는 통화·문자 수발신, 영상통화, 전화번호 검색, 전화수신 및 거절 등 대부분 기능이 음성으로 지원된다. 사람 간 대화에 가까운 명령·응답 체계를 구현했고, 이용자에게 진짜 비서의 도움을 받는 것과 같은 서비스를 제공한다.

LG유플러스의 '프렌즈플러스 미니언즈'

2017년 말에 네이버의 음성인식 AI 스피커 프렌즈플러스에 LG유플러스 홈의 IoT 제어 기능 미니언즈를 적용하여 집 안의 모든 가전기기를 제어하는 제품이다.

AI 스피커를 사용해 음성 명령으로 인터넷TV를 제어할 수 있고 조명, 가습기, 에어컨 등 가전 기기를 조절할 수 있다.

2019년에는 자사 인터넷TV를 이용할 수 있는 10.1인치 화면 장착 AI 스피커 'U+tv프리'를 출시했다.

LG전자의 구글 어시스턴트

구글의 인공지능 비서인 '구글 어시스턴트'를 탑재한 TV, 스피커, 냉장고, 세탁기 등 가전제품에 음성인식을 통해 모든 기능을 수행한다. 구글 어시스턴트는 처음에 음성형 스피커로 출시됐다가 2017년부터 타사 안드로이드 운영체제(OS) 기반 스마트기기에서도 사용하게 됐다.

삼성전자의 빅스비

날씨나 일정 등 궁금한 것을 물어보면 인공지능 비서 '빅스비(Bixby)'를 채용한 가전제품이나 화분, 거울 등이 답변해 준다. 냉장고에 "오늘 요리는 뭐가 좋을까?"라고 물어보면 안에 있는 식재료를 파악하고 적합한 요리 종류와 요리법을 알려준다.

삼성전자의 기어 아이콘X는 이어폰을 낀 채로도 주변의 말소리,

소음까지 구분해 들을 수 있는 기능을 탑재했다.

네이버의 에어스(AiRS)

국내 최대 포털 네이버는 2019년 4월부터 뉴스 편집에서 인간의 개입을 배제하고 AI 뉴스 추천 시스템 '에어스(AiRS: AI Recommender System)'를 운용하고 있다.

네이버는 인공지능에 뉴스 편집을 100% 맡기고 수십 명의 담당자들은 새로운 업무를 담당하게 되었으며, 기존 인력의 일부만이 AI 뉴스 시스템인 에어스의 기초를 설계하고 성능을 고도화하는 데 참여하고 있다.

AI 작곡가 이봄(EvoM)

광주과학기술원(GIST)에서 2016년 국내 최초로 AI 작곡가 '이봄'을 개발했다. 방대한 작곡이론을 학습한 AI는 음표들을 무작위로 만들고, 만들어진 곡 가운데 좋은 곡들만 모아 새로운 곡을 만든다. 수차례 이런 과정을 거치면서 완성도가 높은 곡 하나가 만들어지면 작곡가들의 편곡을 거쳐 좋은 곡이 만들어진다.

쿨잼 컴퍼니의 험온(Hum on) 앱

자동 반주 생성 기술로서 흥얼거리는 콧노래에 다양한 반주가 수반되며 자동으로 작곡이 이뤄진다. 악보를 바탕으로 반주는 발라드, 록, 클래식 등 7가지 장르 중에서 선택할 수 있고 수많은 음원을 바탕으로 사용자가 원하는 분위기의 음악을 딥러닝한 AI가 만들어 준다. 음악이 완성되면 소셜미디어를 통해 공유도 가능하다.

현재까지 험온을 다운로드 받은 사람은 전 세계 130만 명 정도이며, 이 앱은 출시된 지 얼마 안 돼 세계적으로 주목을 받았다. 별다른 홍보 없이 해외 이용자가 70%를 차지했다. 쿨잼(Cool Jamm) 컴퍼니는 미국에 본사를 둔 한국 기업이다.

인텔로이드의 자연어 처리기술 NLU

음성인식 AI 전문기업으로 2013년 4월에 설립된 인텔로이드(Intelloid)는 음성 신호를 문자로 변환해주는 STT(Speech To Text)와 STT의 결과를 분석해 사용자의 의도를 파악하는 NLU(Natural Language Understanding) 기술을 모두 자체 개발해 보유하고 있다.

인텔로이드는 이 기술들을 클라우드(Cloud) 등 세 가지 방식으로 고객에게 제공하고 있는데, 클라우드는 소프트웨어와 데이터를 중앙 컴퓨터에 저장해두고 인터넷에 접속하면 언제, 어디서든 이를 이용할 수 있도록 한 방식이다. 이들 보유한 기술들을 가정용, 기업용, 의료용 등 도메인에 따라 다르게 적용해 선보이는 것도 인텔로이드의 특징이다.

의료용의 경우를 예로 들면, 의무기록자동화 STT는 병원 내 의무기록 작성 시 음성인식을 통한 자동기록으로 많은 시간을 확연히 줄여줄 수 있는 솔루션이다.

AI는 수술 시 기록해야 할 사항, 차트 조작 등의 기기조작 제어를 평소에 사용하는 자연스러운 음성을 통해 손쉽게 할 수 있으며, 사물에 대한 비접촉을 가능하게 함으로써 접촉에 의한 감염 우려를 원천 차단할 수 있다. 기존의 수술실 내의 기기조작은 순차적으로 여러 개의 버튼을 눌러야 원하는 기능을 수행 할 수 있지만 음성인식 AI를 통해 한마디의 음성으로 원하는 기능을 즉시 수행할 수 있다.

대외적으로는 방문객, 환자의 예약, 안내, 진료과정 안내 등을 통해 소통을 원활하게 해주며, 의료진의 내부 세미나, 회의실 예약, 원내 정보 등을 음성으로 도움받을 수 있다. 인텔로이드는 이미 서울대병원 본원에서 의무기록자동화 솔루션을 구축해 운영하고 있다.

AI변호사 로스(Ross)

로스는 미국 스타트업 로스인텔리전스가 개발한 AI변호사다. IBM의 AI컴퓨터 왓슨을 기반으로 제작됐다. 사용자가 질문하면 초당 1억 장의 법률 문서를 분석한 뒤 질문에 적합한 대답을 제시할 수 있으며 지속적으로 새 판례와 법률을 학습해 광범위한 데이터를 쌓아 나간다. 2016년 5월 미국 뉴욕의 대형로펌인 베이커 앤드호스테틀러는 Ross와 고용 계약을 체결한 후, 대형 로펌들이 앞다퉈 구매하고 있다.

인간 변호사가 300건을 처리하는 동안 이 AI 변호사는 60만 건을 처리한다. 우리나라에선 2018년 2월 한국 최초의 AI 변호사 유렉스(U-Lex)가 법무법인 대륙아주에 입사해 맹활약 중이다.

한국의 법률구조공단에서도 AI 상담 기능을 구축하고 법률상담에 활용하고 있으며 인텔리콘메타연구소가 개발한 법률정보시스템 아이리스(i-LIS)도 상용화하고 있다.

통·번역도 가능한 AI 이어폰

최근 한국 시장에 진출한 독일의 브라기(Bragi)가 2017년 12월에 내놓은 AI 이어폰 '대시프로(Dash Pro)'는 방수 기능이 탑재돼 있어 물속에서도 심박, 혈압, 운동량 등을 측정한다. 또한 뉴스와 날씨를 알려주는 개인 비서와 MP3 플레이어 및 타사의 AI서비스 연동 등의 기능을 발휘한다. 완전 무선 이어폰으로 움직임에서 자유롭고 스포츠, 통화, 음악 등 다양한 환경에서 활용하기 좋은 제품이다.

구글의 '픽셀버드'는 구글의 음성 비서인 구글 어시스턴트를 불러올 수 있고, 한국어 등 40개국 언어를 실시간으로 통·번역해주는 이어폰으로 각광을 받고 있다.

카핏(Carfit)의 차량 관리

프랑스의 스타트업인 카핏은 AI가 차량의 엔진 소리, 진동 등을 분석, 미리 차량 고장을 예측하여 문제 발생 전 차량 주인에게 정비를 권유하는 서비스를 시작하였다. 차량 내부 곳곳에 장착한 센서로 수집한 데이터를 사전에 기계학습(머신러닝) 방식으로 학습한 고장 이전의 현상과 비교·분석하는 것이다.

이미지 인식

그래픽 형상(graphic pattern)이나 화상(image)을 분별해내는 기능으로 컴퓨터에 연결된 원격장치가 화상을 읽고 인지한 뒤 디지털 펄스의 형상으로 변화시켜서 컴퓨터의 기억장치에 저장된 펄스 형상과 비교되는 방식이며 이 과정에서 어떤 형상이 정해진 경계치에서 벗어나면 새로운 존재로 기억장치에 첨가된다.

수많은 재료를 사용하는 공장에서 육안으로 불량품을 찾아내기란 불가능에 가깝다. AI를 도입해서 정상적인 재료 데이터를 주입해 학습하고 이를 벗어나면 불량으로 판별하여 정확도를 높일 수 있다. 많은 인파 속에서 특정 인물을 찾거나 미아를 찾는데 유용하게 활용되는 CCTV도 좋은 예이다.

이미지 인식기술의 응용 분야로는 형상인식 능력을 갖춘 산업용 로봇 장치로 주로 완제품을 검사하고 분류하는 작업에 사용되며, 천문학에서는 무인탐사선이 촬영한 행성이나 다른 천체 사진의 해상도를 높이는 데 활용된다.

일상생활에서 활용되고 있는 사례로는 동네 주민센터에서 인감증명을 교부받을 때 본인 확인을 위해 거치는 지문인식도 이미지 인식의 한 예이다. 이미지 인식 기능의 정밀화를 추진하는 대표적인 기업들은 다음과 같다.

삼성전자의 빅스비

갤럭시S9은 스마트폰의 눈에 해당하는 카메라에 인공지능(AI) 빅스비 (Bixby)를 적용했다. 외국어로 된 문장을 카메라에 비추면 빅스비가 글자를 인식한 뒤 이용자가 원하는 언어로 실시간 번역해준다. 특히 모든 순간을 영상으로 남기고 싶어 하는 젊은 층을 겨냥, 1초당 960 프레임(장)을 찍을 수 있는 초고속 카메라와 직접 촬영한 본인의 얼굴 모습을 3차원(3D) 캐릭터 이미지로 전환해주는 증강현실(AR) 기능도 탑재했다.

최대 104개 언어를 식별하기 때문에 해외여행 도중 알 수 없는 식당 메뉴판이나 표지판을 봤을 때 유용하게 활용할 수 있다.

갤럭시S9은 도심 속 건물을 카메라로 비추면 주변 주요 식당이나 명소 등이 어느 방향에 얼마나 떨어져 있는지 증강현실 안내판을 화면에 띄워준다. 또 도넛 같은 음식을 카메라로 비추면 밀가루·설탕 등 주요 재료와 열량(칼로리) 정보도 알려준다.

네이버의 쇼핑 카메라

스마트폰 카메라로 찍은 사진을 인식해 유사 상품을 찾아주는 '쇼핑 카메라'를 출품했다. 상품의 사이즈, 스타일, 색상, 무늬, 소재 등에 따른 정밀 검색 결과를 제공한다. 또한 음성·이미지 번역과 환율 자동 변환 기능을 탑재한 파파고를 출시했으며, 센서를 통해 주변 상황을 파악해야 하는 자율주행 로봇, 자율주행차 기술도 개발 중이다.

인텔의 자율주행 매핑기술

최근 이스라엘 기업 모빌아이(Mobileye)를 인수하여, 자율주행차용 첨단 보조 시스템과 사물, 사람, 차선 등의 시각정보처리 능력을 확보하였다. 카메라나 레이더 등을 통해서 정보를 수집하고 그것을 자동으로 분석해서 차량운행을 실시간으로 통제하는 기술로 자율주행의 핵심 분야이다. 모빌아이의 기술은 2020년 현재까지 누적 10억 킬로미터를 주행하며 전 세계를 자동으로 매핑하고 있다.

매핑 프로세스는 자율주행차의 핵심기능인 주변 환경을 이해하고 정보화하는 데 중점을 둔다는 점에서 다른 접근 방법들과는 차이를 보인다. 모빌아이의 자동화된 맵 작성 프로세스는 첨단 운전 지원 기술을 장착한 약 100만대의 차량에 기록된 자료를 활용하고 있다.

아마존의 에코 룩

AI 비서 '알렉사'에 카메라를 탑재한 '에코 룩(Echo look)'을 공개하였으며, 카메라로 마음에 드는 상품을 찍으면 유사 상품을 검색해서 추천해 준다. 사용자가 옷을 입고 "알렉사 사진 찍어줘"라고 명령하면 다양한 각도로 촬영해 주며 이용자의 패션스타일을 평가해 준다. '에코 룩'도 다른 알렉사 디바이스와 마찬가지로 음악재생, 뉴스검색, 교통상황 안내 등 서비스를 제공한다.

구글의 구글렌즈

구글렌즈(google lens)는 2017년 구글이 발표한 기능의 하나이며 AI 컴퓨팅 구축으로 이미지 기반 정보를 습득한다. 시각분석을 사용하여 관련 정보를 한국어 등 7개국 언어로 표현하도록 설계되었다.

구글 앱으로 꽃을 찍으면 무슨 꽃인지 알려주고, 식당 간판이나 로고를 찍으면 식당 위치와 교통수단 및 예약까지 가능하다.

엔트루피(Entrupy)의 진품 판별 앱

미국 스타트업 엔트루피는 카메라로 명품가방의 표면을 비추면 인공지능(AI)을 이용해 진품인지 모조품인지를 판별해주는 앱을 개발했다. 이 카메라를 사용하면 사물을 260배 확대해 육안으로는 찾아내기 어려운 비정상적인 인장이나 가죽 잔주름 사이의 작은 공백, 선을 넘은 페인트칠 등을 확인할 수 있다.

엔트루피 앱으로 구분할 수 있는 명품 브랜드는 발렌시아가, 버버리, 셀린, 샤넬, 디오르, 펜디, 고야드, 구찌, 에르메스, 루이뷔통, 프라다 등 11개다. 진품 판별 정확도는 98%에 이른다고 하며, 향후 판별 대상을 명품가방에서 더 다양한 분야로 확장할 계획이다.

자동차 부품, 핸드폰, 헤드폰, 재킷, 신발 심지어 휘발유 등에도 적용할 수 있을 것으로 기대된다.

바크(Vaak)의 바크아이

일본 스타트업 바크는 편의점 내 CCTV 모니터를 운영하다가 낌새가 이상한 고객을 상점 직원에게 알려주는 AI서비스 '바크아이'를 편의점이나 약국 등 50여 곳에 제공하고 있다. 바크아이가 직원에게 알리면 직원이 자연스럽게 다가가 말을 걸거나 안내를 도우면서 도난을 예방할 수 있다. 사람의 표정이나 몸짓, 옷차림까지 감지해 행동을 가려낼 수 있도록 10만 시간 이상의 데이터를 바크아이의 알고리즘에 제공했으며, 시범 운영 결과 절도로 인한 손실률이 77%까지 줄었다고 한다.

AI 플랫폼(platform)

플랫폼은 시장 구성원들이 모여 상품 및 서비스를 거래하는 장(場)을 뜻한다. 쇼핑은 물론 모빌리티, 엔터테인먼트, 금융 등 대부분 비즈니스가 온라인 플랫폼을 중심으로 재구성되고 있다. 이른바 '플랫폼화(platformization)'다. 중요한 것은 이런 산업의 플랫폼화 현상이 더욱 가속화되고 있으며, 기업이 플랫폼 전략을 펼치지 않으면 지속

성장하기가 어렵다는 의미다. 강력한 플랫폼을 지닌 기업들이 새로운 사업영역 확장에 나서고, 플랫폼 전략에 한발 늦은 기업들은 전략적 제휴를 맺는 등 산업계에서 '플랫폼 전쟁'이 벌어지고 있다.

플랫폼을 성공적으로 운영하고 있는 대표적인 회사로는 검색엔진을 활용해서 정보를 연결하는 구글(Google), 친구의 관계를 공유하고 연결하는 페이스북(Facebook), 숙소를 연결하고 공유하는 에어비엔비(Airbnb), 택시 서비스를 연결하는 우버(Uber), 수많은 회사와 정보를 공유하는 알리바바(Alibaba), 메신저 서비스 제휴 형태의 플랫폼을 운영하는 카카오톡(Kakao Talk) 등이 대표적이다.

전자상거래 포털 SNS(소셜미디어) 등 플랫폼 사업 모델이 먼저 적용된 영역에서 시장지배력을 키운 플랫폼 강자들은 산업 경계까지 무너뜨리며 사업 영역을 확장하고 있다. 이커머스9)에서 시작해 콘텐츠, 금융, 헬스케어, 모빌리티10) 등으로 사업 영역을 확장한 알리바바가 대표적인 사례다.

앱 스토어라는 플랫폼으로 스마트폰 시장을 키운 애플과 중국 최대 검색포털 바이두가 자율주행차 시장을 넘보는 것도 기존 산업의 경계를 허무는 플랫폼 전쟁의 가열을 보여준다.

플랫폼의 발전 과정을 살펴보면, 아마존이 설립된 1994년부터 세계 첫 스마트폰인 애플의 아이폰이 등장한 2007년까지를 '플랫폼 전쟁 1.0 시대'로 자리매김할 수 있다. 중국에선 3대 인터넷 플랫폼인 텐센트 · 알리바바 · 바이두가 각각 1998년, 1999년, 2000년 설립됐고

---

9) 전자상거래(electronic commerce)의 약자로 온라인 네트워크를 통해 상품과 서비스를 사고파는 것을 말한다. 스마트폰이 널리 보급되면서 모바일 쇼핑 비중이 급증하고 있다.
10) 사전적으로는 '유동성 또는 이동성 · 기동성'을 뜻하지만, 일반적으로 사람들의 이동을 빠르고 편리하게 하는 데 기여하는 각종 서비스나 이동수단을 폭넓게 일컫는 말로 사용되고 있다. 예컨대 자율주행차, 드론, 전기차 등 각종 이동수단은 물론 차량호출, 승차공유, 스마트 물류, 협력 지능형 교통체계 등 다양한 서비스 등이 모빌리티에 포함된다.

국내에선 1999년 네이버가 서비스를 시작했다.

이후 모바일 플랫폼이 주도하는 2008년부터 2017년까지 10년을 '플랫폼 전쟁 1.5 시대'로 본다. 모바일 인터넷 시대는 플랫폼 고객 층을 사무실과 집 안에 있을 때만 접근할 수 있는 사용자에서, 언제 어디에 있든 원할 때 접근할 수 있는 모든 사용자로 확대했다.

사물인터넷(IoT)·빅데이터·인공지능(AI)의 응용 확산과 더불어 플 랫폼이 개인 맞춤형으로 진화하면서 경쟁이 치열해진 2018년부터를 '플랫폼 전쟁 2.0 시대'로 정의할 수 있다. 2019년 5G(5세대 이동통 신) 시대 개막도 산업의 디지털화를 가속화하며 플랫폼 경쟁을 가열 시키고 있다.

플랫폼 확장의 바탕에는 오픈이노베이션(Open Innovation)이 있다. 애플이 2007년 아이폰을 출시했지만, 당시 아이폰은 애플만이 앱 스 토어에 앱을 올릴 수 있는 폐쇄적 공간이었다. 이후 애플은 타사 개 발자의 창의력을 활용할 수 있다는 점을 깨닫고 2008년 앱 스토어를 개방했다. 모바일 콘텐츠 장터, 즉 현 플랫폼 비즈니스의 가장 기본 이자 중요한 스마트폰 플랫폼의 시작이었다.

플랫폼 기업들의 공세는 글로벌 빅테크[11] 탄생으로 이어지면서, 애플과 인터넷 포털인 네이버, 이커머스의 아마존·쿠팡과 공유 플 랫폼인 OTT[12), 넷플릭스 등이 새로운 플랫폼 강자로 떠올랐다.

---

11) 대형기술정보 관련 기업으로 한국에서는 네이버와 카카오 등 IT 플랫폼 기업을 칭하 는 용어이다. 현재는 금융 시장까지 진출하여 카카오페이, 네이버페이 등 많은 영역 에서 영향력을 끼치고 있는 기업들을 일컫는다.
12) Over the Top: 인터넷으로 영화나 드라마 등의 미디어 콘텐츠를 제공하는 서비스를 말한다. 셋톱박스 없이도 인터넷을 통해 TV를 볼 수 있다는 점에서 새로운 콘텐츠 유통 방식으로 평가받는다.

글로벌 AI 플랫폼 사례

구글의 AI 플랫폼

기술력과 방대한 데이터를 기반으로 한 범용 플랫폼이다. 요소 기술들이 특정 산업에 목적을 두고 개발된 것이 아닌 다양한 산업에 적용 가능하다는 것은 큰 의미가 있다. 특히 데이터에 있어서 인터넷에서 생성되는 웹 기반의 정보뿐 아니라 안드로이드를 통해 모바일 환경의 실시간 정보도 수집 가능하다.

단순히 많은 양의 데이터를 갖고 있는 것이 아니라 폭넓은 다양성을 갖는 데이터가 인공지능의 기계학습 과정에 활용 가능하기 때문에 다양한 분야를 포괄하면서도 높은 수준으로 인공지능을 고도화시킬 수 있다. 구글은 이처럼 고도화된 AI를 구현하기 위해 필요한 핵심 요소인 알고리즘, 데이터, 컴퓨팅 인프라에 대해 모두 최고 수준의 역량을 확보하고 있다.

페이스북 AI 플랫폼

빠른 시일 내에 다양한 사용자들을 확보한 페이스북의 플랫폼은 정교화된 개인별 맞춤형 AI 플랫폼이다. 개별 사용자들의 성향, 특성이 구체적으로 반영된 정보가 인공지능의 기계학습 과정에 활용되면서 매우 정교한 수준으로 개인적인 특성이나 성향을 제공할 수 있다는 면에서 큰 의미를 갖는다.

페이스북은 AI 알고리즘을 활용해 시각장애인들이 뉴스피드[13]에 올라온 사진의 내용을 스마트폰에서 음성으로 들을 수 있게 하고, 우울증 환자나 정신 건강에 이상이 있는 사용자들을 분간하는 패턴

---

13) 투고된 뉴스의 내용을 한 뉴스 서버에서 다른 뉴스 서버로 전달하는 것. 이렇게 함으로써 인터넷상에 있는 많은 뉴스 서버 상호 간에 기사가 교환되어 전 세계로 퍼져 나간다.

인식 소프트웨어도 제공한다.

아마존 AI 플랫폼

아마존은 Amazon Web Services(AWS)를 통해 AI 플랫폼을 구축하면서 아마존 및 고객 모두에게 인공지능의 핵심 서비스를 제공하고 있다. 아마존 AI 플랫폼은 2015년 인간과 대화하는 형태로 구현된 알렉사(Alexa)로 정보 검색에서부터 아마존 쇼핑몰을 통한 상품 주문, 결제에 이르기까지 인공지능 비서의 기능을 수행하고 있다.

알렉사는 자연어 처리와 자동화된 음성인식 딥러닝을 활용하며 계산대가 없는 오프라인 가게인 아마존고(Amazon Go)를 출시한 바 있다.

마이크로소프트 AI 플랫폼

마이크로소프트는 딥러닝 플랫폼인 '브레인웨이브(Brainwave)'를 개발해서 운영 중이다. 마이크로소프트의 접근방식은 구글과 달리 특정 알고리즘에 특화된 전용 프로세스를 개발하는 것이 아니라 FPGA(Field Programmable Gate Arrays)로 불리는 칩을 사용한다. AI 구동을 위해 데이터센터와 인터넷 환경을 아울러 '서비스형 하드웨어(Hardware as a Service)' 기술을 제공하는데, 이러한 분산 신경망 모델을 구현하기 위해서는 다수의 FPGA가 필요하다.

미국의 화이자와 모더나, 영국의 아스트라제네카 등도 방식은 조금씩 다르지만 모두 플랫폼을 활용해 백신 개발에 성공했다. 코로나가 발생한 지 1년여 만에 백신이 개발됐는데, 신약개발이 보통 10~15년 걸리는 점을 감안하면 플랫폼의 위력을 실감할 수 있다.

국내 AI 플랫폼 운영 동향

플랫폼 전쟁 2.0 시대에는 업종 간 경계가 무너지는 현상도 빈번해지고 있다. 현재까지는 강력한 플랫폼을 지닌 기업이 이런 전쟁을 주도하지만, 오프라인 강자들의 대응도 만만치 않다.

은행들은 미래의 경쟁상대로 새롭게 은행업에 진출한 SNS 카카오를 꼽는다. 국민 모바일 메신저 '카카오톡'이라는 강력한 플랫폼을 지녔기 때문이다. 4,500만 명이 이용하는 카카오톡은 은행 서비스를 위해 찾는 모바일 은행 앱보다 고객 접점이 비교할 수 없을 정도로 넓다.

플랫폼 기업에 위협을 느낀 오프라인 중심의 기존 강자들은 현 시장을 지배하는 플랫폼에 올라탈지, 독자적인 플랫폼을 구축할지 갈림길에 섰다. 1등 플랫폼과 손을 잡으면 단기적 효과는 분명하지만 기업 가치가 플랫폼에 묻힐 수 있다. 자신만의 콘텐츠를 확보해야 할 필요성을 느끼지만 쉬운 문제가 아니다. 미래를 보고 독자 플랫폼을 구축하려면 1등 플랫폼과 경쟁해야 한다.

국내 오프라인 유통 강자 신세계는 '인터넷 플랫폼 1등' 네이버와 다양한 방안의 협업을 논의 중에 있다. 신세계는 네이버의 온라인 채널을 이용해 판로를 넓히고 네이버의 AI, 클라우드 기술을 활용해 새로운 서비스를 시도할 수 있으며, 네이버는 신세계의 상품 구매 및 유통 역량을 활용하면 단순 중개업체의 역할을 넘어 경쟁력을 끌어올릴 수 있을 것으로 기대하기 때문이다.

CJ는 이미 네이버와 이커머스·영상 콘텐츠와 관련, 전략적 동맹을 맺었다. SK는 11번가를 통해 '유통 공룡' 아마존과 협업에 나서는 한편, 티맵모빌리티를 기반으로 세계 최대 차량 공유 업체인 우버와 손을 잡고 차량 공유, 택시, 대리운전 등 모빌리티 공략을 강화하고 있다.

현대차는 모빌리티 서비스 기업으로의 변신까지 준비 중이다. 현대차 사업 구조를 자동차 50%, 도심항공모빌리티 30%, 로보틱스가

20% 정도로 하고 이 범주 안에서 서비스를 주로 하는 회사로 변모할 계획임을 밝힌 바 있다.

이렇듯 플랫폼 기술을 적용하면 범용성이 크고, 같은 약물이라도 여러 신약으로 발전시킬 수 있기 때문에 다양한 의약품의 개발을 원하는 제약·바이오 기업들의 새로운 먹거리로 떠오르고 있다. 플랫폼 기술을 보유한 국내 바이오 기업들이 잇따라 신약을 개발하거나 대규모 기술 수출에 성공하고 있으며, 한미약품, 종근당을 비롯하여 정맥주사를 피하주사로 바꾸는 기술을 보유한 '알테오젠(2008년 설립)', 항체와 약물을 결합하는 기술의 '레고캠바이오(2006년 설립)' 등이 좋은 예이다.

정부가 국산 백신개발을 적극 지원하는 이유도 플랫폼만 구축하면 앞으로 코로나 같은 새로운 전염병이 와도 빠르게 대응할 수 있기 때문이다.

2021년 3월 뉴욕증시에 공모가 35달러에 성공적으로 상장을 실현한 전자상거래 플랫폼 쿠팡의 가치는 이마트, 롯데쇼핑, GS리테일, 신세계, BGF리테일, CJ대한통운 등 국내 경쟁사 6곳의 시가총액을 다 합친 것보다 많다. 월스트리트저널이 추정한 쿠팡의 기업 가치는 500억 달러(약 57조 원) 이상이며 미국 증시에 상장한 아시아 기업 중 4위에 해당하는 규모다. 쿠팡은 상장 후 이틀 동안 공모가(35달러) 대비 38.49% 오르며 기업가치가 831억 달러(약 95조 원)를 기록한 바 있다.

GS건설은 업계 최초로 국내 모든 통신사 음성 엔진과 연동이 가능한 빅데이터 기반의 '자이 AI 플랫폼'를 구축했다고 밝혔다. GS건설과 자이 S &D가 공동으로 개발한 '자이 AI플랫폼'은 기존 홈네트워크에서 한발 더 나아가 단지 내에서 발생하는 다양한 데이터들을 빅데이터 솔루션을 통해 쌓고, 다양한 파트너들과 유기적으로 연결해 새로운 서비스를 만들어내는 고객 만족형 플랫폼 서비스다.

아파트 내에 발생하는 다양한 빅데이터를 분석하고 관리하는 데이터 기반의 미래형 주택 관리 시스템으로 빅데이터를 기반으로 입주민의 생활 패턴에 맞는 환경을 지속적으로 제공한다. 빅데이터 솔루션을 통해 도출되는 결과를 분석하고 예측해 입주민들의 생활환경을 지속적으로 개선해 나가며, 다양한 플랫폼을 연계해 A/S자재 및 인테리어 서비스, 공유차량 서비스, 헬스케어 서비스, 세탁서비스, 키즈케어 서비스 등 다양한 서비스를 개발하고 있다.

GS건설은 기존 카카오 음성인식 연동에 이어 SKT 누구, KT 지니, LG 클로이, 네이버 클로바, 아마존 알렉사까지 국내에 출시된 주요 음성엔진 연동을 완료했다고 밝혔다. 자이 고객이면 어떤 통신사이든 상관없이 자이 AI 플랫폼을 통해 누구나 사용 가능한 인공지능 아파트를 구축해 나간다는 것이다.

자이 AI 플랫폼은 IoT 디바이스와의 연동을 통해 다양한 모드로 활용이 가능하다. 연동된 다양한 디바이스들이 GS건설의 자이 AI와 연동돼 음성으로 외출을 알리면 대기전력, 전등, 방범 등이 외출 모드로 자동 전환되며, 엘리베이터를 호출하고, 로봇청소기가 청소를 시작하는 등 다양한 상황이 구현된다.

미국 라이트벤드(Lightbend)사와 기술협약을 체결한 국내 유일의 AI 플랫폼 공급사이기도 한 ㈜유노믹(2006년 설립)은 애플, 디즈니, 넷플릭스, 테슬라 등 글로벌 기업에서 사용하는 리액티브 기술(서버의 응답성 향상 기술)을 보유하고 있으며, 뇌 MRI 데이터를 활용한 AI 기반의 치매진단 플랫폼 구축에 도전했다. 가톨릭의료원 뇌건강센터를 비롯한 국내 6개 병원과 협업해 초기 치매 진단 기술을 개발한 것이다. MRI 영상·문진 등 데이터 4만 개를 인공지능(AI)으로 분석해 초기 치매를 진단하는 기술로, 91% 이상의 정확도를 자랑한다.

플랫폼의 경제적 가치

플랫폼의 가치는 기업의 비즈니스 구조나 시스템에서 차지하는 비중과 비례한다고 할 수 있다. 플랫폼이 전체 시스템에서 필수적으로 요구되는 기능들을 최대한 많이 포함하고 있다면 그 가치는 상당히 높을 것이다. 즉, 시스템 내에서 핵심 기능이나 비즈니스 문제를 해결하는 기능을 수행하는 플랫폼, 다양한 용도로 활용할 수 있도록 설계된 플랫폼은 활용 목적에 상당하는 가치가 있다고 할 것이다. 이처럼 효율성을 제공하는 플랫폼은 다음 세 가지 측면에서 기업에 가치를 제공해 줄 것이다.

첫째, 플랫폼이 어떤 기능을 수행하느냐에 따라 가치가 달라진다. 플랫폼의 골격, 운영체제, 검색엔진, SNS 알고리즘 등과 같은 플랫폼은 기업의 전체 시스템에서 핵심적이고 본질적인 기능을 수행하므로 큰 가치를 제공한다.

둘째, 플랫폼의 반복적 사용과 공유에 따른 경제적 가치가 발생한다. 각 참여자들이 개별적으로 처리할 경우 시간과 비용이 많이 소요되는데 비해 플랫폼을 공유하면 이러한 비용이 대폭 절감된다. 또한 플랫폼을 구성하는 부품 등 다양한 요소들이 대량으로 사용되므로 규모의 경제에 따른 비용 절감 효과도 발생한다.

셋째, 플랫폼은 네트워크 효과도 제공한다. 옥션은 판매자와 구매자를, 증권거래소는 매도자와 매수자를, 상점가는 점포와 고객을, SNS는 다양한 개인들을 연결시켜 교류나 거래를 촉진한다. 즉 플랫폼은 수요자와 공급자, 개발자와 사용자, 생산자와 소비자가 서로 원하는 것을 주고받는 공간이므로 참여자가 많아지면 많아질수록 네트워크 효과가 발생하고 이로 인한 가치는 극대화된다

머신러닝(Machine Learning)과 딥러닝(Deep Learning)

머신러닝(기계학습)의 원리와 응용 분야

사물인터넷이 활성화되면 가장 두드러지는 현상은 엄청난 데이터가 발생하게 되고, 이 빅데이터를 이용하여 학습할 데이터들을 최적화함으로써 실용화가 가능한 학습효과를 극대화할 수 있다.

머신러닝은 경험적 데이터를 기반으로 방대한 분량의 데이터를 수집하고, 축적된 데이터를 분석해 미래를 예측한다는 점에서 데이터를 분석하는 빅데이터보다 한 단계 진화한 기술이다. 컴퓨터를 활용해 막대한 양의 데이터를 통계 처리해 새로운 패턴을 찾아내는 것으로, 사람이 특정 분야를 공부한 것과 같은 통찰력을 기계인 컴퓨터가 갖게 되기 때문에 이를 기계학습(머신러닝)이라고 부른다.

기계학습은 컴퓨터 과학을 포함한 대부분의 모든 분야에서 활용되고 있으며, 자연어 처리, 이미지 인식, 정보 검색, 컴퓨터 그래픽 및 게임, 로보틱스(경로 탐색, 무인 자동차, 물체 인식 및 분류) 등의 분야에서 활발하게 응용되고 있다.

기계학습의 역사는 1950년대 이후부터 시작되어 오래되었지만 1980~90년대까지 발전 후 답보상태를 이루다가 2000년대 중반에 들어와서 현저한 발전이 이루어졌다.

머신러닝 기술은 반복적이고 단순한 작업일수록 유용하다. 포털 사이트에서 제공하는 검색어 자동 완성 기능이나 스팸메일 분류 서비스 등이 대표적이다. 사진 인식이나 검색 등에서 머신러닝 기술을 사용하는 사례도 늘고 있다. 구글의 구글포토는 머신러닝 기술을 활용해 사진들을 주제별로 자동 분류한다. 사진의 특성으로 남자, 여자, 아기, 강아지 등을 분류해 검색할 수 있다.

머신러닝은 이미 우리의 일상생활에 깊숙이 들어와 있다. 일기예보, 교통신호등, 비행기 스케줄, 온라인 쇼핑, 주식시세 등은 물론이고 인터넷에서 음악을 듣거나 영화를 볼 때, 은행에서 업무를 보거나 친구와 메시지를 주고받을 때도 머신러닝의 도움을 받는다. 특정 문장을 번역한 뒤 오역된 부분을 사용자가 직접 수정하면 번역 알고리즘이 이를 학습해 다음 번역 시에는 더 정교한 결과를 보여주는 구글의 번역 서비스나 포털 사이트 네이버에서 쓰는 '검색어 자동완성' 기능 등도 머신러닝을 활용한 것이다.

글로벌 IT 기업들은 머신러닝 시장에 앞다퉈 뛰어들고 있다. 미국 마이크로소프트는 독일 엘리베이터 업체 티센크루프[14] 등 세계 수백 개 기업에 머신러닝 솔루션을 제공하는 등 머신러닝을 차기 주력사업으로 생각하고 있다.

이미지 검색뿐 아니라 구글 번역, 사진편집 프로그램인 피카사(Picasa) 등 다양한 부문에 머신러닝을 적용하고 있는 구글은 2014년 전자상거래, 게임 등에 대한 예측 모델을 개발하는 영국의 머신러닝 관련 업체 딥 마인드(Deep Mind)를 4억 달러에 인수했다. 페이스북도 2015년 자체 개발한 머신러닝 관련 소프트웨어를 외부 기술자에게 공개하는 등 사업 영역 확장을 추진 중이다.

네이버와 다음카카오 등 국내 기업도 인공지능(AI) 기술 연구에 머신러닝을 포함하는 등 기술 개발에 박차를 가하고 있다. 네이버 산하 연구기관인 '네이버랩스'는 단어를 부정확하게 발음해도 사용자가 실제로 말하려고 했던 단어를 예측하는 음성인식 기술 등 다양한 서비스에 머신러닝 기술을 적용하고 있으며 향후에는 사람의 생각을 이해할 수 있는 인지(認知) 기술로 확장해갈 계획이다.

---

14) 국내 2위, 글로벌 Top 5 엘리베이터 회사인 티센크루프 엘리베이터가 2020년 8월 1일부로 글로벌 사모펀드에 172억 유로 (약 22조 9600억 원)에 매각되었다. 티센크루프엘리베이터는 2021년 4월 사명을 TK엘리베이터로 변경하면서 한국의 '티센크루프 엘리베이터 코리아(주)'는 '티케이엘리베이터 코리아(주)'로 사명이 변경되었다.

세계적인 IT 기업들이 속속 머신러닝 분야에 뛰어드는 것은 활용 분야가 다양해 무궁무진한 시장이 존재하기 때문이다. 예컨대 머신러닝 기술을 활용하면 각종 서비스 업체들은 이용자 패턴을 분석해 계약 만료 전에 이탈자를 방지하고, 각종 질병 징후 예측을 통한 의료 서비스 개선이나 각 이용자 맞춤 광고 등에 적용할 수 있다.

스티븐 호킹이나 빌 게이츠, 일론 머스크 같은 사람은 인공지능이 인류에게 재앙이 될 수 있다고 경고한 바 있지만, 머신러닝의 손길이 우리 삶 속에 깊이 스며들어 있는 만큼, 로봇 혹은 인공지능의 자의식에 대한 고민은 더 이상 공상과학의 영역이 아니다. 머신러닝을 활용해서 산업을 발전시키고 비즈니스 모델을 새롭게 정의하는 노력이 이루어지는 한편으로, 컴퓨터의 지능에 대한 윤리적, 철학적 고민을 수행하기 위한 인문학적 토론이 사회적 차원에서 이루어져야 할 것이다.

딥러닝(심층학습)의 기본 원리

기계학습 중 하나의 기술인 인공 신경망 분야에서 두드러진 발전이 이루어졌는데 바로 딥러닝이 탄생한 것이다. 우리말로는 '심층 학습'이라고 한다. 딥러닝은 여러 층을 가진 인공신경망(ANN: Artificial Neural Network)을 사용하여 머신러닝 학습을 수행하는 것으로 머신러닝의 한 종류라고 할 수 있다.

기존의 머신러닝에서는 학습하려는 데이터의 여러 특징 중에서 어떤 특징을 추출할지를 사람이 직접 분석하고 판단해야만 하지만, 딥러닝에서는 기계가 자동으로 학습하려는 데이터에서 특징을 추출하여 학습하게 된다.

다시 말하면, 머신러닝은 컴퓨터에게 먼저 다양한 정보를 가르치고 그 학습한 결과에 따라 컴퓨터가 새로운 것을 예측하는 반면, 딥러닝은 사람이 정보를 제공하는 과정을 거치지 않아도 스스로 학습하고 미래의 상황을 예측할 수 있다는 것이다.

이처럼 딥러닝과 머신러닝의 가장 큰 차이점은 바로 기계의 자가 학습 여부로 볼 수 있다. 따라서 딥러닝이란 기계가 자동으로 대규모 데이터에서 중요한 패턴 및 규칙을 학습하고, 이를 토대로 의사결정이나 예측 등을 수행하는 기술로 정의내릴 수 있다.

딥러닝에서 가장 기본이 되는 신경망이란 인간의 뇌가 가지는 생물학적 특성 중 뉴런[15]의 연결 구조를 가리키며, 이러한 신경망을 본떠 만든 네트워크 구조를 인공신경망(ANN)이라고 한다.

딥러닝의 역사는 따라서 인공신경망의 역사와 궤를 같이한다. 인공신경망은 이미 알려져 있다시피, 뇌의 정보처리 방식을 기계에 적용해보자는 아이디어에서 도출됐다. 컴퓨터 과학과 의학, 심리학 등 여러 학문이 개입해 탄생한 융합적 결과물이다.

인간의 뇌에는 약 1,000억 개의 수많은 뉴런, 즉 신경세포가 존재하며, 하나의 뉴런은 다른 뉴런에서 신호를 받고 또 다른 뉴런에 신호를 전달하는 단순한 역할만을 수행한다. 인간의 뇌는 이러한 수많은 뉴런이 모여 만든 신호의 흐름을 기반으로 다양한 사고를 할 수 있게 되며, 이것을 컴퓨터로 구현하도록 노력한 것이 바로 인공신경망이다.

인공신경망의 최적화를 위한 딥러닝의 특징 중 하나는 컴퓨터가 스스로 데이터를 분류하는 비지도 학습(Unsupervised Learning) 방식이다. 일반적으로 컴퓨터의 데이터 분류 방식은 '지도 학습(Supervised Learning)'과 '비지도 학습(Unsupervised Learning)'으로 나뉜다. 지도 학습은 사람이 직접 컴퓨터에 분류 기준을 입력하는 방식으로 기존

---

15) 신경계를 이루는 구조적·기능적 기본 단위가 되는 세포를 '뉴런(neuron)'이라고 한다. 서로 연결된 신경세포들은 자극을 전도·전달하고 이러한 연결의 집합적인 활동을 통해 감각, 운동, 사고 등의 복잡한 생명 활동이 이루어진다.

의 기계학습 알고리즘은 대개 지도 학습 방식으로 데이터를 분류해 왔다. 비지도 학습은 분류 기준 없이 정보를 입력하고 컴퓨터가 알아서 분류하게 하는 방식으로 컴퓨터는 스스로 비슷한 군집을 찾아 데이터를 분류하게 되는데 이를 위해 고도의 연산 능력이 필요하다. 딥러닝은 비지도 학습 방법을 사용한 전처리과정(Pre-training)으로 데이터를 손질해 인공신경망 최적화를 수행한다.

기술적으로 보면, 딥러닝은 인공신경망(ANN)에 기반을 둔 일련의 기계학습의 집합체로 컴퓨터에게 사람의 사고방식을 가르치는 알고리즘이라고 할 수 있다.

딥러닝(심층학습)의 응용 분야

1942년 미국 의대 교수의 아이디어에서 시작된 '딥러닝'은 1980년대 본격적으로 개발되었다. 하지만 컴퓨터의 성능이 복잡한 계산을 처리하기엔 턱없이 부족했고 처리할 데이터도 많지 않아 사장(死藏)될 뻔했다가 컴퓨터의 성능이 비약적으로 발전하고 빅데이터 덕에 인공지능이 학습할 거리가 무궁무진해지면서 2000년대 들어 부활했다. 딥러닝 학습법을 채택한 인공지능도 속속 등장하고 있다.

딥러닝으로 인한 인공지능의 발전은 인간의 인지(보고, 듣고, 읽고), 학습(지식의 고도화), 추론(인지된 환경에 대한 추론, 예측), 행동(추론 능력에 기반한 판단 및 행동)과 같은 인간 지능 영역의 전 과정에 걸쳐 혁신적인 진화를 이루고 있다.

딥러닝을 통한 기계학습의 큰 성공은 많은 기업의 경쟁을 유발하는 가운데 구글과 페이스북 등 여러 기업에서 딥러닝 기법을 적극 활용하면서 빛을 보고 있다.

페이스북은 2014년 사람의 얼굴을 97.25%의 정확도로 알아내는 얼굴인식 기술인 '딥 페이스(Deep Face)'란 인공지능 기술을 개발했다.

구글은 2014년 초에 3년밖에 되지 않은 영국의 딥 마인드(Deep Mind)라는 회사를 인수하였고, 2015년에는 자회사인 '딥 마인드'가 '딥 Q네트워크'라는 인공지능 비디오 게이머를 개발했다.

2016년 2월에 한국의 이세돌 9단과 바둑 대별을 펼쳤던 인공지능 '알파고'도 딥러닝 기술을 통해 만들어진 프로그램이다. 이세돌과 바둑을 두기 전까지 알파고는 끊임없이 스스로 바둑 기보를 가지고 바둑 전략을 학습했다. 알파고들이 서로 바둑을 두면서 바둑의 원리를 배웠고, 과거에 있었던 바둑 경기들을 스스로 학습하면서 어떤 상황에서는 어떤 수를 두어야 할지 배워나간 것이다.

딥러닝 기술을 보유한 기업의 인수합병도 활발하다. 트위터는 2014년 7월 딥러닝 기반의 이미지 검색 스타트업을 인수했고, 같은 해 6월 카카오가 케이큐브를 통해 투자한 회사도 딥러닝 기술을 보유하고 있는 기업이다. 네이버도 딥러닝에 적잖은 투자를 이어가고 있으며, 딥러닝 알고리즘을 활용하는 스타트업도 서서히 늘어나고 있는 추세다.

딥러닝 기술이 사람처럼 배우고 판단하는 능력을 발휘할 때, 컴퓨터는 어쩌면 사람이 해결하지 못하는 문제도 해낼 수 있을지 모른다. 컴퓨터의 자료처리 능력은 사람과 비교 할 수 없을 만큼 빠르고 뛰어나기 때문에 딥러닝 기술이 앞으로 우리 삶을 어떻게 변화시킬지에 관하여 많은 기대를 모으고 있는 실정이다.

인공지능(AI)의 한계

인공지능에는 희로애락의 감정이 없다, 즉 의사 표현의 원천인 혼(魂)이 없기 때문이다. 현재 인공지능에 대해 연구하고 있는 '지능'은 특정 문제 설정으로 부여되었을 때 이를 해결하기 위한 지능작용이지 설정된 문제의 배경인 생명체로써의 '의사'를 지니고 있는 것은 아니다. 결과적으로 인공지능은 자동차나 컴퓨터와 같은 도구에 지나지 않는다. 따라서 인공지능은 미리 정해진 문제에 대한 방대한 양의 데이터가 있을 때 학습과 대응이 가능하지 비정상적이거나 예측불가능한 상황이 닥치면 무용지물이 되고 만다.

문제가 바뀌면 새로운 대량의 데이터를 수집해 인공지능을 다시 학습시켜야 하는데 프로그래머가 모든 문제나 새로운 상황까지 모두 예측해서 프로그램하는 것은 불가능하다.

주어진 상황에서 소설도 쓸 수 있다고 하지만, 느낌이나 촉감, 눈빛, 냄새, 소리와 영상 등 경험에서 우러나오는 감정을 시로 표현하기는 불가능하다. 인공지능이 이와 같은 시를 쓰려면 아마 무한대에 가까운 데이터와 기억 용량 그리고 감당할 수 있는 컴퓨터 성능이 필요할 것이다.

혼이 없는 AI는 어차피 도구에 지나지 않는다

인공지능이 최소한의 유머를 흉내 낼 정도까지 접근했다고는 하지만 인간 고유의 유머 감각은 아직 AI가 따라잡을 수 없는 영역이다. '웃음은 15개의 안면 근육수축으로 나타나는 신체 반응'이라는 점에서 과학적 알고리즘만으로는 사람의 복잡한 감정 상태를 다 표현할 수 없기 때문이다. 인공지능은 인공적인 지능이지 결코 인간지능은 될 수 없다.

이외에도 새롭게 등장할 윤리적인 문제도 사회문제로 불거질 가능성이 크다.

예를 들어 자율주행 인공지능의 경우, 기존에 학습하지 못한 예상치 못한 상황이 벌어진다면 현재의 인공지능은 제대로 된 판단을 내리지 못할 것이기 때문이다.

자율주행 자동차를 프로그래밍할 때 어린아이들이 갑자기 도로에 뛰어들었을 경우 운전자의 안전을 우선시해야 하는가 아니면 운전자가 상해를 입더라도 핸들을 꺾어야 하는가 같은 문제다.

운전자와 가족이 자율주행차를 타고 있을 때 많은 보행자를 구하기 위해 자기 차를 위험에 빠트리게 프로그래밍 된다면 사람들은 이 차를 구매하지 않을 것이다.

우리들은 인공지능이 윤리적 딜레마에 부딪혔을 때 어떤 판단을 하도록 프로그래밍해야 하는지 등을 해결해야 한다. 유전적 기술의 발달로 인간의 수명이 늘어나고, 인간의 장기도 기계나 유전기술로 대체 가능할 때 인간의 존엄성에 대한 정의와 인공지능의 윤리에 대한 논란도 커질 것이다.

AI 기술을 이용하여 개인정보를 처리하는 경우, 의료 진단이나 치료에 대한 접근을 확대하여 의료 분야의 인권을 향상시킬 수 있지만, 사생활의 비밀과 자유, 표현의 자유, 행복추구권, 평등권 등 여러 기본권이 침해될 수도 있다.

또한 인공지능의 사회적 영향도 무시할 수 없기 때문에 인류의 보편적 가치에 맞는 데이터만이 AI 학습에 사용되어야 한다. 편향된 데이터로 학습한 인공지능은 정치적, 종교적, 윤리적, 인종적 편향성을 갖게 될 것이고 그 결과 인간사회와 마찬가지로 국가, 인종, 계층, 좌우, 지역 간에 대립을 유발할 수 있다.

2장

인공지능(AI)의
융합기술

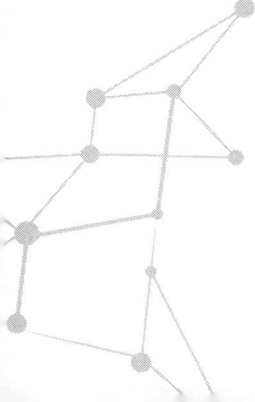

01 사물인터넷

사물인터넷 개요

사물인터넷(IoT: Internet of Things)이란 1999년 MIT Auto ID Center 소장인 케빈 에쉬튼(Kevin Ashton)이 처음으로 사용한 용어로써 '사물(객체)이 인터넷과 연결되는 것'을 의미하는 것으로 정의하였다.

좀 더 구체적으로 정리하면 센서를 내장하고 있는 사물, 공간, 데이터, 프로세스 등 모든 것들이 인터넷으로 연결되어 상호 소통하고 작용하며, 정보가 생성·수집·공유·활용되는 것, 즉 각각의 사물들이 제공하던 것 이상의 새로운 가치를 제공하는 초연결 인터넷 기술이다.

사물인터넷으로 여러 종류의 데이터를 수집하고, 그 데이터를 이용하여 AI가 성장하고 진화하는 구조다. 진화된 AI가 연결하는 사물인터넷 네트워크가 한 단계 더 진화하면서 유용한 데이터를 수집할 수 있고 AI를 더욱 발전시키는 구조, 즉 사물인터넷, 빅데이터, AI의 순환구조다.

사물인터넷은 가정용뿐 아니라 산업용으로도 빠르게 확산되고 있다. 빌딩의 조명이나 공조시스템에 센서를 부착해 에너지 비용을 절감하거나 공장 생산설비의 움직임을 실시간으로 모니터링하고 고장을 사전에 예방한다.

이처럼 자동차, 냉장고, 세탁기, 공장기계 등 모든 사물에 통신, 센서 기능을 장착한 인터넷으로 연결해 스스로 데이터를 자동으로 처리하고 분석한다.

사물인터넷의 구동 과정을 살펴보면 3단계 기술로 이뤄진다. 즉, 정보를 수집하는 센싱 기술과 수집된 정보를 빠르게 전송하는 네트워킹 기술, 그리고 이를 분석하고 가공하는 인터페이스 기술이다.

센싱(Sensing) 기술: 온도, 습도, 열, 진동, 가스, 조도(照度), 및 초음파 등 다양한 센서를 이용하여 원격 감지, 위치 추적 등을 통해 사물과 주위 환경으로부터 정보를 획득하는 기능이다. 디지털 IT 기기의 스마트화가 가속되면서, IT 기기들이 인간의 행동을 정확히 인지하고 모방하고 대응하는 수준까지 발전하고 있기 때문에 센싱 기술의 발전이 반드시 필요하다.

네트워킹(Networking) 기술: 인간과 사물, 서비스 등 분산된 환경요소들을 서로 연결시킬 수 있는 유무선 네트워킹 기능이며, 유무선 통신 및 네트워크 장치로는 4G. 5G/LTE, WiFi(무선랜), 블루투스(Bluetooth), 위성통신 등을 이용할 수 있다. 사물인터넷을 구현하기 위해서는 4G LTE를 넘어서는 원거리 무선통신과 근거리통신을 완벽하게 연결시키는 것이 수반되어야 하는데, 이를 가능케 하는 개념을 5G[1]로 정의하기도 한다.

인터페이스(Interface) 기술: 사물인터넷의 주요 구성요소를 통해 특정 기능을 수행하는 응용서비스와 연동하는 역할이다. 즉, 사물인터넷 망을 통해 저장, 처리 및 변환 등 다양한 서비스를 제공할 수 있는 인터페이스 역할을 실행할 수 있어야 한다. 정보의 검출, 가공, 정형화, 처리 및 저장기능을 의미하는 검출 및 위치정보기반기술, 보안기술, 웹서비스 등이 필요하다.

사물인터넷의 운영 기술면에서 한국은 WiFi, LTE(4세대 이동통신) 등 네트워크 기술은 세계 일류의 기술 보유국이라 할 수 있다.

---

1) 5Generation: 5세대 이동통신으로 데이터 전송 속도가 현재 LTE(4세대 이동통신)보다 최소 20배 이상 빠르다. 반경 1km이내 사물인터넷(LoT) 기기 100만 개를 동시에 연결할 수 있다. 5G 통신은 데이터 송수신 과정에서 발생하는 지연 시간을 0.001초 이내로 줄일 수 있어 자율주행차 등 미래 기술 상용화의 핵심 인프라로 꼽힌다.

사물인터넷 활성화 요소

소형화

미세전자제어기술(MEMS: Micro Electro Mechanical System)이나 나노기술(Nano Technology) 등 반도체 기술 발전이 기대되고 있으며, 미세전자제어기술은 전자소자를 수 밀리미터 수준으로 소형 제작함으로써 실현이 가능하다.

저가격화

일반적인 사물인터넷 활성화 배경으로는 센서 기술 발전, 부품의 소형화 및 저전력화, 다양한 무선통신 기술 발전, 데이터 처리 기술 발전, 그리고 이와 같은 기술 발전에 따른 저가격화가 이뤄지고 있어, 사물인터넷 디바이스 관련 제품이 대중화되는 결실을 맺고 있다.

표준화

표준화된 무선통신방식이나 개방형 표준 인터페이스를 이용한 통신용 칩셋들이 표준화되어 다른 디바이스들과 데이터 교환이 가능하도록 모듈화가 요구되고 있으며, 누구나 새로운 디바이스를 용이하게 제작이 가능한 사물인터넷 플랫폼을 제공하는 표준 API(Application Programming Interface)를 통해 다른 디바이스들과 연결이 가능하다.

저전력화

사물인터넷 활성화 배경으로는 센서 기술 발전, 부품의 소형화 및 다양한 무선통신 기술 발전, 데이터 처리 기술 발전 등으로 저전력화가 실현되고 있다.

사물인터넷 활용 분야

가전제품 등 지능형(Smart) 시설 운영

교통정보, 공장가동, 농장운영뿐만 아니라 집 안에 있는 모든 가전제품을 외출 시에도 스마트폰으로 조정하고 관리할 수 있다.

국내에서는 삼성전자와 LG전자가 사물인터넷 기능이 들어간 음성인식 가전제품을 개발해 시장에 출시한 바 있다.

삼성전자는 자사의 IoT기술인 '빅스비'를 냉장고, 세탁기를 비롯해 출시하는 모든 제품에 탑재하고 있으며, 갤럭시 시리즈나 스마트TV를 통해 제품을 가동하거나 멈추게 하고 예약 작동도 가능하다. 또한 냉장고 안의 재고를 파악해서 부족분이 발생할 경우 인터넷으로 자동 주문이 이뤄지며, 전력 피크타임에는 전력 절감 서비스도 제공된다.

LG전자의 경우는 생활 가전제품 7종을 구글, 아마존과 협업하여 연동하는 홈서비스를 제공하고 있다.

세계적인 IT기업인 구글이 AI 스피커인 '구글홈'을 중심으로 수면측정기, 무드등, 오디오, TV 등을 잇따라 출시하고 있으며, 애플은 오디오 기능을 강화한 AI 스피커 '홈팟(Home Pod)'으로 시장 경쟁에 가세했다.

'열린 생태계'2)를 추구하는 것으로 유명한 아마존은 AI비서인 '알렉사'를 탑재한 AI 스피커 '에코'로 시장을 선점했으며, IT, 자동차, 주방 업체들도 알렉사를 활용할 수 있도록 했다. 전 세계적으로 알렉사가 탑재된 기기는 1억 5,000만 대에 이르는 것으로 알려져 있다.

---

2) Eco System: 사물인터넷 플랫폼이나 소프트웨어와 같은 자산을 외부에 개방하고 모든 기업과 개발자들이 자유롭게 이용할 수 있도록 공개해서 참여를 통한 기업의 성장을 도모한다. 테슬라가 전기배터리, 충전기술 등 특허를 무상 개방하고, 도요타가 연료전지 관련 특허 5680건을 개방한 것이 좋은 예이다.

저가 시장의 선도자를 자처하는 중국의 샤오미는 스마트폰 시장에서 애플, 삼성전자에 이어 3위 업체의 위치를 굳건히 하고 있다. 샤오미의 제품은 스마트폰을 비롯하여 드론, TV, 무선청소기, 로봇청소기, 냉장고 등 다양하며 이들 제품 대부분은 IoT 기능이 있어 샤오미 스마트폰으로 원격 작동이 가능하다.

독일의 식기세척기 업체 빈터할터(Winterhalter)는 세척기에 부착된 사물인터넷을 통하여 고객의 사용 패턴에 대한 데이터를 실시간으로 전송 받는다. 고객은 온라인으로 세척기를 얼마나 사용할지 결정하고, 해당 빈도만큼만 결제해 세척기를 사용할 수 있다. 이는 기업의 안정적인 수입으로 이어지고, 고객 역시 제품을 사용할 때만 비용을 지불하므로 보다 적은 비용으로 서비스를 이용할 수 있다.

이렇듯 사물인터넷이 스마트홈을 비롯하여 스마트도시, 스마트공장, 스마트농장 등 공공 분야와 산업 분야 전반에 융합되고 있으며, 개인IoT, 공공IoT, 산업IoT 등 다양한 기술을 선보이고 있다.

기계 간 통신(M2M: Machine to Machine)

버스나 지하철을 탈 때 사용하는 교통카드와 단말기가 서로 통신해서 정보를 교환하고 결제 행위가 이뤄지는 형식이 대표적이다.

개발 완성 단계에 있는 무인 자동차의 경우 교통상황이나 주변 상황을 실시간으로 확인하고 목적지를 입력하면 가장 빠른 길을 찾아 자율 주행이 가능하다. 차량 곳곳에 센서를 장착하여 주변에 있는 장애물을 파악하고, 교통신호 역시 네트워크를 통해 판단하며 자동으로 운전·정지를 수행한다.

최근 인기리에 운영되고 있는 전동스쿠터는 사물인터넷을 통해 차별화된 서비스를 제공한다. 2021년 6월부터 시행되는 개정 도로교통법에 따라 16세 이상 '제2종 원동기장치 면허' 이상을 보유해야 개인형 이동장치를 운전할 수 있으며 모터사이클용 안전모를 착용해야 한다.

웨어러블 기기로 건강정보 등 수집 · 전달

시계나 목걸이 형태의 통신 기능을 장착한 착용형(Wearable) 기기로 운동량 측정 등 정보를 수집하고 이를 가공해 스마트폰으로 연결하여 사용자에게 제공한다. 스마트폰의 발전과 더불어 웨어러블 기기의 소형화 뿐 아니라 IoT 단말기 역할을 수행하면서, 신체정보를 수집 후 서버에 전송하고 의료 건강 빅데이터를 구축하는 기기로써 다양한 기능을 수행한다.

최근 우리나라에서 프로야구 선수들이 검은색 나일론 재질의 조끼 등 쪽에 사물인터넷 기기를 달고 훈련을 했다. 이 기기에는 가속도 센서, 회전 센서, 방향 센서 등이 부착되어, 선수들의 미세한 움직임을 초당 1,000개 이상 데이터로 실시간 코치진에게 전달된다. 선수들의 몸 컨디션을 객관적인 수치로 확인하고, 개별 선수들에게 맞춰 훈련 강도를 조절하거나 실전에 나설 선수들을 선별하는 데 도움을 준다.

비즈니스 활용 분야

비즈니스 활용 사례는 다양한 산업 분야에서 활발히 활용되며 효과를 보고 있다.

한국지능형 사물인터넷협회에서 사물인터넷을 이용한 비즈니스 활용 분야를 정리하였는데 내용을 보면 〈표 2-1〉과 같다.

표 2-1 사물인터넷의 비즈니스 활용 분야

서비스 분류	내용
헬스케어	운동량 관리 서비스, 수면관리 서비스 등
의료	의약품 및 의료기기 관리, 환자 상태 모니터링, 원격 검진 서비스 등
복지	취약계층, 사회복지 시설, 미아방지, 여성안심 서비스 등
에너지검침	전기 · 가스 · 수도 등의 원격 검침, 실시간 과금 서비스 등
에너지관리	에너지 모니터링, 건물 에너지 관리, 전력/전원 모니터링 및 제어 서비스, 신재생 에너지(태양광 등) 관리 서비스 등
제조	생산 공정관리, 기계 진단, 공장 자동화, 제조시설 실시간 모니터링 등
스마트홈	가전 · 기기 원격제어, 홈CCTV, 스마트 도어락, AI(음성인식 비서)서비스 등
금융	IoT기반 동산 담보 관리, 금융 상품 안내 및 고객 서비스 등
교육	스마트 스쿨(출결관리, 교육 기자재 관리 등), 스마트 도서관 서비스 등
국방	훈련병 · 예비군 관리, 전장감시 및 부대방호, 총기 및 탄약 관리 서비스, 테러 감지, 광섬유 군복 등
농림축산	재배환경 모니터링 및 관리, 사육 관리, 사료 자동지급, 농산물 유통관리, 생산 이력 관리, 가축 이력 추적, 가축 전염병 관리서비스 등
수산	양식장 환경 정보 수집, 수산물 이력관리 서비스 등
자동차	차량 진단 서비스, 커넥티드 카, 무인자율 주행 서비스 등
교통/인프라	ITS, 대중교통 운영정보 관리, 스마트 파킹, 주차 위치 제공, 주변 주차장 안내, 아파트 차량 출입통제 및 주차관리, 철도시설 관리 서비스 등
항공/우주	비행기 내부 모니터링, 실시간 항공기 원격 점검 서비스 등
조선/선박	선박 위치 모니터링, 선박 내부 모니터링, 선박 원격 점검 서비스 등
관광	관광지 위치 정보, 관광/문화행사 정보 수집/제공, 문화유산 관광 안내 등
스포츠/레저	운동선수 관리, 스포츠 장비 관리, 경기장 내 위치 정보 서비스 등
소매	지능형 쇼핑고객 관리, 실시간 재고관리, 운송추적, O2O서비스 등
물류/유통	상품 위치정보 모니터링, 물류창고 관리, 조달관리, 물류추적 서비스 등
건설/시설물	구조물 안전관리, 공공시설물 제어, 빌딩 관리, 출입 통제, 시설물 감시, 도로/교량 상태 모니터링 서비스 등
산업안전	유해 화학물 관리, 재해 모니터링, 위험물 감지 · 경보 서비스 등
환경/재해	수질관리, 기상정보 수집/제공, 음식물 쓰레기 관리, 스마트 환경 정보제공, 재난 재해 감시(홍수, 지진 등) 서비스

사물인터넷 전망

스마트 기기들에 내장되어 있는 센서를 활용하는 방식에서 탈피하고 외부의 센서를 손쉽게 활용·제어하는 새로운 패러다임으로 변화하고 있다.

SK텔레콤이 개발한 스마트 에너지 미터의 경우 전기 사용량 등을 실시간으로 알려줘 누진세 우려를 덜어줄 뿐 아니라 월 기준 누적 전력 사용량과 예상 요금을 사용자가 스마트폰 앱을 통해 확인할 수 있으며, 가정에서 이용하는 와이파이를 통해서도 이용이 가능하다.

사물과 인간의 교감을 실현할 수 있는 사물인터넷(IoT)의 활용도는 앞으로도 계속 활성화될 것이며 이에 따라 IoT 개발자의 인력 수요도 계속 증가할 것으로 전망된다.

02 클라우드 컴퓨팅

클라우드 개요

이 시스템은 마치 은행에 돈을 저금했다 필요할 때 현금인출기로 찾는 것과 같은 원리로 1990년대까지 '클라우드(Cloud)'라는 용어는 거대한 규모의 현금인출기를 가리키는 데 사용되었다.

사진, 영상, 문서 파일 등 다양한 형태의 콘텐츠인 인터넷 자료와 정보를 자신의 컴퓨터가 아닌 클라우드라는 가상공간에 저장하고, 사용자가 필요한 자료나 프로그램을 인터넷 접속을 통해 언제 어디서나 클라우드에 저장된 모든 정보를 PC, 노트북, 스마트폰 등 단말기로 불러올 수 있다.

저장할 수 있는 공간도 USB, 외장하드디스크와 같은 기존 저장장치보다 훨씬 크기 때문에 동영상, 사진, 문서 등 가리지 않고 대용량 파일들을 저장할 수 있다. 동시에 여러 명이 문서 공유를 통해 작업할 수 있기 때문에 사용자는 별도 서버 설치 없이 인터넷상 서버를 필요한 만큼 비용을 내면 되는 편리한 서비스이다. 카카오톡, 유튜브, 넷플릭스[3] 등으로 메시지를 주고받고, 온라인 게임을 하거나, 음악과 영상을 듣고 시청하는 일 등이 좋은 예이다.

코로나 팬데믹은 클라우드의 활용을 가속화하고 있다. 코로나로 인한 온라인 수업이 클라우드 사용을 급격히 확대한 대표적인 예이다.

클라우드 컴퓨팅이 활성화되면서 IT 기기들이 더 얇고 가벼워 휴대하기 편리해졌으며, 한글이나 워드 프로그램까지도 클라우드 서버에서 다운받아 사용할 수 있고 자동 업그레이드도 가능하다. 클라우드의 활용범위도 게임뿐 아니라 반도체 설계, 자율주행, 항공, 생명공학 등 예전에는 생각하지 못했던 분야에도 진출하면서 모든 산업의 토양 역할을 수행하고 있다.

클라우드 시장 현황

글로벌 클라우드 시장의 3대 강자는 아마존(AWS), 마이크로소프트(Azure)와 구글(구글 클라우드)이며 점유율은 각각 32%, 19%, 7%로 3개사가 세계 클라우드 서비스의 58%를 차지하고 있다. 미국의 시장 조사 기관인 가트너(Gartner)는 전 세계 클라우드 시장 규모를 2020년 2576억 달러(약 295조 원)에서 2021년에 2,891억 달러(약 330조 원), 2022년에는 3,623억 달러(약 415조 원)에 달할 것으로 전망했다.

---

3) 인터넷(Net)과 영화를 의미하는 '플릭스(Flicks)의 합성어로, 인터넷을 통해 영화를 유통하는 미국의 유료 동영상 서비스 기업이다. 온라인 동영상 서비스(OTT)를 제공하는 세계 최강 미디어 플랫폼의 제국이 되었다.

국내 시장에는 글로벌 IT기업인 아마존이 2012년부터 클라우드 서비스를 시작했고, 마이크로소프트사와 구글이 데이터 센타를 설립하면서 치열한 3파전이 예상되고 있다. 이들 기업은 한국이 세계 최초 5G 상용화로 데이터 이용량이 증가하고, AI나 자율주행차 개발 가속화로 대규모 빅데이터를 저장·분석할 데이터센터에 대한 수요가 크게 늘 것으로 판단하고 있기 때문이다.

국내 기업으로는 네이버가 미국 클라우드 기업과 경쟁하고 있으며 KT, LG유플러스 등 통신사는 이들 기업에 데이터 설비를 임대하는 데 그치고 있다. 네이버의 주요 고객으로는 한국은행, 코레일, 중앙선거관리위원회와 같은 공공기관이 많으며, 유명 게임 업체를 포함해 6,000여 곳이 기업 고객이다.

행정안전부는 2021년 7월에 2025년까지 행정·공공기관이 운영 중인 정보 시스템 1만 9개를 모두 클라우드 시스템으로 전환하겠다고 밝힌 바 있다.

미국 시장조사기관 가트너에 따르면 국내 클라우드 서비스 시장 규모는 2021년에 3조 2,400억 원, 2022년에는 3조 7,200억 원으로 성장할 것으로 예상했다.

클라우드 컴퓨팅의 활용 분야

병원 : 편리한 진료 서비스

환자의 모든 진료 내용과 진단서 등이 대형 서버에 기록되므로 어느 병원에 가더라도 의사가 환자의 CT, MRI 자료 등 과거 진료 기록을 확인 가능하며, 원거리 환자들도 클라우드 컴퓨팅과 접속된 스마트 TV를 통해 손쉬운 진료가 가능하다.

기업 : 업무 효율성 상승

인터넷 접속이 가능한 곳이라면 어디에서나 일 처리가 가능하며 정보 공유가 쉬워 다른 나라 사람들과도 토론이나 회의도 가능하다.

학교 : 클라우드 홈스쿨링

교과서, 참고서, 문제집, 사전 등의 기능이 연계된 디지털 교과서가 등장했으며 교과서와 참고 자료 등이 대형 서버에 저장되고, 어디서든 자료를 다운받을 수 있다. 클라우드 홈스쿨링을 통해 숙제를 하거나 온라인 수업을 듣는 것도 가능하다.

자동차 : 맞춤형 내비게이션

운전 중 자주 지나는 길이나 운전 습관 등의 정보가 클라우드 컴퓨팅을 통해 기록되며 이러한 정보를 통해 운전자는 자율운전이 가능한 맞춤형 서비스를 제공받을 수 있다.

가정 : 똑똑한 가전제품

가전제품이 클라우드 컴퓨팅을 통해 연결되어 스마트폰으로 TV나 세탁기, 냉장고 등 집안의 IT 가전제품을 조종할 수 있다.

서비스형 AI (AIaaS)

AI로 인한 정보 격차는 국가 사이에서만 일어나는 것이 아니라 기업 사이에서도 눈에 보이지 않게 나타나고 있다. 대기업의 경우 자체적인 인공지능 기초연구를 위해 연구소를 운영할 수 있겠지만, 그렇지 않은 대부분의 중견, 중소기업의 경우에는 그럴 여력이 충분하지 않다. 하지만 클라우드 형태로 AI를 사용자에게 제공한다면 기업들이 자신들에게 꼭 필요한 인공지능을 손쉽게 도입할 수 있고, 인공지능 기반 애플리케이션이나 서비스를 손쉽게 가져다 쓸 수 있다.

그 해법으로 주목받고 있는 서비스형 AI(AIaaS: AI as a Service)는 'AI를 클라우드에 구현해서 제공하는 서비스'로 정의할 수 있으며, 중소기업이 4차 산업혁명으로 나아가는 데 핵심적인 역할을 할 것으로 보인다.

시장 조사 기관 '마케츠 앤드 마케츠(Markets and Markets)'는 AIaaS 시장규모를 분석한 바 있는데 그 분석에 따르면, 2018년 15.2억 달러(약 1.74조 원) 규모를 형성한 시장이 연평균 48.2% 성장해 2023년에 108.8억 달러(약 12.5조 원)에 이를 것으로 예상하고 있다. AIaaS 시장이 빠르게 성장할 것임을 알 수 있다.

AIaaS가 주목받는 이유

AIaaS는 네 가지 이유로 주목받고 있다. 첫 번째는 '구현성(具現性)'이다. 클라우드는 단말기기 대신에 중앙 서버에서 서비스를 제공하는 플랫폼으로 정의할 수 있다. 그리고 서비스 제공 수준에 따라 서비스형 인프라(IaaS: Infrastructure as a Service), 서비스형 플랫폼(PaaS: Platform as a Service), 서비스형 소프트웨어(SaaS: Software as a Service)로 나눌 수 있다.

서비스형 인프라(IaaS)는 하드웨어적인 환경만을 제공하는 클라우드 서비스를 말한다. 서비스형 플랫폼(PaaS)은 IaaS에 더해 플랫폼도 같이 제공하는 클라우드 서비스이고, 서비스형 소프트웨어(SaaS)는 PaaS에서 구현된 최종 소프트웨어를 제공하는 클라우드 서비스이다.

이는 AIaaS에서도 마찬가지인데, 클라우드 수준에 따라 서비스를 달리 제공한다. IaaS에서는 AI 구현에 필요한 하드웨어를 제공해주고 PaaS에서는 하드웨어뿐만 아니라 AI 개발에 필요한 개발 툴도 함께 지원해준다. SaaS에서는 AI 서비스 자체를 API(Application

Programming Interface)⁴⁾ 형태로 제공해 간단히 활용할 수 있게 한다. 따라서 사용자는 클라우드로부터 AI 개발에 필요한 서비스를 받을 수 있는데, 이는 구현의 난도를 낮춘다.

두 번째는 '편의성'이다. 클라우드 기업은 AI 구현에 필요한 자원을 한 곳에 담아 제공하기 때문에 사용자는 클라우드 플랫폼에 담겨 있는 AI 서비스를 가져다 쓰면 된다. 일일이 검색해서 찾을 필요가 없다는 측면에서, 사용자에게 편의성을 제공한다. 가령, AI 개발 환경이 필요하면 PaaS 형태의 AI 서비스를 이용하면 된다.

세 번째는 '운영 효율성'이다. 대부분의 클라우드 서비스 가격은 '사용한 만큼 지급(Pay as you go)' 정책을 따른다. 사용량 혹은 사용 시간에 따라 가격을 매기기 때문에 낭비되는 비용을 줄여주며, 유휴 자원의 고정비나 감가상각비 등을 고려하지 않아도 된다. 가령 AI 서비스 구현을 위해 직접 하드웨어를 구매할 경우 사용자는 AI 서비스 안전성을 위해 여유 있게 하드웨어를 구매하게 되기 때문에 유휴 하드웨어가 있을 것이고, 이는 낭비되는 요소가 된다. 반면 클라우드는 이러한 요소가 적다.

네 번째는 '접근성'이다. 클라우드는 사용자의 단말기기가 아닌 중앙 서버에서 서비스를 제공한다. 그러므로 사용자는 단말기기에 관계없이 클라우드 서비스를 이용할 수 있다. 더욱이 AIaaS는 사물인터넷(IoT) 기기에서도 AI를 구현할 수 있게 한다. 이러한 장점은 AI 서비스의 구현뿐만 아니라 확산도 쉽게 일어나게 한다.

이러한 AIaaS의 장점들은 중소·중견기업의 AI 구현에 많은 도움을 줄 것으로 보이며, 처음 시작하는 스타트업도 AI 서비스를 쉽게

---

4) '응용 프로그래밍 인터페이스'라고도 하며, 컴퓨터 운영 체계(OS) 등의 기능과 그 기능을 사용하는 방법을 정의한 함수의 집합을 말한다. API는 OS나 데이터베이스 관리 시스템 등 다른 프로그램의 기능을 이용하기 위한 인터페이스이다.

구현할 수 있도록 도울 것이다.

대표적인 AIaaS 제공 기업

AIaaS를 제공하는 대표적인 기업들로는 아마존 웹서비스(AWS), 마이크로소프트(MS)의 애저(Azure), 네이버 비즈니스 플랫폼(NBP) 등을 들수 있다. 아마존은 AI 관련 아이디어만 있으면 AWS로 쉽게 구현할수 있다고 홍보하고 있으며, MS는 8,000명의 AI 서비스를 그대로 이용만 하면 된다고 홍보하고 있다.

네이버의 경우 자체 클라우드 플랫폼(NBP)에 사용자가 이용할 수있도록 여러 AI 서비스를 구축해 놓았다. 일례로 공공기관 전용 클라우드 서비스를 대폭 강화하고, 자체 AI 플랫폼 '클로바'와 AI 기반 번역 '파파고'를 AIaaS 형태로 제공해 쉽게 이용할 수 있게 하고 있다.

이처럼 클라우드 기업들이 AIaaS를 제공함에 따라 AI 서비스 이용 난이도는 워드 등의 문서 프로그램을 이용하는 수준으로 낮아질전망이다. 그렇게 되면 일상생활에 AI를 쉽게 적용할 수 있고, 이로인해 우리의 일상은 더욱더 편리해질 것이다.

03 빅데이터(Big data)

빅데이터 개요

AI와 로봇의 기술은 계속 증가하는 데이터를 이용하여 극적인 진화를 계속하고 있다. 기존의 기술로는 데이터를 수집 · 저장 · 관리 · 분

석할 수 없을 정도로 방대한 데이터를 인터넷을 통해 수집할 수 있
게 되고, 컴퓨터의 능력이 비약적으로 신장되면서 누구나 데이터 활
용이 가능하게 되었다.

클라우드 서버에 저장된 다양한 종류의 대규모 디지털 데이터[5]
(Zeta bite 수준. 1제타바이트=1,024엑사바이트)를 수집, 분석하고 다양한 서비스
에 맞춰 정보로 가공하여 제공하는 기술로 발전하고 있다.

빅데이터를 특징짓는 세 가지 특성인 규모(volume), 다양성(variety),
속도(velocity)는 빅데이터의 정의 그 자체라고 할 수 있다. 디지털 정
보량이 많고, 데이터의 종류가 다양하며, 데이터를 분석해서 트렌드
와 패턴을 찾아내는 등 실시간 정보 활용의 속도가 빠르다는 것이다.

이러한 특성을 살려서 다변화된 현대 사회를 정확하게 예측하고
사회 구성원에게 효율적이고 가치 있는 정보를 제공한다.

데이터 규모의 중요성을 확인시켜준 사례로 구글의 자동번역 시스
템을 살펴보면, 수천만 권의 도서 정보와 유엔과 유럽의회의 웹사이
트 자료를 활용하여 2016년 기준으로 한국어를 비롯하여 영어, 프랑
스어, 독일어, 중국어, 일본어 등 103개의 언어 간 번역이 가능한 수
준의 자동번역 시스템을 개발하였다.

표 2-2 빅데이터의 특성

규모(volume)	① 디지털 정보량이 기하급수적으로 급증 ② 정보량 증가에 대한 데이터 처리 수요 증가
다양성(variety)	① 로그, SNS, 소비 등 데이터 종류 증가 ② 다양한 데이터에 대한 수용 및 처리 방법론 필요
속도(velocity)	① IoT, 스트리밍 등 실시간 정보와 속도 증가 ② 데이터를 빠르게 처리하고 분석하는 플랫폼 필요

5) 데이터 용량 단위: 1,024Byte-1Kb(키로바이트), 1,024Kb-1Mb(메가바이트), 1,024Mb
-1Gb(기가바이트), 1,024Gb-1Tb(테라바이트), 1,024Tb-1Pt(페타바이트), 1,024Pt-1Eb
(엑사바이트), 1,024Eb-1Zb(제타바이트)

구글은 여기에 더해 알파고로 대표되는 인공지능 기능까지 결합하여 서비스를 고도화하고 있고, 그 결과 마침내 '빅데이터 플랫폼' 제국으로 도약하고 있다. 전 세계 주가 총액 기준 상위 5대 기업들인 마이크로소프트, 아마존, 애플, 구글, 페이스북이 바로 이와 같은 AI로 무장한 '빅데이터 플랫폼' 기업들이다.

　미국 기업들이 주도하는 빅데이터 분야에 가장 강력한 도전자는 중국이다. 그 선두에는 'BAT'라고 불리는 중국 3대 IT기업 바이두, 알리바바, 텐센트가 있다. 이들은 중국 내 스마트폰과 인터넷 사용자들이 쏟아내는 빅데이터를 수집해 활용하면서 급성장하고 있다.

　한편 확보되는 데이터들을 비즈니스에 활용하는 과정은 마치 광산 자원을 개발하는 것과 비슷하다. 자원을 탐색하고 채굴하는 비용과 제련 비용이 개발 수익을 초과한다면 아무 쓸모없는 개발이 된다. 데이터는 양보다 질이 압도적으로 중요하기 때문이다. 많은 데이터를 수집해도 유용한 정보의 함유도가 낮은 데이터를 사용하기보다 개발 목적에 합당하게 정리된 환경에서 정선된 데이터를 선택하는 것이 효과적인 성과를 얻을 수 있다. 데이터 해석 능력이 향상되면 유용한 데이터에 접근할 가능성은 향상될 것이다.

　또한 빅데이터는 수많은 개인들의 사적인 정보의 집합이기 때문에 축적된 데이터가 보안 문제로 유출될 경우 사생활 침해와 보안 측면에서 문제를 야기할 수 있다.

빅데이터 활용을 위한 3대 요소

성공적인 빅데이터 활용을 위해서는 데이터의 자원화와 데이터를 가공하고 분석·처리하는 기술, 그리고 데이터의 의미를 통찰하는 인력 등 세 가지 분야의 전략 수립이 필수적이라 하겠다.

데이터의 자원화

활용 가능한 외부 빅데이터 자원을 다양한 분야에서 발견하고, 주어진 빅데이터를 관리, 처리하는 전략이 수립되어야 한다. 또한 데이터의 품질은 데이터 활용 결과에 중대한 영향을 미치므로 데이터의 관리체계 및 데이터의 신뢰성 확보가 중요하다. 가까운 장래에는 데이터가 서로 연결되고 참여 기업들의 협력 작업을 통해 새로운 가치를 창출하는 데이터 경제 시대가 도래될 것이다.

데이터 경제 시대에는 상호 연결과 협력으로 데이터 활용 영역이 확장되며, 단계적으로 데이터 자원은 무한할 것이다. 데이터를 유용한 정보를 찾는데 필요한 자원으로 본다면, 관련된 자원을 키우는 전략은 중요한 성공 전략이 될 것이다.

데이터의 분석 · 처리 기술

빅데이터 활용을 위한 기술을 접목해서 조직과 기업에서 활용할 수 있도록 빅데이터 분석기술 및 분석 기법 등에 대한 이해를 바탕으로 활용 전략을 수립해야 한다. 스마트시대에 빅데이터의 등장으로 데이터 처리의 전체적인 과정이 업그레이드되며 정보화 시대와 차별적으로 발전하고 있다. 정보화 시대와 스마트 시대의 가장 큰 차이점은 데이터 처리 사이클에 본격적으로 '추론'의 단계가 본격화된다는 것이다.

새롭게 추가된 추론의 영역은 IT산업의 성장 동력으로 부상할 수 있으며, 의료, 금융 등을 혁신할 수 있는 새로운 산업 분야이다. 특히 상황인식 서비스는 미래전망, 사전대응, 자동화 서비스와 연계되어 차세대 서비스 분야로 각광받을 것이다.

개개인의 취향, 관심 있는 정보의 성격, 개인 의중에 맞는 맞춤형 서비스의 질에 따라 인공지능 서비스의 패러다임이 변화될 것이다.

데이터 전문 인력

성공적인 빅데이터 활용을 위해서 중요한 것은 데이터 전문가의 확보이다. 수학, 통계학, IT공학 등을 전공하거나 관련 분야에서 많은 경험을 가지고 있는 전문가를 활용하는 것이다. 데이터 처리와 분석 능력을 갖춘 인력은 IT 분야뿐 아니라 대부분의 기업과 조직에서 필수적으로 확보해야 할 핵심 인력이다.

데이터 과학자의 기본 자질은 수학과 공학 능력, 데이터를 분석하는 데 있어 필수인 가설을 세우거나 검증하는데 필요한 비판적 시각과 이를 잘 표현할 수 있는 글쓰기 능력 그리고 다른 사람에게 잘 전달할 수 있는 대화 능력이 필요하고 일에 대한 호기심과 개인의 일에 대한 행복감도 중요한 소양이다.

경영전략과 밀접한 관계가 있는 데이터 전문가의 경우에는 외부 전문 인력을 활용하기보다는 내부에 필요한 인력을 확보하는 것이 바람직하다. 기업 내에서 사업기회를 찾아내고, 전략적 통찰력을 발휘하기 위해서는 조직과 비즈니스 환경에 대한 깊은 이해가 필수적이기 때문이다. 특히 조직의 민감한 데이터나 비공개 데이터의 경우 외부 인력을 활용하는 것은 위험성이 있기 때문이다.

빅데이터 활용 분야

의료 부문

국민건강보험공단은 보험 가입자의 자격, 보험료, 진료 및 투약내용, 건강검진 결과 정보 등 2조 1천억 건의 데이터를 보유하고 있으며, 건강보험심사평가원은 진료내역, 투약내용, 의약품 유통 등의 정보 2조 2천억 건을 보유하고 있다.

경제협력개발기구(OECD)는 한국의 건강보험 빅데이터 순위가 세계 2위라고 발표한 바 있다. 구글은 독감과 관련된 검색어 빈도를 분석해 독감 환자 수와 유행 지역을 예측하는 독감 동향 서비스를 개발하고 미국 질병통제센터보다 뛰어난 예측력을 확보하였다.

기업경영/ 마케팅 부문

소비자가 인터넷이나 스마트폰을 이용하여 정보를 검색하거나 쇼핑 등 이용한 흔적을 분석하여 개인의 생활 패턴이나 소비성향 등을 분석, 예측이 가능하다. 기업들은 이런 데이터를 통해서 소비자가 원하는 것들을 미리 예측하고 마케팅 자료로 활용할 수 있을 뿐 아니라 기업의 자산관리에도 효율적으로 대처할 수 있다.

은행은 빅데이터 분석을 개인 여신 심사에 도입해 효과를 거두고 있다. 케이뱅크는 주주사인 KT를 통하여 비씨카드의 통신요금 납부 실적과 신용카드 결제 정보 등 빅데이터를 활용한 자체적인 신용평가시스템을 바탕으로 대출을 실시하고 있다.

한화토탈은 국내 석유화학업계 최초로 빅데이터를 활용한 공장설비 포털시스템을 구축했다. 충남 서산 대산공장에 설치되어 있는 설비 30만 개의 정보를 일반 포털 사이트처럼 간편하게 온라인으로 검색할 수 있는 시스템이다. 이번 시스템 구축으로 연간 3만 2,000시간의 업무시간을 단축하고, 적시에 정비 활동을 해 사고를 예방하는 등 매년 22억 원의 비용을 절감할 수 있을 것으로 기대하고 있다.

미국 JP모건체이스의 경우 소셜미디어에 노출된 부동산 정보를 수집해 지역별 적정 부동산 담보 가치를 산정하고 대출 등에 적용하고 있다.

도시 관리 부문

급속한 도시화로 많은 문제들이 생겨나면서 더 .이상 전통적인 방식으로는 대응이 어려운 상황이다. 더구나 코로나19와 같은 감염병과 기후변화로 인한 각종 자연재해까지 더해져 더욱 심각한 도시의 위기가 초래되고 있다.

이런 가운데 재난에 대한 회복력 강화와 지속가능한 성장, 기후변화 대응 등으로 많은 도시문제 해결을 위한 새로운 대안으로 떠오르고 있는 것이 바로 빅데이터다.

빅데이터를 활용하면 도로, 터널, 상하수도 등 도시 인프라 시설을 관리할 수 있으며, 긴급대응시스템, 자연재해와 수자원 관리, 교통량 예측 시스템 등 우리 삶에 다양한 부분에 활용될 수 있다. 또한 인프라 시설의 최적 보수시점을 예측하는 모델을 개발하고 사후관리 위주의 관리에서 선제적 대응으로 예산을 대폭 절감할 수 있다.

서울주택도시공사(SH공사)는 보유한 임대주택 가운데 30년 이상 된 노후 건축물을 대상으로 빅데이터 분석을 통하여 건축물 구조 및 노후도와 지진위험성 등 안전등급을 구분, 내진 보강이 필요한 건축물을 도출하고 관리하고 있다. 공사가 보유중인 1,500여 개 노후 건축물을 일일이 현장조사하지 않고도 시급성이 요구되는 노후 건축물을 식별해 예방점검과 보강설계 및 공사 등의 사업을 체계적으로 추진하고 있다.

또한 약 15만 임대주택 세대를 대상으로 가구별 전기 · 수도 · 난방 등 에너지 사용량을 분석하여 가구원 수 대비 비정상적 에너지 사용량이 감지될 경우, 주거복지센터나 관리사무소를 통해 해당 세대를 방문하여 필요한 조치를 취하고 있다.

대전시는 전국의 지방자치단체 중 처음으로 위성영상 빅데이터를 활용해 불법건축물 단속 등 도시 관리에 임하고 있다.

가정 부문

가전제품에 빅데이터를 활용하여 인간과의 상호작용을 통해서 기술의 효용을 높이고 있다. 집주인이 외출에서 돌아오면 좋아하는 최적 온도를 맞춰 주거나, 냉장고에 물건이 떨어지면 알아서 자동으로 주문할 수 있는 것 역시 음식물들의 유효기간과 주간 소비량에 대한 빅데이터가 있기 때문이다.

빅데이터 활용 전망

빅데이터는 현실의 정치, 경제, 문화, 과학 등 다양한 분야에 걸쳐 활용되어 왔고, 또 미래에도 다양한 발상으로 활용될 것으로 전망된다. 분야별 활용 전망되는 내용은 〈표 2-3〉과 같다.

표 2-3　빅데이터 활용 전망

분야	빅데이터 활용 전망
정치	유권자 DB에서 유권자를 분류하고 성향 파악 소셜미디어를 통하여 유권자 정보 수집 유권자별 맞춤형 선거 전략으로 효과적인 선거 　예) 2008년 미국 대통령 선거, 한국 제19대 총선
경제	고객의 구매나 활동 기록을 분석하여 취향 분석 개인화된 추천 시스템 활용
문화	정형 및 비정형 데이터를 수집 및 분석 효율적인 팀의 운영을 가능케 함
과학	통계학의 비약적인 발전 유전자의 분석 및 발현과 조절에 획기적인 변화

04 가상현실(VR)과 증강현실(AR)

가상현실(VR) 개요

VR은 Virtual Reality의 약자로, '가상현실'이라는 정도의 뜻으로 해석이 가능하다. 가상현실이란 컴퓨터로 만들어 놓은 가상(Virtual)의 세계에서 사람이 실제와 같은 체험을 할 수 있도록 하는 최첨단기술을 말한다.

이렇게 VR은 컴퓨터가 창조한 완전히 새로운 공간에서 자동차 디자인을 그려내거나, 의료기술이나 게임에 내가 그 속에 있는 듯한 실제현실과 다를 바 없는 체험을 가능케 한다.

현실 세계에서 경험하기 힘든 여러 가지 상황을 가상 세계의 아바타를 통해 시각, 청각, 촉각을 비롯한 오감 작용으로 간접 경험할 수 있어, 게임, 교육, 국방, 의료 등 여러 산업 분야에서 활용된다.

많은 언론들이 2016년을 VR 산업의 원년이라고 보도한 바 있다. 그만큼 가상현실과 관련한 기술이나 디바이스들의 출시가 풍년을 이루었기 때문이다. 그 포문을 연 대표적인 행사가 스페인 바르셀로나에서 개최된 세계 최대 이동통신 박람회 '모바일세계회의(MWC)'였다. 이 행사의 주인공은 스마트폰이나 스마트워치가 아닌 VR 기기였다. 한국 기업만 예로 들어도 삼성은 기어 VR과 4D 의자로 360도 입체 영상을 경험할 수 있는 'VR 4D 상영관'을 운영했으며, LG는 360도 VR 콘텐츠를 공개해 화제가 됐다. 관람객들이 가장 많이 몰린 부스는 단연코 VR 체험 코너였다.

MWC에서는 일상생활과 관련된 모든 분야에서 VR이 새롭게 접목되고 있다는 점을 인식시켰다.

VR 산업에 기업의 미래를 걸고 있는 곳 중의 하나가 페이스북이다. 미국 샌프란시스코에서 열린 개발자 컨퍼런스 'F8 2016' 행사에서 10년 로드맵을 발표한 페이스북은 가상현실 및 증강현실을 향후 기업을 이끌어갈 차세대 플랫폼의 주요 키워드 중 하나로 꼽았다. 즉 향후 10년은 모바일 VR, 소셜 VR과 같이 가상현실이나 증강현실 서비스들이 사람들의 삶을 더욱 풍요롭게 이어줄 것이라고 확신하며 더욱 진보된 기술력에 초점을 맞추고 있다. 2020년 10월에는 VR 기기 '오큘러스 퀘스트2'를 출시하면서 VR시장 판도를 바꿨다는 평가를 받고 있다. 페이스북이 VR에 집착하는 이유는 미래의 소셜 기능이 VR에 있다고 보기 때문이다.

최근에는 글과 사진만 공유하는 소셜미디어 대신 하나의 가상공간에 모여 함께 식사도 하고 토론도 하는 소셜미디어 시대가 열리고 있다. 방송과 결합한 VR 기술은 세상을 먼저 떠난 사랑하는 사람을 유가족 앞에 등장시켜 감동적인 해후 장면을 연출하기도 한다.

VR 헤드셋의 기능 향상

컴퓨터가 만들어 놓은 가상의 세계에 접속하기 위해서 'HMD'라 불리는 장비가 필요하다. HMD는 Head Mounted Display의 약자로 해석해 보면 머리에 장착시킨 화면 정도로 해석할 수 있는 데 일종의 헤드셋이다.

최초의 가상현실 시스템인 HMD는 1968년 컴퓨터 그래픽스 창시자인 이반 서덜랜드(Ivan Sutherland) 교수의 작품으로 알려져 있다.

현재 시중에 나와 있는 HMD의 종류는 너무나도 다양하고 브랜드별로 구분이 가능하며 가격에 따라 그 성능이 천차만별이다.

2014년 3월, 페이스북은 VR의 선봉장이라고 일컬어지는 오큘러스를 20억 달러라는 거액에 인수하였다. 오큘러스가 개발한 '오큘러스 리프트'는 2012년에 개발한 VR 장치로서 머리의 움직임을 감지해 그에 맞는 VR 콘텐츠를 보여주는 헤드셋이다.

이전까지만 해도 VR 헤드셋 디스플레이의 가격이 약 1만 달러에 달했으나 2013년에 출시된 개발자 버전의 오큘러스 리프트의 가격은 299달러에 불과했다. 가격의 벽이라는 한계에 부딪쳐 있던 VR 기기에 대중화라는 새로운 길을 낸 것이 바로 오큘러스 리프트였다.

VR기기로 쇼핑한다고 하면, VR기기를 착용하는 순간 눈앞에는 마치 쇼핑몰에 온 듯한 3차원 화면이 펼쳐지게 되고 실제 매장을 둘러보듯 살펴볼 수 있다. 사용자가 실제로 겪을 수 없는 상황을 3차원 가상공간을 만들어 체험할 수도 있다.

보통 VR 디바이스라고 하면 머리에 HMD를 쓰고 시각과 청각만으로 가상현실을 체험하는 단순한 방식을 떠올리게 마련이다. 그런데 최근엔 온몸으로 가상현실을 느낄 수 있는 패키지 형태의 시스템들도 등장하고 있다.

미국의 스타트업인 'AxonVR'이 옷처럼 입을 수 있는 가상현실용 수트와 공중에 뜨는 형태의 외골격 시스템을 조합해 개발 중인 신개념 VR 시스템이 바로 그 대표적인 사례다. 이 시스템은 몸이 공중에 뜬 상태에서 수트가 제공하는 가상현실을 통해 산을 오르거나 운동장을 달리는 등의 상황을 실감나게 체험할 수 있는 것이 특징이다.

구글은 미국의 일부 학교 학생들의 사회과학 수업에 VR 기술을 적용하면서 가상현실이 마치 실제인 것처럼 느껴지게 해 학생들이 콘텐츠 자체에 완전히 몰입할 수 있도록 하였다. 학생들은 구글이 만든 VR기기인 '카드 보드(cardboard)'로 교실 안에서 프랑스 베르사유 궁전을 방문하고, 음식이 소화되는 과정을 실제처럼 만나는 경험을 하고 있다. 이외에도 VR은 오락, 영화, 의료, 군사, 관광 등 다양한 분야에 적용되면서 세계적인 기업들의 관심을 끌고 있다.

VR기기로 다양한 오락을 즐길 수 있는 PC방도 우후죽순으로 늘고 있다. 최근엔 산업 현장에서 인기가 높다. 얼마 전 BMW코리아가 뉴5 시리즈를 우리나라에서 공개할 때 소비자가 VR기기로 '가상 시승 운전'을 할 수 있는 서비스를 도입했다. VR의 장점은 엔터테인먼트, 교육, 산업을 가리지 않고 아우르는 범용성이다.

VR기기로 대표적인 제품으로는 구글의 'VR 헤드셋 데이드림'과 HTC[6] '바이브'를 들 수 있다. 'VR 헤드셋 데이드림'은 기존 VR기기와 달리 패브릭(fabric)으로 제작되어 착용감이 편하고 가벼워 장시간 착용해도 무리가 없다. 터치 패드를 장착해 손가락으로 기능을 누릴 수 있는 리모컨까지 포함됐으며, 가격은 9만 원대이다.

HTC의 '바이브'는 럭셔리 VR기기로 불리며 2개의 무선 컨트롤러가 포함 됐다. 기존 VR기기가 머리와 상체만 움직이며 즐겼다면, 이 제품은 전신을 사용해 더 큰 재미를 만끽할 수 있다고 하며 가격은 90만 원대라고 한다.

증강현실(AR) 개요

AR은 Augmented Reality의 약자이며 '증가된 현실' 정도로 해석할 수 있다. AR은 쉽게 현실세계 + 가상세계로 이해하면 된다. 증강 현실(AR) 개념은 1997년 로널드 아즈마(Ronald Azuma)에 의해 구체화되었다.

실제 화면에 가상의 정보를 덧붙여 보여주는 기술로써, 증강 현실(AR)은 편리성뿐만 아니라 감성적 측면에서도 만족도가 높기 때문에 방송은 물론 게임, 교육, 오락, 패션 같은 다양한 분야에서 응용이

---

6) 대만의 스마트폰 및 VR 제조사로 1997년 창립되었으며, High Tech Computer Corporation에서 HTC Corporation으로 회사 이름을 바꿨다. CEO가 교체된 후 2019년 10월 6일부로 스마트폰 개발을 중단하고 VR 기기에 집중하고 있다.

가능하다. AR 기술을 이용하면 스포츠 중계 때 등장하는 선수가 소속한 나라의 국기나 선수의 정보를 보여주기도 하고, 화장품을 살 때 화장한 모습을 미리 볼 수 있으며, 옷도 가상으로 입어보고 살 수 있다.

모바일 분야에서는 위치 기반 서비스(LBS)[7] 분야에서 이용이 활발한데, 스마트폰으로 거리를 비추면 커피숍이나 약국 같은 정보가 화면에 나타나는 것이다.

우리에게 가깝게 다가온 가장 쉬운 예는 2017년 1월에 출시되어 전 세계적으로 엄청난 인기를 끌었던 '포켓몬 고'다. 포켓몬 고는 기존의 현실에 카메라를 갖다 대면 AR 기술을 접목한 '포켓몬'이라는 가상세계의 캐릭터가 겹쳐져 즐기는 AR 게임이다. 카메라를 통해 얻은 실제 이미지에 가상의 그래픽이 더해져 합성된 이미지를 감상할 수 있다.

AR로 인해 이슈가 되는 것 중 하나가 쇼핑이다. 미국의 마케팅 회사인 주가라(Zugara)는 AR을 이용해 온라인 쇼핑몰에서 사용할 수 있는 가상 피팅룸 매직미러를 개발했다. 이는 소비자가 웹사이트에 판매하는 옷을 컴퓨터 렌즈에 자신을 비추면 원하는 옷이 가상으로 입혀지는 혁신적인 기술이다.

의류전문업체 신원은 가상으로 옷을 입어볼 수 있는 '버추얼 드레싱(Virtual Dressing)' 기술을 접목한 온라인 쇼핑몰을 오픈했다. 그동안 온라인 쇼핑몰은 직접 발품을 팔아가며 쇼핑을 할 때보다 시간과 노력을 덜 수 있다는 장점 때문에 빠르게 성장했다. 온라인 쇼핑몰의 가장 큰 단점은 직접 입어볼 수 없다는 것인데 버추얼 드레싱 기술

---

7) location Based Services: 이동성(mobile) 기기를 통해 각종 교통 및 생활 정보를 실시간으로 받아 삶의 질을 향상시키는 서비스를 총칭한다. 대표적인 사례로는 친구 찾기, 주행 중 길 안내 및 가까운 주유소 찾기, 미아 찾기 등이 있다.

이 접목된 온라인 쇼핑몰은 이러한 단점을 어느 정도 해결해 준다.

AR 기기로 대표적인 제품으로는 레노버의 '뉴 글래스 C200'과 '펩2 프로'를 들 수 있다. '뉴 글래스 C200'은 사용자가 렌즈를 통해 무엇을 보고 있는지를 센서로 식별해 그 데이터를 분석해서 작업자에게 알려 준다. 또한 작업자의 습관(제스처나 음성구조 등)을 분석해 효율적인 작업 패턴을 제안한다.

'펩2 프로'는 AR기술을 적용한 스마트폰으로 3D 이미지 연출이 가능한 3개의 카메라가 탑재됐다. 이 렌즈는 초당 25만회 이상 주변을 측정해 그 환경을 3D로 변환한다. 매장에서 구입하고 싶은 가구나 사물을 촬영해 집의 공간과 비교해 가상으로 배치할 수 있다. 가격은 50만 원대이다.

VR과 AR의 차이점

VR은 헤드셋형(HMD) 단말기를 머리에 착용하면 눈앞에 전개되는 가상공간을 직접 체험하는 것 같은 느낌을 받는다. 기술적으로 가상의 공간에 360도 카메라로 찍은 동영상이나 사진을 감상할 수 있다. 반면 AR은 실제 현실 세계 위에 부가적인 정보를 띄우는 기술이다. 휴대전화 카메라를 통해 현실을 바라보면 화면 위에 콘텐츠나 정보가 뜨는 방식이다. VR과 AR의 차이점 세 가지를 살펴보면 다음과 같다.

첫째로, VR과 AR의 가장 큰 차이점은 '가상세계를 이용할 때 쓰는 매개체'일 것이다. 이는 대중성과도 연결된다. VR은 HMD라고 하는 특수제작 된 기계를 사용해야만 이용할 수 있는 반면, AR은 우리가 항상 들고 다니는 스마트폰으로도 이용할 수 있다.

둘째는 VR은 무(無)에서 유(有)를 창조한 완전한 가상세계이고 AR은 현실세계에 가상현실이 합쳐진 증강현실이라는 점이다. HMD

를 쓰고 가상세계에 들어가면 현실세계와는 또 다른 공간이 펼쳐진다. 이는 현실세계에 가상현실을 겹친 AR과는 완전히 다른 부분이다.

셋째는 시각정보의 불균형이 VR의 가장 큰 한계점으로 꼽힌다. AR의 경우 현실세계를 기반으로 한 기술이라 사용자의 시각과 평형감각에 무리를 주지 않는다. 이에 비해 VR의 경우에는 컴퓨터가 만든 가상현실이 실제 환경의 경험 값이 다르고 두 감각의 불균형이 일어나기 때문에 VR을 오랫동안 이용하면 어지럼증과 멀미가 발생해 장시간 이용에 어려움을 겪기도 한다.

과학기술정보통신부의 관련 연구진이 VR의 멀미와 어지럼증을 해결할 수 있는 기술을 개발했다는 점은 높게 평가된다. 이로써 VR의 대중성과 발전 가능성이 한 단계 더 올라갈 것으로 보인다.

VR이 말 그대로 완전히 새롭게 창조된 물건과 공간을 말한다면, AR은 실제의 현실세계를 배경으로 가상의 정보를 활용한다는 점에서 차이가 있다. 더 쉽게 정리하자면 VR은 특수한 장비를 착용해서 가상현실을 체험하는 것이고, AR은 현실 세계에 특수한 3차원 영상을 입히는 것이다.

VR, AR 분야의 활용 사례

이처럼 VR과 AR은 의미가 약간 다르지만 컴퓨터를 통해 만들어진 가상의 정보를 활용한다는 점에서 동일 범주로 보는 경우도 있다. 시장조사 기관들이 VR과 AR을 합쳐서 전망치를 내놓는 것도 이 때문이다.

VR, AR 분야의 활용 사례를 정리하기 위해 산업연구원이 출간한 '가상증강현실(AR·VR)산업의 발전방향과 시사점'에서 활용 사례를 인용하면 다음 〈표 2-4〉와 같다.

표 2-4 VR, AR 분야의 활용 사례

분 야	활용 사례
엔터테인먼트	• 게임, 영화, 테마파크, 스포츠 등 분야에서 보는 것에서 체험하는 것으로, 혼자 체험하던 것에서 여러 사람이 동시에 참여할 수 있는 것으로 발전
교 육	• 의료용 실습, 화재 현장 등 위험한 환경에서의 훈련
교 통	• 위치 인식 및 지도 생성기술을 활용한 AR Ways 등 길 찾기 앱
의 료	• 알츠하이머 환자 간병인 교육 • 시각 장애인, 운동장애 환자의 보조 기기로 활용
전자상거래	• 가상 쇼핑몰과 자동 결제 시스템 　– 페이스카웃(payscout), 아마존 등
고객서비스	• 고객의 쇼핑 경험을 강화하고, 소비자에게 편리함을 주는 서비스 제공 　– 킴벌리 · 글라크(Kimberly Clark), 파머스(Farmers) 보험 등
제 조	• 제품 테스트, 조립, 수리, 모니터링 분야의 활용
국 방	• 군사 훈련에 사용

융합현실(MR) 개요

MR은 Mixed Reality의 약자로 융합현실로 번역되고 있으며, VR인 가상현실과 AR인 증강현실의 기술을 혼합한 기술로 현실 세계와 가상 세계를 넘나드는 것처럼 구현한 기술이다.

　가상현실과 증강현실의 장점을 따온 기술이며 현실과 가상세계의 정보를 결합해 두 세계를 융합시키는 공간을 만들어내는 기술을 MR(융합현실)이라 한다.

　현재 MR 기술은 시각을 중심으로 VR이 주는 이질감을 완화하고 AR의 낮은 몰입도를 개선해 가상의 이미지가 현실의 일부처럼 느껴지도록 현실과 가상을 균형감 있게 융합하는 방향으로 연구개발(R&D)이 이뤄지고 있다. ICT 업계는 향후 MR 기술이 청각 · 후각 · 미각 등의 인간의 오감과 관련된 영역으로 발전할 것으로 보고 있다.

　인체에 삽입이 가능한 유연한 디스플레이, 인체의 전력을 이용한 소형 통신 장치 등 인간이 환경을 인지하는 수단인 오감의 능력을 극대화해 육감이 생긴 것처럼 느끼게 하는 차세대 기술의 등장이 전망된다. 이에 각국 정부는 MR 기술 개발에 대한 지원에 적극 나서고 있다.

미국의 경우, 교통·국방·의학 등에 적용하기 위한 ICT 네트워크 기술 위주의 연구개발을 지원하고 있고, 유럽연합(EU)은 다양한 기관을 통해 제조 및 의료 분야를 중심으로 한 기술개발이 진행 중이다.

최근 중국 알리바바로부터 약 8억 위안(약 140억 원)을 투자받은 매직리프(Magic Leap)라는 회사가 선보인 홍보용 MR 영상이 주목을 받고 있다.

어느 한 학교의 체육시간에 학생들이 무리를 지으며 체육관에 모였고, 기대에 찬 모습으로 선생님을 바라보는 순간 체육관 바닥이 갈라지더니 갑자기 거대한 고래가 튀어나온다. 고래는 물 한 방울도 없는 체육관을 바다인 양 유유히 헤엄친다. 실내체육관 한복판에서 튀어나온 고래 한 마리, 그 모습이 어찌나 실감나는지 마치 실제로 고래가 바다에서 솟구친 것 같다. 이 영상이 별도의 안경도, 장비도 없이 체육관이 바다로 변할 수 있는 이유는 바로 MR 기술 덕분이다.

MR의 엔터테인먼트 분야는 2020년을 기점으로 본격적인 상용화를 앞둔 5G 기술과 결합하면 지금보다도 더 큰 시너지를 발휘하며 시장이 확대될 것으로 전망된다.

05 메타버스(Metaverse)

메타버스 개요

무언가를 넘어선다는 가상과 초월을 의미하는 '메타(meta)'와 세계·우주 등 현실세계를 의미하는 '유니버스(universe)'의 합성어로 가상 현실보다 한 단계 더 나아가 사회·경제적 활동까지 이뤄지는 온라인 공간으로 3차원 가상 세계를 뜻한다.

가상현실(virtual reality)보다 진보된 개념으로 웹과 인터넷 등의 가상세계가 현실 세계에 흡수된 형태다. 구체적으로, 정치와 경제, 사회, 문화의 전반적 측면에서 현실과 비현실이 공존하는 생활형, 게임형 가상 세계라는 의미로 폭넓게 사용한다. 따라서 베타버스 산업이 확장하기 위해서는 플랫폼뿐 아니라 VR, AR기기 등 하드웨어 성장이 뒤따라야 한다.

메타버스라는 개념은 1992년에 발표된 닐 스티븐슨(Neal Stephenson)의 SF 소설 《스노 크래쉬(Snow Crash)》에서 처음 등장한 개념과 용어이다. 메타버스라는 개념의 뚜렷한 정의는 아직까지 확립되지 않았다. 일반적으로는 '가상공간과 현실세계가 융합된 세계' 정도의 의미로 사용되고 있으나, 학자나 기관마다 나름의 정의를 내리고 있어 넓은 의미로 통용되고 있다.

미국전기전자학회(Institute of Electrical and Electronics Engineers)의 의견에 따르면 메타버스는 "지각되는 가상세계와 연결된 영구적인 3차원 가상공간들로 구성된 진보된 인터넷"이라고 규정하고 있어, 현실과 가상 세계가 겹쳐 보이는 '증강 현실' 세계도 메타버스의 일종이라 할 수 있다.

비영리 기술 연구 단체인 ASF(Acceleration Studies Foundation)는 메타버스를 "가상적으로 향상된 물리적 현실과 물리적으로 영구적인 가상공간의 융합"이라고 정의했다.

메타버스의 3대 특성

메타버스는 세 가지 측면에서 혁명적인 변화라고 할 수 있다.

첫 번째는 편의성, 상호작용 방식, 화면이나 공간 확장성이다. 기존 PC, 모바일 기반의 인터넷 시대와 메타버스 시대는 차이가 존재한다. AR Glass 등 기존 휴대에서 웨어러블의 시대로 전환되면서 편의성이 증대되었고, 상호작용 측면에서 키보드 및 터치 방식을 활용한 인터넷 시대에서 메타버스 시대에는 음성, 동작, 시선 등 오감으로 발전하고 있다.

두 번째는 기술적 측면이다. 메타버스를 구현하는 핵심기술은 다양한 범용기술이 AI, 데이터, 네트워크와 복합 적용되어 구현되며 이를 통해 현실과 가상의 경계가 소멸되고 있다.

세 번째는 경제적 측면이며, 메타버스 시대의 경제 패러다임으로 가상융합경제에 주목하고 있다. 메타버스는 기술 진화의 개념을 넘어, 사회경제 전반의 혁신적 변화를 초래하는데, 메타버스 시대의 경제 전략으로 '실감 경제(Immersive Economy)', '가상융합경제'의 개념이 제시되고 있다. 가상융합경제는 XR[8] 등 범용기술을 활용해 경제 활동 공간이 현실에서 가상 융합공간까지 확장되어 새로운 경험과 경제적 가치를 창출하는 경제이다.

---

8) 인간의 오감 자극을 통해 정보를 제공하여 실제와 유사한 체험을 가능하게 하는 실감 기술은 가상현실(VR: Virtual Reality), 증강현실(AR: Augmented Reality), 혼합현실(MR: Mixed Reality), 그리고 홀로그램(HR: Hologram) 등이 있으며, 현재 이들과 미래에 나타날 신기술을 포함하여 XR 기술이라고 통칭하고 있다.

'세컨드 라이프'가 메타버스의 기폭제 역할을

최근 메타버스가 폭발적인 확산이 이뤄지고 있는 기폭제는 미국 IT 벤처기업인 린든 랩(Linden Lab)의 '세컨드 라이프'의 인기가 큰 역할을 했다. 이를 계기로 메타버스는 웹 2.0 시대의 새로운 비즈니스 모델이자 3D 기반 인터넷 플랫폼으로 주목받는다.

'세컨드 라이프(Second Life)'는 사용자가 창조하고 참여하여 이루어지는 영속적인 온라인 3D 가상 세계로서 사용자는 자신이 꿈꾸는 모든 일을 할 수 있고 상상하는 인물을 창조 또는 자신이 그 인물이 될 수 있는, 미국 IT 기업 린든 랩이 2003년 개설한 3차원 온라인 가상현실 사이트이다.

이 사이트에서는 사용자가 아바타(가상세계에 있는 분신)를 이용해 온라인 세계에서 제2의 인생을 살아간다. 사용자 활동 공간을 섬이라고 부르며 이를 구입해 집을 짓고 친구를 사귀며 다양한 경험을 즐길 수 있다. 땅·건물·옷·가구를 사고파는 데 미국의 가상 화폐인 린든 달러가 통용된다. 가입자 수가 증가하면서 대기업인 도요타, 델, IBM사 등이 점포를 개설하고 온라인 쇼핑몰처럼 자사 제품을 판매하거나 고객들과 만나고, 선거에서는 유세의 장으로도 활용되고 있다.

린든 랩은 최근 세컨드 라이프 아바타를 다른 회사의 가상세계로 이동시키는 데에 성공해, 서로 다른 메타버스 간 상호운용성의 증진이 기대된다. 또한 가상세계와 기존 웹 2.0 서비스가 융합하는 추세다. 구글의 '라이블리(Lively)'가 대표적 사례로, 이러한 서비스들은 통상 2.5D라 불리며 가벼운 소통 도구로서 가상공간을 제공한다.

메타버스 활용 현황

현재 메타버스에 대한 관심이 증가하면서 메타버스를 구현한 플랫폼이 증가하고 있다. 대표적으로 포트나이트(Fortnite), 마인크래프트(Minecraft), 로블록스(Roblox), 동물의 숲(Animal crossing) 등이 있고, 국내에는 네이버Z의 제페토(ZEPETO) 플랫폼 등이 있다. 최근 화제를 모은 제페토의 가입자 수는 2억 8000만 명을 돌파했다고 한다.

최근 코로나19 팬데믹 이후 비대면 추세 확산으로 인해 외부 활동이 제한되는 사회적 환경 요인은 메타버스의 확산을 매우 빠르게 하였고, 국내에서도 급속도로 확장중이다.

2021년 3월 순천향대가 가상현실 플랫폼 '점프VR'에서 입학식을 개최하는 등, 대학에서는 메타버스로 입시 설명회와 신입생 환영회, 대학 축제 및 졸업식을 치르고, 기업들은 신입 사원 채용 설명회나 사회공헌 프로그램을 메타버스에서 진행하고 있다. 정치권에서도 대선 후보들이 이른바 'MZ세대' 표심을 잡기 위해 네이버Z의 메타버스 플랫폼 '제페토'에 유세장을 마련했다.

유한킴벌리는 1988년부터 매년 이어온 사회 공헌 사업 '그린캠프'를 2021년 8월 처음으로 메타버스에서 개최했다. 2000년대 초반 유행을 이끈 싸이월드 아바타처럼 2D 도트 그래픽으로 제작된 게 특징이다. 프로그램이나 애플리케이션 설치 없이 접속 링크만으로 실행되고, 별도의 회원 가입 절차도 없다.

2021년 5월 분당서울대병원에서 메타버스 플랫폼을 통해 이뤄진 폐암수술에 아시아 각국의 의료인 200여 명이 참여했다. 수술과정 생중계는 과거에도 있었지만, 메타버스를 활용하면 일방적인 한 장면만 보여주는 게 아니라 수술실 안에서 벌어지는 모든 상황을 볼 수 있는 장점이 있다.

삼성중공업은 선박 건조 시뮬레이션과 품질검사에 메타버스를 적용했다. 기존 실제 컨테이너 모형을 이용하던 것에서 3D 스캐닝 기반의 가상 조립 시뮬레이션으로 비용을 줄이고 안전도 확보했다. LNG선

건조시 재작업 비율은 70%에서 20% 수준으로 많이 떨어졌다.

네이버의 '제페토'에는 나이키나 구찌 같은 패션업계가 진출하고 있는가 하면, 실제 주택과 똑같이 생긴 메타버스 속 가상 주택을 둘러보고 부동산 계약을 체결할 수 있는 서비스도 등장하고 있다.

과기정통부에서는 메타버스를 통한 신 시장 창출을 위해 플랫폼 및 서비스 개발, 인력 양성, 인프라 조성, 연구개발, 전문기업 육성, 펀드 투자 등을 지원할 예정이다.

메타버스의 발전에 몇 가지 문제점

세컨드 라이프와 같은 가상세계에서 도박, 사기, 매춘 등 범죄가 발생하면서 새로운 사회적 문제로 떠올랐다. 현실세계의 법질서를 가상세계에도 동일하게 적용하자는 견해가 주류이다. 이러한 견해를 수용한다고 해도 두 가지 문제점이 남는다.

첫 번째는 가상세계는 물리적 장소 개념을 적용하지 못하므로, 법적 문제가 발생할 경우 재판관할에 문제가 발생한다.

두 번째는 사이버 마약의 사례처럼, 현행법이 규정하지 않아서 법률에 없는 새로운 유해물 혹은 범죄가 발생할 경우 이를 통제할 수 없다.

또 다른 문제점은 가상세계 중독 가능성이다. 현실과 사회경제적 활동 양상이 닮은 메타버스에서는 기존 온라인 게임과 달리 일상생활로 인식하며 중독성 심화 가능성이 높다. 가상세계에 지나친 몰입으로 현실 일상은 황폐해지고, 정체성 장애가 발생 가능하다는 점이다.

06 블록체인

개요

블록체인(block chain)은 4차 산업혁명의 핵심 기술로 꼽힌다. 비트코인·이더리움 등 가상통화 운용의 기반이 될 뿐만 아니라 사용자 인증, 스마트계약, 증권 발행 및 거래, 해외송금 및 자금이체, 무역금융, 부동산등기, 고가품의 정품 인증, 디지털 ID 관리, 전자투표, 개인건강기록 관리 등 여러 분야에서 무한한 혁신 잠재력을 지니고 있다.

블록체인은 거래가 발생할 때마다 해당 정보를 '블록'으로 만들어 기존 장부에 연결하는 디지털 공공거래장부 기술의 명칭이다. 거래가 발생할 때마다 거래 정보 덩어리인 블록(block)이 만들어지고 모든 참여자가 거래 명세를 승인하면 각각의 장부에 분산·저장되며 블록이 사슬(chain)처럼 이어진다.

블록체인은 ① 일정 시간 동안 발생한 모든 거래정보를 블록(block) 단위로 기록하여 ② 모든 구성원들에게 전송하고 ③ 블록의 유효성이 확보될 경우 ④ 기존의 블록에 추가 연결하여 보관하는 방식의 알고리즘이다.

각 블록은 효율적이고 검증 가능한 방식으로 거래를 기록할 수 있는 개방된 분산원장(元帳), 즉 데이터베이스 역할을 한다. 이는 참여자간 공유(peer to peer) 네트워크가 집단적으로 새 블록을 검증하기 위한 프로토콜(통신규약)에 따라 관리된다. 그래서 만약 누군가 거래기록을 조작하려면 참여자간 연결된 모든 블록을 새 블록 생성 이전에 조작해야 한다. 즉 일정 시간 안에 수많은 블록을 모두 조작해야 하는데, 이는 사실상 불가능하므로 보안성이 높은 것이다.

이 블록체인 덕분에 새로운 거래가 오직 한번만 이뤄짐으로써 이중 지급(double spending) 같은 문제를 해결할 수 있게 되었다. 또한 블록체인에서는 '제3의 기관'이 필요 없는 탈중앙화와 중개기관을 거치지 않는 탈중개화가 이뤄지기 때문에 거래비용이 획기적으로 낮아진다.

'블록체인(Block Chain)' 기술에서 블록(Block)에는 일정 시간 동안 확정된 거래 내역이 담긴다. 온라인에서 거래 내용이 담긴 블록이 형성되는 것이다. 거래 내역을 결정하는 주체는 사용자다. 이 블록은 네트워크에 있는 모든 참여자에게 전송되며 참여자들은 해당 거래의 타당성 여부를 확인한다. 승인된 블록만이 기존 블록체인에 연결되면서 송금이 이루어진다. 신용 기반이 아니라 시스템으로 네트워크를 구성, 제3자가 거래를 보증하지 않고도 거래 당사자끼리 가치를 교환할 수 있다는 것이 블록체인의 구상이다.

블록체인의 종류

블록체인은 사용자의 성향에 따라 크게 퍼블릭 블록체인과 프라이빗 블록체인, 컨소시엄 블록체인 세 가지로 나뉜다. 퍼블릭 블록체인은 모두에게 개방돼 누구나 참여할 수 있는 형태로 비트코인, 이더리움 등 가상통화가 대표적이다. 프라이빗 블록체인은 기관 또는 기업이 운영하며 사전에 허가를 받은 사람만 사용할 수 있다. 참여자 수가 제한돼 있어 상대적으로 속도가 빠르다. 컨소시엄 블록체인은 여러 기관들이 컨소시엄을 구성하고 허가된 기관만 네트워크에 참여할 수 있다.

블록체인의 종류를 도표로 정리하면 다음 〈표 2-5〉와 같다.

표 2-5 퍼블릭 블록체인과 프라이빗(컨소시엄) 블록체인

구분	퍼블릭 블록체인	프라이빗(컨소시움)블록체인
읽기 권한	누구나	허가된 기관
거래 검증 및 승인	네트워크에 참여하면 거래검증 및 승인	승인된 기관 및 감독기관
트랜잭션 생성자	누구나	법적 책임을 지는 기관
합의 알고리즘	부분 분기를 허용하는 작업증명(PoW)이나 지분증명(PoS) 알고리즘	부분 분기를 허용하지 않는 BFT 계열의 합의 알고리즘
속도	7~20 TPS[9]	1,000 TPS 이상
권한 관리	누구나	통제된 인원
예시	비트코인, 이더리움	IBM Fabric, Loop Chain

블록체인의 편리성

블록 장부는 거래자만 보관하는 현실 속 장부와 달리 내용이 모두에게 공개된다. 개인의 거래내용이 모두에게 노출돼 위험할 것 같지만 반대로 훨씬 안전하고 편리하다. 블록체인은 거래할 때 은행과 같은 정부가 신뢰성을 인정한 '제3의 공인기관'이 필요 없다. 은행을 거치지 않고 개인과 개인이 직접 거래할 수 있다. 이런 방식을 P2P(Peer to Peer)라고 한다.

P2P방식은 많은 사람들이 이미 오랫동안 경험해왔다. '소리바다'와 같은 음악 다운로드 사이트, 동영상 다운로드 사이트, 토렌트[10]까지 모두 P2P 네트워크를 이용한다. 이런 사이트들은 편리함은 제공하지만 온라인으로 연결된 미지의 상대방에 대한 신뢰성에는 의심의 여지가 남는다.

---

9) Transaction Per Second: 블록체인 처리 속도 단위로 초당 트랜잭션 수를 의미
10) Torrent: 개인끼리 파일을 공유할 수 있도록 만들어진 P2P 프로그램의 일종으로 영화나 드라마 등 하나의 파일을 여러 조각으로 분산시키고 이후 여러 곳에서 동시에 조각파일 각각을 가져올 수 있게 하는 방식의 공유 프로그램이다.

여기에서 바로 안전성의 문제가 나온다. 우리가 인터넷 쇼핑을 할 때 누군지도 모르는 사람에게 아무 의심 없이 돈을 보내는 것은 내 돈의 이동과 거래 내역을 은행이 보증해 주기 때문이다. 만약 은행이 없다면 다른 무언가가 이를 증명하고 보증해줘야 하는데 블록체인은 바로 이런 보증의 기능을 독특한 개방형 알고리즘을 이용해 해결하는 것이다. 예를 들면 블록체인의 기능성을 처음으로 증명한 '비트코인'의 경우 '작업증명(Proof of Work)'이라는 과정을 통해 신뢰를 확보한다.

비트코인은 거래내역을 위변조하려는 악의적인 해킹에서 자유롭다. 두가지 이유가 있는데 그중 하나가 블록체인의 구조이다. 블록체인은 새로운 블록이 생성될 때 이전의 블록이 가진 고유한 값인 '해시 값'[11]을 저장하게 돼 있다. 즉 해시 값을 통해 모든 블록이 연결되어 있다. 만약 누군가가 거래내역을 악의적으로 변조한다면 그 거래내역이 담긴 블록의 해시 값이 바뀔 것이고 그 해시 값을 저장하고 있는 다음 블록의 해시 값도 변경된다. 해킹된 블록 이후의 모든 블록정보가 연쇄적으로 다 바뀌어야 하는데 이는 거의 불가능한 일이다.

더구나 블록체인 장부는 모든 사용자에게 공유돼 있다. 한 개인이 가진 거래장부가 바뀐다고 하더라도 이미 수많은 사용자들이 동일한 장부를 공유하고 있기 때문에 바로 원래대로 복구할 수 있다. 즉 거래 내역을 바꾸고자 한다면 전체 사용자의 과반수 이상의 장부를 동시에 수정해야한다.

결론적으로 기업들은 적극적으로 블록체인을 산업 분야에 적용해서 거래비용 절감, 안전하고 편리한 데이터 활용, 인터넷 기기 간 협

---

11) hash value: 해시란 단방향 암호화 기법으로 해시함수를 이용하여 고정된 길이의 암호화된 문자열로 바꾸는 것을 의미한다. 해시함수는 임의의 길이의 데이터를 고정된 길이의 데이터로 매핑하는 함수이며, 이때 매핑 전 원래 데이터의 값을 키(key), 매핑 후 데이터의 값을 해시 값, 매핑하는 과정을 해싱(hashing)이라고 한다.

업 지원 등의 가치를 통해 기업의 경쟁력을 키워나가는 데 활용해야 할 것이다.

블록체인 적용 가능 분야

금융기관들은 컨소시엄을 구성해 사용자를 제한하는 폐쇄형 블록체인을 운영할 수 있다. 예를 들어 증권사 10개가 모인 폐쇄형 블록체인에서 증권사 A가 고객과의 계약서를 블록체인에 저장하려고 한다면 계약서에는 계약 내용에 동의한다는 고객과 증권사 A의 디지털 서명이 있을 것이다. 증권사 A를 제외한 9개의 증권사들은 양쪽의 서명이 있는지 확인한 뒤 계약서에 대한 효력을 승인한다.

즉 블록체인에 올라간 모든 계약서를 거래 당사자들이 합의했다는 것을 나머지 사용자들이 모두 확인한다. 만에 하나 계약에 서명한 고객이나 증권사 A가 계약 내용을 몰래 수정하려 해도 이미 거래에 승인한 참여자들이 거래 장부를 공유하고 있기 때문에 불가능하다. 이렇게 설계한 블록체인이 금융권에 가져올 변화는 실로 엄청나다. 블록체인을 이용하면 합의가 필요한 모든 금융상품을 자동화할 수 있기 때문이다.

또한 보험사가 계약 내용을 코드화해 블록체인에 저장한다면 보험금 청구 시 합의 과정에서 사람이 할일이 없다. 병원이 진단서를 전자문서로 만들어 블록체인 네트워크에 올리면 블록체인에 저장된 계약서의 기간, 효력조건 등 보험금을 지급할 조건들과 맞는지를 확인하고 승인한다. 그러면 자동으로 보험금이 지급되고 이 기록 역시 블록체인에 저장된다. 복잡한 모든 과정이 자동화된다.

우리나라 역시 시대가 변하고 기술이 발전한 만큼 장부를 공유해 보안성과 업무효율을 높이는 블록체인 기술을 적극 활용할 예정이다.

질병관리청이 블록체인 기반 코로나19 예방 접종 증명서를 발급

할 경우 블록체인 기반 백신접종 증명서는 데이터 위·변조를 막을 수 있고, 개인정보를 보호하면서 예방접종 여부 등 필요한 정보만 필요한 곳에 제출할 수 있어 개인정보 유출의 걱정을 줄일 수 있다.

질병관리청은 이 블록체인 백신접종 증명서를 일단 국내에서 활용할 수 있도록 하고 향후 세계보건기구(WHO) 등에서 지침이 나오면 다른 국가와 협력할 수 있다는 가능성도 열어 놓은 상태다. 이 경우 백신접종 증명서는 이른바 '백신여권'으로 해외를 오갈 때 백신 접종을 증명하는 용도로 사용할 수 있게 될 것이다.

백신여권이란 코로나19 검사 음성 사실 및 백신접종을 증명해 해외여행을 보장하기 위한 조치다. 국제 사회에서 통용되는 자격증명이라는 점에서 편의상 '여권'이라 하며 앱 형태로 구현된다. 위조가 불가한 이 증명서에는 접종 날짜와 백신 종류, 의사 소견서 등이 저장된다.

전세계 290여 개 항공사를 회원으로 둔 국제항공운송협회(IATA)는 블록체인 기반 백신여권인 'IATA 트래블패스(IATA Travel Pass)'를 출시하여 코로나19 검사 음성 사실 및 백신접종을 증명해 해외여행을 보장하기 위한 조치를 취했다.

블록체인 활용 분야

블록체인에 저장하는 정보는 다양하기 때문에 블록체인을 활용할 수 있는 분야도 매우 광범위하다. 대표적으로 가상화폐에 사용되는데, 이때는 블록에 금전 거래 내역을 저장해 거래에 참여하는 모든 사용자에게 거래 내역을 보내주며 거래 때마다 이를 대조해 데이터 위조를 막는 방식을 사용한다. 이 밖에도 전자 결제나 디지털 인증뿐만 아니라 화물 추적 시스템, P2P 대출, 원산지부터 유통까지 전 과정을 추적하거나 예술품의 진품 감정, 위조화폐 방지, 전자투표, 전자

시민권 발급, 차량 공유, 부동산 등기부, 병원 간 공유되는 의료기록 관리 등 신뢰성이 요구되는 다양한 분야에 활용할 수 있다.

지금까지 전자상거래는 서로 다른 수많은 개인과 기관, 기업이 제 각기 다른 정보 저장 수단을 사용해 왔다. 인터넷 망을 통해 실시간 으로 연결된 것처럼 보이지만 온라인이나 오프라인을 통해 직접 확 인한 뒤 각자 저장 장치에 맞는 형식으로 입력했다. 타 은행 수표를 입금했을 때 실제 통장에 입금되기까지 2~3일이 걸리는 일을 생각 하면 이해하기 쉽다. 은행에서 수표를 진짜 발행했는지 실시간으로 확인할 수 없기 때문이다.

블록체인은 이런 문제를 해결할 수 있다. 각 은행은 블록체인을 형성하는 컴퓨터에 연결되기 때문에 수표를 발행하면 해당 정보가 블록에 기록되고 이 블록은 블록체인을 가진 모든 은행 컴퓨터에 공 유된다. 다른 은행에서 벌어지는 거래일까지 모든 정보가 공유되면 서 그동안 2~3일이 걸리던 거래를 실시간으로 진행할 수 있다.

유통부문에서도 활용가치를 찾을 수 있는데, 농축수산물의 유통 경로 추적으로 어디서 생산되었고 어떤 경로로 유통되었는지, 최종 소비자가 구입하는 지점까지 공급망의 모든 단계에서 변경 불가한 데이터가 블록체인에 기록되는 것이다. 이 외에도 명품 또는 예술품 의 가치 인증, 스마트 계약, 공인 인증 등에서도 블록체인의 활용 가 치를 찾을 수 있다.

최근에는 NFT(Non Fungible Token: 대체 불가 토큰)가 이끄는 가상세계의 진화가 돋보인다. NFT는 이미지, 영상, 음악 등의 디지털 파일을 블 록체인상에 저장함으로써 위·변조가 불가능하게 만드는 기술이다. 교환, 대체가 가능한 가상화폐와 대비해 이런 이름이 붙었다. NFT는 디지털 자산에 고유성을 부여해 가상자산 시장의 폭발적인 반응을 불러오고 있다.

NFT의 거래소가 다수 등장하면서 판화 작품을 여러 장 찍어 판매하듯 유일본이 아니라 복제의 복제본까지 고유번호를 붙여 파는 2차 시장까지 생겼다. 우리나라에서도 NFT 미술품 경매가 시작됐다. 미래에셋 등에서는 가상자산 관리 서비스도 준비하고 있다.

무명작가들에게도 좋은 기회를 준다는 측면에서는 바람직한 일로 볼 수 있지만 가상자산 열풍이 투기를 부추기고 지하경제를 키울 것이란 우려도 있다. 최근 국제자금세탁방지기구(FATF)는 자금 세탁 감시 대상에 NFT 자산을 포함했다. 따라서 기업은 업무시스템 개선 및 확장, 혹은 신규 서비스를 구축하는데 블록체인 기술을 도입해 얻을 수 있는 효과를 사전에 확인해야 한다.

미국 등 선진국에서 추진하고 있는 블록체인 프로젝트에서 사용되는 응용 프로그램은 크게 데이터 관리, 데이터 검증, 금융 및 기타로 분류하고 있는 데 분류별 사용사례를 살펴보면, 〈표 2-6〉과 같다.

표 2-6 블록체인 프로젝트 분류와 사용 사례

분 류	사용 사례	
데이터 관리	네트워크 인프라 콘텐츠 및 출처 분배 클라우드 저장 데이터 모니터링 데이터 관리 확인 계약 관리	조직간 데이터 관리 위조 방지 이벤트 감사 추적 시스템 메타 데이터 저장 데이터 복제 및 삭제 방지 디지털 콘텐츠 게시 및 판매 IoT 센서 데이터 구매
데이터 검증	사진 및 영상 증명 문서 공증 작업 이력 검증 학업 인증	신원 확인 제품 품질 검증 원산지 증명
금 융	무역 금융 환율 및 송금 P2P결제 프라우드 펀딩 보험	주식 및 채권 발행 중앙은행 자금 발행 공급망 관리 가치 이전 및 대여

기타	예측 기록 소셜 투표 시스템 카풀 도메인 이름 등록 건강관리 기록 저장 소프트웨어 라이선스 검증 콘텐츠 제품 타임 스탬핑(stamping) 복권 재산권 등록	사회 등급 생성 및 모니터링 선거 투표 혼인 신고 법정 소송 기부 과학적 목적을 위한 계산력 아웃소싱 전자 잠금장치 전자 에너지 판매 제품 추적 게임 리뷰 및 승인

국내 블록체인 활용 예

2019년에 정부 지원금을 기반으로 6개의 공공 시범사업을 추진하였다. 관세청의 '개인 통관', 농식품부의 '축산물 이력관리', 국토부의 '간편한 부동산 거래', 외교부의 '국가 간 전자문서 유통', 선관위의 '온라인 투표' 해수부의 '해운물류'를 선제적 공공선도 사업으로 추진하였다.

2020년에는 서울시의 '시간제 노동자 권익보호' 등 12개로 확대하여 블록체인 프로젝트가 추진 중이다.

금융 분야에서도 활용가치를 인정받으면서 은행을 비롯한 금융기관에서 다양한 시도를 하고 있다. KB국민은행, 신한은행, 하나금융지주 등 시중은행 대부분이 블록체인을 디지털 뱅킹 핵심 기술로 인식하고 다양한 AI 기술 제휴를 통해 은행 상품을 개발하고 있다. 무역금융, 환율 및 송금, P2P결제, 클라우드 펀딩, 부동산 거래, 보험, 주식 및 채권 발행 등이 활용성이 높은 것으로 추진되고 있다.

네이버, 카카오, 이동통신 3사가 선보인 모바일 신분증도 블록체인 기반 서비스다. LG CNS가 기술을 제공한 행정안전부의 모바일 공무원증과 카카오톡 · 패스(PASS) 앱 등에서 시범 운영 중인 모바일 운전면허증 역시 블록체인으로 '원본'을 인정받는 방식이다.

스타트업 '트러스트버스'는 2021년 3월에 블록체인으로 중고 명품

시계에 대한 감정과 인증, 위탁 등 정보를 투명하게 공개하는 거래 앱 '캔버스'를 출시했다. GS홈쇼핑이 투자한 명품 거래 앱 '구하다' 역시 블록체인으로 품질 이력을 공개한다.

블록체인을 활용한 금융거래도 영역을 넓히고 있다. 가상화폐를 일정기간 예치하면 가상화폐로 이자를 받고, 가상화폐로 개인 대출을 해주며 이자를 받는 것도 가능해졌다.

비트코인과 블록체인

블록체인 기술을 이야기할 때면 항상 '비트코인'이 뒤따라온다. 블록체인 기술이 비트코인과 함께 탄생했기 때문이다. 비트코인 기술을 처음 고안한 사람은 일본의 '사토시 나카모토(中本哲史)'라는 개발자다. 사토시가 2007년 글로벌 금융위기 사태를 통해 중앙집권화된 금융 시스템의 위험성을 인지하고 개인 간 거래가 가능한 블록체인 기술을 고안했다.

사토시(哲史)는 중앙은행 없이도 가치가 유지될 수 있는 온라인 화폐를 고민했고, 이 화폐를 유지할 수 있는 수단으로 블록체인 기술을 생각해냈다. 온라인 화폐는 전자 신호로 만들어져 실제로 손에 잡히지 않는 만큼 지폐나 동전보다 더 신뢰도를 높일 수 있는 수단을 강구해야 했다.

이후 2009년 사토시는 블록체인 기술을 적용해 암호화폐인 비트코인을 개발했다. 비트코인은 생긴 지 5년 만에 시가총액으로 세계 100대 화폐 안에 들어갈 정도로 성장했다. 그는 〈비트코인: P2P 전자화폐 시스템〉이라는 논문에서 비트코인을 전적으로 거래 당사자 사이에서만 오가는 전자화폐로 정의했다. P2P(Peer to Peer) 네트워크를 이용해 이중지불을 막아준다는 것이다. 즉, P2P 네트워크를 통해 이중지불을 막는 데 쓰이는 기술이 바로 블록체인이다.

비트코인은 특정 관리자나 주인이 없다. P2P 방식으로 작동하기 때문이다. P2P는 개인 간 거래를 의미하며 인터넷으로 다른 사용자 컴퓨터에 접속해 파일을 교환·공유할 수 있는 서비스다. 비트코인은 개인이나 회사가 아닌 여러 이용자 컴퓨터에 분산 저장된다.

비트코인에서 10분에 한 번씩 만드는 거래 내역 묶음이 '블록'이다. 즉 블록체인은 비트코인의 거래 기록을 저장한 거래 장부다. 데이터베이스(DB)로 이해하면 쉽다. 거래 장부를 공개하고 분산해 관리한다는 의미에서 '공공 거래장부'나 '분산 거래장부(Distributed Ledgers)'로도 불린다.

사토시는 전자동전이 이동하는 과정을 모두 기록하고, 이 기록을 화폐에 관심이 있는 모든 사람이 언제든지 볼 수 있는 프로그램을 개발했는데 이 프로그램이 바로 블록체인 기술이다. 처음 만들어진 동전을 A가 받고, A는 전자동전을 B에게 주고, 이 동전이 C를 거쳐 D에게 갈 때까지 모든 과정을 전자 장부에 기록했다. 이때 각 정보를 한 곳에 기록하지 않고 블록 단위로 나눴다. 각 블록은 꼬리에 꼬리를 무는 것처럼 정보가 겹쳐 긴 사슬(체인)처럼 연결된다. 일단 한 번 기록된 블록은 앞뒤로 다른 블록과 연결되기 때문에 정보를 바꾸는 것이 어렵다. 블록 하나에 들어있는 기록을 바꾸기 위해서는 해당 체인에 있는 모든 블록의 정보를 바꾸어야 하기 때문이다.

사토시는 여기에 한 가지를 더했다. 정보를 담고 있는 블록체인(= 장부)은 원하는 사람은 누구나 가질 수 있었다. 블록은 블록체인을 가지고 있는 사람 중에서 수학적 방법을 이용해 무작위로 추첨했으며 추첨에서 뽑힌 사람(= 컴퓨터)가 블록을 만들면 해당 블록은 블록체인을 가진 모든 컴퓨터에 정보가 전송돼 블록체인에 연결된다. 정보를 조작하려면 해당 블록체인을 갖고 있는 모든 컴퓨터를 동시에 해킹해서 블록체인을 조작해야 했다.

실시간 거래 정보 공유

사토시의 기술에서는 전자동전(비트코인)을 썼지만 동전은 얼마든지 다른 것으로 대체할 수 있다. 전자우편, 전자물류정보, 전자거래, 전자계약서, 전자유통 등 전자정보로 바꿀 수 있는 수단이라면 무엇이든 블록체인 기술을 응용하는 것이 가능하다.

우리나라 벤처기업으로 의료정보 통합관리 플랫폼을 운영하는 '메디블록'에서는 의료 정보를 블록체인에 담으려 시도 중이다. 각 병원에 제각기 분리돼 있는 개인의 의료 정보를 블록체인에 저장해 스마트폰에서 자신의 의료 정보를 직접 관리하도록 하는 것이 목표다. 삼성SDS에서는 자체 개발한 블록체인 플랫폼 '넥스레저'로 물류유통과 거래정보를 공유할 수 있는 오픈 플랫폼을 만들었다.

의료 인공지능 프로그램 '왓슨'으로 잘 알려진 IBM은 다이아몬드 유통을 파악하는 블록체인을 운영한다. 다이아몬드 생산부터 최종 유통까지 과정을 모두 블록체인에 기록해 테러 같은 범죄에 이용되는 것을 원천적으로 막겠다는 의도다.

블록체인 기술은 이제 막 세상에 나온 기술이다. 지금까지 세상은 나카모토 사토시가 처음으로 제안한 전자 '동전', 비트코인에 주목하고 있었다. 그러나 동전 대신 다른 정보를 담으려는 시도가 전 세계 IT 개발자를 통해 진행되고 있다. 10여 년 전 세상에 나온 9쪽짜리 짧은 논문이 뉴턴의 사과처럼 세상을 바꾸고 있다.

소프트웨어 불법 복제 방지 기능

블록체인을 기반으로 하는 가상화폐 기술이 소프트웨어 추적 시스템에 활용되기도 한다. 마이크로소프트(MS)는 최근 가상화폐 이더리움 블록체인을 기반으로 구축한 소프트웨어 불법 복제 방지 설루션 '아르고스(ARGOS)'를 발표했다. 특정 블록이 생성될 때 '꼬리표'가 달리는 특성을 활용한 것으로, 자금 세탁을 방지하거나 불법 복제 콘텐츠를 역추적할 수 있다.

가상화폐 활용의 문제점

가상세계의 경제 규모가 커지면서, 비트코인을 포함한 가상화폐의 현금화에 관한 논쟁이 발생하고 있다. 국내의 경우 '게임산업진흥법'에 의해 가상화폐 환전은 불법으로 취급되지만, 미국에서는 린든 달러 등의 가상화폐가 미화로 환전 가능한 상태이다.

가상화폐의 활용과 관련한 문제의 첫 번째는 가상화폐를 정당한 노동의 대가로 얻은 부가가치로 인정할 수 있느냐 하는 점이다. 현실세계에서 옷과 같은 물건을 팔아 번 돈과 장물을 팔아서 번 돈은 구분된다. 합법적 자금과 불법적 자금으로 구분하여 불법 자금은 환수하거나 이를 근거로 체포도 가능하다. 하지만, 가상세계 가입자가 아바타 의상을 디자인하여 판매해 얻은 가상화폐와 사행성 게임을 통해 발생된 가상화폐를 동일한 가치로 여긴다. 가상세계에서 이 둘을 명확히 구분하지 못하므로 문제가 발생한다.

두 번째는 가상화폐를 새로운 거래수단으로 인정할지에 관련한 문제다. 인정 여부에 따라 가상경제 활성화라는 긍정적 효과 기대가 가능한 반면, 게임 중독 및 불법 거래, 탈세에 대한 우려가 교차하는 상황이다.

07 3D(Three Dimensions) 프린팅

3D 프린팅 개요

3D 프린팅은 평면으로 된 문자나 그림을 프린터로 인쇄하는 것이 아니라 컴퓨터 프로그램으로 만든 3차원 입체도형을 그대로 찍어내는 기계를 일컫는다. 어떤 제품 아이디어든 설계도만 있으면 플라스틱은 물론 고무, 금속, 세라믹 등 150여 소재로 한 시간에서 하루 안에 실물을 만들어낼 수 있다.

3D 프린팅 기술은 1980년대 초반에 개발된 기술로, 그 동안 전통적인 생산가공 기술의 보조 기술로써 시제품 개발에 주로 사용되어 왔다. 2D 프린터가 활자나 그림을 인쇄하듯이 3차원의 입체 물품을 만들어내는 3D 프린팅 기술은 최근 국내외적으로 의식주, 바이오, IT 등 많은 분야에서 혁신적인 결과를 가져올 수 있을 것으로 기대되면서 혁신적 미래 첨단기술로 여겨지고 있다.

3D 프린팅 기술은 한층 한층 재료를 쌓아 올려 3차원 입체를 구현해내는 적층가공 기술로서, 스캐닝이나 모델링을 통한 3차원의 이미지 정보를 기반으로 매우 복잡한 형상을 빠르고 용이하게 구현할 수 있다.

3D 프린팅 과정은 크게 모델링(modeling) – 프린팅(printing) – 마무리(finishing) 단계로 구분된다. 모델링 과정에서는 CAD와 같은 컴퓨터 그래픽 설계 소프트웨어를 통해 3차원으로 형상을 디자인하고 3D 프린터에서 사용되는 파일 포맷으로 변환되어 저장된다.

다음의 프린팅 과정에서는 해당 파일을 각각의 3D 프린터에 포함된 전용 프로그램에서 불러들이고 프린터 해상도에 따라 가로 방향으로 층(layer)을 분할한다. 3D 프린터는 이 정보를 입력받아 단일층을 차례로 적층하여 입체적인 형상을 완성시킨다.

마지막으로 마무리 과정에서는 사용된 재료와 프린터 형태에 따라 경화(硬化) 및 부산물 제거 등의 후처리 작업을 거쳐서 최종적으로 원하는 3D 출력물이 제작된다. 3D 프린팅을 통한 제조 방식은 기존 공정에 비해 조립 비용을 크게 낮출 수 있으며, 제작에 소요되는 에너지가 약 50% 이상, 소재는 약 90% 이상 절감할 수 있다고 알려져 있다.

3D 프린팅은 적층 방식이나 재료에 따라 다양한 종류가 있는데 크게 고체 재료를 녹이거나 부드럽게 하여 적층하는 방식과 액체 재료를 선택적으로 굳혀 적층하는 방식이 있다. 3D 프린팅 방식으로 다양한 재료와 다양한 방식의 기법들이 사용되고 있으며 재료 또한 고무, 금속 외에도 종이, 나이론, 금속분말, 모래 등도 사용된다.

보통 한 번에 적층되는 층의 두께와 선폭은 약 16~100마이크로미터 정도이다. 또한 한 가지 소재가 액체나 고체 혹은 형상 등을 달리하여 여러 프린팅 방법에 사용될 수 있다.

3D 프린팅 기술의 개발 동향

현재 수준의 3D 프린팅 기술은 단순히 제품의 최종생산 전 단계에 시제품 제작을 통한 형상 보완 기능을 가진 기술 수준을 넘어서지 못하고 있었으나 최근 국내외의 정책과 개인의 다양성을 중시하는 시대 흐름과 함께 3D 프린팅 기술에 대한 급격한 변화가 시도되고 있다.

전 세계적으로 많은 나라에서 미래 산업으로 규정하고 기술 발전에 투자하고 있는 가운데 미국에서는 특허나 노하우 같은 압도적인 지식재산권을 보유하면서, 정부 차원의 적극적인 연구지원이 가장 먼저 시작되고 있다. 또한 유럽, 일본, 중국 등 이른바 기술 선진국들도 적극적으로 3D 프린팅 기술 개발에 뛰어들고 있다.

우리나라도 2014년 초부터 3D 프린팅 기술을 빅데이터, 사물인터넷과 함께 창조경제를 실현할 미래 성장 동력으로 분류하고 있으며, 이에 따른 집중적인 관심과 지원을 늘리고 있다. 특히 3D 프린팅 기술을 이루고 있는 소재, 장비, 공정 및 활용 분야에서 많은 관심이 집중되고 있다.

3D 프린팅 기술은 1984년에 개발된 이후 2000년대 초반까지 제품 모형이나 시제품을 제작하는 범위에서 계속 사용되어 왔다. 최근 들어 미국을 비롯한 국가들에서 제조업을 이끌 생산기술로 3D 프린팅 기술을 제안하면서 맞춤형 기반의 다품종 소량(혹은 대량) 생산이라는 3D 프린팅의 특징이 크게 주목받게 되었다.

단순한 제조 공정을 뛰어넘어 스포츠, 문화, 생명, 나노과학 등과의 융합이 이루어져 보석류, 완구류, 산업 디자인, 토목 및 건축, 패션 및 엔터테인먼트 산업과 기술적 난도가 높은 자동차, 항공/우주, 방위산업, 의료기 등 다양한 산업 분야에서 제품 개발에 활용되고 있다.

또한 세계적으로 3D 프린터 시장을 양분하고 있는 업체인 스트라타시스(Stratasys)[12] 사의 원천기술 특허가 2009년 만료되었고 3D시스템스사의 금속 소결 방식의 원천 특허도 2014년 2월에 만료되면서 3D 프린팅 기술이 개방화되었다.

최근에는 다국적 기업인 마이크로소프트, 애플이나 포드 자동차 등에서도 3D 프린팅 기술을 가진 회사와 합작을 통한 기술 개발에 나서고 있다. 특히 2015년 이후 기존 기술 대비 100배 빠른 프린팅

---

12) 세계 1위의 3D프린터 제조업체이다. 미국 스트라타시스와 이스라엘 오브젯이 합병해 탄생한 회사로, 기업 규모로나 기술력 면에서 업계에서 가장 앞섰다는 평가를 받는다.

방식이 발표되고, 소재 및 공정기술에서도 획기적인 방법들이 제시되고 있다.

소재 분야에서는 전통적인 3D 프린팅 소재의 한계를 극복하기 위한 기술 개발과 여기에 추가적으로 기능성을 부여하기 위한 기술 개발이 진행 중이다. 그래핀이나 탄소나노튜브, 기능성 나노입자 등의 나노물질이나 생분해성 소재 등의 친환경 소재나 세포와 같은 바이오 소재 등을 혼합하여 원하는 기능성을 갖는 신소재가 개발되고 있다.

3D 프린팅 기술의 응용 분야

자동차 / 우주항공 부문

자동차의 대시보드, 바디패널 및 부품의 시제품에 3D 프린터를 사용하고 있는 추세이다. 고급 스포츠카 람보르기니는 시제품 제작에 3D 프린터를 사용해 4개월 동안 4만 달러가 소요되는 기존 작업을 20일 동안 3천 달러 수준으로 제조 단가를 줄일 수 있었다. 비슷한 사례로 GM은 2014년 중형 세단 말리브 제작 시 3D 프린터를 사용하여 제작 시간을 단축시켰다.

최근 3D 프린터를 이용해서 자동차 콘셉트 카를 만드는 업체들이 생겨나고 있다. 자동차 문틀의 소재를 알루미늄에서 3D 프린팅으로 만든 탄소봉으로 바꾸어서 무게를 90%까지 낮춘 사례가 보고되었으며, 소형 자동차 차체를 3일 안에 프린트할 수 있는 기술도 선보이고 있다. 특히 항공기의 엔진과 같은 고부가가치 부품을 제작하고, 미국항공우주국(NASA) 등에서 추진하는 달기지 건설을 위한 특수 환경에서도 활용 가능한 3D 프린팅 기술이 개발되고 있다.

민간 우주 시대가 도래하면서 로켓 제작부터 우주정거장 유지 및 보수, 우주 식민지 건설, 식량 생산까지 다양한 분야에서 3D 프린팅 기술이 개발 중이다. 우주 관련 기업들이 3D 프린팅을 활용하는 가장 큰 이유는 개발 비용과 시간을 단축할 수 있기 때문이다. 테슬라가 설립한 스페이스X는 로켓 엔진 밸브를 3D 프린터로 제작해 몇 달이 걸릴 공정을 단 이틀로 줄였다. 더구나 3D 프린팅에 많이 쓰이는 탄소 복합제는 금속보다 강하면서 가볍다.

뉴질랜드 우주기업 로켓랩은 탄소 복합제로 고온과 고압을 견디는 로켓 엔진을 개발해 발사하는 데 성공했으며, 이스라엘 대체육(代替肉) 개발업체인 알레프 팜스는 2019년 국제우주정거장에서 3D 프린터로 고기를 만들었다. 동물 세포를 잉크로 사용해 고기의 맛과 질감이 유사한 조직을 만든 것이다.

교육 부문

3D 프린팅을 이용하는 수업은 학생들의 수업 이해력과 창의력을 향상시킬 수 있으며 더 나아가 학생들이 직접 프린터 제작 및 디자인을 설계, 형상 제작에 이르기까지 여러 각도에서 참여할 수 있어 교육 분야에서의 활용 분야는 무궁무진하다. 최근 창업보육센터나 대학교에서 특별 강좌를 개설하여 3D 프린터 교육을 하는 곳이 늘어나고 있으며 3D 프린터 강사 자격증 시험 등이 생겨나고 있다.

한국과학기술연구원(KIST)에서는 시각장애 학생들을 위한 교재로 3차원 입체 교구를 개발하고 있다. 시각장애 학생들이 배우고 있는 점자 중심의 점자책에는 생략되어 있는 그림들을 3D 프린팅 기술을 이용하여 3차원 형상의 촉각 교재로 제작하고 있다. 서울맹학교와 함께 개발하고 있는 3차원 입체 교구는 고인돌, 석굴암, 첨성대 등의 유물이나 꽃의 성장 과정을 비롯하여 빛의 굴절 등에 이르기까지 다양하게 제작하고 있다.

에너지 · 나노 부문

미국의 하버드대학교의 연구진은 3D 프린터로 세계에서 가장 작은 리튬이온 배터리를 프린트해 만든 후 의료용 로봇을 가동하는 데 성공했다. 초미세 3D 프린터로 사용된 노즐의 크기는 30마이크로미터에 불과했다.

연구진은 16겹의 리튬 금속산화물층을 쌓음으로써 서로 엇갈린 방식의 다섯 갈래로 된 전극을 만들었고 충·방전 기능, 수명, 에너지 밀도 등을 통해 본 이 전지의 전기화학적 성능은 상업용 배터리에 견줄 만하다고 한다.

의료 · 헬스케어 부문

3차원 스캔 이미지를 기반으로 맞춤형 제작 기술이 가장 필요로 하는 분야는 의학이나 헬스케어 분야이다. 모든 사람의 몸체가 각기 다른 특징 및 형상을 갖기 때문에 맞춤형 기술인 3D 프린팅 기술은 최적의 기술이다.

2021년 동경올림픽에 출전한 우리나라 양궁 선수 개개인의 손에 최적화시킨 맞춤형 '그립'이 좋은 예이다. 그 동안은 활 손잡이인 그립이 손에 맞지 않아 그립을 깎거나 밴드를 감아 자신의 손 모양에 맞게 조정하여 사용했다. 최근에는 단단하면서도 가볍고 미끄러짐이 거의 없는 알루마이드 소재로 그립을 프린팅하여 사용한다.

의료용 3D 프린팅 기술은 보청기, 임플란트, 인공 뼈, 의학 보조기 등의 분야에서 활발하게 연구가 진행 중이다. 미국 델라웨어 병원은 희귀성 근골격계 질환인 관절 만곡증을 갖고 출생한 환자를 위해 3D 프린터를 이용해 의료용 로봇 팔을 제작하였다. 어깨와 팔 등의 신체 크기에 맞게 제작된 로봇 팔은 팔의 움직임을 도와줌과 동시에 성장 속도에 따라 제작 및 교체가 가능해졌다. 의학 보조기로써 의수와 의족에 대한 연구 및 실용화 기술 개발도 한창이다.

2002년 미국 캘리포니아주립대 의대에서는 샴쌍둥이의 붙어 있는 신체부분을 MRI로 촬영한 후 모형을 제작하여 두 아이의 내장과 뼈가 다치지 않도록 분리하는 예행연습을 실시하고 위험한 수술을 빠르고 안전하게 성공적으로 마친 사례가 있다. 일반적으로 100시간 가까이 걸리는 수술 시간을 22시간으로 단축한 사례이다.

삼성서울병원 이비인후과에서는 국내에서는 처음으로 코 암의 일종인 부비동암을 앓고 있는 환자의 수술에 앞서 환자의 CT 영상 데이터로부터 환자의 수술 부위 골격을 3D 모형으로 제작해 얼굴에서 절제 범위를 확인하고 절제부위와 뼈 두께 등을 확인하며 수술에 이용하였다.

건설 부문

지금까지 3D프린터로 건물을 출력하는 시도는 많았지만 대부분이 주택 일부만 출력해 조립하는 방식을 취해왔다. 이런 방식으로 출력한 결과물은 현지로 운반해 다시 조립하는 과정을 거쳐야 했다.

이에 비해 미국의 3D 프린팅 건설 스타트업 '아피스코르(Apis Cor.)'가 개발한 3D프린터를 이용하면 현지에서 출력하기 때문에 조립하는 수고를 덜 수 있다. 건설 장소에서 3D프린터로 곧바로 출력할 수 있다는 게 가장 큰 장점이다. 크레인기반의 3D 프린터를 이용하여 현장 주변에서 구조물을 만들고 있으며, 사용된 '잉크'는 자체 개발한 시멘트 기반의 혼합물만을 사용해 건축을 완성시키고 있다.

3D프린터는 기존에 입력된 도면에 따라 앞뒤(x축), 좌우(y축), 상하(z축)를 움직이며 형상을 만드는데, 프린터에 달린 노즐이 치약을 짜내는 것처럼 특수 시멘트 액체 등을 뿜어 구조물을 쌓는다.

아피스코르가 러시아에서 약 40m²(약 12평) 크기의 집을 3D프린터로 뽑아내는 방식으로 지었는데 외부 콘크리트 타설부터 내부 인테리어까지 3D프린터가 마무리하는 데 소요되는 시간은 24시간에 불과했다.

최근에는 두바이 정부를 위해 640m² 의 2층 사무실 건물을 단일 프린터를 사용해 완성했는데 지금까지 인쇄된 건물 중 가장 큰 건물을 출력했다. 아피스코르 3D프린터는 현지에서 건물 전체를 출력하기 때문에 일손이 전혀 필요하지 않은 완전 자동화를 이루고 있다.

미국의 3D 프린팅 건설기업 SQ4D는 2021년 초에 3D 프린팅으로 지은 주택을 일반인에게 분양하는 정부의 허가를 받았다. 분양하는 단층 주택은 약 157.9m² 면적으로 방 3개에 차고도 있으며, 집 짓는데 48시간밖에 걸리지 않는다고 한다. 수명은 50년, 가격은 30만 달러(약 3억 4,000만 원)로 주변 주택 시세보다 저렴하다.

인공장기 개발 부문

미국 코넬 의대에서는 살아 있는 세포로 만들어진 주입용 겔(Gel)로 3D 프린팅 기술을 사용해 실제 귀와 동일한 모양의 인공 귀를 제작하였으며 최근에는 세포를 직접 프린팅할 수 있는 기술들이 개발되고 있다.

미국의 3D 바이오프린터 벤처기업인 오가노보(Organovo)에서는 3D 프린터로 만든 간, 콩팥 등의 바이오 프린팅 소재를 개발해 상용화 단계에까지 도달하였다고 한다.

미국의 웨이크포레스트 대학에서는 3D 프린터 기술을 이용하여 환자의 상처를 확인하고 상처 부위 바로 위에서 상처의 깊이와 폭을 측정하여 인공피부를 직접 출력하는 3D 바이오 프린터를 개발하였다.

포스텍 연구팀은 줄기세포를 이용해 손상된 조직이나 장기 재생 가능성에 관한 연구를 진행했다. 재생시킬 수 있는 조직과 장기의 크기가 작아 결손 장기를 회복시키기에는 어려움이 존재했으나 줄기세포와 뼈 형성 단백질 등을 재료로 3D 프린팅을 함으로써 조직이나 장기 재생이 가능하게 되었다.

소셜 매뉴팩처링(Social Manufacturing) 부문

3D 프린팅 기술의 발전은 제조업의 디지털화를 촉진하고 있으며, 인터넷과 SNS 등을 통해 사용자의 아이디어를 반영하여 생산하는 소셜 매뉴팩처링을 더욱 가속화하면서 전 세계를 대상으로 생산, 유통, 소비를 가능케 하고 있다.

나이키 운동화의 경우 온라인 사용자들이 디자인 과정에 참여해서 만든 운동화가 매출의 20% 이상을 차지하고 있다. 여기서 생산되는 운동화의 밑창을 3D 프린트로 만들기 시작하면서 생산성이 획기적으로 향상된 것이다. 과거에는 1년 동안 운동화 50만 켤레의 생산에 종업원이 600명 정도 필요했는데, 지금은 단 열 명이면 가능하다. 운동화 윗부분을 만드는 로봇과 신발 밑창을 만드는 3D 프린터가 투입되면서 봉제선이 없는 튼튼한 운동화를 만들고 있다.

네덜란드 회사 셰이프웨이스(ShapeWays)는 전 세계 디자이너들의 3D 프린팅 업무를 대신하는 프린팅 대행업체로, 등록된 도안들을 바탕으로 3D 프린팅 제품을 판매하는 서비스를 시작하면서 종합 3D 프린팅 서비스 업체로 성장한 스타트업이다. 뉴욕에서 3D 프린팅 마켓플레이스 및 서비스를 제공하고 있으며, 사용자가 디자인하여 이를 프린팅 가능한 파일로 셰이프웨이스 웹사이트에 업로드하면 셰이프웨이스를 통해서 실제 모형 프린팅이 가능하며 이를 다른 사용자에게 팔 수도 있다.

4D 프린팅 기술

3D 프린팅 기술이 디지털 정보와 3D 프린터를 이용하여 원하는 입체를 구현하는 것을 의미한다면, 4D 프린팅 기술은 이러한 3D 프린

터에 의해서 나온 구조체가 환경에 반응하여 시간에 따라서 변화하는 개념을 추가하고 있다. 3D 프린팅 기술을 이용해 만든 물체가 온도, 햇빛, 물 등의 요인에 따라 스스로 변형되도록 만드는 기술이 4D 프린팅 기술이다.

예를 들어 3D 프린터로 의수(義手)를 출력했다고 하면, 특정 온도나 압력 혹은 외력의 특정 조건에 의해서 출력물의 손가락이 접히거나 움직일 수 있게 프린팅하는 것이 4D 프린팅이라 할 수 있다.

4D 프린팅 기술을 이루고 있는 핵심 요소 기술은 스마트 소재와 변화 과정을 예측할 수 있는 설계 기술, 그리고 스마트 소재를 프린트할 수 있는 고기능성 3D 프린터 및 공정기술이다.

기존의 3D 프린팅 소재는 플라스틱, 금속, 세라믹 등 종류도 매우 다양해지고 있지만 4D 프린팅 기술에서 사용하기에는 소재의 측면에서 여러 가지 제약이 따르는 경우가 많다. 현재 4D 프린팅 기술에서 사용되고 있는 스마트 소재는 온도에 반응하여 길이나 형상이 변화하는 소재를 사용한다.

또한 UV 에너지에 반응하는 소재를 3D 프린팅 소재로 사용하여 프린팅 할 경우 햇빛과 같은 UV 에너지에 반응할 수 있는 4D 프린팅이 가능하다. 물이나 액체를 쉽게 흡수하는 소재를 이용한 3D 프린팅 기술에 대한 연구도 이루어지고 있다.

4D 프린팅 기술이 발전할 경우 3D 프린터의 출력 한계, 즉 물체의 크기와 부피의 한계를 극복하는 대안이 될 수 있다. 예를 들어 3D프린터로 한 번에 테이블을 만들기 위해서는 그 크기에 맞는 대형프린터가 필요하다.

3D 프린터의 급속한 기술 발달과 관련 분야의 소프트웨어 발달과 함께 4D 프린팅도 더욱 활성화될 것이며, 특히 3D 프린터에 스마트 소재와 스마트 설계가 결합되어야 하기 때문에 한동안 4D 프린팅

소재인 소재 개발에 집중할 것으로 예상된다.

프린터 속도의 경우 최근 기술의 급격한 발전이 이뤄지고 있으며 실제로 카본 3D 사에서 개발한 프린터가 기존 대비 거의 100배 빠른 속도의 향상을 보이고 있다. 추가적인 기술 발전이 이뤄지면 속도와 해상도의 획기적인 향상이 가능할 것으로 기대된다.

프린팅 소재의 경우 다양한 소재가 프린팅 소재로 사용되고 있지만 복합 소재나 기능성 소재의 프린팅 연구가 필요하다. 금속이나 세라믹, 바이오 소재 등의 단일 소재에 대한 프린팅이 가능하지만 금속과 세라믹, 금속과 플라스틱 등 2개 이상의 다종 소재에 대한 프린팅 기술은 4D 프린팅 기술의 폭발적인 응용 확대를 가져올 것이다.

3장

인공지능(AI)에 의한 환경 변화

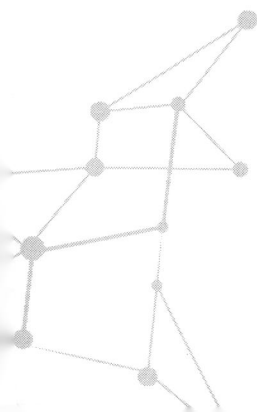

01 기존 산업사회에 미치는 영향

미래사회 환경 전망

AI와 결합한 기계나 장비 등이 휴가나 의료혜택, 퇴직금 없이도 사람보다 업무를 더 잘 수행할 수 있다는 4차 산업혁명의 명암은 경제·사회 모든 부문에 빠르게 확산되고 있다. 정보통신기술의 발달로 국경이 사라지고 사람과 사물, 사물과 사물이 인터넷을 통해 연결되는 초연결사회가 되어 전 세계가 실시간으로 소통과 융합이 가능해지고 있다.

디지털 경제의 확산으로 자동화는 생활화되고 핀테크, 무인점포는 증가할 것이며, 유통은 오프라인에서 빠른 속도로 온라인으로 재편될 것이다. 다양한 산업 분야에서 이뤄지는 연결과 융합은 새로운 가치를 창출해내고 있고 새로운 비즈니스 모델을 만들어 다양하게 시도되고 있다.

대기업과 중소기업을 비교한다면 인공지능, 자동화 등에 투자여력이 있는 대기업에 유리할 수밖에 없다. 그러나 인공지능이 전기와 같은 인프라 형태로 제공된다면 자유로운 인공지능 플랫폼 생태계에서 중견·중소기업들의 혁신이 활발히 일어날 것으로 예상된다.

광범위한 변화와 위기(위험과 기회)

AI 기술이 산업에 획기적인 변화를 이루면 자동차 등의 제조업은 물론 금융, 운수, 관광, 건설, 의료, 농업에 이르기까지 거의 모든 산업에 영향을 미쳐서 산업구조나 경쟁구조가 크게 변할 가능성이 농후하다. 건설 현장 등 노동집약적인 서비스 산업, 농업 등 제1차 산업에 이르기까지 미치는 영향이 광범위한 변화를 야기해서 기존의 경영조직이나 구성원은 이제까지 경험해 보지 못한 위기를 동시에 맞이하고 있다. 변화에 적응하지 못하는 조직은 도태되고 기회를 살려 생산성을 높이는 조직은 계속 성장할 것이다.

제조 현장에서 기계적인 작업이 감소하는 것과 마찬가지로 지적인 업무에서도 같은 변화가 일어난다. 예를 들면, 매일 같은 일을 하는 회계사나 경리, 영업의 전표 처리 같은 업무는 축소될 것으로 보이나 비슷한 업무인 세무사나 변호사는 크게 지장을 받지 않을 것이다. 세무사의 경우 세무서의 판단이 자유재량의 여지가 많아 조정과 교섭의 필요성이 있으며, 같은 의미로 변호사의 업무도 법률 해석의 여지가 존재하기 때문이다. 사람과 사람 간의 교섭의 여지나 인간 재량의 범위가 넓은 부분은 사람의 업무로 남을 것이다.

제조업 강국인 우리나라의 경우 4차 산업혁명의 파도 속에서 더 많은 기회가 주어져 있다고 할 수 있다. 4차 산업혁명의 미래를 보여 준다는 CES[1]에서 한국의 가능성을 엿볼 수 있다. CES에 제품을 출품하는 국가는 우리나라를 비롯한 미국, 일본, 독일, 중국의 5개국이 주요 출품국이고, 가끔 덴마크, 노르웨이 등 북유럽 국가들이 참여할 뿐이다.

CES에서 출품작을 볼 수 없는 영국, 프랑스, 이탈리아, 스페인과 같은 경제대국들의 공통점은 세계 경제 구조 속에서 제조업의 기반을 상실한 국가들이라 할 수 있다. 금융업을 중심으로 하는 영국이나 명품 생산 위주의 프랑스와 이탈리아, 그리고 관광산업에 의존하는 스페인의 경우 4차 산업혁명의 흐름에서 소외될 수밖에 없다.

---

1) Consumer Electronic Show로 알려져 있으며 전 세계적으로 메이저 전자회사와 업계 전문가들로부터 명망 있는 전자·신기술 박람회이다. 이 쇼는 매년 1월 미국 네바다주 라스베이거스 컨벤션센터에서 열린다.

제조업 중에서도 큰 변화가 예견된다. 자동차 산업만 해도 볼보는 2019년부터 로봇에 의한 전기차만 생산하고 포드와 GM, BMW는 2025년부터 자율운행차를 보급할 계획을 세웠다.

물론 상당한 시간이 더 소요되겠지만 230여 년을 유지해온 가솔린 기관의 교체는 연료에서부터 생산과 부품, 유지관리에 이르기까지 자동차 연관 산업에 전혀 예기치 못했던 파급 효과를 불러오고 있다.

저렴한 인건비로 생산에 참여해 왔던 개도국들은 이제 공장에 인력을 제공할 수 없게 되었고, 그 임금을 바탕으로 자본을 형성하거나 기술의 이전 기회도 완전히 차단되었다. 이렇듯 4차 산업혁명은 선진국과 저개발국의 격차를 더욱 크게 만들고 있다.

AI와 직접적으로 관련된 변화

정보 공급의 대량화, 보편화

2005년에 100기가바이트를 저장할 수 있는 USB가 나왔다. 2010년에는 1테라바이트 저장 USB가 등장하고 2050년에는 1요타바이트까지 저장 가능한 USB까지 나올 것이다. 데이터 용량이 커지고 보편화, 상용화되면 전기나 물처럼 가정에 정보를 공급하는 시대가 된다.

미래에는 정보에 어두운 것이 문맹이 될 것이며, 죽을 때까지 배워야 하는 무서운 세상이 닥칠 것 같다. 정보화된 미래사회는 기회이며 위기인 것이다.

5G 시대의 개막

세계 최초의 5세대 이동통신(5G) 상용화가 2019년 4월 한국에서 막을 올렸다. 이에 따라 이동통신 시장은 4세대 이동통신(4G) 이후 8년 만에 세대교체를 이루게 됐다. AI, 드론, 자율주행차 등 최근 글로벌 기업들이 낙점한 신성장 동력 사업에는 한 가지의 공통점이 있다. 바로 초연결·초저지연·초고속의 특징을 지닌 5G가 산업의 기초 역할을 할 수 있다는 것이다. 4G보다 약 20배 빨라진 속도와 한층 강화된 연결성은 산업 현장에서도 큰 변화를 이끌 것으로 기대된다.

이동통신사들은 향후 B2B(기업 대 기업) 영역에서 기대되는 대표적인 산업군으로 스마트공장에 주목한다. 최근 제조업 공장들은 스마트공장으로 변신 중인데 여기에는 이통사들의 5G 플랫폼이 적용되기 때문이다. 5G를 통해 제품의 불량품 출하를 획기적으로 줄이고 생산과 물류 과정을 보다 효율적으로 관리할 수 있을 것으로 기대하고 있다.

스마트공장뿐만 아니라 5G가 쓰일 수 있는 B2B 영역은 무궁무진하다. 5G의 초저지연 특성은 자율주행차의 필수 조건이다. 5G망으로 통신하는 자율주행차는 시속 100km로 달리는 와중에도 3cm 앞에 닥친 위험을 감지해 제동을 걸 수 있다. 주변 교통 상황을 감지하고 브레이크를 밟는 데 걸리는 시간을 '0'으로 만들 수 있다.

5G 시대 통신사가 주목하는 것은 가상현실(VR)과 증강현실(AR)이다. VR·AR과 같은 미디어는 초연결·초고속·초저지연의 특징을 지닌 5G와 어우러졌을 때 빛을 발하기 때문이다.

전자상거래의 활성화

비대면 문화가 진전되고 코로나로 인한 현금거래가 축소되면서 신용카드를 비롯한 전자거래가 현금거래를 대체하고 있다. 소비자는 편리해서 좋고 기업은 거래비용을 축소시킬 수 있기 때문에 대부분의 거래는 현금이 아니라 컴퓨터 파일 간의 데이터를 이동하는 것으로 완료된다.

현금거래는 사회적 비용(GDP의 1.5%)이 발생하는 데 비해, 전자거래는 현금관리에 수반되는 관리비나 경비를 삭감할 뿐 아니라 시간 절약과 현금 수송의 수고도 생략할 수 있다.

국제무역에도 큰 역할을 수행한다. 페이팔(paypal)[2]이나 스트라이프(stripe)[3] 등 결제서비스는 디지털 결제로 비용을 절감하고 있고, 알리페이(알리바바 그룹의 온라인 결제서비스)와 애플페이는 편리성이 높은 서비스를 제공하고 있다.

또한 비합법적 거래를 미연에 방지하는 효과뿐 아니라 세금 부과의 정확성 측면에서도 정부나 중앙은행도 전자거래를 권장하고 있다.

언택트 마케팅의 활성화

모바일과 디지털 기기 이용에 친숙하고 유튜브나 페이스북 등 소셜 네트워크 서비스(SNS)를 통해 정보를 얻는 젊은 층을 중심으로 점원과 접촉을 최소화하면서 비대면 형태의 소비를 추구하는 언택트(un-tact)족이 늘고 있다.

이들을 겨냥한 기업들의 언택트 마케팅도 서비스 전반으로 확산되고 있다. 인공지능, 빅데이터, 증강현실(AR), 사물인터넷 등 첨단기술과 접목된 비대면 방식으로 상품거래가 이뤄지는 마케팅을 의미한다. 대표적으로 은행과 금융권의 비대면 계좌 개설과 대출, 배달의민족, VR 쇼핑, 셀프 주유소, 무인 상점 등이며, 이런 곳에서는 주문

---

2) 페이팔 홀딩스 주식회사(PayPal Holdings, Inc.)는 전 세계 온라인 지불 시스템을 운영하는 2002년에 설립된 미국의 회사이다. 온라인 판매자, 경매 사이트 그리고 다른 상용 사용자들을 위한 지불 처리 시스템으로 운영되는데, 거래 상대방에게 자신의 은행 계좌번호나 신용카드 번호의 노출없이 클릭 한 번으로 송금 처리를 완료할 수 있는 서비스를 제공하며 송금받는 사람들에게는 일정한 소액 수수료를 청구하고 있다.
3) 2010년에 설립된 회사로 기존의 복잡했던 온라인 결제 시스템을 간단 명료하게 탈바꿈시켰다. 페이팔은 결제 과정이 9단계로 되어있지만 스트라이프는 이 과정을 단 3단계로 단축시켰다. 또한, 온라인으로 구매한 물건의 결제를 위해 페이팔은 별도의 결제창을 열어야 하지만 스트라이프는 그런 과정 없이 바로 결제가 된다.

을 위해 줄을 서거나 매장에서 직원을 직접 대면하지 않아도 된다.

1인 기업 시대의 대두

2020년말 1인 기업의 사장이 415만 2,000명으로 1년 전보다 1만 3,000여 명이 증가했다. 최저 임금 인상의 여파에 코로나 사태까지 겹쳤기 때문으로 보인다. 교육 수준이 향상되고 기업에 도입되는 AI, 로봇 등 기술도 다양해지면서 이제 1인 기업의 시대가 더욱 확대될 것이다. 가까운 미래에는 대부분의 일자리에서 팀워크가 사라지고, 각자 1인 기업 대표가 되어 독립적으로 일하게 될 것이며 따라서 월급 개념도 점차 사라질 것이다.

기술을 가진 사람은 네트워크를 통해 프로젝트를 수주하는 형태로 작업할 것이며, 작업을 마치면 프로젝트 건당 혹은 시간당 임금을 받게 될 것이다.

자신이 가진 지식, 경험, 기술 등을 사용하여 보다 창조적인 서비스를 제공함으로써 이윤을 창출하는 경우 1인 창조기업이라 할 수 있으며, 전문성을 지니고 계약직이나 임시로 근무하는 '긱(Gig) 경제'의 바탕을 이루고 있다. 구체적으로는 소프트웨어 개발·홈페이지 제작 등 IT서비스, 만화·드라마·영화제작 등 문화콘텐츠 서비스, 전통식품·공예품 분야의 제조업 등 창의적인 아이디어나 전문 지식·기술 등 분야의 1인 기업이 대표적이다.

중소기업청은 통신업, 금융·보험업, 사업 서비스업, 교육 서비스업, 보건·사회 복지업, 오락·문화·운동 관련 서비스업에서 활동하는 프리랜서와 개인 사업자 등을 대상으로 고학력자의 실업 문제를 해결하고 새로운 일자리 창출을 위해 창업 자금 지원, 세금 감면, 사업 관련 각종 정보 제공 등 다양한 방법으로 지원하고 있다.

'긱(Gig) 경제'의 확산

경제 환경 측면에서도 많은 변화가 감지되고 있다. 통계청의 2020년 9월 고용동향에 따르면 15~64세 고용률은 65.7%로 전년 동월 대비 1.4%포인트 하락하고, 실업률은 3.6%로 전년 동월 대비 0.5%포인트 상승했다. 코로나19로 인해 가속화된 디지털 사회 속 직장생활 지속에 대한 걱정이 만연해지면서 '긱 경제'가 확산되고 있다.

긱(Gig, 임시로 근무하는 일) 경제란 기업의 필요에 따라 정규직 대신 계약직 또는 임시직으로 인력을 충원하고 그 대가를 지불하는 경제의 형태를 말한다. 즉 한 직장에서 정규직으로 계속 근무하는 게 아니라 여러 기업 및 수요에 따라 자신의 업무를 받아 일하는 임시직 위주로 돌아가는 경제를 말한다.

이러한 긱 경제가 인터넷과 SNS의 대중화로 성공적인 비즈니스 모델로 발전하고 있다. 차량공유 서비스 우버(Uber)의 운전기사나 숙박공유 서비스 에어비앤비(Airbnb)의 숙소 제공자 등 온디맨드(On Demand, 주문형) 서비스에 참여하는 프리랜서 및 1인 기업이 모두 긱 경제의 주체이다. 재능이나 시간 등이 있는 사람과 이를 필요로 하는 사람이 연결돼 서로 재화, 용역, 대가를 주고받는 거래 방식이다.

스마트폰도 긱 경제에 큰 영향을 미치고 있다. 운전 분야는 물론 주차 대행이나 쇼핑 도우미, 가사 도우미, 안마사, 요리사까지도 스마트폰 앱으로 호출할 수 있다.

코로나19 이후 고용 시장의 어려움이 지속되고 있는 상황에서 '긱 워커'들도 증가하고 있는데, 2019년 한국고용정보원의 플랫폼 관련 종사자 규모 추정과 특성 분석 보고서에 따르면 우리나라 긱 경제 종사자 수는 최소 47만~54만 명으로 나타났다. 노동시장에 유연성을 더하고 진입 장벽을 낮춰 자율적 근로 및 수입 확보가 가능한 긱 경제는 4차 산업혁명 시대를 맞아 더욱 활기를 띨 것으로 전망된다.

특히 AI 관련 엔지니어나 데이터 전문가 등의 인재 관련시장에서도 긱 경제로의 진전이 감지되고 있다. 물론 경영전략 수행과 관련된 인재의 경우에는 제외되겠지만 순수한 기술 부문에서 우수한 엔지니어를 항구적으로 직장에 매어두기는 어려운 상황이다. 고급 인력에 대한 대우의 차별화가 어렵고, 이들 인재들 입장에서도 특정 조직에 고정 근무하기를 꺼리기 때문이다. 따라서 이런 인재를 고용할 경우는 풀타임으로 근무하는 조건을 내세우기는 어렵고 주어진 업무에 일정기간 근무하기로 한다든지, 부업을 할 수 있도록 하는 계약을 체결하는 방법도 가능할 것이다.

실업률 증가

고령층이 늦게까지 일하는 한편 젊은 층의 실업률이 증가하고 있는 것은 세계적인 추세이다. 청소년이 일자리를 얻지 못하는 이유는 경제 환경뿐만 아니라 자동화의 진전이나 AI 도입이 진전되면서 미숙련 노동뿐 아니라 기술을 요하는 업무조차도 축소되면서 실업률은 더욱 증가하고 있다.

경제 발전에 기여하지 못한다는 문제는 별개로 청소년 실업의 증가 현상은 정신적인 만족이나 물질적인 충족을 이들에게서 빼앗고 있다는 사실이다. 실업자가 증가하면 사회 불안을 야기하고 생산력을 저하시키며 경제성장도 둔화시키는 요인으로 작용한다. 풍족하고 충실한 인생을 보내고자 하는 청소년의 희망을 앗아가고 있다.

4차 산업시대 실업자의 발생은 피할 수 없다. 실업자의 생활을 어떻게 보장할 것인가는 새로운 문제지만 항간에서 회자되는 기본소득을 일률적으로 분배하기보다는 실업자의 생활 보장 문제로 받아들이는 것이 바람직하다. 대부분의 사람이 실업자가 되는 것은 아니기 때문이다.

양극화의 심화

선진국과 저개발국, 부자와 빈자, 도시와 농촌 간의 양극화가 더욱 심화될 것이다. 기술 친화적이거나 새로운 정보통신 기술에 익숙한 사람과 기술에서 소외된 계층 간의 양극화가 강화될 것이고, 축적되는 정보량 특히 빅데이터의 질이 점점 더 차이가 날 수밖에 없을 뿐 아니라 각각 축적되는 데이터의 활용 빈도수도 다르기 때문이다. 성별, 연령, 학력, 인종 등 여러 변수가 존재하지만 특히 도시와 농촌 간의 양극화는 더욱 심해질 것이다. 농촌의 경우 사람 간의 데이터로 축적될 정보의 빈도수가 도시에 비해 적을 뿐 아니라 데이터화될 확률 역시 매우 낮기 때문이다.

우리 현실에도 양극화 현상을 체감하고 있다. 2020년 전국의 만 20~64세 취업자 1만 명을 대상으로 조사한 결과를 보면, 소득 상위 20%의 월평균 소득은 895만 원으로 1년 전보다 0.8% 줄었는데 하위 20%(183만 원)는 이보다 더 큰 폭(3.2%)으로 감소했다. 빚을 지고 있는 취업자는 10명 중 6명꼴(62.5%)로 2019년(52.8%)보다 10% 포인트 가까이 늘어난 것이다.

또 다른 자료로 통계청이 발표한 '2019년 주택소유통계'에 따르면 주택을 5채 이상 가진 이는 2015년 13만 7,899가구였지만, 이후로 꾸준히 늘어 2019년에는 16만 172가구로 집계됐다. 반면, 집이 없는 가구는 같은 기간 계속 늘어나 2015년 841만 2,344가구에서 2019년 888만 6,922가구로 증가했다. 2019년 무주택 가구는 전체 가구의 43.6%에 해당한다.

또한 고령화가 진전되면서 노인 빈곤율도 높아져서 OECD 평균 14.8%에 비해 3배나 높은 43.4%(자료: 한국경제연구원)에 이르고 있다는 사실이 양극화의 한 원인을 제공하고 있음은 안타까운 일이다.

코로나 사태를 거치며 나타난 'K자형 소득 양극화'[4]가 K자형 소비 양극화로 이어지고 있다. 코로나로 재택근무가 가능한 고임금, 사무직 근로자는 소득에 타격을 받지 않았으나 저소득자, 서비스업 종사자들은 실직, 무급 휴직의 직격탄을 맞으면서 소득 격차가 벌어지고 있다.

K자의 상승세에 있는 이들은 가처분 소득이 늘어난 데다 보상 소비 심리까지 겹치면서 고가 명품이나 서비스를 코로나 이전보다 더 찾게 되는 반면, K자에서 하락세를 탄 이들은 소비를 줄이고 최저가 상품에 의존하고 있다.

축소되는 중산층

양극화의 형성에 크게 영향을 미치는 요인임과 동시에 양극화의 결과이기도 하다.

높은 수준의 지식이나 기억력을 필요로 하는 직업과 대부분의 같은 일을 반복적으로 수행하는 법률이나 회계 부문의 업무 등은 AI가 대신 취급 가능한 이상적인 직종이다. 그동안 안정적이라 했던 일거리가 줄어들고 그들의 역할 범위도 축소되고 있다. 그 결과 구미에서는 년간 소득 5만 달러의 업무는 소멸하는 위기에 처해 있다고 한다.

미국의 여론조사 기관 퓨리서치센터(Pew Research Center)가 세계은행 자료를 분석한 내용에 의하면 전 세계 중산층은 2020년 한 해 9,000만 명이나 줄어들었다. 글로벌 중산층 감소는 30년 만의 일이다. 중산층이 무너지면 민주주의 약화로 이어질 수 있다.

---

4) 코로나로 인해 소득과 소비가 K자형 양극화를 나타내는 현상이다. 2020년 9월 조 바이든 미 대통령이 'K자형 경기 회복'을 언급하면서 쓰이기 시작했다. 고소득층의 소득과 소비는 급증하고 저소득층의 소득과 소비는 급격히 하락하는 모양새가 알파벳 K와 닮아서 'K자형'이라 한다.

평균임금의 상승 억제

AI나 로봇이 중·저소득의 업무를 대신하면서 발생하는 일의 부족으로 인하여 사회 전체적으로 평균임금은 답보 상태를 이어갈 것이다. 자동화의 진전이나 디지털 기술의 도입이 활성화되면서 미숙련 노동뿐 아니라 기술을 요하는 업무조차도 축소되면서 일거리는 더욱 줄어들고 있다. 평균 수명 연장으로 사회적 부담이 증가되는 한편 고령자는 더욱 오래 일하고, 젊은이들은 취업 기회를 얻기 어려운 상황에서 저임금의 저개발 국가에서의 노동력 유입은 저임금 확산을 더욱 부추길 것이다.

AI와 간접적으로 관련된 변화

세계화·현지화

디지털 혁명과 동시에 세계화(Globalization)가 가속화되고 있다. 특히 1989년 베를린 장벽이 붕괴되면서 서방세계의 시장 경제가 공산권의 경제 체제를 넘어 세계화를 촉진했다. 그러나 지금은 세계화와 현지화(Localization)가 병존하며 어느 쪽이 대세인지 구별이 어려울 정도가 되었다. 그동안 세계화를 전개해온 우리 기업들을 보더라도 점점 소비 거점을 중심으로 생산의 현지화를 추진하고 있다. 현지화가 진전될수록 무역량은 감소할 가능성이 크다.

탈도시화(脫都市化)의 진전

탈도시화는 도시의 인구가 도시 밖으로 벗어나 감소하는 현상으로 '도시화'의 반대개념이다. 세부적으로는 도시 인구가 농촌으로 이동하는 귀농, 귀촌의 유턴현상과 농촌이 아닌 중소도시로 이동하는 제이턴(J-turn) 현상을 포함한다.

이러한 현상이 나타나는 이유는 많은 인구와 다양한 기능이 도시에 밀집하면서 주택 문제, 상·하수도 문제, 교통 문제, 환경 문제 등 각종 도시 문제가 발생하였기 때문이다. 즉, 쾌적한 생활을 누리고 싶은 욕구와 생활비가 많이 드는 대도시 생활을 벗어나려는 경향이 맞물리면서 도시의 인구가 비도시 지역으로 이주하기 시작한 것이다.

탈도시화는 유턴 현상과 제이턴 현상으로 나누어 볼 수 있는데 유턴(U-turn) 현상은 농촌에서 살던 인구가 대도시로 이동하였다가 다시 농촌으로 돌아가는 것을 말하고, 제이턴 현상은 농촌을 떠난 인구가 대도시로 이동하였다가 농촌이 아닌 대도시 주변 중·소도시로 이동하는 현상을 말한다.

온라인 교육, 원격 근무, 디지털 경제의 확산은 대도시로의 이동을 감소시키고, 비대면 소비패턴 변화와 아울러 개인이나 기업의 지방 도시로의 이전을 촉진할 것이다.

평생 교육환경의 정착

칠판과 분필, 그리고 줄 맞춰 배열된 책상으로 상징되는 집단 교육의 모습이 점차 변하고 있다. 학교 교육이 교육의 한 부분에 지나지 않음에도 불구하고 마치 교육의 전부인 것으로 인식되었기 때문에 교육 전체를 지칭하는 개념이 새로 필요하게 되었다.

1970년대에 거론되기 시작한 평생교육이 비교적 빠른 속도로 지지를 받으면서 방송통신고등학교와 한국방송통신대학 등이 설립되었고, 이어 제5공화국 헌법에 "국가는 평생교육을 진흥해야 한다." (제31조 5항)고 명시함으로써 평생교육의 진흥을 위한 의지를 밝혔다. 학교본위의 교육제도로부터 학교 외 교육, 즉 가정교육과 사회교육을 포괄하는 총체적 교육제도를 이해하려는 교육관의 변화를 나타내는 것이다.

최근에는 온라인 프랫폼 활용이 활성화되면서 대중 강연 및 연수 뿐만 아니라 평생학습관 프로그램의 온라인화 시도가 빠르게 진행되고, 인공지능 유튜브 등을 이용한 포털 사이트가 부각되는 등 교육 형태는 매우 다양하게 나타나고 있다.

여성인력의 산업화 진전

출산율이 떨어지고 가족의 규모가 축소되면서 여성의 취업과 적극적인 경제 활동이 일반화되고 있다. 여성의 교육 수준이 향상되고 정치 경제 분야에서 활약하는 여성이 증가하면서 사회적·제도적 남성 우위의 불균형이 조정되고 있다.

여성과 남성의 전통적 역할의 경계가 모호해졌듯이 앞으로 남녀 간 경제 활동의 경계가 더욱 허물어질 것이다. 남성의 근육질에서 나오는 힘이 더는 필요 없는 사회가 되기 때문이다. 통계청에 따르면 2021년 3월 현재 15세 이상 비경제활동 인구 가운데 가사·육아를 전담하는 남성은 19만 5,000명인 것으로 나타났다. 2019년 15만 6,000명, 2020년 16만 3,000명이었던 것에 비하면 2020년 대비 20%나 증가한 셈이다. 코로나 여파로 실직하거나 취업이 어려워 구직을 단념한 경우도 있지만, 연봉이 더 많은 아내를 대신해 전업주부의 길을 택한 경우도 있다.

남자가 육아에 더욱 관심을 갖는 등 미래사회에서는 남녀가 성차별 성 구분 없이 가사와 생산에 참여할 것이다.

비대면 문화의 진전

컴퓨터와 인터넷 통신으로 영상교육이나 재택근무 등 대부분의 업무 처리가 가능해진 상황에서 코로나의 발현은 사람 간의 접촉을 최소화하도록 유도하면서 비대면 생활이 일상화되고 있다. 택배의 경우도 물건을 현관에 두고 가거나 배달음식도 비대면 서비스를 원하는 등 사회적 변화가 빠르게 진행되고 있다. 따라서 건강과 관련된 바이오 산업은 활성화되는 반면 관광·여행이나 영화·공연 사업은 어려움을 겪고 있다.

재택근무로 사무실 유지비용이나 출퇴근 비용이 저감되는 반면 인간관계나 인맥 조성면에서는 불리하게 작용한다는 측면에서 집단 면역이 이뤄질 경우 적정 수준에서 조정이 이뤄질 것이다.

저출산 · 고령화, 인구 감소 시대 도래

2020년 한 해 동안 신생아 수(27만 명) 보다 사망자 수(30만 명)가 더 많아진 인구 데드크로스(dead cross)를 겪었다. 합계출산율 0.84명은 OECD 평균 1.6명의 절반 수준으로 주요국 중 가장 낮다. 여성의 교육 수준 향상과 사회생활로 출산 시기를 늦추는가 하면, 유아사망률이 감소하는 시대에 자녀수도 적게 계획하고 있다.

저출산이 세계적 추세라고 해도 2020년 중국에서는 1,000만 명, 일본에는 83만 명의 아이가 태어났음은 부러운 일이다.

저출산 결과는 이미 청소년 세대에서도 반영되고 있다. 2021년도 전국 대학(전문대 포함) 신입생 미달 인원이 사상 최대인 4만 586명에 이르는 것으로 집계됐다. 2020년도 미달 인원(1만 4,158명)의 3배에 달하는 규모다. 이에 따라 신입생 충원율(입학정원 대비 등록 비율)도 2020년보다 6%포인트 가까이 떨어진 91%로 나타났다. 교육부는 앞으로 정원을 줄이지 않으면 2024학년도 미달 인원이 10만 명에 이를 것으로 추계한다.

이와 같은 저출산, 고령화로 생산가능 인구는 계속 감소할 수밖에 없다. 앞으로도 4명의 조부모에서 태어난 2명의 자녀가 결혼해서 1명의 자녀를 출산하는(4·2·1) 체제로의 이행 가능성을 배제할 수 없다.

2021년 7월 통계청이 발표한 '2020년 인구주택총조사'에 따르면 2020년 11월 1일 기준 65세 이상 인구는 전년보다 46만 명 증가한 820만 6,000명으로 처음으로 800만 명을 넘으면서 고령층 비율이 16.4%로 높아졌다. 국민 6명 중 1명은 노인이다.

고령화 속도는 세계에서 가장 빨라서 65세 이상 비율이 2025년 25%, 2036년 30%, 2051년엔 40%를 넘어설 전망이다. 공중위생의 개선, 신약 개발, 급수 및 하수 시설의 정비 등으로 평균 수명이 연장되면서, UN 자료에 의하면 노인 인구 증가율이 OECD 37개 회원국 가운데 가장 높은 나라로 지명되었다(증가율 순위: 1. 한국, 2. 싱가폴, 3. 태국, 4. 아랍연방, 5. 보스니아).

예전에는 30~40대를 중심으로 위·아래가 좁아지는 다이아몬드형(◇) 인구분포였다면, 지금은 아동은 적고 노년층은 많은 역삼각형(▽)으로 접어들고 있다.

고령자 보호를 가정에서

새로운 의료 환경의 측정기준이 종래의 '생명 유지'에서 '생활의 질 향상'으로 변하고 있다. 고령자의 증가와 더불어 생활의 질 향상 요구에 따른 고령자 보호의 장소가 점차 자택으로 변화될 것이다. 사물인터넷, 스마트홈, 웨어러블 단말기, 원격 의료정보 시스템, 로봇 등 기술이 보완해서 고령자 보호의 역할을 수행하기 때문이다. 이 경우에도 거동이 불편한 고령자나 인지증(치매) 환자의 경우에는 사회복지사 등의 도움이 수반되어야 할 것이다.

가정 보호가 불가능해서 요양병원이나 요양원에 들어가기 전 까지는 주간 돌봄 서비스를 제공하는 데이케어(Day Care)센터를 활용할 수 있고, 나들이가 불편할 정도가 되면 방문 요양 서비스를 활용하면

된다.

방문 요양 사업은 일상생활을 혼자 영위하기 어려운 노인의 노후 생활 안정과 건강 증진을 도모할 수 있도록 하기 위해 요양 보호사가 가정 방문을 하여 다양한 서비스를 제공하는 정책이다. 노인 장기 요양 보험에는 시설 급여, 재가 급여, 특례 현금 급여가 있는데, 방문 요양 사업은 요양 요원이 수급자의 집을 방문하여 신체 활동, 가사 활동, 개인 활동, 정서 등을 지원하는 재가 급여에 해당하는 제도이다.

정년 조정의 필요성 증대

고령자 증가라는 인구 형성구조의 변화에 사회가 적응하면서 개인의 실질 연령은 그다지 중요하지 않게 되었다. 노령층이 건강해지면서 현재의 65세의 건강상태는 40년 전의 58세와 같은 수준이라 한다. 건강한 노령층은 생산적인 사회활동에의 참여를 적극적으로 모색하고 있으며, 경제력을 보유한 노령 층의 소비도 폭넓게 확대되고 있다. 특히 의약품, 여행과 레져, 미용과 화장품, 패션 등에서 활발한 소비가 이뤄지고 있다.

연령에 따른 제한이나 제약이 감소해 오면서, 70세가 넘어도 건강하고 경험이 풍부한 사람은 직장에서 능력을 발휘할 기회가 많아지고 있다. 파트타임이나 근무시간 단축 등 유연한 근무형태로 경제생활을 유지하는데 도움을 줄 뿐 아니라, 기업 운영면에서는 이들의 전문지식을 활용하면서도 인건비를 절약할 수 있는 기회를 맞이하고 있다.

평균 수명이 늘어나면서 많은 국가들이 언제까지 일하고 어느 나이에 퇴직하는가의 균형을 잡기에 어려움을 겪고 있다. 대부분의 공적연금은 약 10년 정도의 연금 생활을 지원하는 것으로 설계되어 있기 때문에 사망 10년 전까지는 활동할 수 있도록 새로운 정년제도의 도입을 생각해야 할 것이다. 물론 무조건적인 정년 연장이 아니라 조직의 가치 상승에 기여할 수 있어야 하고, 능력에 걸맞은 임금 조정도 뒤따라야 할 것이다.

업무 경험을 살려서 인력 확보에 어려움을 겪고 있는 중소기업을 선택할 경우 청년층과 상충하지 않을 뿐 아니라 고령자의 높은 빈곤율을 낮추고 고령층 복지 지출 부담도 줄인다는 측면에서도 바람직하다.

저출산 장기화로 인구 구조가 변하며 25~59세 사이 소위 '일하는 인구'가 급감하면서 상대적으로 고령층의 비중이 커지고 있음도 자료로 뒷받침되고 있다. 서울대 인구학연구실에서 예측한 바로는 25~59세 연령은 2021년 2,610만 명 수준에서 점차 줄어 2027년에는 전체 인구(내국인 기준) 대비 50% 아래로 떨어지기 시작하고, 10년 후 2031년엔 2,310만 명 정도로 300만 명 정도 감소한다. 생산·소비·투자에 활발하게 기여하는 경제 주축 세대가 10년 내 부산시 인구(337만 명)만큼 준다는 것이다.

정년 연장과 연금 개혁의 필요성이 대두되는 요인이다.

1인 가구의 증가 추세

고령화와 인구 감소에 따른 1인용, 1인분 시장이 활성화되면서 가구 구조상 1인 가구가 점차 확대되고 있다. 통계청이 발표한 자료에 따르면 2020년 10월 기준 1인 가구는 621만 4,000가구로 전년(603만 9,000가구)보다 17만 5,000가구 증가했다. 1인 가구가 전체 가구(2,041만 5,000구)에서 차지하는 비중은 30.4%로 2015년 통계청이 관련 통계(21.3%)를 제공한 이후 처음으로 30%대를 넘었다.

고령층 1인 가구는 2015년 122만 3,000가구에서 5년 사이에 43만

8,000가구가 늘어 36% 증가했으며, 80세 이상 홀로 사는 노인은 47만 가구로 2015년 31만 3,000가구보다 50% 증가했다

황혼이혼이 증가하고 있는 현상도 1인 가구 증가에 한몫하고 있다. 통계청의 '인구동향'에 의하면 전체 이혼 건수 대비 황혼이혼 비율은 2019년 34.7%(11만 831건 가운데 3만 8,446건)에서 2020년 37.2%(10만 6,500건 가운데 3만 9,671건)로 증가했다. 2021년 1분기 이혼은 2만 5,206건으로 전년도 1분기에 비해 3.5% 늘었으며, 이 가운데 40.4%인 1만 191건이 황혼이혼이다. 2021년도 1분기 황혼이혼은 2020년 1분기(8,719건)보다 16.9% 증가했다.

의료비 증가

고령자와 만성병 환자증가에 따른 의료 대상의 증가로 의료비는 계속 증가하고 있다. 건강보험심사평가원 자료에 의하면, 2009년 총 의료비 중 65세 이상의 의료비 비중이 30.6%였는데 10년 후인 2019년에는 40.6%로 증가했으며, 의료비는 2009년 12조 원에서 2019년 34조 9천억 원으로 190.1% 증가한 것으로 나타났다.

2019년 1년간 65세 이상 고령자의 1인당 의료비를 보면 연간 491만원을 지출하여 전체 인구 1인당 평균 의료비 168만 원의 2.9배에 달한다. 부부 2인 가구 합산시 평균 의료비 982만 원이 소요되며 해당 연령층의 연간 소득 및 노후 생활비를 고려할 때 경제적 빈곤을 가중시키는 요인으로 작용하고 있다.

약값 상승도 큰 영향을 미치고 있다. 미국의 경우 연방법에 의해 제약회사는 약값을 자유롭게 결정할 수 있다. 제약 산업의 규모가 크고 절대적인 영향력을 갖고 있어 이들이 결정하는 약값이 세계시장의 기준이 되고 있다. 더구나 제약회사의 연구개발에는 막대한 시간과 비용이 소요되기 때문에 특허약이 비싸기 마련이다.

표 3-1　우버와 에어비엔비의 비교

	우버	에어비앤비
서비스 내용	차량 공유	숙박 공유
설립연도	2009년 3월	2008년 8월
진출국	58개국 300여 개 시	190개국 3만 4천여 개 시
국내 진출년도	2014년 10월	2013년 1월

고령자 증가의 결과 암이나 인지증(치매), 알츠하이머 등은 치료비
가 높고 치료기간도 길다. 80세가 넘는 고령자는 여러 가지 질병에
노출될 가능성이 높고, 평균 4개 이상의 질병으로 치료받기 때문에
하나의 치료약이 부작용을 일으켜 또 다른 병을 유발하기도 하면서
의료비 증가의 한 요인이 되기도 한다.

공유경제의 부상

매일 사용하지 않는데 공간을 차지하거나, 구입했는데 잘 쓰지 않는
물건의 경우, 사지 않고 빌리는 '소유에서 사용'으로의 공유경제
(sharing economy)가 부상하고 있다. 새로운 공유 대상과 공유 방식이
유력한 사업모델로 인정되면서 매력적인 비즈니스 모델로 부각되고
있다.

공유경제 트렌드가 확산되면서 렌털 비즈니스의 성장도 두드러지
고 있다. 고가의 제품을 저렴하게 이용하며 정기적인 서비스도 받을
수 있는데다 갈수록 품목이 다양해지고 있기 때문이다. 정수기 · 공
기청정기 · 비데 등 생활 가전에 한정돼 있던 개인 렌털시장은 가구
· 패션 · 생활용품에 이어 차량 · 숙박 · 정보기술(IT)까지 범위가 넓어
졌다.

역사가 오래되고 국내까지 진출한 공유경제 기업인 미국의 우버

(UBER)와 에어비엔비(airbnb)에 관한 비교 자료를 보면 〈표 3-1〉과 같다.

국내에서는 1998년 시작한 웅진코웨이가 부동의 1위를 지키고 있는 가운데 LG전자·SK매직·현대렌털케어·청호나이스·쿠쿠홈시스·교원웰스 등이 경쟁을 벌이고 있다. 취향에 따라 선호가 변하는 미술 작품부터 굳건한 소유의 영역으로 여겨졌던 의류에도 렌털 문화가 퍼지기 시작했다.

그림 렌털 기업 '오픈갤러리'는 국내 인기 작가의 그림을 법인이나 개인 고객에게 렌털, 판매 방식으로 유통하고 있으며, 현재 보유하고 있는 작품만 2만 7,000여 점이다. 분기에 따라 색다른 분위기를 연출하고 싶은 호텔이나 카페, 레스토랑은 물론 임직원 복지를 목적으로 이용하는 기업체, 환자들의 심리적 안정감을 추구하는 병원 등이 주요 고객이다.

고가의 미술품을 다수의 투자자가 나눠서 공동 구매하고 되팔아 투자금을 회수하는 미술품 특화 플랫폼이 재택크의 한 방법으로 인기를 끌고 있다. 과거에는 미술품 가격이 비싸 소수의 수집가나 자산가가 주요 소비층이었다면 최근에는 미술품 공동구매 플랫폼 등이 활성화되면서, 모바일과 공유경제에 익숙한 MZ 세대를 중심으로 소비층이 다양해졌다. 인기 요인은 소액으로 유명 작가 그림의 소유권을 가질 수 있다는 점이다. 적게는 1,000원, 많게는 100만 원까지 투자가 가능해서 자산과 소득이 적은 2030세대도 쉽게 진입할 수 있는 시장인 셈이다.

일본의 렉서스(Laxus)는 명품 브랜드 가방의 공유서비스로 입소문이 나 있다. 500만 엔이 넘는 명품가방을 1개월간 6,800엔에 빌려주는 서비스의 경우, 사용하다 실증이 나면 언제든 교환해 준다. 1회까지는 무료, 2회부터는 수수료 1,000엔을 내야 한다. 대여 품목 중 3분의 1은 회사 소유가 아닌 고객의 물건이며, 고객의 명품 가방을

6,800엔에 빌려줬다면 빌려준 고객은 대략 2,000엔의 별도 수입이 생긴다. 동일한 명품 가방을 1년간 빌려준다면 2만 4,000엔이 발생하여 연율 24%짜리 고금리 상품과 같은 수입을 올린다. 500만 엔 가치의 명품을 1개월간 6,800엔으로 빌려 사용하는 고객은 명품 가방을 이용하면서 500만엔 명품의 효용가치를 누리는 셈이다.

카 셰어링(Car Sharing) 문화의 진전

승용차가 이동을 위한 수단에 지나지 않고 필요할 때 언제나 수배가 가능하다면 차를 소유할 필요성은 약화될 것이다. 렌터카 이용이 일반화되면 차량 이용 지역에 주차 가능한 주차장을 확보하는 것이 중요한 요인이 된다.

국내 렌터카 시장의 최강자였던 KT렌탈의 브랜드 파워와 운영 노하우를 고스란히 이어받은 롯데렌털은 새롭게 출범한 이후에도 꾸준히 성장을 이어가고 있다. 롯데렌터카는 내부에 등록된 차량만 22만 대에 달하며 전국에 220여 개의 영업망을 갖췄다. 규모에 걸맞게 전체 매출의 90% 이상이 렌터카(차량 렌털, 중고차 매각 등) 사업에서 발생하고 있고 베트남과 태국 등 해외에도 진출했다.

롯데렌터카는 다양한 상품 구성이 최대 강점으로 꼽힌다. 1일에서 1개월 미만으로 대여할 수 있는 '단기 렌터카'와 1개월 이상 차를 빌리는 '월간 렌터카'는 물론 새 차를 최소 1년에서 최장 5년까지 이용할 수 있는 '신차 장기 렌터카'도 선보이고 있다. 결혼식과 같은 특별한 날에 이용할 수 있는 '운전사 포함 렌터카' 등 이색 서비스도 마련했다.

이처럼 '롯데렌터카'나 '우버'처럼 배차 서비스나 카 셰어링의 플랫폼 기업이 혁신적으로 자동차 산업을 지배한다면 자동차 생산업체는 플랫폼 기업에 자동차를 제공하는 존재로 기능이 약화될 것이다.

IBM이 컴퓨터 생산업체에서 IT 서비스 기업으로 변신한 것처럼 자동차 회사도 이동 서비스 기업으로 변신할 것이다.

카 셰어링의 문화가 진전되면서 기존의 차량 소유주들이 보유하고 있던 주차장의 활용 문제가 제기되는데, 미국 실리콘밸리 일대에서는 자동차 산업의 상황 변화와 더불어 가장 큰 변화를 맞이할 분야로 상업용 부동산 특히 주차장을 꼽는다.

무인차 기술이 발전하고, 무인택시가 상용화되면 사람들이 차를 직접 소유하지 않아도 되고 필요시 무인 택시를 호출해서 이용하면 되기 때문에 주차장이 유휴 부지로 시장에 나올 것이다. 이미 미국의 벤처투자업체들은 주차장 개발 분야를 주요 투자처로 꼽고, 주차장을 매입해 임시 매장으로 활용하거나 주거용 부동산 등으로 개발하는 사업을 추진하고 있다.

업종별 무인화, 자동화 사례

각종 산업 현장에서 인공지능(AI)과 로봇의 활용도가 높아지면서 무인화(無人化)가 일자리에 악영향을 미칠 것이란 우려가 현실화하고 있다. 특히 임금 수준은 낮지만 종사자 수가 많은 비중을 차지하는 블루칼라 업종인 유통, 운수, 건설 및 제조업과 기타 단순 업무 분야에서 로봇에 의한 일자리 대체 현상이 가속화될 것으로 전망된다.

유통업

세계 최대 전자상거래업체인 미국계 기업 아마존은 계산대 없는 식료품 매장 '아마존고(Amazon Go)'를 운영 중이다. 이곳은 '노체크아웃(매장 계산대를 거치지 않고 정산)' 기술이 도입된 점이 특징이다. 이용객들은 아마존고 입장 시 한 차례 스마트폰 앱으로 신원 확인을 마친 뒤 쇼핑하면 된다. 장바구니에 물건을 넣기만 하면 물건은 자동 결제된다.

미국의 최대 유통업체인 월마트 매장에는 매일 발생하는 매출전표를 자동으로 처리하는 '캐시 360'이라는 기계가 설치되어 있다. 1초당 8개의 영수증을 처리하고, 3,000개의 동전을 1분에 셀 수 있으며 하루 매출을 자동으로 계산한다.

얼마 전까지만 해도 판매 직원들이 담당했던 업무를 기계가 보급되면서 수천 명의 일자리가 대체된 것이다. 그동안 매출전표를 처리했던 직원들은 현재 마트 입구에서 고객을 응대하는 업무를 하고 있지만 이 업무도 점차 로봇으로 바뀌나가고 있다.

미국의 대형 쇼핑몰인 웨스트필드 매장에는 일본 소프트뱅크의 로봇 '페퍼'가 배치돼 고객들이 매장을 찾거나 길 등을 물어보면 안내해 주고 고객들과 셀프카메라까지 찍어준다.

중국의 온라인 유통업체인 알리바바 그룹도 아마존고와 유사한 무인 편의점 '타오카페(Tao Cafe)'를 선보였다. 운영비를 일반 편의점의 80%로 절약할 수 있다는 강점을 갖춘 이곳은 일반 편의점 보다 상품 가격이 20~30% 가량 저렴하다. 소비자들도 셀프 계산으로 인해 시간을 절약할 수 있다는 점에서 선호하고 있다.

운수업

국내외 유명 자동차 업체들과 IT기업들이 앞다퉈 자율주행차 개발 경쟁에 참여하고 있으며, 이 정도 수준이라면 오는 2040년경에는 전세계 차량의 70%가 자율주행차가 될 것으로 예상된다.

트럭, 버스 등도 인공지능이 주도하는 무인화 추세에 큰 변화를 겪을 것으로 예상되며, 기술이 버스 안내양을 소멸시킨 것처럼 무인 자동차는 운전기사를 비롯하여 렌트카 직원, 교통경찰, 주차장 관리자, 대리주차 요원 등을 소멸시킬 것이다. 충돌 방지 시스템으로, 자동차 보험이 사라지고, 무인 자동차의 보편화로, 운수업이 사라지게 될 것이며, 승용차의 공용화 추세로 서울 유효토지의 10%를 차지하고 있다는 주차장이 획기적으로 줄어들어 유효한 공용대지로 탈바꿈할 것이다.

미국 4개 주에서 구글 무인자동차가 허가되었다. 수년 내에, 버스와 택시, 운수 업종이 소멸될 수 있다는 뜻이다.

독일의 다임러(Daimler AG), 스웨덴의 볼보, 미국의 스타트업들은 자율주행 트럭을 시험하면서 상용화를 추진 중이며, 구글의 자회사인 웨이모는 애리조나주 피닉스 일대에서 운전석에 사람이 탑승하지 않는 완전 무인차를 시험 중이다.

글로벌 물류의 중추인 해운을 담당하는 선박의 무인화도 착실하게 진행되고 있다. 무인선박은 파도 높이, 조수 간만의 차이, 태풍과 같은 기상 환경과 주변 선박의 위치와 운항 정보, 이동 상황 등을 감지해 스스로 항로를 설정하고 항해한다.

2019년 일본의 해운사 NYK는 열흘간 중국 광동성 신사와 일본 나고야, 요코하마 연안에서 약 8만 톤급의 자동차 운반선이 스스로 최적 항로를 설정하고 경제속도에 맞춰 항해하는 실증 실험을 성공적으로 마쳤다.

건설업

미국의 3D 프린팅 건설 스타트업 '아피스코르(Apis Cor.)'가 개발한 3D프린터를 이용하면 건설 현장에서 외부 콘크리트 타설부터 내부 인테리어까지 짧은 시간 내에 건축물을 완성할 수 있다. 크레인기반의 3D 프린터를 이용하며, 사용된 잉크는 자체 개발한 시멘트 기반의 혼합물을 사용해 건축을 완성시킨다.

3D 프린팅으로 건축한 예를 들면, 러시아에서 약 40m^2 크기의 집

을 24시간에 완성했고, 두바이에서는 640m²의 2층 사무실 건물을 단일 프린터를 사용해 완성한 바 있다. 아피스코터의 3D프린터는 현지에서 건물 전체를 출력하기 때문에 일손이 전혀 필요하지 않은 완전 자동화를 이루고 있다.

3D 프린트 보급이 더욱 확충되면, 소규모 구축물의 제조업은 대부분 소멸될 위기를 맞을 것이다.

제조업

독일의 스포츠용품 업체인 아디다스는 3D프린터 업체인 카본과 손잡고 신발을 찍어내는 방식으로 만들고 있다. 기존 방식으로는 천을 꿰매고 붙여서 운동화를 만들었지만, 지금은 신발 설계도만 넣으면 로봇과 3D 프린팅으로 곧바로 출력해 내는 방식으로 바꾼 것이다.

미국 캘리포니아주 프리몬트에 위치한 테슬라 공장(Tesla Factory)은 전기자동차 제조 최첨단 공장이다. 제조 공정에는 일하는 사람이나 그동안 자동차의 필수 생산시설로 인정해 왔던 컨베이어 벨트를 찾아 볼 수 없다. 다품종 소량생산 체제의 작은 공간인 셀(Cell)의 고정된 장소에서 로봇만이 작업에 임하고 있을 뿐이다.

발명가이자 물리학자인 니콜라 테슬라(Nikola Tesla)의 이름에서 따온 테슬라는 현재 자율주행자동차 개발에 매진하고 있다.

단순 업무의 자동화 RPA

단순 업무의 경우 업종 전반에 걸쳐 업무 자동화를 견인하는 로보틱 프로세스 오토메이션(RPA: Robotic Process Automation) 시스템이 금융권을 중심으로 부상하고 있다. RPA는 사람이 반복적으로 처리해야 하는 단순 업무를 로봇 소프트웨어를 통해 비즈니스 프로세스를 자동화하는 솔루션을 말한다.

일반적인 자동화는 AI와 머신러닝 기술을 적용한 관리 위주의 프로세스로 구축된 반면, RPA는 최종 사용자의 관점에서 규칙 기반 프로세스로 설계되어 사람 대신 단순 반복 작업을 끊임없이 대량으로 수행한다. 머신러닝, 음성인식, 자연어 처리와 같은 인지 기술을 적용하여 사람의 인지 능력이 필요한 의료 분야의 암 진단, 금융업에서의 고객 자산관리, 법률 판례 분석 등에도 활용되고 있다.

일반적인 기업에서는 고객의 주문과 관련된 메일이나 팩스 등을 받아서 회사의 관련 시스템에 넣는 단순 반복적인 작업들이 많다 보니 그런 단순 업무에 대응하기 위해 RPA를 도입하고 시스템을 구축하는 기업들이 늘어나고 있다.

예를 들면, 보험회사는 RPA를 활용해 보험 정책, 약관 관리에 대한 데이터를 클레임 처리 애플리케이션에 적용해서 반영하고 있으며, 증권회사는 AI의 자연어 처리기술과 머신러닝 기반의 학습 알고리즘을 활용하여 고객관리, 계좌관리 등 영업점의 대부분의 업무와 문의가 많은 인사, 행정, 리서치 자료 등에 대한 자동 답변이 가능하도록 추진하고 있다.

RPA가 AI와 결합해서 좀 더 지능적으로 처리하면 단순 반복 작업에서는 업무효율이 많이 향상된다. 특히 기업의 재무·회계, 제조, 구매, 고객관리 등에서 데이터 수집, 입력, 비교 등과 같이 반복되는 단순 업무를 자동화하여 빠르고 정확하게 수행할 수 있다.

코로나로 기업의 원격 근무가 보편화되고 있는 상황에서, 기업경영 전반의 업무 시간을 단축하고 비용을 절감할 수 있기 때문에 적극적으로 RPA를 도입하여 활용가치를 높여야 한다.

외국의 RPA 도입 사례로, 싱가포르 통신사 싱텔(Singtel)은 통신망을 관리하거나 장애(障碍) 보고, 인터넷 쇼핑, TV 등을 모니터링하는 핵심 업무에 200개 이상의 로봇이 투입되고 있고, 900종이 넘는 내부 업무 역시 RPA로 처리하고 있다. 또한 월마트, 도이치뱅크, 뱅가드, AT&T, 아메리칸 익스프레스 등이 RPA를 도입하여 업무 효율을 극대화시키고 비용을 절감하고 있다.

02 일자리 환경 전망

사회 변화는 곧 직업 변화로 이어진다. 2020년 10월, 세계경제포럼(WEF)은 '직업의 미래 보고서 2020'을 발간했는데 팬데믹 시대의 변화를 짚어보고 2025년까지 기술 변화와 이에 따른 일자리 변화의 상관관계를 조망한 보고서이다. 흥미로운 대목은 코로나19로 경기가 침체되고 로봇과 인공지능이 도입되면서 2025년까지 일자리는 오히려 지금보다 늘어날 전망이라는 것이다.

보고서는 2025년까지 전 세계 일자리의 절반 이상(52%)을 기계가 대체할 것으로 내다봤다. 단순한 자료 입력이나 행정 업무, 사무직과 생산직의 반복 업무는 인공지능과 결합한 기계가 대체하면서 2025년까지 8,500만 개의 일자리가 사라지겠지만, 늘어나는 일자리도 9,700만 개에 이를 것으로 보았다. 단순 계산하면 자동화와 인공지능의 영향에도 불구하고 일자리는 1200만 개가량 늘어난다는 것이다.

일자리 변화 이끄는 3대 요인: 원격 근무, 온라인쇼핑, 자동화
비대면, 온라인, 자동화. 이 세 가지가 일자리에도 많은 영향을 미칠 것으로 판단된다. 세계적 컨설팅 회사 맥킨지는 2021년 3월, 〈코로나 이후 일자리의 미래〉라는 보고서를 발간했는데, 주요 8개국(미국, 일본, 독일, 프랑스, 스페인. 영국, 중국, 인도) 800개 직종의 2000여 개 직업을 대상으로 조사한 내용이다.

이들 선진국 노동력의 20~25%는 생산성 차질 없이 일주일에 3~5일 동안 원격 근무를 할 수 있는 것으로 나타났으며, 자연스레 사무 공간도 지금보다 줄어들 것으로 전망했다. 또한 맥킨지가 2020년 8월 자사 임원 278명을 대상으로 실시한 조사에서는 평균 30% 가량이 사무 공간을 줄일 계획을 갖고 있다고 했다.

사무 공간이 줄고 출퇴근이 줄면 주변 상점이나 식당 매출도 줄어들겠고 대중교통 수요도 줄어들 것이다. ICT의 보편화와 더불어 업무상 출장이나 여행도 점차 사라질 테니 공항이나 접객업, 서비스업종 종사자도 일자리를 잃게 되며, 당장 항공사 승무원이나 비행기 엔지니어, 수하물 취급자 등이 영향을 받게 된다. 반대로, 원격 근무에 따른 업무용 소프트웨어나 서비스, 영상회의용 솔루션은 인기가 치솟는다.

코로나19를 맞으며 온라인 쇼핑도 폭발적으로 성장하고 있으며, 대형 마트나 쇼핑몰은 방문객이 줄면서 매대 직원이나 계산원을 줄여야 할 처지이다. 그나마 계산대를 지키던 사람 자리도 자동화된 셀프계산대나 센서 기반 자동계산대가 차지하고 있다. 공항도 셀프 체크인 구역이 점차 확대되는 추세다.

비대면 시대를 맞아 전망이 더욱 밝아진 직업도 있다. 전염병이 확산되고 집콕 근무가 증가하면서 건강에 대한 관심도 부쩍 커졌다. 늘어나는 평균 수명과 아울러 간호사나 재택 건강관리사, 요양보호사 수요도 함께 치솟고 있다.

실업 관련 경험과 전망

산업혁명은 노동자로 하여금 고된 노동에서 해방되는 동시에 더 이상 급여를 받을 수 없는 실업을 초래하기도 하였다. 사회 구성원 중 일부가 실업자로 지낸다는 것은 일자리를 잃어버린 사람들에게는 심각한 일이며, 사회차원에서도 사회통합을 위해 우선적으로 해결해야 할 문제이다. 역설적으로 실업이 존재한다는 것은 사회적인 차원에서 보면 사회의 발전을 의미하기도 한다.

실업 문제 대응 경험

그동안 이 어려운 실업문제를 부분적이나마 해결해 온 방법 세 가지를 살펴보면 다음과 같다.

첫째는 농경사회 때부터 뿌리를 내려온 아동노동을 19세기 들어 금지시키면서 일자리 분담이 이뤄지고, 노동시간을 단축하면서 일자리를 늘려나갔다. 1차 산업혁명 당시 영국에서의 평균 노동시간은 하루 10~16시간, 휴일은 일주일에 1일뿐이었는데 1919년 국제노동기구(ILO) 제1회 총회에서 1일 8시간, 주 48시간 노동제를 정함으로써 국제 노동 기준이 확립되었다.

두 번째는 3차 산업인 서비스업의 등장이다. 1차 산업은 농림, 수산, 축산 등 오래된 산업이고, 2차 산업은 산업혁명이 일어나면서 생긴 제조업, 그리고 1, 2차 산업혁명 후 한참 뒤에 3차 산업인 서비스업이 등장하게 된다.

일반적으로 서비스 산업이란 재화가 아닌 용역을 만들어 내는 산업으로, 다른 사람을 위해서 봉사하고 그 대가를 받는 산업이라고 할 수 있다. 음식을 만들어 파는 음식 서비스, 물건을 사서 소비자에게 직접 파는 소매 서비스, 학교나 학원 등에서 가르치는 교육 서비스, 사람이나 짐승을 치료하는 의료 서비스, 보육원 · 양로원 · 재활원

· 보건소 · 탁아소 등과 같은 곳의 복지 서비스, 소방관 · 경찰관 · 경비원 등과 같이 재산이나 생명을 보호하는 보안 서비스, 가정부 · 파출부 · 세탁소 · 환경 미화원 등이 하는 가사 서비스 등 다채롭다. 이처럼 서비스업은 우리의 생활과 매우 가까이 있으며 사회가 발전할수록 전체 산업 중에서 서비스업이 차지하는 비중이 커져 왔다.

세 번째는 실업보험이다. 20세기에는 산업혁명으로 인한 대량 실업이 발생하고, 실업 문제가 사회문제화되면서 실업 구제에 대한 국가책임론이 대두된다. 1905년 프랑스에서 세계 최초의 실업보험제도가 입법화되고, 노조의 자주적 실업보험기금에 국고에서 보조금을 지급하면서 보험제도의 정착이 실현되었다.

실업은 실업자 개인의 문제가 아닌 사회구조의 문제로 인식되었고, 실업자는 보험제도를 통하여 인간다운 삶을 영위할 수 있게 되면서, 산업혁명으로 인한 실업 문제를 부분적이나마 해결해 왔다.

향후 실업 문제 대응 방안

이렇듯 1 · 2 · 3차 산업혁명으로 인한 실업문제는 일자리 분담, 서비스업 창출 그리고 실업보험으로 어느 정도 해결해 왔다면, 4차 산업혁명으로 인한 실업문제는 어떻게 해결해 나가야 하는지 세계적인 관심사가 아닐 수 없다.

현재까지 회자되고 있는 가장 중요한 대안으로는 '기본소득제'와 '로봇세'를 들 수 있다. 기본소득제와 관련해서는 얼마 전 스위스에서 있었던 국민투표에서 기본소득안의 도입에 국민 대부분이 반대했다는 내용의 기사를 접한 바 있다. 스위스 사람들이 기본소득제를 반대한 대표적인 이유는 기본소득을 받으면 기존에 제공되는 복지 혜택을 포기해야 했기 때문이다.

기본소득제는 고령화 진전과 경기 침체로 확대되는 복지 재정 부담을 덜고, 편향되기 쉬운 복지를 포기하는 대신에 기본소득을 제공하겠다는 차원에서 등장하게 되었다. 4차 산업혁명으로 인한 실업 증가는 필연적으로 사회 전체의 소비 감소를 동반하여 심각한 경기 침체를 초래할 것이고, 이를 막기 위해서는 기본소득을 통한 유효수요를 창출해야 한다는 취지에서 기본소득제의 도입을 검토하고 있지만 실업자의 생활 보장 문제로 받아들이기에는 한계가 있다.

로봇세와 관련해서는 2016년 EU 의회에서 최초로 로봇세를 제안했고, 2017년 유럽의회는 로봇에게 '특수한 권리와 의무를 가진 전자 인간'이라는 법적 지위를 부여하자는 안건을 승인함으로써 로봇 인간이라는 법률적 존재를 인정해 로봇세를 징수할 터전을 마련해 두었다. 산업혁명이 일어나면서 회사에게 법인이라는 인격을 부여했듯이 로봇에게도 새로운 형태의 법인격을 부여한 것이다.

첨단 AI의 발달과 더불어 생산 분야는 물론 서비스 분야로까지 로봇 활용이 급증하는 추세이기 때문에 로봇세 논쟁은 앞으로도 계속될 것이다.

기술이 많은 문제를 해결한다

인간은 어려운 문제에 직면할 때마다 기술진보를 통해 해결해 왔고 지금도 진행 중에 있다. 사물인터넷(IoT)이 인터넷을 통하여 광대한 데이터와 정보의 교환을 가능케 하고 일상생활과 업무 효율을 현저하게 향상시키면서 온갖 문제들을 해결하고 있다.

디지털 혁명이 진전되면서 의료, 에너지, 수송, 식자재 생산을 비롯해서 자율운전차, 리튬이온전지, 가뭄에 강한 작물 재배 등 생활과 직결된 기술들이 개발되고 있으며, 전기자동차와 수소자동차는 탄소 배출을 감소시켜 대기오염을 감소시키고, 데이터 공유와 통신기술의 혁신으로 환자 치료를 원격으로 가능케 하고 있다.

03 줄어드는 일자리

고용에 미칠 4차 산업혁명의 파장은 매우 심각하다. 단순 반복적인 기능을 수행하는 일자리뿐만 아니라 전문직도 로봇에 자리를 내줘야 할 판이다. 이미 맥도날드는 키오스크로 주문을 받고, 구글의 로봇들은 전문가들보다 더 많은 정보를 갖고 있다고 한다. 기계가 지능화되고 학습능력이 신장됨에 따라 많은 영역에서 인간과 인간이 만든 AI가 경쟁하는 아이러니가 시작된 셈이다.

맥킨지 연구소는 현재 구현된 기술만으로 전체 노동의 49%를 로봇으로 대체할 수 있다고 분석하면서, 일자리를 소멸시킬 신기술로 사물인터넷, 클라우드, 첨단 로봇, 무인 자동차, 차세대 유전자 지도, 3D 프린터, 자원 탐사 신기술, 신재생 에너지, 나노기술 등 9가지를 선정한 바 있다.

인공지능과 로봇 등 신기술들이 유통, 운수, 건설 관련 블루 칼라 직종을 급속히 대체하고 있으며 화이트 칼라업에 해당하는 기업의 사무직, 변호사, 의사, 세무·회계사 등의 일자리도 인공지능에 의해 적게는 50%에서 많게는 80%까지도 대체될 것으로 전망된다. 미국의 의과대학 교수들이 현재 의대 1~2학년에 재학중인 학생 중 의사라는 직업을 갖지 못하게 될 학생이 적지 않을 것으로 우려하고 있다고 한다.

《USA투데이》는 향후 20년 내 AI와 로봇에 의한 일자리 대체 비율을 전문직 8%, 사무직 46%, 저숙련 노동직은 79%로 내다봤다. UN 미래보고서에 의하면 2030년까지 20억 개 일자리가 소멸되고 현존하는 일자리의 80%가 사라진다는 것이다.

이처럼 인공지능의 확산으로 어떤 직종이 가장 많이 사라질지를 두고 무수한 전망이 나온다. 주목되는 점은 오히려 육체노동자의 일자리 위협이 더 늦어질 것이라는 예상이 상당하다는 것이다. 선망의 직업들인 변호사, 법무사, 회계사, 의사, 기자, 금융인 등 전문직이 사라진다는 것이 옥스퍼드 대학의 예측이다. 오히려 행동이 수반되는 로봇의 상용화는 더 많은 시간이 필요해 육체노동의 대체는 전문직보다 늦어질 것이라고 전망했다.

반면에 한국고용정보원은 청소원, 주방 보조원, 매표원과 복권 판매원 등 단순 노무직 종사자는 실직할 가능성이 높은 반면 회계사, 항공기 조종사, 투자·신용 분석가 등 전문직 종사자는 일자리를 잃을 가능성이 상대적으로 낮은 것으로 평가했다. 이렇게 분석이 180도 엇갈리는 건, 뒤집어 보면 육체 노동자와 전문직 어느 쪽도 4차 산업혁명의 공세를 비껴가기 어렵다는 방증일 수도 있다.

줄어들 것으로 판단되는 일자리를 업종, 직종, 업무 및 직업별로 살펴보고자 한다.

업종별

로봇과 인공지능에 의한 무인화를 가속화할 대표적인 업종은 유통과 운수 분야이며, 업종별로 줄어드는 일자리를 살펴보면 〈표 3-2〉와 같다.

직종별

고용노동부가 대통령 직속 4차산업혁명위원회에 2018년 3월에 제출한 '2016~2030년 제4차 산업혁명에 따른 인력수요 전망'에 따르면 4차 산업혁명에 적극 대응해서 산업 구조를 혁신할 경우 2030년까지 줄어드는 직종별 일자리는 68만 개라고 전망했다.

표 3-2 **업종별 대체될 일자리**

업종	로봇 / 인공지능	대체될 인력
유통업	소프트웨어로 자동 계산 로봇이 고객 안내 로봇이 상품 배치, 분류	출납종사자 안내원 점원
운수업	자율주행 트럭 상용화 무인택시, 버스 상용화	트럭 운전사 택시, 버스 운전사
물류업	로봇이 물류창고에서 분류, 배치, 운반	물류창고 종사자
건설업	3D 프린터를 이용한 건설	건설 종사자
제조업	로봇, 3D 프린터를 이용한 제품조립, 출력	단순 조립 종사자
금융업	디지털 금융, 핀테크	창구, 계산, 안내종사자

농축산 숙련직종에서만 24만 3,000개가 줄어들고 운전·운송 관련 직, 매장 판매직, 가사·음식 관련 단순 노무직 등도 일자리 감소가 큰 직종으로 전망됐다. 자율주행차를 비롯한 자동화된 운송 시스템, 스마트 공장과 서비스의 자동화 영향을 받는 직종이 타격을 입을 것으로 예상된다.

2016년 일자리 수 대비 2030년의 줄어드는 일자리 수는 〈표 3-3〉과 같다.

표 3-3 **2030년까지 직종별 줄어드는 일자리 수 (자료: 고용노동부)**

일자리 감소가 큰 직종	줄어드는 일자리 수(개)
농·축산 숙련직	243,000
운전 및 운송 관련직	118,000
매장 판매직	108,000
가사·음식·판매 단순 노무직	61,000
섬유·의복·가죽 기능직	45,000
제조 관련 단순 노무직	30,000
청소·경비 단순 노무직	15,000

업무별

맥킨지글로벌연구소(MGI)는 주요 46개국, 800개 직업, 2,000개 업무를 8개월 간 분석해 만든 일자리 보고서에서 자동화가 확산되면 2030년까지 전 세계 노동력의 5분의 1에 해당하는 최대 8억 명이 기존 일자리를 잃을 수 있다고 전망했다.

미국과 독일의 경우 일자리 3분의 1이, 중국은 최소 1억 명의 노동자가 로봇으로 대체될 수 있으며, 우리나라는 4분의 1에 해당하는 700만 개의 일자리가 소멸될 것으로 예측했다.

자동화로 가장 큰 타격을 입는 업무로는 기계 작동, 청소 같이 단순 반복 작업하는 신체적 업무를 들 수 있는데, 향후 예상되는 자동화 비율이 81%에 달했고, 이어서 단순 데이터 처리나 수집 업무도 예상 자동화율이 60%를 상회했다

업무별 예상되는 자동화 비율은 〈표 3-4〉와 같다.

직업별

LG경제연구원은 국내 423개 직업이 얼마나 AI의 영향을 받을 것인지를 소수점 자리까지 분석한 '직업별 AI 대체 확률'을 발표했다. 소위 고소득 전문직으로 꼽히는 의사, 변호사, 회계사부터 택배기사, 방수공, 구두미화원에 이르기까지 각 직업의 업무가 AI에 의해 대체될 확률을 계산한 것이다.

주요 직업의 AI 대체 확률(%)은 〈표 3-5〉와 같다.

표 3-4 예상되는 업무별 자동화 비율 (자료: MGI)

업무별	향후 예상되는 자동화 비율(%)
예측 가능한 신체적 업무(기계 작동, 패스트푸드 조리, 청소, 수금, 행정 보조 등)	81
데이터 처리	69
데이터 수집	64
예측 불가능한 신체적 업무 (정원사, 배관공, 아동 · 노인 돌봄이 등)	26
소통 · 면담 업무	20
전문직	18
관리직	9

표 3-5 직업별 AI 대체 확률(%) (자료: LG경제연구원)

직업별	대체 확률 (%)
텔레마케터, 통신서비스, 사진인화	99
세무사, 회계사, 손해사정인	95.7
비서	86.8
공무원	61.5
택시 운전사	56.8
판사, 검사	27.8
통역가	21.0
소방관	8.7
변호사	3.5
성직자	1.7
전문의	0.4

04 새롭게 늘어나는 일자리

4차 산업혁명의 일자리는 단기 직업교육을 시켜 전직을 지원하는 형태로는 한계가 있다. 실업의 당사자와 추후 새롭게 만들어지는 직업을 갖게 되는 사람은 동일하지 않기 때문에 두 집단 사이에 최대 한 세대 정도의 차이가 있을 것으로 예측된다.

그동안 산업혁명으로 인한 실업 문제는 아동노동 금지와 노동시간 단축, 서비스업의 증가와 실업보험 등으로 해결해 왔다. 4차 산업혁명이 가져올 일자리 문제는 AI, ICT 등의 기술을 비롯한 문화, 예술, 보건 복지 등으로 부분적이나마 해결될 것이며 AI, 드론, 빅데이터, 자율주행차, 3D프린팅, 코딩, VR, AR 같은 용어들에 관심을 기울이고 친숙한 사람들이 좋은 자리를 차지할 것이다.

기술 발전은 인간의 잉여화를 부를 수밖에 없지만 지금처럼 경제적 이윤 창출에 국한하지 않고, 사회에 혜택을 줄 수 있는 공적인 활동까지 폭넓게 노동으로 인정하고 보상해준다면 잉여 노동을 해소하는데 도움을 줄 수 있다. 물론 여기엔 재원이 필요한 만큼 로봇세 등 새로운 세원을 발굴하는 방안을 검토해야 할 것이다.

일반 기능직 중에는 육체노동을 대체할 로봇이 불가능하지 않다고 해도 비용 대비 효율 측면에서 비슷하다면, 인간의 노동이 더 시장 가치가 있는 직종으로 인정하고 권장할 필요가 있다. 예를 들어 전기배선, 목수 등의 기술은 자동화가 어렵기도 하지만 비교적 높은 부가가치를 지닐 수 있기 때문이다.

국내 일자리 전망

지난 8년간 직업 종류의 변화

2020년 5월 한국고용정보원이 2012년부터 2019년까지를 대상으로 실시한 사업장 직무조사 자료에 의하면 지난 8년 동안 우리나라 직업은 5,236종 늘었고 신생 직업이 270종 새롭게 생겨났다. 2012년에 우리나라 직업은 11,655종이었는데 2020년에는 16,891종으로 5,236 종이 증가했다. 새롭게 등재된 신생 직업들은 주로 4차 산업혁명관련 기술, 고령화에 따른 인구학적 변화, 전문화 등 사회 환경변화와 정부 정책 등의 제도 변화에 따라 변했다.

직업사전에 등재된 270개의 신생 직업들을 살펴보면, 디지털화 및 4차 산업혁명 진전으로 빅데이터 전문가, 블록체인 개발자, AI 엔지니어, 드론 조종사, 미디어콘텐츠 창작자, 디지털문화복원 전문가 등이다. 고령화 등 인구학적 변화에 따라서는 유품 정리가, 애완동물행동교정사, 애완동물장의사, 수납정리원, 임신육아출산지원 등이 새로운 직업으로 등록됐다.

전문화 등 사회환경 변화로는 범죄피해자 상담원, 산림치유지도사, 주거복지사, 게임번역사, 스포츠심리상담사, 직업 체험매니저 등이 있고, 정부 정책 등 제도변화에 따라서는 지속 가능 경영전문가, 사회적 경제활동가, 창업계획자, 도시재생 코디네이터, 농촌관광플래너, 교육농장운영자 등의 직업들이 새롭게 직업 사전에 등록됐다.

고용노동부의 인력 수요 전망

고용노동부의 '2016~2030년 제4차 산업혁명에 따른 인력수요 전망'에 따르면 4차 산업혁명에 적극 대응해서 산업 구조를 혁신할 경우 2030년까지 늘어나는 일자리는 266만 개라는 전망이 나왔다.

표 3-6   2030까지 인력수요 전망(자료: 고용노동부)

일자리 증가 큰 직종	늘어나는 일자리 수(개)
보건 · 사회복지 · 종교 관련직	590,000
경영 및 회계 관련 사무직	418,000
공학 전문가 및 기술직	228,000
문화 · 예술 · 스포츠 관련직	215,000
이미용 · 예식 · 의료 보조 서비스직	202,000
정보통신 전문가 및 기술직	183,000
경영 · 금융 전문가 및 관련직	127,000

보건 · 복지 관련 직종에서 59만 개가 느는 것을 비롯해서 경영 · 회계 관련 사무직, 공학 기술직과 정보통신 기술직 등에서 일자리가 대폭 늘어날 것으로 전망했다.

그리고 사회가 복잡할수록 고차원적인 문화 예술보다 단순한 즐거움을 추구하는 경향도 강해진다. 이에 따라 영상, 연예, 프로 스포츠, 대중음악, 애니메이션 등과 같은 대중문화와 관련된 직종과 직업도 증가할 것으로 보았다. 2016년 일자리 수 대비 2030년에 증가하는 일자리 수는 〈표 3-6〉과 같다.

한국고용정보원의 일자리 증가요인 분석

한국고용정보원은 우리나라 대표직업 196개에 대한 향후 10년 간 (2018~2027년)의 일자리 전망과 그 요인을 수록한 《2019 한국직업전망》을 발간한 바 있다. 《한국직업전망》은 1999년부터 격년으로 발간해온 우리나라 대표 직업정보서로 각종 연구보고서와 통계청 및 유관 협회 자료를 바탕으로 전문가들의 검증을 거쳐 만들어진다.

이 연구서는 2027년까지 취업자 수가 증가할 것으로 전망되는 직업으로, 보건 · 의료 · 생명과학, 법률, 사회복지, 산업안전, 항공, 컴퓨터네트워크·보안 관련 분야 직업 19개를 꼽았다.

이 중 어르신들의 건강과 복지에 관련된 직업이 9개로, 거의 절반을 차지하고 있다. 이들 직업은 간병인, 간호사, 간호조무사, 물리 및 작업치료사, 생명과학 연구원, 의사, 치과 의사, 한의사, 사회복지사 등이다.

간병인은 국가지원 중심으로의 돌봄 환경의 변화와 요양시설 증가로, 의사·치과의사·한의사물리치료사·작업치료사 등은 건강보험 적용범위 확대로 그 수요가 늘어날 것으로 예측했다. 생명과학 연구원의 수요 증가는 식품 및 보건 연구 활성화, 기업 생명과학 투자 증가 등을 그 요인으로 들었다.

이밖에 수요가 늘어날 것으로 보이는 직업들은 수의사, 변리사, 변호사, 산업안전 및 위험관리원, 항공기조종사, 항공기 객실 승무원, 컴퓨터네트워크시스템 개발자, 컴퓨터보안 전문가, 한식 목공, 에너지공학 기술자 등이다.

수의사는 반려동물 문화 확대와 글로벌화에 따른 검역업무 증가가, 변리사는 산업기술의 발달로 인한 특허 건수 증가 및 지적재산권 중요도 상승이, 변호사는 법률서비스 수요 증가세가 향후 10년간 취업자 수를 증가시킬 것으로 전망되는 이유다.

산업안전 및 위험관리원은 산업안전보건에 대한 사회적 인식 확대와 안전 관련 규제 강화가 긍정적인 영향을 미칠 것으로 보이고, 컴퓨터네트워크 시스템 개발자는 IT와 타 산업의 융합, 인공지능과 빅데이터에 기반한 초연결사회로의 전환 등이 그 수요 증가 요인이 된다.

한식 목공은 전통 기법으로 한옥, 궁궐 등의 건축물을 신축하거나 보수하는 공사의 증가로 일자리가 늘어날 것으로 전망되며, 에너지공학기술자는 미세먼지 등 환경에 대한 관심 상승, 신재생에너지 강화정책 등에 따라 취업자 수가 늘어날 것으로 예측된다.

〈2019년 한국직업전망〉에 수록된 향후 10년간 취업자 수가 증가하는 직업과 증가 요인은 〈표 3-7〉과 같다.

표 3-7 직업별 일자리 증가요인

직업명	증가 요인
간병인	국가지원 중심으로의 돌봄 환경의 변화, 치매 및 요양시설 증가
간호사	건강관리 및 의료 비용 지출 증가, 간호사의 활동분야 확대, 간호 · 간병통합서비스
간호조무사	고령인구 증가, 간호조무사의 활동분야 확대
물리 및 작업치료사	고령인구 증가, 보험시장 확대로 인한 의료서비스 증가
생명과학연구원	고령화, 식품 및 보건 연구 활성화, 생명과학 기술 발전 및 사업화 진전, 기업 생명과학 투자 증가, 바이오에너지 및 생물다양성 연구 활성화, 법제도 및 정부정책(제3차 생명공학육성기본계획, 과학기술 기반 바이오경제 연구 활성화)
수의사	반려동물 문화 확대, 글로벌화에 따른 검역업무 증가, 생태계 보존 필요성 증가
의사	고령인구 증가, 건강에 대한 관심 증가
치과의사	고령인구 증가, 건강보험 적용 확대(고령자 임플란트)
한의사	고령인구 증가, 한의학 접목 산업 확대 및 의료기술 수출, 건강보험 적용범위 확대
변리사	기술발전에 따른 특허 건수 확대, 법률시장 개방에도 불구하고 특허권의 속지주의적 특성에 따른 일자리 안정성, 지적재산권의 중요도 상승
변호사	법률서비스 수요 증가세로 인한 고용 증가
사회복지사	고령인구 증가, 기업의 사회적 책임 강조(사회공헌 및 복지 전담 인력 수요 증가), 복지정책 강화 등
산업안전 및 위험관리원	근로자 및 국민의 산업안전보건에 대한 인식증가와 정부의 안전에 대한 규제강화
항공기 조종사	여행 수요 증가, 취항 노선 확대, 화물 수송 증가, 정부의 항공운송사업 신규면허 발급 예정, 先 선발 後 교육 제도 도입 등
항공기 객실승무원	여가에 대한 관심 증가, 저비용 항공사의 신규노선 취항 증가
네트워크시스템 개발자	IT와 타 산업의 융합, 인공지능 빅데이터에 기반한 초연결사회로의 전환 등으로 신규 직종이 많이 발생
컴퓨터보안전문가	꾸준한 성장세인 산업계 동향과 인력수급전망 고려
한식 목공	문화재 보수 예산의 증가, 한옥 신축 증가 등의 영향
에너지공학 기술자	미세먼지 등 환경에 대한 관심증가, 국내외 신재생에너지 강화 정책 등에 따른 연구 · 개발 · 서비스 증가

미국의 일자리 전망

미국 US뉴스가 '2021년 최고의 직업 100'을 발표했는데 이들이 꼽은 직업 중 선두에 있는 10위까지의 직업은 다음과 같다.

1. **준의사**(Physician Assistant, PA): 한국에선 '간호보조인력' 또는 '전담간호사(PA)'로 불린다. 국내 전담간호사가 의사 책임 아래 진료 일부를 보조하는 역할을 한다면, 미국에선 의사를 도와 환자를 진단, 치료하고 수술을 하거나 약도 처방한다. 주에 따라 의사와 협업해 수술이나 치료를 진행하도록 하는 곳도 있다. 의대 과정보다 짧은 5~6년 과정을 거치며 근무 시간도 짧은 편이라 많은 사람들이 선호한다고 한다.

2. **소프트웨어 개발자**(SW Developer): 정보화 시대에 각광받는 직업이다. 현대 삶의 근간을 떠받치고 있는 디지털 세상을 움직이는 각종 서비스와 모바일 앱, PC용 소프트웨어를 개발하는 능력을 갖춘 전문가들이다. 전문성을 갖춘 소프트웨어 개발자는 단순히 코드를 짜고 기능을 구현하는 데 그치지 않고 문제 해결 능력과 창의성을 갖춘 사람을 가리킨다. 국내에서도 네이버, 카카오, 넥슨, 엔씨소프트 등이 실력 있는 개발자를 모시고자 치열한 경쟁을 벌이고 있다. 창의력과 문제 해결 능력을 갖춘 개발자의 미래는 지금이나 앞으로나 밝을 전망이다.

3. **전문간호사**(Nurse Practitioner, NP): 전공의(레지던트)의 업무 시간제한으로 인한 공백을 메우기 위해 도입된 전문직 간호사. 미국에서 레지던트와 똑같은 업무를 수행한다. 자격을 취득하기 위해 간호학 학사 4년, 간호사 경력 2년, 전문간호사 석사 2년을 거쳐야 한다. 준의사(PA)가 의사 지시를 받는다면, 전문간호사는 전공의와 똑같이 의료 업무를 수행할 수 있다. 또 레지던트가 일정한 기간

을 두고 순환근무를 하는 데 반해, 전문간호사는 한 부서에 계속 머무르며 전공을 쌓을 수 있다.

4. **의료 · 건강 서비스 매니저**(Medical and Health Services Manager): 병원이나 요양원, 기타 진료 시설을 효율적으로 운영하도록 관리하는 매니저 겸 기획자이다. 단순 시설 관리뿐 아니라 경영과 프로그램 운영 전반을 관리해야 하므로 환자나 의료진과의 커뮤니케이션 기술, 운영 시스템 및 소프트웨어에 대한 이해, 기본 의료 지식과 경영 지식을 두루 갖춰야 한다.

5. **의사**(Physician): 2021년 현재, 국내외를 막론하고 안정적이고 전망이 좋은 직업으로 꼽힌다. 미국 노동통계국은 2029년까지 미국 내 의사 고용율이 4.3% 늘어날 것으로 예상하고, 1만 8,500여 개 일자리가 늘어날 것으로 보고 있다.

6. **통계학자**(Statistician): 현대 사회에서 데이터 분석은 선택이 아니라 필수가 됐다. 똑같은 지역에서도 어느 골목에서 어떤 음식이 잘 팔리는지, 1년 동안 40대가 가장 많이 카드 결제를 한 동네는 어디인지, 내 웹사이트 방문자는 어디를 거쳐 들어와 무엇을 보고 어디로 빠져나가는지…. 통계학자는 데이터를 들여다보고 의사결정을 내리도록 돕는 전문가다. 여기에 소프트웨어 공학과 인공지능에 대한 지식을 더하면 요즘 인기 있는 데이터과학자(Data Scientist)로 확장할 발판을 마련할 수 있다.

7. **언어재활사**(Speech-Language Pathologist): 대화나 언어 장애가 있는 사람들을 진단 · 치료하는 사람. 뇌졸중 등으로 말하기를 재학습하는 환자나 말을 더듬는 사람, 언어 장애가 있는 어린이 등 다양한 유형의 환자가 재활할 수 있도록 돕는 직업이다. 의료원 재활센터나 요양원 등에서 주로 활동한다.

8. **데이터 과학자**(Data Scientist): 데이터를 탐색하고 분석, 해체와 재

구성을 거쳐 통찰력을 발견하는 전문가이다. 6위를 기록한 통계학자의 기본 통계 지식에 프로그래밍 능력, 기술 지식을 보태야 한다. 데이터에서 얻은 통찰력을 다른 사람에게 설득력 있게 설명하는 커뮤니케이션 기술도 갖춰야 하며, 빅데이터 기반 정보사회에서 가장 각광받는 직업 중 하나로 꼽힌다고 볼 수 있다.

9. **치과의사**(Dentist): 치아 관리의 중요성은 예나 지금이나 변하지 않았다. US뉴스는 치과의사를 급여가 높고 고용 기회도 많으며 실업률은 낮은 직업으로 꼽았다. 치과의사는 2020년엔 2위, 2017년엔 1위에 오르기도 했다.

10. **수의사**(Veterinarian): 반려동물 산업이 커지는 덕분에 수의사는 미래 전망이 밝은 직업 10위에 올랐다. US뉴스는 수의사가 단지 개와 고양이 뿐 아니라 농장 동물을 돌보는 일로 영역이 확장되고 있으며, 가축 전염병을 막고 안전한 먹거리를 얻기 위해 동물을 검사하는 일도 맡고 있다고 했다. 수의학 기술이 발전하면서 동물의 암을 진단·치료하는 기술과 장비도 고도화됐다고 한다.

미래에도 건강은 중요한 화두로 보인다. 상위 10개 직업 가운데 의료나 건강 관련 직업이 7개나 된다. 나머지 3개 직업은 정보기술(IT)과 관련된 직종이며, 정보화 사회로 접어든 현실이 반영된 전망으로 판단된다.

4장

인공지능(AI)의
활용과 추진 현황

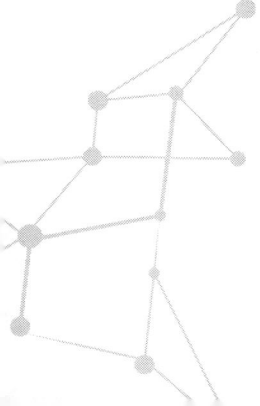

지금은 AI 기술을 기반으로 한 글로벌 경쟁시대이다. 인공지능이 변화시킬 조직경영의 영역을 종합적으로 고려한 큰 그림의 설계가 필요하고, 전사적으로 AI 기술을 도입하여 경쟁력을 창출할 수 있도록 단계적 도입 전략과 실행이 필요한 시점이다.

AI 기술에 대한 적극적인 이해와 학습을 통하여 자체 비즈니스에 적용 및 활용할 수 있도록 하는 것이 기업의 지속 성장에 중요한 요소가 될 것이다.

지능형 알고리즘1)을 기반으로 점점 더 빠르게 발전해가고 있는 AI 기술은 의료진단 서비스, 신약 개발, 지능형 로봇, 지능형 금융서비스, 지능형 감시 시스템, 의사소통 시스템, 법률서비스 지원, 지능형 비서, 기사 작성 등 다양한 산업 분야에서 이미 널리 활용되고 있다.

점점 더 빠른 속도로 발전해 가고 있는 인공지능은 인식 및 의사결정 기능과 학습 기능을 활용해 스스로 빠른 속도로 똑똑해지고 있다.

01 AI의 활용 사례

로봇 분야

한국은 로봇 활용도가 높은 국가 중 하나다. 산업용 로봇 기준으로 중국, 일본, 미국에 이어 세계 4위다. 국제로봇연맹(IFR)에 따르면

---

1) 주어진 문제를 논리적으로 해결하기 위해 필요한 절차, 방법, 명령어들을 모아놓은 것이다. 입력(input) 데이터를 미리 정해둔 일련의 절차와 명령에 따라 처리하고 결과를 출력(output)해내는 것을 의미하며, 넓게는 사람 손으로 해결하는 것, 컴퓨터로 해결하는 것, 수학적인 것, 비수학적인 것을 모두 포함한다.

2019년 기준 전 세계 공장에서 가동되는 산업용 로봇은 272만 대로, 5년 전과 비교하면 85% 늘었다. 공장 자동화와 함께 '스마트공장' 확산으로 수요가 꾸준히 늘어난 덕분이다.

그 동안 자동차, 전자제품 공장 등에 산업용 로봇 형태로만 적용되어 왔던 로봇이 코로나 시대를 맞아 다양한 서비스에 활용되며 폭발적으로 성장하고 있다. 뿐만 아니라 가사도우미, 어린아이와 노인 돌봄, 치매, 우울증 치료 등 일상생활부터 의료부문까지 광범위하게 활용되고 있으며, 인간 기자를 대신해서 기사를 작성하거나 AI앵커가 등장하는 등 로봇 저널리즘은 현재 진행형이다.

정부는 '지능형 로봇 개발 및 보급 촉진법'을 제정하고, 로봇산업을 4차 산업혁명을 주도하는 핵심 산업으로 정하고 단계별로 개발을 추진하고 있다. 중점 개발 분야는 제조업, 의료 부문, 물류 부문, 차세대 핵심 부품, 핵심 로봇 소프트웨어다.

LG전자는 안내로봇, 셰프로봇, 바리스타봇, 잔디깎기 로봇 등 다양한 로봇을 공격적으로 선보이고 있고, 현대차그룹은 2020년 12월에 미국의 로봇 기업 '보스턴 다이내믹스'를 인수하면서 로봇산업의 선두주자로 도약할 발판을 마련했다. 보스턴 다이내믹스는 사람처럼 달리고 춤추며 공중제비까지 하는 휴머노이드(humanoid) 로봇[2] '아틀라스'를 개발한 세계 최고 로봇 기술을 보유한 회사다.

'아틀라스(Atlas)'는 컴퓨터 시각을 사용하여 지형을 정확하게 인식하면서 마치 운동선수처럼 통나무를 점프하고 속도를 떨어뜨리지 않고 높이 40cm 스텝 세 단계를 자연스럽게 뛰어 넘는다. 현재 보스턴 다이내믹스는 민첩성, 인지성, 지성을 갖춘 고급 로봇의 설계, 개발

---

2) 인간과 유사한 형태의 모습을 지닌 로봇을 의미한다. 형태뿐 아니라, 인간과 같은 인식 기능, 운동기능을 구현하기 위해서는, 로봇기술의 총체적 발전이 최고에 이르러야 하므로 가장 고난도의 지능형 로봇이라 할 수 있다.

및 필드 테스트에서 최고라는 명성을 얻고 있다.

현대차는 로봇 기술을 활용해 자율주행 기술을 고도화하고, 도심 항공 모빌리티3) 사업에서도 시너지를 낸다는 계획이다. 기술 개발과 사업 추진을 전담할 도심항공모빌리티(Urban Air Mobility) 사업부를 신설하고 도심에서 수직 이착륙은 물론 자율비행으로 목적지까지 갈 수 있는 초소형 개인 항공기 개발과 상용화에 구심적 역할을 하고 있다.

정부는 국토교통부와 산업통상자원부를 주무 부처로 정하고 자율비행 개발 사업을 추진하면서, 2024년까지 총 480억 원을 투자해 개인 항공기를 개발하는 것을 목표로 하고 있다.

보잉, 에어버스, 아우디 등 항공기나 자동차 업체를 비롯해 구글, 우버, 아마존 등 많은 글로벌 기업과 스타트업들이 자율비행 기술개발에 나서고 있지만 기술은 아직 초기 단계이며, 2025년경에나 서비스가 가능할 것으로 예상하고 있다.

생각만으로 로봇을 조정하는 핵심원리도 이미 구현되고 있다. 2012년 미국 브라운대 연구진은 사지 마비 환자가 생각만으로 침대 옆에 있는 로봇 팔을 움직여 음료수가 든 병을 입으로 가져오게 하는 실험에 성공한 바 있다. 2017년 11월 미국 시카고 의대에서는 사고로 팔을 잃은 원숭이에게 로봇 팔을 붙인 뒤 생각만으로 로봇 팔을 움직여 공을 잡게 하는 데 성공했다. 손동작에 관여하는 뇌 부위에 전극을 심고 원숭이가 공을 잡고 싶다는 생각을 하면 뇌파가 전송돼 로봇 팔이 움직이도록 한 것이다.

외식업계에도 로봇이 빠르게 도입되고 있다. 주방의 업무는 학습

---

3) 사전적으로는 '유동성 또는 이동성·기동성'을 뜻하지만, 일반적으로 사람들의 이동을 편리하게 하는데 기여하는 각종 서비스나 이동수단을 폭넓게 일컫는 말로 사용되고 있다. 이는 결국 '목적지까지 빠르고 편리하며 안전하게 이동함'을 핵심으로 한다.

된 AI에 의해 조리 능력을 높인 로봇으로 대체되고 있다. 커피를 내리고, 디저트를 장식하고, 김밥을 말고, 음식을 주문자 테이블로 내가거나 피자를 주문한 집으로 배달도 한다.

도미노피자는 피자를 만드는 작업 현장에 AI 카메라를 설치하고, 피자에 치즈는 고르게 뿌려지고 있는지, 토핑 개수는 적당한지, 고객이 주문한 것과 일치하는지 등을 분석한다. 만일 이 중 하나라도 잘못됐다면 피자를 다시 만들라는 알람이 울린다.

코로나로 대인 접촉을 최소화하는 비대면 문화가 확산하면서 존재를 과시하고 있는 로봇들도 속속 등장하고 있다. 친구 로봇, 애인 로봇, 선생 로봇의 등장이 먼 미래의 일만은 아니다.

이처럼 로봇이 우리의 일상생활을 가속적으로 편리하게 해준다는 긍정적인 면이 많지만 반면에 부정적인 면도 간과할 수 없다. 인공지능을 장착한 '킬러 로봇'이 출현하게 되고, 독재자나 테러리스트가 이런 무기를 소유하게 되면 지구촌 곳곳에서 모든 사람들의 생명이 위험해진다. 킬러 로봇이 핵무기와 만나게 되면 상상할 수조차 없는 지구적 위기 상황이 초래될 것이다. 이와 관련해서 세계평화운동단체들은 2012년에 '킬러 로봇 중단 캠페인'을 출범시킨 바 있다.

로봇의 내구성면에서도 하드부분에 관심을 기울여야 한다. 예를 들어 컴퓨터의 경우 가장 빨리 손상되는 부분은 하드디스크인데, 물리적인 회전을 통해 마찰로 열이 발생하고 손상되기 마련이다. 마찬가지로 로봇의 경우도 움직이는 사물인 이상 내구성의 한계를 인정하고 대비해야 한다.

로봇의 활용 부문별로 내용을 살펴보면 다음과 같다.

물류 · 배달 부문

유통업체들과 배송업체들의 일감이 코로나로 인해 대폭 늘어나면서 물류를 담당하는 로봇의 이용이 더욱 활발해지고 있다. 물류로봇은 각종 물품의 분류에서부터 포장·적재·운반·이송이란 물류작업을 수행할 수 있는 일련의 로봇들을 지칭한다.

음성이나 이미지 인식 기능을 동시에 발휘하면서 물류로봇은 사람의 삶에 더욱 빠르게 접근한 신기술로 자리 잡고 있다. 물류창고나 공장의 울타리를 넘어 최근에는 백화점, 마트, 학교, 병원, 호텔, 공항, 항만 등 대형건물이나 특정권역으로 확장되면서 우리의 일상생활을 더욱 편리하게 만들어 주고 있다.

국내에선 통신 3사가 로봇 서비스 출시를 주도하고 있다. KT는 2020년 4월에 노보텔 앰배서더 호텔에 현대로보틱스와 공동으로 개발한 '엔봇'을 투입했다. 이 로봇은 호텔 투숙객이 수건, 생수 등 편의용품을 요청하면 혼자서 객실로 이동해 배달해 준다.

SK텔레콤은 배달앱 '배달의민족'을 운영하는 팀과 공동으로 자율주행 배달 로봇 '딜리드라이브'를 개발하고 서울 건국대 캠퍼스와 수원 광교 호수공원 일대의 한정된 구역에서 시범 서비스를 진행하고 있다. 갑자기 나타난 장애물을 피하거나 새로운 길을 찾는 등 실시간 대응이 필요한 5G기반의 핵심 기술을 적용하고 있다.

우정사업본부는 우편서비스의 국민 편의성 향상과 집배원 안전사고 감소를 위해 이동우체국과 우편물 배달로봇, 집배원 추종로봇을 도입하여 시범 운용하고 있다.

롯데글로벌로지스는 2021년부터 경기 이천시 물류센터에서 무인운송 로봇을 도입했고, 국내 최대 무인 물류센터인 CJ대한통운의 메가허브 곤지암은 택배상자 상·하차를 제외한 물류를 로봇 기술로 자동화하고 있다.

미국 로봇회사 뉴로(NURO)는 도미노 피자와 손잡고 피자 무인배달에 나섰으며, 맥도널드와 함께 햄버거 배달도 진행 중이다. 월마트의 온라인 주문 배송 플랫폼인 알파봇(Alphabot) 로봇은 사람보다 10배 빠르게 주문을 받고 포장할 수 있다. 알파봇은 거대한 매장 내부를 돌아다니며 고객들이 온라인으로 주문한 식료품을 4,500개의 품목 중에서 골라 포장하고 배송까지 한다.

미국의 피클로봇(Pickle Robot)은 트럭에서 택배 상자를 내리는 로봇 '딜(dill)'을 선보였다. 숙련된 작업자는 시간당 800개 정도의 박스를 하적할 수 있지만 딜은 로봇팔 하나로 박스의 크기, 색깔, 형태, 무게와 상관없이 최대 25kg의 상자를 시간당 1,800개까지 내렸다.

현대차 계열의 미국 보스턴 다이내믹스도 물류 로봇 '스트레치'를 공개했는데, 빨판이 달린 로봇팔로 23kg 무게를 집어 내릴 수 있다. 1시간에 상자 800개를 내려 숙련된 작업자와 비슷한 속도를 보였다.

물류 로봇은 당분간 고성장할 것으로 전망된다. 2021년 초 리서치앤드마켓은 물류용 자율 이동 로봇과 무인 운송 로봇 시장이 2020년 25억 달러에서 매년 35% 성장해 2026년에는 132억 달러까지 성장할 것이라고 예측했다.

생활 지원 부문

AI 스피커가 진화하고 있다. 단순히 음악 감상이나 날씨·뉴스·쇼핑 등 정보 검색에 쓰이던 수준을 넘어 음식 배달 주문, 외국어 교육, 건강관리 등 일상생활에 필요한 각종 기능을 알아듣고 처리해주는 새로운 기능을 장착하고 있다.

또 교육 현장에서 인간 교사를 돕거나 학생들을 직접 가르치는 교육용 로봇이나 가정·양로원·요양원 등에서 고령자의 거동을 돕고 생활에 필요한 물건을 전달해 주기도 한다.

국내 AI 스피커 시장은 SK텔레콤이 처음 '누구'를 내놓은 뒤 KT, LG유플러스, 네이버, 카카오 등이 합류했다. KT는 AI 스피커 '기가

지니'에 파고다학원의 외국어 강의 기능을 추가했고, SK텔레컴은 자사 AI 스피커 '누구'를 TV와 연동해 실내 공기 질과 에너지 사용량 등 각종 정보를 제공하고 있다.

삼성전자는 2021년 4월 주변의 사물 인식 능력과 주행 성능을 개선한 로봇청소기 '비스포크 제트 봇 AI'를 출시했다. 가구나 가전제품 등 일반 사물에는 최대한 근접해 꼼꼼하게 청소하고, 애완견 배설물이나 유리컵과 같은 장애물은 피해 간다. 바닥의 소재를 자동으로 감지해 카펫처럼 먼지가 끼기 쉬운 재질에서는 흡입력을 평소보다 더 높여 먼지를 빨아들인다. 청소 후 도킹 스테이션에 복귀해 충전하는 동시에 자동으로 먼지 통을 비운다. 음성인식 기능도 강화해 스마트폰 전용 앱을 통해 집 안에서 청소를 원하는 구역과 제외하고 싶은 구역을 미리 설정할 수 있다.

삼성전자가 동시에 출시한 집사로봇 '삼성봇 핸디'는 스스로 물체의 위치나 형태 등을 인식해 잡거나 옮길 수 있기 때문에 식사 테이블 세팅과 식기 정리 등 다양한 집안일을 해준다.

덴마크의 '유니버설 로봇'은 사람과 같은 공간에서 함께 일하는 협동 로봇(Collaborative robot)인 코봇을 출시했다. 전통적인 산업용 로봇과 달리 사용하기가 쉽고 여러 용도로 활용할 수 있다. 로봇 팔 끝에 달린 집게만 바꾸면 요리 로봇이나 청소 로봇, 마사지 로봇으로도 주어진 기능을 발휘한다. 코봇은 저렴하고 사용하기 쉬워서 중소기업도 얼마든지 활용할 수 있다.

글로벌 물류회사 DHL은 우편물을 싣고 배달원을 따라다니는 자율 이동 로봇을 개발했다. 그 덕분에 배달원은 무거운 우편물을 들고 다니지 않아도 된다. 이 로봇 또한 협동 로봇으로 볼 수 있다.

시각장애인을 위한 로봇도 등장했다. 미국 UC버클리 연구진은 시각장애인에게 길을 안내하는 네 발 로봇을 개발했다. 로봇 안내견은

레이저 반사파로 장애물을 파악하며 이동하고, 위성항법장치(GPS)를 이용해 장애물을 피하는 것은 물론 지정된 장소까지 사람을 데려갈 수 있다. 또한 동물인 개는 훈련을 해야 하지만 로봇 개는 안내 소프트웨어만 넣고 계속 업데이트하면 된다는 장점이 있다.

2018년 CES에 출품된 대만의 스타트업 에오러스가 선보인 집사 로봇은 머리에 달린 카메라로 인식한 영상을 인공지능으로 분석해 수천가지의 물건을 구분한다. 한쪽 손으로 물건을 쥐고 진공청소기로 청소를 하거나 물을 떠다 주는 일뿐 아니라 잃어버린 안경까지 찾아다 준다.

업무 지원 부문

삼성생명은 임직원들의 업무를 돕기 위해 RPA(Robotic Process Automation)라는 프로세스 자동화 로봇을 도입했다. 2018년 10월 RPA를 도입한 이후 2021년 5월까지 총 180여 개 업무에 적용해 연평균 11만 4,000시간을 절약했다. RPA는 사람이 컴퓨터로 하는 단순·반복 업무를 로봇을 통해 자동화하는 솔루션이다. 재보험 심사 의뢰를 자동화하고 대외기관 요청서에 대한 회신을 표준화하는 등 단순 업무를 처리해 준다.

㈜두산은 10개 협력사에 생산관리 시스템을 적용해 생산현장의 디지털 전환을 돕고, 협동로봇 도입을 통해 생산라인 자동화 구축을 지원하고 있다. 또한 중소벤처기업부의 스마트공장 구축 사업에 참여해 생산관리시스템 등을 구축해 협력사의 효율적인 생산 공정관리를 지원하고 있다.

2015년, 전 세계 24개 팀이 참가한 세계 재난 로봇 경진대회에서 우승을 차지한 '레인보우로보틱스'[4]는 2020년 1월에 작업용 협동 로

---

4) 2011년 KAIST Humanoid Robot Research Center의 연구원들이 창업한 연구실 창업

봇을 출시했다. 사람과 함께 있는 공간에서 조립과 이동, 용접은 물론 칵테일 제조 같은 섬세한 작업도 가능하다. 이 로봇 하나로 2020년 한해 53억 원의 매출을 올렸다.

일본 홋카이도대는 자율주행 로봇 트랙터를 공개했다. 4대가 함께 움직이는 이 로봇 트랙터는 농장에서 밭 갈기, 씨 부리기, 물 뿌리기, 수확 등의 작업을 진행한 뒤 창고로 돌아오는 과정까지 스스로 해낸다.

영국에선 세계 최초로 라즈베리 채집 로봇을 농가에 도입했다. 플리머스 대학이 세운 '필드워크 로보틱스'가 개발한 '로보크롭'이다. 바퀴를 이용해 나무 사이를 돌아다니며 라즈베리의 형태, 색깔, 크기 등을 인식해 잘 익은 라즈베리를 골라서 딴다. 로보크롭은 하루에 2만 5,000개 이상의 라즈베리를 채집하는데, 사람 3명이 8시간씩 3교대로 채집하는 1만 5,000개보다 1만 개를 더 딴다.

미국 방산업체 사코스 디펜스(Sarcos Defence)가 개발한 슈트 로봇 '가디언 XO'를 입으면 내부에 있는 사람은 별다른 힘을 쓰지 않고도 최대 200파운드(약 90kg)의 물건을 들어 올릴 수 있어서 부상 걱정 없이 근로자와 병사들이 작업할 수 있다. 현재 델타항공이 현장에서 활용하고 있으며, 미국 공군, 해군, 해병대에도 납품되고 있다.

호텔 업무 지원 부문

호텔이 로봇 대중화의 최전선으로 부상하고 있다. AI와 이미지 인식, 자율주행 기술을 장착한 로봇이 코로나 비대면을 계기로 인간을 대체하기 시작한 것이다. 로비에서 손님을 맞이하고, 객실 안내는 물론 엘리베이터를 이용해 수건 · 물 · 칫솔 · 베개 등을 객실까지 나르는 업무를 24시간 쉬지 않고 일하는 데다 팁도 받지 않는다.

벤처기업이다. 로봇 전문기업으로 최고 수준의 기술을 보유하고 있으며, 대표적인 로봇 중 하나인 HUBO2는 전 세계적으로 인정받는 이족보행로봇이다

SK텔레콤은 '우리로봇', '코가플렉스' 등과 함께 AI 자율주행 기술 기반의 서빙 로봇 '서빙고' 10여대를 2021년 8월부터 대구 인터불고 호텔에서 선보인다고 밝혔다. KT는 2019년부터 서울 노보텔 앰배서더 동대문에 AI 호텔로봇을 투입했고, 대구 메이어트 호텔 등으로 확대하고 있다.

미국은 물론 중국, 인도의 대형 호텔 체인들이 앞다퉈 로봇 도입에 나섰고 새로운 개념의 로봇침대와 움직이는 자율 주행 호텔까지 개발하고 있다.

미국 게티그룹은 2021년 6월 홍콩에서 열린 '미래의 호텔' 행사에서 포시즌스·인터콘티넨털 등과 함께 개발하고 있는 침대 로봇과 자율 주행 호텔을 공개했다. 침대 로봇은 고객의 수면 패턴을 모니터링하면서 온도와 자세를 바꿔주고, 오염 물질을 정화하는 기능도 있다. 자율 주행 호텔은 각 호텔이 내부를 꾸민 레저용 차량 형태다. 원하는 경로를 입력하면 알아서 관광지로 이동해주고 고객은 내부에서 편하게 쉴 수 있다.

정서 제공, 애완 부문

고령층과 1인 가구가 점차 늘어나면서 친구 또는 반려동물의 역할을 대신할 수 있는 로봇에 대한 관심이 커지고 있다. 스마트 스피커처럼 AI 비서를 탑재, 음성 대화를 통해 인간과 교감함으로써 사용자의 외로움을 덜어주는 정서적 지원을 제공하는 로봇이 있는가 하면 물개를 닮은 일본의 강아지형 로봇인 소니의 '아이보(Aibo)'처럼 반려동물의 모습을 한 것도 있다.

애완 로봇(Care robot)의 경우 고령자와 대화하기가 어려운 부분도 발생하지만, 고령자가 엉뚱한 말을 해도 로봇은 짜증내는 일이 없기 때문에 노인은 안심하고 대화를 나누게 된다.

소니는 2006년 생산을 중단했던 로봇 강아지 '아이보'에 인공지능 기능을 탑재하고 새롭게 출시하였다. 주인의 칭찬에 귀를 쫑긋하거나 쓰다듬으면 실제 강아지처럼 좋아하고, 코끝의 카메라로 사람들의 얼굴을 인식해 자신과 놀아준 사람에게 애교도 부린다.

일본산업기술종합연구소(AIST)가 개발하고 기네스북에 등재된 세계 최초 심리치료 로봇 '파로'는 입원 환자, 요양시설 수용자 등의 치료를 돕는 아기 바다표범 모양의 애완 로봇이다. '파로'에는 촉각, 빛, 청각, 온도, 자세 등 다섯가지 센서를 통해 반응하고, 이를 토대로 눈을 깜박이고 꼬리를 흔드는 등 재롱을 피우며 노인들에게 심리적인 안정을 선사한다. 소아 정신질환으로 반년 동안 침묵으로 일관하던 어린이가 파로와 감정적으로 소통하면서 말문을 열게 된 사례도 있다고 한다.

비록 이들 로봇들의 외형은 무척 다채롭지만 몇 가지 공통점을 지니고 있다. 전반적으로 사용자들이 친근한 느낌을 가질 수 있도록 귀여운 형상을 했고, 외피는 비교적 밝고 화사한 색상으로 돼 있으며 부드럽거나 매끄러운 소재로 된 것이 대부분이다. 또한 로봇을 취급하는 사용자가 위협을 느끼지 않고 대소변을 치울 일도 없을 뿐 아니라, 친근하게 여길 수 있도록 로봇의 동작은 앙증맞거나 귀여우면서 부드러운 동작을 취하도록 돼 있다.

심지어 소프트뱅크는 자사의 로봇 '페퍼'가 인간처럼 부드러운 동작을 취할 수 있도록 로봇의 동작을 개발하기 위해 일본의 유명한 연예 기획사와 제휴해 인간 배우의 행동을 본뜨기도 했다고 한다.

방역 · 의료 부문

LG유플러스는 자율주행 방역 로봇을 개발해 이 회사 사옥에서 사용 중이다. 얼굴 인식 기능과 온도 측정 기능이 탑재돼 자율주행 중 사람과 마주치면 마스크 착용 여부와 체온을 자동으로 확인한다. 마스크를 쓰지 않은 사람에게는 "마스크를 착용해주세요"라고 안내한다.

LG전자는 2021년 1월 세계 최대 IT 전시회인 'CES 2021'에서 '클로이 살균봇'을 선보였다. 이 로봇은 스스로 공간을 찾아다니며 살균이나 방역작업을 하는데, 코로나바이러스 감염이 우려되는 곳에 사람이 들어가지 않고도 안전하게 방역할 수 있다.

한국과학기술연구원(KIST)는 일반 가정에서 경증 치매 노인을 보살필 수 있는 AI로봇 '마이봄'을 개발하였다. 국내 치매환자 중 경증 환자의 비율이 56%로 시장이 크고, 로봇 도입에 따른 인력 절감의 효과도 크기 때문에 정부도 최근 4대 유망 서비스 로봇 중 하나로 치매 돌봄 로봇을 선정했다.

관절·척추병원인 힘찬병원 산하 관절의학연구소는 일반수술과 로봇수술 각각 500사례를 조사 분석한 결과를 발표했다. 수술 후 출혈량, 무릎관절 가동 범위, 다리 정렬 각도를 조사한 결과 로봇수술이 일반수술에 비해 출혈이 15% 이상 감소하고, 재활이 더 빠르며, 다리 교정각도가 더 향상된 것으로 나타났다.

덴마크의 '블루오션 로보틱스'가 개발한 멸균로봇(UVD로봇)[5]은 병원이나 공항 등 코로나 바이러스에 취약한 밀집 장소를 혼자 다니면서 단파장 자외선으로 병실과 수술실을 소독한다. 이 로봇이 지나가며 비추는 자외선은 코로나 바이러스와 박테리아를 99.99% 박멸한다.

미국 'AMP 로보틱스'는 2017년 재활용 분류 로봇 'AMP 코텍스'를 개발, 미국 내 기업과 지자체들에 임대해 주고 있다. 이 로봇은

---

5) 표면과 공기의 바이러스와 박테리아를 죽이는 UV-C 라이트가 장착된 자율 소독 로봇이다. 이탈리아에서는 UVD 로봇이 배치되기 전에 6명의 의사가 COVID-19에 감염되었는데 UVD 로봇 배치 후에는 의사, 간호사 또는 환자 사이에서 코로나19 사례가 나타나지 않았다. 이 로봇은 현재 전 세계 60여 개 나라에 출시되어 있다.

재활용 쓰레기를 99%가 넘는 정확도로 분당 80점 이상 분류할 수 있다.

미국 스타트업 뉴로(NURO)가 개발한 배송로봇 'R2'는 외부 창고와 병원을 오가며 의료진에게 음식과 의료용품을 전달해 준다.

미국 '딜리전트 로보틱스'가 만든 간호사 로봇 '목시(Moxi)'는 텍사스주 댈러스의 대형병원 '메디컬시티 헬스케어'에서 일하고 있다. 환자들의 옷과 약병을 나르고, 혈액 샘플을 수거하는 업무를 주로 맡으면서, 몸통 바닥에 달린 4개의 전동 바퀴로 병원 구석구석을 누비고, 오른팔은 180cm까지 늘어난다. 팔 끝에 달린 집게손은 선반 위에 놓인 의료용품을 집어 내리고, 병실의 침구를 정돈할 수 있다. 허드렛일에서 벗어난 간호사들은 환자를 돌보는 데 더 많은 시간을 쓸 수 있다.

영국의 수술용 로봇회사 CMR서지컬이 개발한 수술로봇 '베르시우스'는 끝에 바늘 같은 장치를 단 세 개의 팔을 갖고 있다. 각 팔에는 카메라가 달려있어 수술 부위를 3차원으로 재구성하여 보여주고, 절개나 봉합도 해낸다. 아주 조그마한 구멍으로 수술이 가능하기 때문에 후유증과 부작용도 획기적으로 줄였다.

초소형 의료 로봇

최근에는 네 발로 걸으면서 신경을 이어주는 더 정교해진 초소형 로봇들을 선보이고 있다. 100만분의 1m 크기의 아주 작은 로봇으로 특히 의료 분야에서 주목받고 있다. 기존의 의료 장비로는 접근할 수 없었던 인체 내부까지 들어가 원하는 치료를 할 수 있기 때문이다.

대구경북과학기술원(DGIST)의 로봇공학 연구진은 원하는 위치에 정밀하게 신경세포를 전달하고 신경망을 연결하는 초소형 로봇을 개발했다. 신경세포 100여 개를 실은 초소형 로봇은 10초 만에 목표

지점에 도착해 1분 안에 두 신경세포 집단을 연결했다. 중증 뇌 질환인 치매나 뇌전증 등 다양한 신경계 질환 연구에 큰 역할을 할 것으로 기대된다. 또한 치료가 필요한 부위에만 정확하게 약물을 전달하는 바늘형 미세로봇도 개발했다. 바늘형 로봇은 치료 부위에 바로 찔러 약물을 투입할 수 있다.

한국마이크로 의료로봇연구원은 눈에 보이지 않는 미세 입자를 이용해 스스로 암세포를 향해 이동하고 진단·치료 기능까지 갖춘 세계 최초의 의료용 초소형 로봇을 개발해 동물실험에서 효능을 확인했다고 한다. 이 로봇은 자석으로 책받침 위의 쇳가루를 움직이듯 외부에서 자기장을 가해 원하는 위치로 옮길 수 있다. 환자 몸에 넣은 뒤에 컴퓨터 단층촬영 등 의료 영상장비로 검진과 치료가 가능하다.

미세로봇은 마이크로미터(100만분의 1m)나 나노미터(10억분의 1m) 크기로 매우 작은 로봇을 말한다. 크기가 작아 인체에서 의료 기기가 닿지 않던 곳까지 갈 수 있어 의료용으로 많이 연구·개발되고 있다.

2021년 4월 성균관대 의대 연구진은 항생제 내성 박테리아만 죽일 수 있는 나노로봇을 개발했다. 세균에만 달라붙는 20나노미터 크기의 로봇은 외부에서 전기 신호를 보내면 로봇이 활성산소를 발생시켜 세균을 박멸하는 구조다.

미세로봇은 의료뿐만 아니라 환경 감시나 오염물질 제거 같은 여러 분야에 활용할 수 있다. 한국원자력연구원은 폐수에서 방사성 물질인 세슘만 잡아내는 수중 로봇을 개발했다. 이 로봇은 물속에서 이동하며 방사성 세슘을 빠른 속도로 제거하며, 원격으로 제어할 수 있어 작업자의 방사선 노출을 최소화할 수 있다.

미국 코넬대 연구진은 네 발로 걷는 초소형 로봇을 개발해 2020년 8월에 국제학술지 《네이처》에 발표했는데, 짚신벌레 크기의 로봇이 인체의 혈관을 돌아다니면서 다양한 치료를 할 수 있을 것으로 기대하고 있다.

독일 켐니츠 공대 연구진도 최근 산소 거품으로 추진력을 얻는 초소형 로봇을 개발했다. 이 로봇은 인체 내에 있는 특정 부위에 약물을 전달하는 용도로 활용이 가능하다.

매스컴 부문

2015년 AP통신이 AI 기사 작성을 시작한 이래, 한국프로야구위원회 (KBO)는 로봇이 작성하는 2군 퓨처스 리그 경기 기사를 작성, 배포하고 있다. 연합뉴스도 축구 프리미어리그를 담당하는 '사커봇'으로 2017~2018시즌 380경기 전체를 기사화했으며, 평창동계올림픽 때는 '올림픽봇'으로 787건의 기사를 실었다.

로봇의 기사는 경기가 끝난 뒤 불과 1, 2초 만에 작성될 정도로 인간 능력을 초월하는 속도와 효율성을 갖는다. 더구나 수집된 데이터 자체에 오류가 없다면 오보가 없는 무결점 기사가 된다.

가짜뉴스와 왜곡보도가 범람하는 요즘 세태에 기사 작성자가 로봇이라고 했을 때가 기자라고 했을 경우보다 신뢰도가 높았다는 한국언론진흥재단의 실험결과를 언론사들은 신중히 받아들여야 할 것이다.

종합편성채널 MBN은 국내에서 처음 인공지능(AI) 앵커를 도입하며 AI 방송 시대를 열었다. 2020년 11월 9일 MBN은 김주하 앵커를 본떠 만든 AI 앵커가 MBN 종합뉴스에서 실제 방송을 성공적으로 진행하면서 AI 앵커 시대의 막을 올렸다.

AI 앵커는 MBN과 AI 전문업체인 머니브레인[6]이 함께 개발했다. 김주하 앵커가 방송하는 모습과 동작, 목소리를 녹화한 뒤 AI가 이

---

6) 소프트웨어 개발업체로 방송 · 언론 · 쇼핑 · 의료 · 키오스크 등 다양한 산업 분야에서 AI 영상합성 솔루션을 제공하고 있다.

영상을 딥러닝해 만들었다.

사람을 대신해 뉴스를 진행하는 AI 앵커는 2년 전 중국에서 처음 만들었다. 국영방송사 신화통신은 2018년 11월 7일 중국 우전에서 열린 세계 인터넷 대회에서 신사오멍(新小萌) AI앵커를 최초로 공개했으며, 신화통신에서 근무하는 장자오 앵커 모습과 목소리를 학습해 탄생했다.

이번에 MBN이 만든 AI 앵커는 한층 더 진화된 형태다. 머니브레인의 영상·음성 합성 기술을 활용해 최대 1000자 분량 텍스트를 1분 안에 영상으로 합성할 수 있을 정도다.

또한 김현욱 아나운서를 대표 AI 아나운서로 내세운 LG 헬로비전은 25개국 체널 케이블 방송을, 인포스탁 데일리에서는 증권시장과 종목 분석 등 시황 중계를 실시하고 있다.

무엇보다 AI 앵커는 실제 앵커와 방송 스태프가 준비되지 않았을 때나 뉴스 공백 시간대에 언제든 활용 가능하다는 게 장점이다. 실제 방송 현장에선 5분 남짓 방송을 위해 최소 2시간 전부터 준비해야 하는데, AI 앵커는 준비 과정 없이 방송에 바로 투입할 수 있다. 시청자로서는 재난과 같은 상황이 발생했을 때 속보 뉴스를 빠르게 접할 수 있고, 방송사도 이에 들어가는 인력·시간·비용을 새로운 프로그램을 만드는 데 활용할 수 있다.

전문직 부문

어릴 때부터 철학과 문학에 심취했다는 대니얼 내들러(Daniel Nadler)는 2013년에 '켄쇼 테크놀로지'라는 AI스타트업을 만들어 '켄쇼(Kensho)'라는 AI로봇을 개발했다. 골드만삭스가 뉴욕 본사에 켄쇼를 입사시켰고, 켄쇼는 월 스트리트에서 가장 많은 연봉을 받던 600명의 트레이더가 한 달 가까이 처리해야 하는 일을 3시간 20분 만에 끝내고 엄청난 이익도 안겨 주었다. 그 결과 600명 중 AI를 도와줄 2명을 제외한 598명이 해고됐다. 골드만삭스는 2015년에 "우리는 더 이상 금융 투자기업이 아니다. AI기업이다"라고 선언한다. 지금 월가에서는 인간이 해왔던 일의 90%를 인공지능이 담당한다.

미국의 로펌회사인 Baker & Hostetler에서는 IBM에서 만든 인공지능 Ross를 자신들의 자산관리 변호사로써 공식 선임했다고 발표했다. 기존의 약 50여 명의 변호사들로 구성되었던 업무가 공식적으로 인공지능에 의해 대체된 셈이다.

이미 미국의 한 퀴즈쇼를 통해 인간들과의 경쟁에서 그 가능성을 인정받은 IBM의 왓슨(Watson)을 기반으로 만들어진 Ross는 단순이 자료 분석만이 아니라 언어습득으로 인해 사용자와 영어로 대화가 가능하며 가설에 의한 명제 제기와 셀프러닝 등을 통해 효과적인 사용자 지원이 가능하다고 한다.

다소 색다른 로봇도 있다. 400년이 넘는 역사를 지닌 일본 교토의 사찰 고다이지(高台寺)에는 2019년 '민다르(Mindar)'라는 로봇스님이 등장했다. 알루미늄으로 만들어진 민다르는 키 183cm, 몸무게 32kg으로 얼굴에는 사람 피부와 비슷한 실리콘이 씌워졌다. 여성 또는 어린이 목소리로 법문을 하거나 염불을 외우며, 신도들과 대화하고 상담도 해준다.

챗봇 부문

챗봇은 말 그대로 대화(Chat)를 하는 로봇(bot)이다. 메신저 대화창이나 목소리로 말을 걸면 적절한 응답을 하면서 대화를 나눌 수 있다. 챗봇은 묻는 말에 관련된 정보를 알려주기도 하지만, 마치 사람과 대화를 나누는 것처럼 똑똑하다.

최초의 챗봇은 1966년 미국 매사추세츠 공과대학(MIT)의 AI연구소가 개발한 엘리자(ELIZA)이다. 컴퓨터 프로그램에 질문을 입력하면 문장 구조를 파악해 미리 준비된 대답을 화면에 나타내는 구조이다.

국내에서 가장 유명한 챗봇은 2002년 개발된 '심심이'이며, 마이크로소프트의 MSN[7] 메신저 서비스에 친구로 등록하면 병아리 모양의 로봇 캐릭터와 채팅으로 일상의 소소한 대화를 나눌 수 있는 서비스이다. 심심이는 사람들의 말을 분석한 후 미리 준비된 답을 하는 기초적인 형태였으나 지금은 AI 기술을 더해 채팅뿐 아니라 음성 대화로도 영역을 확장하고 있다.

최근의 챗봇은 마치 사용자의 감정을 읽기라도 하듯이 자유로운 대화를 가능케 한다. 챗봇이 이런 역할을 하기 위해서는 사용자의 태도, 의견 또는 감정 등을 이해하는 작업이 선행돼야 하는데 이것이 바로 대화형 감성 분석(Emotional Analysis) 기술이다. 이러한 분석 기술은 주로 대인 관계에 대한 상황을 기반으로 하는 데 소셜 네트워크상에서 사람들의 여러 실제 상황과 대화 내용 등을 종합적으로 수용해 감성 분석 DB에 저장한다. 고객 응대나 비서 챗봇이 사용자와 대화를 나눌 경우, 상황에 따른 감성 상태에 부합되는 단어, 문장, 음성, 이모티콘 등과 같은 정보들은 이 DB에서 추출된다.

챗봇의 미래는 AI의 진전에 크게 좌우된다. 챗봇이 실제 인간과 유사한 감정을 진정으로 생성할 수 있는 유일한 방법은 고급 자연어 처리와 개선된 머신러닝 알고리즘의 사용이다.

AI 기술을 활용한 챗봇은 메신저 기반인 만큼 시공간의 제약 없이 대화가 필요할 때 끊김 없는 대화를 이어갈 수 있는 특징이 있기 때문에 기업의 다양한 서비스 업무를 개선하는데 크게 기여하고 있다.

---

7) 마이크로소프트 네트워크(Microsoft Network): 마이크로소프트가 운영하는 포털 사이트이자 인터넷 서비스 제공 업체이다. MSN은 1995년 8월, 윈도즈 95의 발매와 동시에 서비스를 개시했다.

최근 금융권과 통신사를 중심으로 폭넓게 사용되는 챗봇을 이용하면 하루 24시간 365일 고객이 원하는 정보와 서비스를 제공받을 수 있다. 새로운 소셜미디어가 계속 등장하고 각 채널 간 연동이 긴밀해지면서 AI 기술을 기반으로 하는 챗봇의 역할은 시간이 지날수록 가치가 더 해질 것이다.

대한통운은 택배업계 최초로 AI 챗봇 서비스를 도입해 고객 서비스를 강화했다. 언제든지 스마트폰 대화창에 택배 관련 질문을 입력하면 사람이 응대하듯 신속하게 궁금증을 풀어준다. 택배 전산시스템과 연동돼 있어 챗봇 서비스를 통해 택배 예약, 배송일정 확인, 반품 접수도 가능하다.

신한은행의 챗봇 '오로라'와 KEB하나은행의 '하이' 등은 단순 계좌 조회나 송금 같은 쉬운 업무뿐만 아니라 대출 연장, 이자 상환처럼 사람이 전담하던 업무도 해내고 있다. NH농협은행의 '아르마'는 고객의 질문을 빠르게 분석한 후 결과를 0.5초 안에 ARS 상담자들에게 전달해 준다.

2011년 애플은 스마트폰인 아이폰4S를 발표하면서 '시리(Siri)'라는 AI 비서를 출시하였다. 이전까지 음성인식 기술은 정해진 명령어만 알아듣는 것이 일반적이었지만, 시리는 일상의 언어로 기기를 조정하고 원하는 정보를 검색할 수 있게 하였다.

이제 많은 기업이나 기관들이 간단한 고객 상담에는 챗봇을 활용하고 있다. AI 기술의 발달과 함께 챗봇은 점점 더 사람을 닮아가면서 고객들은 지금 상담원과 대화하는지 챗봇과 이야기하는지 구별하기 어려울 정도에 이르고 있다. AI의 발전에 따라 챗봇의 무한 변신이 어디까지 이어질지 귀추가 주목된다.

최근에는 고객과 자연스러운 대화를 나누는 과정에서 부정적인 말, 혐오스런 표현 등을 학습한 챗봇으로 인해서 사회적 관심을 끌기도 한다.

주차 부문

로봇이 사람 대신 발레파킹(대리주차)도 해준다. 영국 런던 개트윅 공항에서 세계 최초의 주차로봇이 운용되고 있다. 공항을 이용하는 일부 탑승객은 주차장 입구에 있는 '드롭오프 존(Drop-off Zone)'에 차를 대충 세우고 나서 발레파킹을 요청한 뒤 탑승 수속을 하러 가면 된다.

그러면 '스탠(Stan)'이라는 이름의 발레파킹 로봇이 고객의 차에 접근해 차를 안전하게 들어올린 뒤 알아서 빈 주차 공간에 차를 세워둔다. 심지어 이들 로봇은 어떤 베테랑 운전자들보다 주차 능력이 뛰어나다. 군용급 GPS 장치의 도움으로 고객 차량 크기를 완벽하게 스캔해 같은 공간 안에 3분의 1 더 많은 차량을 안전하게 세울 수 있다. 고객이 며칠 후 공항에 도착하면 로봇이 주차장에서 차를 꺼내 지정된 장소에 차를 가져다 놓고 고객을 기다린다.

'스탠'은 프랑스 벤처기업 '스탠리 로보틱스'가 설계·개발했다. 이 기업은 이미 프랑스 파리와 리용 그리고 독일 뒤셀도르프에서 운용 시험을 마쳤다. 주차로봇의 서비스가 정착되면 공항뿐만 아니라 다양한 주차장에서도 적용이 가능할 것이다.

드론 분야

군사용에서 시작한 드론은 취미·레저용으로 대중의 관심을 이끌었고 점차 건설·농업·의료 등 산업용을 거쳐 교통·여객운송·화물 배송 분야에서 가파른 성장을 이루면서 4차 산업의 혁신을 이끌어 가는 주요 분야로 부상하고 있다.

최근에는 차세대 성장을 이끌 동력 산업으로 적극 육성하겠다는 정부의 드론 산업 발전 기본 계획까지 발표되면서 드론 산업의 확장 가능성과 성장 가치에 기대가 높아지고 있으며, 드론을 활용하는 비즈니스에 시선이 집중되고 있다.

카메라, 센서, 통신시스템 등이 탑재돼 있으며 무게와 크기도 사용 용도에 따라 다양하다. 산불, 지진, 적조 등의 감시 활동과 항공 방제, 농약 살포, 물류 배송, 건설 공정관리 등 다양한 산업 분야에 드론이 활용되고 있으며, 그 활용 영역이 점차 넓어지고 있다. 공공부문에서는 도로, 교량, 철도 등의 공공시설 관리와 하천, 해양, 산림 등 자연 자원 관리 같은 영역에서 드론의 역할이 더욱 증대될 것이다.

한국경제연구원은 2016년 56억 달러(약 6조 4천억 원)였던 세계 드론시장이 2025년에는 239억 달러(약 2조 7천억 원) 규모로 급성장할 것으로 전망하고 있다.

2017년 12월에는 국토교통부를 비롯한 범부처 합동으로 '드론산업 규모 5년 내 20배 육성을 위한 종합계획'을 발표했다. 이 계획은 2026년까지 시장규모를 4조 4,000억 원으로 늘리고 기술경쟁력 세계 5위권 진입, 사업용 드론 5만 3,000대 상용화 등을 목표로 설정했다. 이를 통해 생산유발효과는 21조 1,000억 원, 부가가치 유발효과는 7조 8,000억 원, 양질의 일자리 약 17만 4,000개를 만들어 낼 것으로 전망했다.

드론의 주 소비처로는 통제와 관리가 필요한 경찰청, 소방서, 군사시설, 교도소, 산림청, 기상청을 비롯해서 발전소, 국립공원, 농장, 스포츠 스타디움, 건설회사, 운송회사, 리조트, 테마파크 등이 있다.

정부가 드론산업 육성 정책을 내놓은 지 만 3년이 지난 2020년에도 아직 가시적인 성과가 나오고 있지 않다. 과학기술정보통신부에 따르면 한국은 드론과 자율차 등 무인이동체 세계 시장의 불과 2.7%만 차지하고 있으며, 핵심 기술력도 세계 최고 수준의 60%대에 그치고 있다.

관련업계에서는 우리의 드론 관련 기술이 중국에 비해 4~5년 뒤처진 배경에는 정부의 규제와 미약한 지원 등이 자리하고 있다고 보고 있다. 특히 몇 년 안으로 중국과의 격차를 줄이지 못하면 2040년 연 1700조 원 규모로 예상되는 도심항공 시장의 주도권을 중국에 내주게 될 것이라고 우려하고 있다.

우리나라는 도심에서 드론 비행이 금지돼 있고 비행 승인은 국토교통부, 촬영 승인은 국방부로 이원화돼 있는 등 절차가 까다롭다. 이런 문제점을 보완하기 위해 2019년 10월에 국토교통부의 제2차관 직속으로 '미래 드론교통담당관'제를 신설했다. 국토부에 등록된 드론은 2020년 7월 기준 1만 4,011대이며, 드론 조종 자격 발급 건수도 3만 7,571건에 달한다.

드론 조종 자격증은 항공안전법에 규정하고 있으며, 드론 자격증 취득 기준은 〈표 4-1〉과 같다.

일반적으로 시작은 자격증 4종에 해당될 것이며, 이 경우 항공교육훈련 사이트에서 6시간 교육을 이수하면 된다.

드론이 장점만 지니고 있는 건 아니다. 많은 나라가 드론의 가장

표 4-1 드론 조종 자격증 취득 기준

구분	무게 기준	비행 경력	학과	실기	온라인 교육
1종	25kg 초과 150kg 이하	1종 기체를 조종한 시간 20시간	o	o	×
2종	7kg 초과 25kg 이하	1종 또는 2종 기체를 조종한 10시간	o	o	×
3종	2kg 초과 7kg 이하	1종 또는 2,3종 기체를 조종한 6시간	o	o	×
4종	250g 초과 2kg 이하	×			o

큰 문제점으로 안전을 지적한다. 테러리스트가 드론에 폭탄과 독약 등 위험물질을 넣어 배달할 수도 있고, 드론이 고장 나 갑자기 추락할 수도 있으며 해킹을 당하거나 장애물에 부딪힐 위험도 상존한다. 또한 촬영용 드론이 많아질수록 사생활 침해 위험도 늘어날 것이다.

프라이버시 침해, 사고 가능성, 범죄 악용 위험성 등 드론의 오남용으로 인한 부작용에 대해 적절한 대책이 마련되어야 할 것이다.

드론의 활용 부문별로 드론 시장을 이끌고 있는 글로벌 기업들의 활용 내용을 살펴보면 다음과 같다.

엔터테인먼트 부문

평창올림픽 개막식에서 전 세계인의 눈길을 사로잡았던 미국 인텔의 드론쇼가 폐막식에서도 행사의 대미(大尾)를 장식했다. 인텔은 드론 300대의 실시간 비행으로 올림픽 마스코트인 수호랑이가 하늘로 도약하는 모습을 연출했다. 앞서 개막식에서는 1,218대 드론쇼의 영상을 공개해 군집 비행 최다 대수 기네스북 기록을 세웠다.

드론 군집 비행 기술은 우리나라도 2013년 개발했으나 상용화 문턱을 넘지 못했다

농·임업 부문

농약 살포 기능을 탑재한 드론의 등장과 함께 항공 방제 시장 역시 급격하게 성장하고 있다. 드론은 항공 방제 및 파종 분야에서 시간과 비용 그리고 안전 측면에서 이미 획기적인 효용성을 입증하고 있다.

시장분석기관인 유로컨설트(Euroconsult)는 "농·임업 분야에서 사용되는 드론 대수가 앞으로 연평균 38.5%씩 성장해서 2025년에는 전체 드론 활용 시장에서 69%를 차지할 것"이라고 예상했다.

중국의 무인항공기 및 촬영 장비 제조업체인 DJI는 2015년에 파

종(播種)과 농약 살포가 가능한 드론 '애그리 MG-1'을 출시했으며 영국의 하퍼 애덤스 대학에서는 세계 최초로 드론과 로봇 트랙터만으로 보리농사를 짓는 데 성공했다.

의료 지원 부문

미국의 드론 업체 집라인(Zipline)은 지난 2016년부터 국제화물운송업체 UPS(United Parcel Service)와 함께 아프리카의 르완다 등 취약 지역에 혈액과 의약품의 수송 사업을 착수했으며, 스위스와 벨기에, 일본도 재난지역을 대상으로 의약품의 수송 사업을 시작하였다.

중국의 DJI는 열화상 카메라 전문업체 플리어(FLIR)와 손잡고 조난자 탐지, 화재 현장의 구조 등에 활용할 수 있는 드론을 선보였다. 중국의 드론회사 앤트워크(ANTWORK)가 개발한 드론은 중국 항저우에서 자율주행으로 코로나 환자의 검사 샘플을 병원으로 옮기는 작업을 수행했다.

최근에는 드론이 코로나 종식을 앞당길 첨병으로 활약하고 있다. 코로나 누적 확진자가 3,000만 명에 가까운 인도를 비롯하여 아프리카, 동남아의 낙후된 지역은 물론 미국과 유럽에서도 드론 백신 수송이 활발히 진행되고 있다. 백신은 상대적으로 무게가 가볍기 때문에 드론을 활용하는 것이 트럭이나 헬리콥터보다 원거리 운송에 유리하다는 것이다.

드론이 단순히 검사 샘플이나 의약품 박스를 전달하는 역할만 하는 것은 아니다. 1995년에 설립된 드래곤플라이(dragonfly)는 드론에 탑재된 카메라를 이용해 사람의 심박수와 혈압 등의 활력 징후를 측정하는 시스템을 개발했다. AI 기술인 딥러닝을 이용한 이 시스템을 활용하면 코로나 환자는 물론 산이나 바다에서 조난을 당한 사람을 빠르게 모니터링하고 대응할 수 있다.

택배 부문

드론의 무인택배 서비스의 경우 인공위성을 이용해 위치를 확인하는 위성항법장치(GPS) 기술을 활용해서 서류, 책, 피자 등의 비교적 가벼운 주문 물품을 고객에게 배달하는 것이 일반적이었다. 그러나 화물 배송 분야의 드론 기술이 가파른 성장을 보이면서 배송 물품의 무게, 택배 거리, 배송 시간 등에서 비약적인 진전을 보이고 있다.

중국의 징동닷컴은 시속 100km로 30kg짜리 제품을 배송하는 데 성공했고 최근엔 1t짜리 화물 배송이 가능한 드론을 개발했다.

독일 운송업체 DHL은 '파슬콥터'라는 드론을 만들어 육지에서 12km 떨어진 도서 지역을 대상으로 의약품 등을 드론 택배 서비스 중이며, 미국의 아마존도 '프라임에어(Prime Air)'라는 새로운 배송 시스템을 공개하고 주문 후 30분 이내에 주문자의 집 앞까지 물품이 배송되는 상업용 드론 택배를 실시하고 있다.

이스라엘의 스타트업 '플라이트렉스(Flytrex)'는 아프리카, 우크라이나, 아이슬란드에 이어 미국 그랜드포크스 지역에서도 배송 드론 서비스를 시작했다. 월마트에서 주문한 물품을 드론이 고객 집 뒷마당에 떨어뜨려 주는 식이다. 이 회사 드론은 반경 3마일(4.8km) 내에서 최대 6.5파운드(약 3kg) 물품을 배송한다.

국내에서는 롯데택배가 드론 택배서비스 상용화를 위해 준비 중에 있으며, 우정사업본부는 전라남도 고흥에서 출발한 드론이 4km 떨어진 득량도에 소포와 등기 등 실제 우편물을 배송한 바 있다. 수동 원격조종이 아닌 좌표를 입력해 이륙, 비행, 배송, 귀환까지 배송의 모든 과정이 완전 자동으로 이뤄졌다.

우정사업본부는 2021년까지 도서 산간지역 10곳에 대해 드론배송 사업을 추진하고, 2022년에는 실제 우편물의 드론 배송을 상용화할 계획이다.

드론택시 부문

프랑스 항공업체 에어버스와 독일 자동차업체 다임러 계열사인 이볼로는 최근 자체 개발한 드론 택시의 시험 영상을 잇따라 공개했다. 일본 자동차 업체 도요타는 인텔과 함께 드론 택시 제조업체에 1억 달러를 공동 투자했다.

독일의 볼로콥터(Volocopter), 미국의 보잉(Boeing), 영국의 우버(Uber) 등 유수의 운송업체들이 독자적으로 또는 NASA와 손잡고 무인 항공 교통 시스템 개발에 적극적으로 뛰어들고 있다.

중국 업체 이항(Ehang)은 프로펠러 8개를 단 드론으로 조종사 없이 탑승객만 태우고 300m 높이에서 시속 130km까지 속도를 높여 15km를 안전하게 비행했다.

우리나라도 드론 택시로 전용 가능한 수직이착륙 무인기를 2012년 세계 두 번째로 확보했지만 상용화 문턱을 넘지 못했다. 드론 기술을 개발해도 규제에 막히고 투자도 부족해 상업화에서는 글로벌 기업을 따라잡지 못하고 있다.

안보 부문

AI가 미래 전쟁의 판도를 바꿀 핵심 기술로 떠오르면서 미국을 비롯한 중국, 러시아 등 주요국은 AI를 활용한 군사용 드론 기술 개발을 완료하고 실전 배치에 들어가고 있다.

2020년 초 미군이 이란혁명수비대 사령관 솔레이마니를 무인 드론으로 사살한 바 있는데, 특히 이목이 쏠린 대목은 드론의 조정이 미국 서부 미군 공군기지 내 조정실에서 이뤄졌다는 점이다. 미국 현지에서 실시간 원격조정이 가능한 건 인공위성을 활용했기 때문이다.

미국은 지난 20년 동안 이라크와 아프가니스탄에 AI 기술이 적용된 자율드론을 실전 배치하였으며, 캘리포니아의 시험비행장에서는

'벌떼 드론'을 공개한 바 있다.

미국이 벌떼 드론 공격을 시연한 후 중국도 1000대의 중국형 드론을 구현하는데 성공했다.

한국 육군은 숲속에 숨어있는 240mm 방사포 전차를 탐지한 후 폭탄을 투하하는 타격 드론과 목표물에 직접 충돌하는 자폭형 드론을 공개했다. 적의 화학 공격에 대응하는 '제독 드론'도 등장했다. 오염 지역을 프로그램에 입력하면 드론이 자동 비행하며 제독(除毒)하는 개념이다.

전쟁이 발생할 경우 인간이 결정하는 '발사 명령'이 AI에 넘겨지는 데 따른 윤리적 문제도 제기된다. 인간의 통제를 강조하지만 수백, 수천 개의 드론이 동원된 공격을 AI무기로 맞서는 상황은 결국 인간의 손과 통제 범위를 벗어나 AI의 대결이 될 수밖에 없다.

공간정보 취득 부문

상공 150m~300m 정도 높이까지 비행이 가능하기 때문에 고공 영상이나 사진 촬영, 해양이나 산간지역 등 접근이 어려운 지역의 상황 확인에 활용된다.

한국국토정보공사(LX)는 드론을 통해 지적측량 같은 업무를 수행하고 있으며, 강원도 산불 당시에는 산불 피해 규모를 파악하고 지도 맵핑 작업으로 복구해야 할 위치 등을 조사하는 등 업무효율을 증대시키고 있다.

환경부와 수도권대기환경청은 미세먼지 배출량을 감시하기 위해 '미세먼지 드론추적팀'을 수시 운영한다. 단속 시에는 오염물질 측정 센서 등이 장착된 특수 드론과 실시간 대기질 분석이 가능한 이동측정차량이 동원된다.

또한 공간정보를 취득하면서 보안 시장으로 영역을 넓히고 있다.

국내 최대 보안회사인 에스원은 지능형 영상감시솔루션(SVMS)을 장착한 드론이 보낸 영상을 분석해 침입자나 화재 발생 등 이상 유무를 감지한다.

일본 세콤은 경비 전용 드론을 출시했는데, 의심스러운 차량이나 사람이 발견되면 즉시 차량 종류와 차량번호를 촬영해 관제센터에 알려주고 추격하도록 개발됐다.

독일의 드론 기업 스카이센스가 실내 경비를 위해 만든 드론은 사전 프로그램된 경로를 따라 순찰하며 관제센터로 영상을 전송한다. CCTV를 활용한 보안 시스템은 사각지대가 발생한다는 한계가 있지만, 이 경비드론을 활용하면 사각지대를 최소화할 수 있다.

저널리즘 부문

드론을 촬영용 기기로 활용하는 신문·방송업계나 영화제작사가 대표적인 사례다. 언론사는 이른바 '드론 저널리즘'을 표방하며 스포츠 중계부터 재해 현장 촬영, 탐사보도까지 드론을 폭 넓게 활용하고 있다. 과거에 사용했던 항공촬영보다 촬영 비용이 훨씬 저렴하다는 장점뿐 아니라 카메라를 탑재한 드론은 지리적인 한계나 안전상의 이유로 접근하지 못했던 장소를 생생하게 렌즈에 담을 수 있기 때문이다.

내셔널지오그래픽은 동물 생태계를 촬영하는 데 드론을 활용하고 있고, CNN은 세계 곳곳의 뉴스 취재 등에 드론을 활용하고 있다. 국내 방송사들도 예능 방송이나 드라마 촬영에 이미 드론을 이용하고 있으며, 이러한 연유로 고화질 동영상과 사진을 촬영할 수 있는 드론이 최근 많이 생산되고 있다.

태양광 드론 부문

초대형 태양광 드론의 지구 관측에서 인공위성을 대체할 수단으로 급부상하고 있다. 지구 상공 20km의 성층권에서 활동하는 태양광 드론은 위성보다 고도가 낮아 지상을 더 자세히 관측할 수 있으며, 인터넷 중계와 환경 감시도 가능하다. 위성과 달리 같은 장소를 계속 감시할 수도 있다.

태양광 드론은 대기 관측 및 연구에 먼저 이용되고 있다. 위성처럼 높은 곳에서 넓은 지역을 관측하면서도 항공기처럼 원하는 곳으로 쉽게 이동할 수 있기 때문이다. 태양광 드론은 기능이 위성과 비슷하면서도 제작 발사 비용은 위성의 80분의 1 수준인 500만 달러(약 57억 원)에 그친다.

한국항공우주연구원은 지난 2016년 태양광 드론 'EAV-3'으로 18.5km 상공 성층권에서 90분 비행하는 데 성공했다. 날개 길이는 20m, 무게는 50kg이었다. 영국·미국에 이어 세 번째로 태양광 드론의 성층권 비행에 성공한 것이다.

구글과 페이스북은 인터넷 보급이 미흡한 지역을 위해서 태양광 드론을 활용하고 있다. 구글은 태양전지를 활용해, 장기 체공 드론을 만드는 타이탄 에어로스페이스(Titan Aerospace)를 인수하는데, 6천만 달러(약 690억 원)의 거액을 투자한 것으로 알려졌다. 페이스북 또한 어센타(Ascenta)라는 영국 드론 업체를, 약 2천만 달러(약 230억 원)에 인수했다. 구글과 페이스북은 무선 인터넷을 위한 기지국으로 드론을 활용해, 아프리카와 남미 등에 인터넷 보급을 추진 중이다.

자율 주행차 분야

자율주행자동차는 사회적, 경제적, 기술적 패러다임의 변화 속에서 급속하게 발전하고 있는 기술이다. 운전자가 핸들과 가속페달, 브레이크 등을 조작하지 않아도 정밀한 지도, 위성항법시스템(GPS) 등 차량의 각종 센서를 통해 도로 상황을 파악하고 스스로 목적지까지 찾아가는 자동차를 말한다.

시각 정보로부터 사물과 공간을 인지하고 환경의 움직임과 상황을 판단하여 의사결정을 내릴 수 있는 AI 시스템 구현을 위한 연구가 전 세계적으로 활발하게 이뤄지고 있다. 인간이 지니고 있는 종합적인 시각과 인지 기능을 AI를 통해 구현하기 위한 것이다.

교통, 운수 서비스나 물류 서비스도 자율운전 기술의 발전으로 생산성을 비약적으로 향상시킬 가능성이 높을 뿐 아니라 교통사고의 대부분(90%)이 인위적인 실수에서 비롯된다는 안전성 관점에서도 기대되는 부분이다.

자율주행차 기술은 그동안 자동차 제조업체에서 주도해 왔지만, 자율주행 경쟁은 자동차 업체 간, IT 업체 간 또는 자동차와 IT 업체 간의 경쟁으로 확산되고 있다. 현재는 자동차 업계와 IT 업체가 기술개발을 위해 서로 협력하는 구조로 보이지만, 자동차 업계는 주도권을 갖기 위해, IT 업계는 인터넷과 모바일 혁명에 이어 미래 먹거리를 확보하기 위해 치열한 물밑 경쟁을 벌이고 있다.

2020년 현재 자율주행차 개발에 참여하고 있는 업체는 〈표 4-2〉와 같으며 미국의 시장조사업체 내비건트(Navigant) 연구소에서 발표한 내용이다. 자율주행차 순위는 기술을 포함한 비전, 생산 능력 및 품질, 마케팅 능력 등 경영 전략에 의한 순위이다.

자율주행 기술 과정과 접근 방법

자율주행 기술의 개발 과정에서 필요한 기준을 세우기 위해 미국도로교통안전국(NHTSA: National Highway Traffic Safety Administration)과 국제자동차공학회(SAE: Society of Automotive Engineers)가 자율주행에

표 4-2 자율주행차 업체 순위

순위	2020년	2019년	2018년
1	웨이모	웨이모	GM
2	포드	GM크루즈	웨이모
3	크루즈	포드	다임러-보쉬
4	바이두	앱티브	포드
5	인텔-모빌아이	인텔-모빌아이	폭스바겐 그룹
6	현대-앱티브	폭스바겐 그룹	BMW-인텔
7	폭스바겐 그룹	다임러-보쉬	앱티브
8	얀덱스	바이두	르노-닛산
9	죽스	토요타	볼보-에릭슨
10	다임러-보쉬	르노-닛산	PSA
11	토요타	BMW-인텔	재규어 랜드로버
12	매이 모빌리티	볼보-에릭슨	토요타
13	보이지 오토	죽스	나브야
14	BMW	매이 모빌리티	바이두-베이징
15	르노-닛산-미쓰비시	현대그룹	현대그룹
16	볼보	우머	혼다
17	나브야	나브야	우머
18	테슬라	보이지	애플
19		테슬라	테슬라
20		애플	

대해 보다 구체적인 개념을 정립하였고 전 세계 공통적으로 사용되고 있다. 주요 내용은 자율주행이란 갑자기 성사되는 것이 아니고 몇 단계의 자율주행기술 과정을 거쳐야 한다는 것이다.

운전자의 운전 피로도를 줄여주고 더 안전한 주행이 가능하도록 도움을 주는 단계별 자율운전 시스템의 구축을 5단계로 구분하였다.

- **1단계**: 직접 운전은 하되 각종 운전 보조 장치가 속도와 제동에 일부 관여하는 자율주행 기술의 시작이라 할 수 있다. 차량에 장착된 각종 카메라와 위치센서로 차량 간 속도를 제어하고 방향도 통제하게 된다. 계기판에 경고 표식 또는 경고음으로 운전자에게 통보하는 방식과 제동, 조향, 감속 및 가속하는 부분에서도 일부 개입하는 단계이다.

- **2단계**: 많은 운전자들이 자율주행은 이 정도는 되어야지 하는 수준으로 속도와 방향을 스스로 컨트롤하는 단계이다. 자율주행기술 1단계를 포함해서 일부 세팅한 기준 값에 의해서 자동차가 직접 판단하여 방향을 조절하고 앞차와의 간격도 상황에 따라 속력을 조절해 앞차와의 간격까지 조정할 수 있는 단계이다.

- **3단계**: 3단계는 운전자의 개입은 더 적게 하며 운전에 크게 신경을 쓰지 않아도 큰 문제가 되지 않을 만큼 운행이 가능한 단계이다. 그러나 돌발 상황에 대해서는 자동차의 자율 기능의 한계가 있기 때문에 운전자가 즉각 대응할 수 있도록 신경을 써주어야 한다. 3단계 기준으로 테스트 중인 차량은 현대자동차를 비롯해서 구글, 도요타, GM, 볼보, 닛산, 아우디 등인데 구글은 실제 도로 주행을 통해 연구와 개발을 지속적으로 수행하고 있다.

- **4단계**: 4단계가 적용된 차량은 운전자의 개입이 없을 정도로 고도화된 자율 주행 시스템으로, 내비게이션의 길 안내대로 차량이 움직이는 수준이다. 구간별 속도, 방향, 신호, 교통흐름, 안전성까지 자동으로 실시간 파악하여 운전자가 신경 쓰지 않더라도 충분한 주행이 가능하게 된다. 이 4단계가 자동차 제조사들이 추구하는 자율 주행기술이라 할 수 있다.

- **5단계**: 5단계에 이르면 무인차가 등장하는 완전 자동화 단계이다. 자동차로서의 기능과 주행에 관련된 모든 부분이 완전 자동화되기

때문에 자동차 안에는 상황 확인을 위한 모니터 정도만 장착되는 수준으로 개발될 가능성이 높다. 즉, 자율주행 시스템이 모든 안전 기능을 제어하고 상태를 모니터링해서 운행을 하는 것이다.

자율주행차의 승자는 구글? 아니면 자동차 메이커?

이처럼 자율주행 자동차는 자동차 스스로 주변 환경을 인지하여 위험을 판단하고, 주행경로를 계획하는 등 운전자의 운전조작을 최소화하며 자율 안전주행으로 교통사고를 줄이고 교통체증을 줄일 수 있는 방안으로 자동차의 자율주행에 대한 필요성이 더욱 높아지고 있다.

이 분야에서 가장 앞선 기술력의 구글은 2009년부터 개발을 시작하고 2012년 5월 네바다주, 2014년 9월 캘리포니아주로부터 자율주행차 테스트 면허를 발급받아 일반도로에서 시험 주행을 진행 중이다.

자율주행의 실용화 과정에는 현재 두 가지 접근 방법이 존재한다. 첫 번째는 기존의 자동차 안전장치 즉 자동 브레이크나 자동 핸들 등의 수준을 향상시키면서 자율주행 기술 수준을 '레벨2'에서 '레벨4'로 단계적으로 접근해가는 방법이다. 주요 자동차 메이커들이 택하고 있는 방법이다. 두 번째는 구글 등 네트계 기업이나 일부 벤처기업이 도전하고 있으며, 한 번에 '레벨4'의 자율주행을 목표로 하는 접근 방법이다. 두 방법 중 단계적인 접근 방법이 안전도의 향상을 우선할 뿐 아니라 점차적인 기술력 향상으로 돌발적인 사망 사고의 방지로 이어지기 때문에 사회의 공감을 받으며 개발을 추진하고 있다.

자율주행 기술의 추진 현황

자율주행의 실현이 언제쯤 가능하게 될지에 대해서는 의견이 분분한 상황이다. 자율주행을 실현하기 위해서는 기술적 한계의 극복뿐만 아니라 사고 발생 시 책임 소재, 사회적 합의, 규제 정비, 인프라 확충 등 쉽게 해결하기 어려운 문제들이곳곳에 산재해 있기 때문이다.

최근에는 전 세계 자동차와 IT 기업들이 잇따라 상용화 일정을 5~6년씩 미루고 있고, 아예 개발을 포기한 곳도 있어서 자율주행의 실현이 얼마나 어려운지를 잘 보여주고 있다. 2021년 4월에는 세계에서 가장 앞선 자율주행차 기업인 구글 자회사 웨이모의 최고경영자 존 크라프칙이 2020년 목표였던 자율주행택시 서비스가 미뤄지고 있고, 조 단위의 누적 적자가 쌓이고 있는 상황에서 사임을 결정했다.

웨이모뿐 아니라 다른 자동차나 IT 기업들의 상용화 계획이 줄줄이 지연되고 있다. 2018년 자율주행택시를 출시하겠다던 GM은 2025년으로 계획을 수정했고, 포드와 BMW도 2025년 이후를 내다보고 있다. 웨이모와 함께 업계의 선두 주자로 꼽던 차량 공유 기업 우버는 '수익성이 없다'는 주주들의 압박에 2020년 말에 해당 사업부를 매각했다.

이처럼 어려운 환경에서 중국 바이두가 2021년 5월 베이징에서 한정된 지역 내이지만 '무인 로보택시' 서비스를 개시했다. 진정한 자율주행으로 불리는 무인택시를 한정된 공간에서 성공한 것은 미국 웨이모에 이어 두 번째다. 운행지역은 '2022 베이징 동계올림픽'이 열리는 서우강 산업단지 내 $3km^2$ 구역으로, 무인택시는 8곳의 주요 거점을 오간다.

바이두가 선보인 로보택시는 '아폴로 고'라는 앱으로 호출하면 스스로 고객이 있는 곳으로 오고 승객이 QR코드를 스캔해 건강 정보를 제공하면 문이 열린다. 주행 중 비상 상황이 발생하면 5세대 통신기술(5G)을 통해 차량을 원격 조정한다.

현대차그룹은 운전자 개입이 필요 없는 4단계 수준의 기술을 확보했다는 모셔널(Motional) 설립에 20억 달러(약 2조 3,000억 원)를 투자했다. 모셔널은 그동안 구글처럼 크라이슬러 미니밴, BMW 세단 등 기존 차를 개조해서 실험했지만, 지금은 현대차의 전기차 '아이오닉5'를 무인 자율주행이 가능하도록 현대차와 공동 개발 중이다. 모셔널은 이 아이오닉5를 로보택시 사업에 투입할 계획이다. 모셔널은 2020년 11월에 네바다주 정부로부터 무인 자율주행 테스트 허가를 받았으며, 시험주행이 누적되면 2023년에는 일부 지역에서 무인 로보택시 사업을 허가 받을 가능성이 높다.

우리나라 국토부는 제도정비를 통해 무인택시가 가능한 '4단계 자율주행'을 2024년 시범 운행하고 2027년 상용화한다는 계획이다. 자율주행 레벨3 차량의 출시, 판매를 가능하도록 허가하였고, 2020년 10월에는 자동차손해배상보장법 개정안을 시행해 자율주행차 보험제도, 운행기록장치 의무화, 사고위 신설 등을 진행했다. 또한 차선, 도로, 표지 시설이 포함된 3D 정밀지도를 제작해 빠른 시일 내에 우리나라 도로 곳곳을 자율주행차가 누빌 수 있도록 기반을 다질 계획이다.

의학 분야

전 세계적 의료진 부족과 고령화에 따른 의료비 증가가 맞물리고, 의료 서비스와 AI의 접목이 빨라지면서 의학 분야에서 많은 변화가 일어나고 있다. 특히 영상의학이나 병리학 분야에서 의사 중심의 의료행위가 축소되고 있으며, 청진기 시대에서 핸드폰 크기의 심장초음파 기기로 발전하고 있다.

그동안 '판독' 역할을 중심으로 진화해온 AI 의료 기기는 최근에는 발병 가능성 진단뿐 아니라 병이 있는지를 파악하는 '확진' 분야로도 영역이 확대되고 있다.

이렇듯 의료계, 특히 미래의 병원모습에 큰 변화를 예견할 수 있다. 인간 의사는 양성에만 10년 가까운 시간과 막대한 비용이 필요하고 능력도 천차만별이지만 AI는 데이터만 충분히 입력하면 항상 동일한 수준의 능력을 발휘할 수 있고, 한꺼번에 수백~수천 명을 동시에 진단할 수도 있다. 결과적으로 인공지능보다 뛰어난 인간 의사를 찾아보기는 어려울 것이나, AI를 통한 엄청난 데이터를 바탕으로 의사들과의 실시간 협진과 소통을 통해서 오진 가능성은 거의 제로에 가까울 것이다.

국내 사례

전 세계 환자 1,000명 중 5명꼴로 심정지가 발생하는데 심정지를 미리 알아낼 수 있다면 사고 예방에 효과적일 것이다. 국내에서 이 예측에 인공지능을 사용하는 의료 기기들이 개발되고 있다. 인공지능에 호흡수, 심장 박동수, 산소포화도, 혈압을 포함해 약 7가지 데이터를 학습시키고 이 데이터를 바탕으로 자동으로 심정지 가능성을 예측한다. 의료진의 경우 똑같은 데이터를 가지고 심정지가 일어나기 약 30분 전에 예측할 수 있지만, 인공지능으로 예측할 경우 약 24시간 전에 알아낼 수 있으며 예측 정확도는 70% 이상이다.

세브란스병원은 2000년대 초반부터 쌓인 방대한 규모의 의료 데이터를 바탕으로 영상 인식 AI보다 한 차원 진일보한 'AI 예측 모델'을 운용하고 있다. 수많은 환자의 혈압, 맥박, 체온, 산소포화도 같은 생체 신호 등의 데이터를 바탕으로 질병·사망 등 예후를 예측함으로써 환자 치료에 선제적 대응을 할 수 있는 시간을 벌어준다.

2013년 설립된 스타트업 루닛(Lunit)은 국내 최초의 AI 의료 기업으로 딥러닝 기술을 기반으로 한 AI를 통해 암을 포함한 질병의 진단 및 치료에 기여하는 솔루션을 개발 및 제공하고 있다. 매년 폐암, 유방암 환자들 가운데 20~30% 정도는 검진을 받고도 검사 자체의 한계로 암세포를 발견 못해 조기 치료의 기회를 놓치는데 '루닛'의 진단 정확도는 97%~99%에 이른다고 한다. 루닛의 진단 AI는 2016년에 열린 국제대회에서 구글, IBM을 꺾고 1위를 차지한 바 있다.

서울의대는 의료 빅데이터 연구센터(MBRC)를 개설하고 수술 등 동영상 및 진단 정보를 빅데이터로 구축(labeling)하고 활용하고 있으며, 가천병원은 IBM의 인공의료지능인 왓슨(Watson)을 진료에 활용하고 있다.

진단 정확도 측면에서 보면 의사가 73.5%인 반면 AI는 90.2%, 진단 소요시간은 의사가 3분 12초인 반면 AI는 1분 7초 소요되는 것으로 분석되고 있다.

해외 사례

미국 종양학회에 따르면 인간 의사들의 암 진단 정확도는 80% 수준인데 왓슨은 방광염 91%, 췌장암 94%, 대장암 98%, 자궁경부암 100%다. 특히 폐암의 경우 50%에 불과한 인간 의사들보다 무려 2배에 가까운 90% 정확도를 자랑한다. 최근 소식에 따르면 왓슨은 세계 최고 병원 경영자가 되기 위해 '병원 경영'을 쉬지 않고 공부한다고 한다.

캘리포니아대 연구진은 뇌에 이식한 전극과 AI를 이용해 일상적인 대화를 나눌 수 있을 정도로 머릿속 생각을 파악하는데 성공했다. 온 몸이 마비돼 말을 잃은 환자도 생각대로 음성을 합성해 실시간 대화를 나눌 수 있다는 기대가 된다.

동 대학 매디컬센터는 AI 약사를 도입해 40만 건이 넘는 처방약을 조제하는 데 아직 단 한 건의 실수도 없다고 한다. 인간 약사는 평균 100건을 조제할 때 약 1.7건의 실수를 한다. 앞으로 미국의 모든 대형 병원 조제실은 인간은 없고 인공지능만 있는 모습으로 바뀌게 될 것이라고 한다.

하버드 의대 연구진은 대화의 문장을 AI로 분석해서 나중에 조현병에 걸릴 환자를 90% 이상의 정확도로 알아낸다고 한다. AI는 조현병 환자가 발병하기 몇 년 전부터 모호하게 말하는 경향이 있음을 알아내고, 문장의 정보량과 단어의 빈도를 기준으로 경고 증세를 가려내는 것이다.

미국 카네기멜런대 심리학과 교수진은 AI로 뇌 영상을 분석해 자살을 기도할 가능성이 높은 사람들을 90% 이상 정확도로 분류한다. 자살 위험군은 '죽음'이나 '행복'과 같은 특정 단어에 반응하는 뇌 영역이 일반인과 차이가 있다고 한다. AI는 자살 위험군과 일반인의 차이가 극명하게 나타나는 뇌 다섯 군데의 활동을 기능성 자기공명 영상으로 분석해 자살을 기도할 가능성이 큰 사람들을 가려낸다.

AI를 활용한 영국의 바빌론 앱의 경우 160만 명을 대상으로 3억 건 이상의 진단 의료 정보를 수록, 분석해 둠으로써 각 개인이 건강 이상 증세를 스마트폰에 입력하면 진단이 무료로 실시되고 있다.

일본 히타치 제작소는 환자의 엑스레이 영상과 소변 검사 기록을 분석해 전립선암을 진단하는 AI시스템을 만들었다. 이 AI는 히타치 종합병원에 축적된 전립선암 환자들의 연령, 전립선 형태, 소변 속 백혈구 숫자 등을 종합적으로 분석한 뒤 스스로 전립선암 진단 기준을 만들어냈다. 시험 결과 AI 의사의 전립선암 진단 정확도는 70%로 조직 검사를 이용한 진단(52~53%)보다 높았다.

중국은 2014년부터 원격의료를 도입했으며, 코로나19 진단에도 AI를 도입하며 데이터를 쌓고 있다. 텐센트는 2017년에 의사 진료를 보조하는 AI '미잉(miying)'을 출시하고 식도암·폐암·자궁경부암·당뇨병 등을 진단하는 데 활용하고 있다. 중국 스타트업 에어닥(Airdoc)은 망막 검사만으로 1초 안에 건강 상태를 알 수 있는 AI 기술을 선보였다. 망막의 혈관 변형, 얼룩, 변색 등을 토대로 당뇨병, 고혈압 등 수십 가지 만성 질병을 알아낸다.

웨어러블 의료기기

코로나로 건강에 대한 관심이 높아지고, AI를 활용한 생체 정보 진단 기술이 급격히 발전하면서 소형 웨어러블(착용형) 기기들이 고가의 진단 장비를 대신하기 시작했다. 가장 대중적인 웨어러블 기기는 스마트워치로, 스마트폰 기능을 이용하거나 문자를 주고받을 수 있으며 작은 카메라가 달려 있기도 하다. 2020년에만 8,600만 대가 팔린 것으로 알려져 있다.

손목에 차고 몸에 걸치던 착용형 기기가 이제 발까지 진출하면서 스마트 신발도 등장하였다. AI로 스마트 신발이 수집한 데이터를 분석하면 사용자에게 적합한 달리기 코스나 운동 방식 등을 추천하고 자세를 교정해주는 서비스가 가능해서 재활 치료에도 이용할 수 있다.

미국 매사추세츠 공대(MIT) AI연구소는 카메라 없이도 움직임을 추적할 수 있는 장치를 개발했다. 이 시스템은 벽에 붙은 센서가 저전력 전파를 내보내고 AI는 되돌아오는 전파를 분석해 방 안에서 무슨 일이 있는지 파악한다. 대상자가 책을 읽고 있는지, 의자에서 자고 있는지 등 30가지 이상의 다양한 실내 활동을 90% 이상의 정확도로 구별해 낸다.

애플이 건강 측정 기능을 강화한 스마트 워치 시장을 주도하는 가운데 삼성전자도 심전도 측정 등이 가능한 갤럭시 워치 3라는 신제품을 출시하며 추격에 나섰다. 미국의 시장조사기관 IDC(International Data Corporation)는 세계 웨어러블 의료 기기 시장 규모가 2020년 46억 달러(약 5.2조 원)에 이른 것으로 추정했다.

착용형 의료 기기들의 면면을 살펴보면 〈표 4-3〉과 같다.

표 4-3 세계 웨어러블 의료 기기의 현황(자료: 미 IDC)

개발 기업	의료 기기	진단 부문
UC버클리(미국)	헤드셋(귀에 착용)	불면증, 피로,우울증 등 건강 상태 파악
노키아(핀란드)	암 진단 손목시계	정상세포들이 암세포로 변하는 것을 예측
얼라이브코르(미국)	스마트 워치	심전도 검사(심장 박동 리듬 확인)
MC10(미국)	피부부착 스탬프	반창고처럼 붙여 심박수, 체온, 뇌 활동량 확인
메드트로닉(미국)	스마트 조끼	252개의 미세 전극 센서로 심장 부정맥 진단
스프라우팅(미국)	아기 발목에 부착	심박수와 체온, 수면 자세 등을 모니터링
Apple(미국)	Apple Watch 6	심전도 검사, 혈당 및 혈중 산소포화도 측정
구글(미국)	스마트 콘택트렌즈	콘택트렌즈에 고성능 센서로 당 농도 체크
아마존(미국)	헤일로(Halo)	심박, 운동량 측정, 사용자 감정상태 분석
필립스(네덜란드)	바이오센서(BX100)	호흡, 심박수, 자세, 체온, 걸음걸이 등 체크
삼성전자	갤럭시 워치 3	심전도 측정, 뇌졸중 원인인 부정맥 진단
울산과학기술원	스마트 콘택트렌즈	눈물 속 포도당 농도를 발광다이오드로 체크

제약산업 분야

전 세계 제약 산업에도 AI붐이 일고 있다. 화이자, 아스트라제네카 등 글로벌 제약사들은 이미 신약 후보 물질 발굴에 AI를 활용하면서 코로나19 백신 개발에 빠르게 대처하였다. 신약 개발에서 인공지능이 각광받는 것은 신약 개발 비용과 소요 시간을 획기적으로 단축시킬 수 있기 때문이다. 미국식품의약국(FDA)에 따르면 신약 출시까지 평균 26억 달러(약 3조 원)와 14년이 소요되지만 인공지능과 빅데이터 기술이 접목되면 비용과 시간을 4분의 1로 줄일 수 있다고 한다.

알파고로 유명한 구글의 '딥 마인드'는 아예 생명의 기본 원리를 밝히겠다고 나섰다. 2020년 하반기에 이 회사가 발표한 AI '알파폴드'는 인간의 몸을 구성하는 단백질 구조를 분석한다. 현재까지 알려진 단백질의 종류는 2억 개에 이르며, 한 종류를 분석하는데 1년 이

표 4-4 글로벌 제약사와 AI 기업의 기술 제휴 현황

제약사	인공지능 기업	신약 개발 내용	비 고
미국 얀센(존슨앤존슨)	영국 버네벌런트AI	신경질환 치료제	루게릭 병
미국 화이자	미국 IBM	면역 항암제	인공지능 왓슨
영국 GSK 프랑스 사노피	영국 엑스사이엔티아	10종 질병 단백질 공략	수천억 원대 계약
미국 머크	미국 아톰와이즈	신경질환 치료제	
미국 수노비온 (바이오 기업)	영국 엑스사이엔티아	정신질환 치료제	임상시험 예정

상, 약 12만 달러의 비용이 든다고 하는데 알파폴드는 며칠 만에 이 작업을 완료해냈고 조만간 몇 분 내에 단백질 구조를 분석할 수 있을 것으로 전망된다.

글로벌 제약사들은 최근 AI 회사들과 신약 개발 계약을 맺고 많은 성과를 내고 있으며, 기술 제휴 내용을 보면 〈표 4-4〉와 같다.

국내 제약사들도 인공지능 신약 개발에 적극적으로 대응하고 있다. 한국제약바이오협회의 신약 개발 인공지능 지원센터인 테스크포스팀에는 녹십자, 한미약품, 유한양행, 대웅제약, 동아에스티, JW중외제약, 보령제약, 한독 등 상위 업체 18개 기업이 참여하고 있다.

의사소통 분야

통 · 번역 부문

스스로 학습하는 AI의 진화로 사용자의 귀와 눈에 마치 맞춘 것과 같은 자동 통·번역 서비스 시대를 맞이하고 있다. 스마트폰의 통·번역 전용 앱이 스마트폰 카메라와 이어폰, AI 스피커 등 온갖 기기들과 연동되면서 이용자들이 외국어를 잘 몰라도 언제 어디서나 의

사소통에 별다른 어려움이 없도록 지원해 준다.

　2007년에 번역 서비스를 처음 시작한 구글은 103개 언어를 지원하는 번역기로 매일 1,400억 개의 단어를 번역하는 것으로 전한다. 구글은 2017년 자사의 번역기 앱에서 스마트폰 카메라로 글자를 비추면 필요한 언어로 번역할 수 있는 기능을 선보였으며, AI와 연결돼 40개 언어를 실시간으로 통역해주는 이어폰 '픽셀버드'를 출시하였다.

　마이크로소프트의 무선 이어폰 '서피스 이어버즈'는 한 단계 더 나아가 이어폰에 스마트 스피커 '코타나'를 탑재해 60가지가 넘는 언어를 실시간 통역해 준다.

　국내에선 카카오가 '카카오I(아이) 번역' 챗봇 서비스를 시작했다. 카카오톡에서 이용 가능한 이 서비스는 국내 번역기 중 최초로 예사말과 존댓말, 구어체와 문어체를 구분해 번역할 수 있다. 이 번역 서비스는 AI 스피커인 '카카오미니'에 적용되며, 카카오 TV 동영상의 외국어 자막이 자동 번역되는 기능도 탑재되었다.

　네이버는 2017년에 14개 언어를 지원하는 통·번역 서비스 '파파고'를 출시했다. 웹페이지와 전용 앱 등을 통해 사용이 가능하며, 네이버 AI 스피커 웨이브에도 탑재됐다. 뿐만 아니라 자사 메신저인 라인의 대화방에 통역 챗봇을 초대하면 챗봇이 외국인과 메신저 대화를 중간에서 바로 통역해주는 서비스도 제공하고 있다. 또한 네이버는 2018년 1월 미국 라스베이거스에서 열린 세계 최대 IT 전시회인 CES 2018에서 무선 통역 이어폰 '마스(MARS)'로 최고혁신상을 받았다. 이 이어폰은 두 사람이 한 쌍을 나눠 낀 뒤 서로 다른 언어로 대화를 하면 바로 실시간 통역해 주는 기능을 갖췄다.

　삼성전자의 갤럭시에 탑재된 빅스비는 간판이나 메뉴판의 문자를 원하는 언어의 문자로 바꿔놓는다. 해외 여행중 대형 간판을 비추면 문자 외에 보이는 다른 배경이나 사물은 그대로 비추면서도 문자만을 인식하여 서비스한다.

자동 통·번역 서비스 시장은 AI를 기반으로 하는 신경망 기계번역(NMT: Neural Machine Translation) 기술로 급격히 커지고 있다. 스스로 학습하는 AI가 전체 문장 문맥을 파악한 뒤 단어 순서와 의미를 반영해 번역하는 방식이다. 네이버의 '파파고', 카카오의 '카카오I 번역'도 NMT를 기반으로 했다.

장애인들이 겪는 불편을 해소해주는 서비스도 등장하고 있다. 시각장애인의 경우 스마트폰을 셔츠 주머니나 목에 걸고 다니면서 주변을 카메라로 찍으면, 동영상에 나오는 사물들을 AI가 인식해 음성으로 위치를 알려주며 혹시 모를 사고를 예방한다.

SK C&C는 청각장애인을 위해서 학교나 세미나에서 강사가 말하는 내용을 AI가 영화 자막처럼 실시간으로 스마트폰에 전송해주는 문자 통역 서비스를 운영하고 있다.

추천 및 안내 서비스 부문

빅데이터 분석을 통해 고객 취향에 맞는 상품을 추천해주는 AI 서비스가 매출 성장을 견인하는 동력이 되면서 음악·동영상 콘텐츠 업체뿐 아니라 교통, 음식, 유통, 숙박 분야의 다양한 업체들도 이 서비스를 본격적으로 적용하고 있다.

AI 스피커를 통한 음악 감상은 음성 명령을 통해 이뤄지며, 기존의 인기 순위 차트보다는 그때그때의 상황과 기호에 맞는 노래를 들려 달라는 요청이 주를 이루고 있다. 음원 서비스 1위 업체인 '멜론'을 위시해서 '지니뮤직'과 네이버의 '바이브 앱' 등을 통해 이뤄지고 있다.

현대·기아자동차는 인터넷기업 카카오의 음성인식 기술을 활용해

'제네시스' 등 차량에 음성인식 내비게이션을 탑재하고 한층 안전한 운행을 돕고 있다. 간단한 상호나 주소, 주변 추천 맛집 등 주요 단어만 말로 해도 최적 결과를 화면에 보여주고 안내한다.

KB국민, 신한, 우리, KEB하나 등 은행들은 '로보 어드바이저'를 이용하여 은행마다 자체 알고리즘을 활용해 고객의 투자 성향과 자산 규모, 연령대, 현재 시장 상황 등을 고려해 맞춤형 펀드 포트폴리오를 추천해 준다. 변화하는 시장 상황에 맞춰 일정 기간마다 자산 재분배도 조언한다.

음식·유통·숙박 산업에도 AI 추천 서비스 열풍이 번지고 있다. 스타벅스코리아는 자사 앱을 통해 사용자 구매 이력과 매장 정보, 날씨와 기온 정보를 수집해 음료를 추천해 주는 서비스를 하고 있다.

삼성물산 패션 부문은 자사 온라인 샵에 상품의 색상, 소재와 함께 스타일이 유사한 상품을 찾아주는 AI서비스를 제공하며, 노란색의 원피스를 선택하면 해당 상품의 정보와 함께 비슷한 상품도 보여 준다.

네이버 쇼핑은 온라인 몰에 적용한 AI 추천 서비스를 일본 온라인 쇼핑몰에 적용했으며, 사용자 클릭 수와 구매율이 지속적으로 증가하고 있다고 한다.

숙박 중개 서비스 업체 '야놀자'는 AI가 여행 인원이나 시기를 파악해 여행지와 숙소를 추천해주는 서비스를 제공하고 있다. 예컨대 아이를 동반하는 가족에게는 수영장이나 놀이 공간이 있는 팬션을 추천해 준다.

아마존이 출시한 이어폰 '에코 버즈'에는 음성인식 비서 '알렉사'가 들어있는데, 에코 버즈를 귀에 꽂은 채 '알렉사'를 불러 '가장 가까운 지하철역을 안내해줘' 하면 길 안내를 해준다.

미국 조지아대 인공지능연구소 연구진은 AI를 사용해 시각장애인을 보조할 수 있는 시스템을 만들었다. 연구진은 자율주행차처럼 인도와 차도 같은 여러 지형과 도로 표지판, 낮은 나뭇가지에 이르기까지 다양한 장애물을 인식하도록 AI를 훈련했다. AI는 표지판을 읽고 벤치나 화분 등 장애물을 보면서 사용자에게 경보를 준다. 사용자는 주변 환경 정보를 블루투스 이어폰을 통해 들을 수 있고, 음성 명령으로 시스템을 작동한다. 또한 GPS를 통해서 사무실이나 집 주소, 현재 위치를 시스템에 저장하고 문자로 다른 사람에게 보낼 수 있다. 장차 시각장애인의 안내견을 대체할 수 있을 것으로 기대된다.

AI 기반 추천 및 안내서비스의 성공 여부는 AI가 사용자의 취향을 얼마나 잘 파악해 적절한 추천을 해주느냐에 달렸다. 정확한 추천이나 안내를 위해서는 빅데이터를 많이 확보해야 하고 이를 분석하는 기술도 필요하기 때문에 자본과 기술력을 갖춘 대기업이 시장을 지배할 가능성이 많다는 우려도 나온다.

연결 서비스 부문

각종 정보와 가전제품, 전화 등과 연결해주는 기기들의 시장이 가파르게 성장하면서 IT 업체들이 스마트 스피커, 무선 이어폰, 스마트워치, 스마트 글라스 등 관련 액세서리 사업을 확대하고 있다. 소수 마니아층을 위한 것으로 여겨졌던 기기를 사용하는 소비자들이 계속 증가하면서 IT 업계가 관련시장에 뛰어드는 것이다. 특히 삼성전자나 애플과 같은 스마트폰 제조사들은 IT 액세서리 사업을 키워 스마트폰에 치중된 매출 의존도를 낮추겠다는 전략이다.

삼성전자는 2019년 12월 스마트 스피커인 '갤럭시 홈 미니'를 출시했다. 구글·아마존 등이 이미 출시한 AI 스피커와 비슷하게 보이지만, 이 스피커는 블루투스나 와이파이를 지원하지 않는 노후 가전제품과도 연동이 가능한 게 특징이다. 스피커가 쏘는 적외선으로 서로 연결되며, 오래된 선풍기도 말로 조종이 가능하다. 스마트 스피커가 집안의 모든 가전을 연결하는 핵심 기기로 자리를 잡은 것이다.

SK텔레콤의 '누구', KT의 '기가지니', 네이버의 '웨이브', 카카오의 '카카오미니'. LG전자의 '씽큐허브' 등이 국내 음성인식 AI 스피커 시장에서 금융정보, 교통안내, 외국어 사전 검색, 음악 감상, 음식 주문, 가전제품 제어 등의 서비스를 제공하고 있다.

아마존은 2014년에 자사 음성인식 비서인 '알렉사'를 탑재한 '에코'를 출시했고, 최근에는 중국 알리바바 · 샤오미 등도 저가 스마트 스피커를 내 놓았다.

구글은 2016년 구글 어시스턴트를 기반으로 한 AI 스피커인 '구글 홈'을 출시했으며, 2019년에는 안경 형태의 웨어러블 기기인 스마트 글라스도 등장시켰다. 실시간 비디오 전송과 자료 연결 및 확인 등이 가능한 산업용으로 특화된 기기로 웬만한 스마트폰에 버금가는 사양이다.

현대차그룹의 광고회사 이노션도 최근 '글라투스'라는 스마트 선글라스를 개발했다. 이 안경은 졸음운전 경고 기능도 갖췄다.

음향기기 전문업체인 '보스'는 2019년 말 음악을 감상할 수 있는 무선 프리미엄 선글라스인 '보스 프레임 알토'를 국내에 출시했다. 음악을 듣고, 전화도 하고 음성비서 시스템을 호출할 수도 있다.

스마트폰의 기능이 발전하면서 웨어러블 기기의 소형화, 집적화를 촉진하고, 통신기술이 발전하면서 과거에는 불가능했던 작은 크기의 기기가 현실화되고 있다. 웨어러블 기기는 의료, 군용, 일반 상업용으로 그 종류가 점차 다양해지는 추세이며, 우리가 흔히 접할 수 있는 기기로는 시계, 밴드, 안경 등 액세서리 타입의 기기들이 있다.

이외에도 의료용으로 신체의 변화나 통증, 호르몬 수치 등을 체크할 수 있는 생체 이식, 신체 부착 타입이 있으며, 체육이나 군사용으

로 신체의 근력과 민첩성 등을 증가시킬 수 있는 전신착용 수트 등
이 있다.

02 AI 경영의 추진 현황

국내 IT기업들의 추진 현황

국내의 대표적인 IT기업들이 지난 2017년을 기점으로 AI조직을
CEO직속으로 배치하면서 신설·확대하고 있다. 특히 5G(5세대) 서
비스만으로 수익 창출에 한계를 느끼고 있는 통신 3사의 변신이 다
채롭다.

삼성전자

2017년 11월에 AI센터를 서울 우면동에 위치한 서울 R&D캠퍼스에
신설하고 사업부별로 흩어져 있던 AI 연구 개발 관련 조직을 총집결
시켰다.

2018년에는 미국 실리콘밸리, 영국, 캐나다, 러시아 지역에도 삼성
전자의 AI 연구거점을 구축하고 200명 규모의 AI 연구 인력을 확보
했다.

지난 2014년에 미국 IoT 개방형 플랫폼 개발사인 스마트싱스를
매입했고, 2016년에는 미국 클라우드 서비스업체인 조이언트와 AI
플랫폼 개발회사 비브랩스를 인수했다.

삼성전자는 비메모리 반도체 분야에서도 최고의 기술 경쟁을 해야

하는 NPU[8] 분야에 도전했고, 최근 발표한 스마트폰 갤럭시 S10에 NPU 반도체를 탑재하는 데 성공했다.

LG전자

2017년 6월 조직 개편을 통해 AI와 IoT를 담당하는 융복합사업개발센터를 신설하고 인공지능연구소, 로봇선행연구소로 조직을 개편했다. 인공지능연구소는 소비자의 제품 사용과 관련된 정보를 모든 제품에 적용하고, 로봇선행연구소에서는 가정용 허브 로봇과 공항 안내 로봇 등 기술을 개발한다.

2018년에는 캐나다 토론토대학과 공동으로 토론토인공지능연구소(Toronto AI Lab)를 개소하고 캐나다 현지의 AI스타트업과 협력 또는 투자를 진행 중이다.

LG전자는 모든 가전제품에 무선인터넷을 지원해 생활가전에 IoT를 적용하고, 글로벌 AI 브랜드 '씽큐(ThinQ)'를 탑재한 TV, 냉장고, 세탁기, 에어컨, 스피커 등 융복합 제품들을 출시하였다.

SK텔레콤

2017년 12월 7일 단행한 조직 개편에서 기존 7개 부문과 단·실·센터로 구분돼 있던 조직을 4개 사업부 중심으로 슬림화하면서도 AI선행 연구를 맡는 리서치센터를 신설하고, 2018년 7월에는 조직 구성과 애플 출신 인공지능 전문가를 영입하는 등 책임자 선임을 완료했다.

방계회사인 SK(주)C&C는 미국 IBM의 AI 시스템 왓슨을 기반으로 만든 '에이브릴'을 이용해 의료, 엔터테인먼트, 학습, 금융 등 다양한 분야 기관들과 협업하고 있다.

---

8) NPU(Neural Processing Unit): 신경망 처리 장치이며 사람 뇌의 신경망을 모방한 반도체로 한꺼번에 수십~수천 개의 연산을 동시에 진행한다.

2020년 12월에는 SK텔레콤에서 분사한 '티맵모빌리티'를 공식 출범시켰다. 모빌리티 사업은 통신뿐 아니라 AI를 비롯 빅데이터, 클라우드 등 신기술의 집합체로 꼽힌다.

SK하이닉스

글로벌 반도체 시장에서 삼성전자와 함께 메모리 시장점유율 1~2위를 다투는 D램과 낸드플래시 등 세계 메모리 반도체 시장의 강자다. SK하이닉스는 메모리 반도체의 경쟁력을 확보하기 위해서 용인에 차세대 메모리 공장(용인 반도체 클러스터)을 짓고 향후 차세대 메모리 반도체(STT-M램, Re램 등)를 양산할 계획이다. 구체적으로 2022년부터 2028년까지 용인 원산면 일대 부지에 약 446만 2,800m² (135만 평) 규모로 차세대 메모리 반도체 생산 거점을 구축하고 순차적으로 4개의 반도체 공장을 준공할 예정이다.

STT-M램은 D램보다 빠른 데이터 처리 속도와 함께 낸드플래시처럼 전원을 꺼도 데이터가 사라지지 않는 비휘발성을 유지하고, Re램은 D램보다 데이터 처리 속도가 느리지만 낸드플래시보다 더 많은 용량의 데이터를 저장할 수 있는 것이 특징이다.

KT

2017년 7월 6일 서초구 우면동 KT융합기술원에서 'AI테크센터' 개소식을 가졌다. 'AI테크센터'는 KT와 제휴사들의 미디어, 네트워크 및 프렛폼의 지능화를 주도할 KT 인공지능 허브 역할을 수행한다.

2017년 12월 8일에는 AI 연구 개발을 담당하는 융합기술원장과 기가지니 사업단장을 각각 사장과 부사장으로 승진시키며 AI 사업에 중량감을 더했다. KT는 평창동계올림픽을 통해 세계 최초로 5G 시범서비스를 선보이며 5G 조기 상용화의 기대감을 높였다. 그 경험을 기반으로 5G 표준에 대한 글로벌 참고자료와 노하우를 확보하였다.

2020년 조직 개편에서는 AI 디지털 전환 융합사업 부문을 대폭 강화하고, 그룹 혁신을 주도해온 '미래가치TF'를 '미래가치추진실'로 격상함과 동시에 'AI 로봇사업단'을 신설해서 모든 로봇사업을 하나의 조직으로 통합하는 등 비통신 부문 강화에 적극적으로 나서고 있다. 그 핵심은 5G와 AI 기술력을 통해 국내 통신 기업의 굴레를 벗고 세계 각 산업 영역으로 파고드는 글로벌 기업으로의 변신을 노리고 있다.

AI 서비스 '기가지니(GiGA Genie)'는 '언택트' 열풍을 타고 가정을 넘어 자동차, 호텔 등 다양한 생활공간으로 스며들며 국내 대표 AI로 자리매김 하였다. 인터넷 연결로 뉴스 청취, 일기 예보, 영화 감상 등이 가능하고, 기가지니 자체적으로 114 전화번호 문의, 가정의 각종 기기 연결, 캘린더 관리 등이 가능하다.

음성인식 AI 플랫폼 '기가지니'를 탑재한 스피커·셋톱박스로 해외 고객을 집중 공략하고 있는 한 예로 호텔 진출을 들 수 있다. KT는 호텔용 AI인 '기가지니 호텔'을 필리핀, 말레이시아, 두바이 등에 보급중이며, 해당 호텔은 투숙객들이 음성으로 물품을 주문하고 객실 조명, 난방 등을 조작할 수 있도록 하는 서비스를 제공하고 있다.

LG유플러스

2017년도 AI서비스사업부의 인력을 두 배로 늘리고 AI사업부로 확대 개편하면서 CEO 직속으로 편재하였다. 같은 해 11월에 책임자 선임을 완료하고, 12월부터는 인공지능의 챗봇 상담서비스 'U봇'을 회사 공식 홈페이지에 선보였다.

U봇은 자연어 인식이 가능한 LG CNS의 '단비' 솔루션에 LG유플러스의 유·무선 서비스 상담 시나리오를 접목한 대화형 인터페이스

챗봇이다.

2020년에는 조직개편을 통해 '신규사업 추진 부문'을 새로 만들고, 스마트헬스, 보안, 교육, 광고, 데이터 사업 등의 사업 조직을 하나로 모았다.

네이버

명실상부한 국내 최대 인터넷 기업으로 인터넷 포털 '네이버(NAVER)'와 글로벌 모바일 메신저 '라인(LINE)' 등을 주력으로 운영 중이며 국내 검색 점유율은 부동의 1위다. 2017년 6월 세계적인 AI 연구소인 프랑스 '제록스리서치센터유럽'을 인수하고 핵심 인력 80여 명을 확보한 데 이어 국내 AI 스타트업 세 곳에 투자했다.

음란물을 검열할 수 있는 '엑스아이(X-eye)' 기술을 적용하고 있으며 음란 이미지나 동영상이 네이버에 등록되면 실시간으로 이를 감지해 검색 노출을 막아준다.

차량용 제품 '어웨이(AWAY)'는 내비게이션을 넘어선 제품으로 음성인식으로 조작하고, 사전에 설정해둔 사용자 환경을 언제든 불러올 수 있어서 맞춤형 정보 제공이 가능하다.

이 밖에 디스플레이 · 동영상 광고 사업과 검색 · 쇼핑 등 비즈니스 플랫폼 사업, 네이버 페이 · IT서비스 · 클라우드 등 IT 플랫폼 사업, 네이버 뮤직 · 웹툰 등 콘텐츠 서비스 사업, 기타 플랫폼 사업을 통해 매출을 창출하고 있다. 이를 바탕으로 네이버는 연매출 5조 원을 돌파하는 대기업으로 성장했다.

카카오

2017년 2월 200억 원을 투자하여 '카카오브레인'이라는 인공지능연구소를 자회사로 창립했다. 최근 부상하고 있는 자율주행 기술부터 머신러닝 방법론, 자연어 처리, 음성인식 및 합성, 의료진단 등 특정 도메인에 국한되지 않고, 카카오와 다양한 형태의 방식으로 협업하여 진행하고 있다.

두산

두산은 2015년 협동로봇 시장 진출을 선언하면서 '두산로보틱스'라는 법인을 설립하고, 그 후 2년에 걸친 연구개발 끝에 협동로봇 4개 모델을 만드는 데 성공했다. 최근 수원시 고색동에 연간 최대 협동로봇 2만 대를 생산할 수 있는 연면적 4,451m² 규모의 공장을 준공하고 4개 모델 양산에 들어갔다.

2017년에는 그룹 내 '최고디지털혁신(CDO)' 조직을 신설하고 4차 산업혁명 시대에 대처하고 있다.

한국과학기술정보연구원(KISTI)

딥러닝을 이용해 태풍 진로를 예측하는 심층 신경망을 구축했다. 연구팀은 기상 예측에 널리 활용되는 수치 예보 모델을 이용해 태풍에 영향을 미치는 풍속과 해수면 온도 등 변수를 AI에 학습시켰다. 이 AI를 과거 50개 태풍에 적용하자 위도 1.8도, 경도 2.1도의 오차로 태풍의 진로를 예측해냈다.

넥슨

2017년 말 AI, 빅데이터, 머신러닝(기계학습)을 다루는 본부의 명칭을 '넥슨 인텔리전스랩스'로 바꾸고 2018년까지 관련 인력 300명을 확보했다. '넥슨 인텔리전스랩스'는 머신러닝 기술을 활용하여 욕설, 혐오 표현, 도박 광고 등을 차단하는 텍스트 탐지기술을 개발했다. 텍스트 탐지기술은 사람들이 많이 사용하는 전통적인 욕설뿐 아니라 신조어 성격의 욕설 또는 특수 기호 등을 이용한 욕설도 잡아낸다.

한화생명

2017년부터 2019년까지 3년 동안의 보험금 청구 데이터 1,100만여 건을 3만 5,000번의 학습 과정을 통해 분석하고, 2019년 말부터 실손의료보험, 정액보험에 대해 보험금 AI 자동심사 시스템을 활용하고 있다. 소액보험금 청구심사에 소요되는 시간과 비용을 줄이면 향후 5년간 122억 원가량의 비용 절감 효과를 볼 수 있을 것으로 예상하고 있다.

이녹스첨단소재

이녹스(INNOX)첨단소재는 세계 1위의 연성회로기판(FPCB) 소재의 기술력을 보유한 제조업체로, 삼성전자 · 삼성디스플레이 · LG디스플레이 등이 고객이다. INNOX는 2002년 국내 최초로 FPCB용 소재인 이노플렉스(Innoflex)를 출시하면서 IT 소재 국산화의 발판을 마련했다.

후속 제품으로 반도체 패키지용 소재인 이노샘(Innosem)과 디스플레이용 유기발광다이오드(OLED) 소재인 이놀레드(Innoled)도 개발해 상용화에 성공했다. 연간 150억 원 이상을 R&D 비용으로 사용하고 있고 사내 인력 중 20%가 R&D 인력일 정도로 비율이 높다.

네패스(Nepes)

'비메모리(시스템) 반도체' 분야의 강소기업으로 '웨이퍼 레벨 패키지(WLP)'라는 첨단 패키징 기술로 국내 시스템 반도체 산업을 선도하고 있다. 웨이퍼 레벨 패키지는 현존하는 패키징 기술 중 칩을 가장 작고 얇게 만들 수 있는 초미세 패키징 기술로, 주로 스마트폰 ·

자동차·통신 기기에 들어가는 첨단 반도체 등에 적용된다. 우리가 손에 쥔 대부분의 스마트폰에도 네패스의 미세 패키징 기술이 담긴 시스템 반도체가 다수 탑재돼 있고, 패키징 분야 그로벌 시장의 5% 이상을 점유하고 있다. 네패스의 특허 출원은 182건, 등록한 특허는 201건에 달한다.

해외 글로벌 기업들의 추진 현황

구글

세계 최대의 인터넷 검색사이트를 운영하고 있으며, AI 바둑 프로그램 알파고를 만든 딥 마인드와 비밀 연구소 구글X가 연구·개발을 이끌고 있다.

구글X의 생명과학팀은 나노 입자를 이용해 질병을 알려 주는 기술을 개발 중이다. 알약으로 된 나노 입자를 삼키면 몸속에서 암, 심장 발작, 뇌졸중 등 큰 병의 징후를 파악할 수 있을 것으로 예상된다. 이와 같은 방법은 병이 난 후 대처하는 것이 아니라 병이 생기기 전, 예방하는 차원에서 이용되기 때문에 개발에 성공하게 되면 인류 의학 기술의 진일보로 평가받을 것으로 보인다.

무인차 자회사인 웨이모(Waymo)는 운전자 없이 운행하는 '완전 무인 주행' 시험에 성공했으며, AI를 기반으로 하는 스마트 홈 시장에도 진출하고 있다.

하버드대와 연계된 공동 연구팀은 전 세계적으로 발생했던 13만 1,000개의 지진 본진과 여진을 딥러닝 기술로 학습시키고, 이어서 3만 개의 새로운 본진 데이터를 입력하자 AI는 98%의 정확도로 어디에서 지진이 일어날지 예측해냈다. 아직은 지진 규모와 시간은 내다보지 못했지만, 지진 발생 지역과 시점을 예측할 수 있게 되면 해당 지역의 사람들을 미리 대피하게 하거나, 건물의 내진 설계 수준과 방파제를 높이는 등 근본적인 대책 마련이 가능해진다.

페이스북

세계 최대의 SNS(Social Networking Service) 업체이며, 미국 실리콘밸리, 뉴욕, 프랑스 파리에 이어 2017년 9월에 네 번째 글로벌 AI 연구소를 캐나다 몬트리올에 세웠다. 2018년에는 AI 기술을 보유한 대학교 소재의 도시인 시애틀과 피츠버그에 AI 연구소를 증설하여 총 6개소의 연구소를 운영하고 있다.

2017년 11월에 자살 암시 동영상이나 게시글을 분석해 이를 방지하는 AI기술을 발표했으며, 자살 충동이나 행동이 의심되면 AI는 사용자에게 경고하거나 친구에게 알리고, 심각하다 판단되면 자살 방지 구조 단체에 신고한다.

마이크로소프트(MS)

2017년 7월에 본사가 위치한 워싱턴 주 레드먼드에 AI 분야의 난제 해결에 집중할 새로운 연구 및 인큐베이션 허브인 '마이크로소프트 연구소 AI'를 신설하였다. 해당 조직은 마이크로소프트의 모든 연구소 및 프로젝트 그룹과 긴밀하게 협업하며 이론과 실용성에 모두 집중해 AI 기술 활용에 있어 당면한 문제를 해결하고, 사회에 도움이 되는 최신 AI 기술 발전을 도모하는데 초점을 맞췄다.

같은 해 9월에는 과학자와 엔지니어 5,000여 명으로 구성된 'MS AI · 리서치그룹'의 창설을 추진했다.

아마존

2016년 6월에 초대형 비영리 AI 연구소인 '오픈AI(openai.com)'를 창설했다. 약 10억 달러(약 1조 1,500억 원)의 연구자금으로 시작하였고 대부분의 멤버들은 딥러닝의 대가들로 결성되어 있다.

오픈AI의 장기 목표는 인간이 의지와 사고력으로 할 수 있는 일이면 뭐든지 할 수 있는 범용 인공지능을 만드는 것이다. 다만 인간을 대체하는 것이 아니라 인간의 모자라는 점을 보충할 수 있는 이타적 기술을 개발하는 데 주력하고 있다.

2018년에는 음성비서 '알렉사'를 탑재한 가정용 비서와 전자레인지, 벽시계, 차량용 기기 등을 출시했다. 이들 제품은 아마존 스피커와 무선으로 연결해 손 하나 대지 않고 음성 명령만으로 기기를 조작할 수 있다. 전자레인지의 경우 팝콘 요리 횟수를 기억해 찬장의 팝콘이 떨어질 때쯤 알아서 재주문하는 기능까지 담았다.

FANG

미국은 자본력과 기술적 우위를 바탕으로 'AI메이저리그'를 구성하고 있다. 중심에는 FANG(페이스북, 아마존, 넷플릭스, 구글)이 있으며, 이들 기업은 별도 AI랩을 통해 단순 추천 알고리즘부터 언어 번역 기술 등 고도화된 기술을 점차 선보이고 있다. 기업들의 'AI퍼스트'에 맞춰, 미국 정부는 자국 인재 육성을 골자로 한 AI교육기관과 연구원 7곳에 2억 달러 이상의 지원을 2025년까지 진행할 계획이다.

아디다스

독일 스포츠웨어 명가 아디다스는 1993년 이후 인건비가 저렴한 동남아 국가에서 운동화를 생산하다가 운영하던 공장을 정리하고 20여 년 만에 독일로 돌아가서 자체적으로 생산하고 있다. 인건비를 낮추려고 동남아에 진출했으나 이제는 자기 나라에서 생산하는 것이 훨씬 효율적으로 되었기 때문이다.

운동화 50만 켤레를 만드는 데 직원 10명 정도면 가능할 뿐 아니라 빅데이터, AI기술자, 디자이너, 최첨단기술 등이 다 독일에 있기 때문이다.

저렴한 인건비 때문에 해외에 진출했던 기업이 다시 국내로 돌아오는 리쇼어링(Reshoring)의 좋은 사례이다.

테슬라

리쇼어링의 또 다른 예로 전기자동차를 만드는 테슬라를 들 수 있다. 미국으로 돌아왔으면서도 자동차 생산의 대표적인 도시 디트로이트가 아니라, 최첨단기술의 집산지인 실리콘밸리가 위치한 캘리포니아 주 프리몬트에 자리를 잡았다.

이 공장의 특징은 작업자와 소품종 대량생산의 상징인 컨베이어벨트가 사라졌고, 소비자의 니즈에 맞추어 다품종 유연 생산방식을 갖추고 있다는 것이다.

최근 테슬라가 내놓은 모델 T카3의 가격은 4만 5천 달러인데 인건비는 2만 7천 달러에 지나지 않는다. 인건비는 더 이상 중요한 변수가 되지 못한다.

골드만삭스

'켄쇼'라는 AI 스타트업과 함께 AI시스템 '워런(Warren)'을 만들었다. 워런은 전문 애널리스트 15명이 4주에 할 수 있는 데이터 수집·분석, 미래 시장 예측 등 엄청난 작업을 5분 만에 처리할 수 있다고 한다. 경제 데이터가 폭발적으로 산출되면서 이를 체계적으로 수집하고 시사점을 도출하기 위해서는 과거보다 더욱 많은 전문가들이 필요하지만 워런과 같은 AI 시스템의 등장은 반대로 노동력을 대폭 절감시키고 있다.

로열뱅크오브스코틀랜드(RBS)

RBS는 자사의 어드바이저 서비스에 AI 챗봇 '루보(Luvo)'를 도입했다. 원래 루보는 간단한 안내 서비스에 불과했지만 딥러닝 등 첨단 AI 기술을 도입해 활용 범위가 급격히 확대됐다. 루보는 사전에 정의된 질문에 대한 고객의 답을 토대로 유사 성향 고객들의 포트폴리오, 향후 경제 시황, 경기 변동 등 방대한 데이터를 분석해 고객에게 적합한 금융 상품과 자산 포트폴리오 추천 서비스를 제공하고 있다.

하이크비전

2001년 설립된 중국을 대표하는 보안 영상(CCTV) 장비 회사다. 사물인터넷 솔루션과 데이터 운영 서비스를 기반으로 전 세계 150개국에서 CCTV 보안 관리, 빅데이터 서비스를 제공하고 있으며, 글로벌 보안 시장을 선두에서 이끄는 기업으로 평가받고 있다. 영국 시장조사 기관인 IHS마켓 보고서에 따르면 보안 카메라의 전 세계적인 거대 시장에서 하이크비전의 점유율은 약 20%를 차지하며 세계 1위를 기록 중이다.

이 기록은 중국 내 수요 급증이 한몫했는데 중국은 전 세계 CCTV 장비 매출의 40% 이상을 차지하고 있기 때문이다. 하이크비전은 현재 3만 4,000명 이상의 직원이 근무하고 있는데 이 중 1만 6,000여 명이 연구·개발 엔지니어다. 연간 매출액의 약 8% 정도를 매년 지속적인 제품 혁신을 위한 R&D에 투자하며 지원을 아끼지 않고 있다.

TCL(Today China Lion)

중국을 대표하는 IT 전자 기업으로 '오늘날 중국을 이끌어 갈 사자'라는 의미가 기업명에 담겼다. TV, 세탁기, 냉장고와 같은 다양한 생활 가전제품뿐만 아니라 디스플레이 패널과 스마트폰, 로봇 등을 생산하며 사업을 확대하고 있다. 현재 160여 개국에 진출해 있고 직원 수만 7만 5,000여 명에 달할 정도로 규모가 큰 기업이다. 2000년대 초반 독일 가전업체 슈나이더일렉트로닉스를 시작으로 프랑스 전자회사 톰슨의 TV사업부와 통신업체 알카텔의 휴대전화사업부를 인수했으며, 2016년에는 유명 스마트폰 브랜드인 '블랙베리'를 인수하면서 스마트폰 시장에까지 경쟁력을 강화했다.

이중에서도 TCL이 최근 가장 강점을 보이는 부문은 톰슨 인수를 기반으로 성장시킨 TV다. 글로벌 TV 시장점유율이 삼성전자와 LG전자에 이은 업계 3위를 기록 중인데 상승세가 대단하다.

아이플라이텍

아이플라이텍(IFLYTEK)은 국내에서 잘 알려진 기업은 아니지만 중국에서는 가장 뛰어난 음성인식 기술력을 갖춘 기업으로 인식되고 있다. 음성인식 기술을 활용한 통·번역기, 스마트 녹음과 필기 기기 등을 만들어 판매 중이다. 아이플라이텍의 중국 음성인식 시장의 점유율은 압도적이다. 스마트폰과 가전제품 등에 탑재되는 중국의 음성인식 기술의 70%를 아이플라이텍이 차지하고 있다.

2017년에는 미국 스탠퍼드대가 주관한 언어 인지 테스트에서 마이크로소프트, 구글과 같은 기업들을 제치고 세계 1위를 차지한 바 있다.

중국어뿐만 아니라 영어, 한국어, 프랑스어 등 다양한 나라의 언어를 인식하고 번역하는 기술을 보유하면서 자체적으로 딥러닝 기술을 확보해 오차율을 줄였다.

2022년 베이징 동계 올림픽을 위한 자동 번역 소프트웨어의 독점 공급 업체로 선정돼 향후 전 세계에 이름을 알릴 수 있는 계기가 마련됐다.

소프트뱅크그룹

1981년 설립된 소프트뱅크는 현재 시가총액 1위를 달리고 있는 일본 최대 IT 기업이다. 소프트뱅크는 1996년 미국 야후와 공동 출자로 '야후 재팬'을 설립했고, 2013년에는 미국 4위 이동통신사 스프린트를 220억 달러라는 막대한 자금을 들여 인수했다. 2016년 영국 반도체 설계 업체 암(ARM)을 사들였고, 최근에는 일본 최대 온라인 의류 쇼핑몰 업체 조조(ZOZO)를 야후 재팬 자회사로 인수했다.

스프트뱅크가 일본 기업 가운데 역사상 가장 빠른 속도로 성장한 배경 가운데 하나로 이 같은 대규모 M&A 성공이 꼽힌다.

무라타제작소

적층세라믹콘덴서(MLCC) 기업인 무라타제작소(村田製作所)는 세계 MLCC 시장 점유율 40% 이상을 차지하며 1위 자리를 지키고 있다. MLCC는 스마트폰, 컴퓨터, TV, 전기자동차 등 거의 모든 전자제품에 필요한 핵심 부품이다. MLCC가 '전자 산업의 쌀'이라고 불리는 이유다. MLCC는 전기를 저장했다가 반도체 부품에 일정하게 전기를 공급하는 역할을 한다. 가장 작은 부품은 쌀알의 250분의 1에 불과하다.

고성능을 구현할수록 MLCC 사용량도 늘어나는데 전기자동차에 들어가는 MLCC는 1만~2만 개에 달한다. 최신 스마트폰에 들어가는 약 1000개가량의 양과 비교하면 압도적인 수요다.

무라타제작소를 이끌 또 다른 성장 동력은 5G용 부품이다. 5G 시대가 도래한 만큼 무라타제작소의 역할도 확대될 것으로 전망된다.

일본전기주식회사(NEC)

NEC는 1899년 미국의 웨스턴일렉트릭과 공동 출자해 설립된 일본 최초의 합작회사다. 초기에는 웨스턴일렉트릭에서 교환기와 전화기를 수입해 판매하는 사업이 주력이었지만 메이지 시대 말기 일본 전화기 생산 1위 기업이 됐다. 현재 NEC의 매출 구성비를 살펴보면 네트워크를 포함한 IT 솔루션에 대한 비율이 전체의 60%를 차지하고 있다. 미흡한 기업 역량을 확대하기 위해 삼성과 일본 내 5G 통신장비의 공동 개발 협약을 맺고 미래 성장 동력을 모색하고 있으며, 생체 기술 솔루션을 또 다른 주력 사업으로 추진하고 있다.

NEC의 생체 인증은 전 세계 약 70개국에 700개 이상의 시스템에 도입됐다. 한국에서는 인천공항 출입국 시스템에 NEC 생체 인식 솔루션이 도입됐고, 코로나로 미뤄진 2021년 도쿄 올림픽 때 NEC 안면 인식 기술이 전 경기장 입장 시스템에 도입되었다.

르네사스일렉트로닉스

르네사스(Renesas)는 일본 최대 비메모리 반도체 기업이다. 특히 자동차 반도체를 주력으로 개발하고 있다. 향후 전기차 등 차세대 자동차와 비메모리 반도체에 대한 성장 기대감이 높은 만큼 일각에서는 르네사스를 일본 반도체의 마지막 희망이라고 말한다. 르네사스는 성장 경쟁력을 잃어 가던 히타치제작소, 미쓰비시전기와 NEC의 비메모리 반도체 사업부문을 분사, 합병해 설립됐다.

르네사스는 중국 상하이자동차, 독일 폭스바겐과 손잡고 전기자동차 합작 연구소를 설립하며 차세대 시장에서의 기술 선점을 겨냥하고 있다. 자동차가 새로운 IoT 플랫폼으로 대두되고 있고 자율주행차에 대한 투자가 높아지고 있는 만큼 전 세계 반도체 기업들이 차량용 반도체 시장을 새로운 먹거리로 삼고 있다.

5장

AI 경영에 필요한
환경 조성

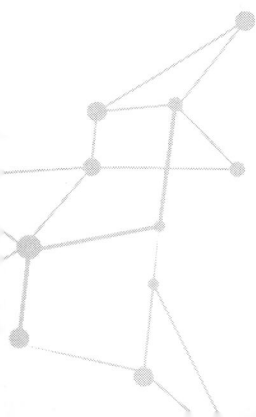

01 제도적 환경

AI 경영 추진 환경

4차산업혁명위원회 설립과 'AI 국가 전략'

시대적 요청에 따라 2017년 대통령령으로 공표된 '4차 산업혁명위원회의 설치 및 운영에 관한 규정' 제2조에 의거 산업혁명위원회가 대통령 산하 기관으로 공식 설립됐다.

> "제2조(설치 및 기능): 초연결·초지능 기반의 4차 산업혁명 도래에 따른 과학기술·인공지능 및 데이터 기술 등의 기반을 확보하고, 신산업·신서비스 육성 및 사회변화 대응에 필요한 주요 정책 등에 관한 사항을 효율적으로 심의·조정하기 위하여 대통령 소속으로 4차 산업혁명위원회를 둔다."

위 규정에 의해 설립된 4차산업혁명위원회는 2019년 5월 제6차 회의에서 AI 산업 육성을 위해 향후 5년간 2조 2,000억 원을 투자하고, 이 기간 석·박사를 포함한 AI 관련 인력 5,000명을 육성한다는 목표를 세웠다. 이를 위해 2022년까지 전국 대학원 가운데 6곳을 AI 대학원으로 선정해 지원하고, 정부의 초고성능 컴퓨터를 개방하는 등 AI 서비스를 개발하는 기업들을 위한 지원책도 마련했다.

2019년 12월에는 대통령 주재로 제53회 국무회의를 열고, 과학기술정보통신부 장관을 비롯한 전 부처 수장이 참여한 가운데 '인공지능(AI) 국가전략'을 발표했다.

AI 강국을 목표로 2030년까지 디지털 경쟁력 세계 3위, AI를 통한 지능화 경제효과 최대 455조 원 창출, 삶의 질을 세계 10위 수준으로 끌어올리는 것을 목표로 3대 분야와 9대 전략을 제시했다.

3대 분야 첫 번째는 '세계를 선도하는 AI 생태계 구축'으로, 실행전략으로는 AI 인프라 확충, AI 기술력 확보, 규제 혁신 및 법 제도 정비, 글로벌 AI 스타트업 육성을 제시했다. 양질의 공공데이터를 2021년까지 전면 개방하고, 광주에 AI 집적단지를 조성하는 전국 단위의 AI 거점을 마련한다. 대학과 기업 간 AI 산업 R&D 센터를 구축하고 AI 창업을 적극적으로 지원하며, AI 반도체 핵심기술 및 신개념 AI 반도체 개발을 적극 지원 한다. 또 AI 분야에 선 허용·후규제 방식의 '포괄적 네거티브 규제'를 수립하고 법제도를 정비할 방침을 세웠다.

두 번째 분야는 'AI를 가장 잘 활용하는 나라'로, 국가 차원에서 AI 활용도를 높이기 위해 정부는 모든 연령·직군에 걸쳐 전 국민 AI 교육 체계를 구축할 계획이다. AI 인재를 양성하기 위해 AI 관련 학과 신·증설 및 교수의 기업 겸직 허용, AI 대학원 프로그램을 확대 및 다양화할 예정이다. 일반 국민을 위한 온오프라인 AI 평생 교육 기회를 확대해서 학점은행제에 AI 과정을 포함하고, 케이묵(K-MOOC)[1] 등 온라인 플랫폼 및 도서관과 박물관 등을 활용 한다. 또 산업 전반의 AI 활용을 전면화하기 위해 공공영역이 보유한 대규모 데이터 기반의 대형 AI 융합 프로젝트를 확대하고, 바이오·의료, 도시, 농업 등 산업 전 분야로 AI 활용을 확산하기로 했다.

세 번째 분야는 '사람 중심의 AI 구현'으로, 포용적 일자리 안전

---

1) Korean Massive Open Online Course: 국가평생교육진흥원에서 진행하는 한국형 MOOC로서 대학의 강좌를 언제나, 어디서나, 누구나, 무료로 수강할 수 있는 서비스이다. 여러 대학의 협력속에 2015년 10월 27개 강좌로 서비스를 시작하여 2021년 5월 현재 총 900여 개 강좌를 개발·제공하고 있다. 수강신청자는 170만 명을 돌파했으며 학점과 학위를 취득할 수도 있다

망 구축, 역기능 방지 및 AI 윤리체계 마련 등의 내용이 포함됐다. AI 시대 일자리 감소와 고용 형태의 다변화에 대응해 사회보험 확대를 추진하면서 취업 취약계층에 취업 지원 서비스를 제공하고 구직 활동을 전제로 소득을 지원하는 등 고용안전망으로 확충할 방침이다. 신기술 분야 직업훈련 비중도 확대되며 AI 신뢰성과 안전성을 검증하는 품질관리체계 구축을 추진할 예정이다. 또한 AI 기반 사이버 침해 대응체계 고도화 및 글로벌 수준의 AI 윤리체계를 확립한다.

특히 정부는 AI 반도체 핵심기술 분야에서 글로벌 선도국에 버금가는 기술·산업 경쟁력 확보에 집중하고 2030년까지 핵심기술 5개 이상 확보를 위해 창의적·도전적 차세대 AI 연구개발에도 선제적으로 투자한다.

또 지식표현과 추론, 기계학습 알고리즘, 인지과학 등 AI 기초연구를 강화하고 경쟁과 도전을 촉진할 혁신적 방식의 AI 연구개발(R&D)도 확대한다. 전 국민 AI 교육 차원에서 모든 군 장병과 공무원 임용자에게 AI 소양교육을 실시하고, 2022년까지는 초중등학교를 대상으로 SW · AI 교육시간을 필수교육으로 확대한다. 예비교사들이 AI 관련 내용을 필수 이수하도록 교사 자격 취득 기준을 개정해 교직과목과 관련 전공과목에 SW·AI 관련 내용을 포함하고, AI 융합교육 관련 전공도 신설된다.

'제조업 특화 AI 플랫폼' KAMP 운영

2020년 말 중소기업벤처부에서 구축한 KAMP(Korea AI Manufacturing Platform)는 중소기업 제조 능력을 혁신하기 위한 '제조업 특화 AI 플랫폼'이다. KAMP 홈페이지에서는 중소 제조업에서 가장 많이 사용되는 열두 종류의 장비에 대해 자주 발생하는 문제를 인공지능으로 해결하기 위한 학습용 데이터와 분석 모델을 제공하고 있다. AI 제조 기술에 관심 있는 중소기업이라면 KAMP 홈페이지에서 회원 가입을 하고 무료로 교육 동영상 등을 볼 수 있다.

주물 등 뿌리 산업은 대표적인 '3D 업종'이다. 이런 업체들에 AI 기술을 접목해 최적의 가공 조건 계산과 사출 성형의 최적 조건 분석, 용접 불량 예측 등을 위한 데이터를 제공해 인기를 끌고 있다. 중소기업이 이런 기술을 실제 제조 공정에 적용하기 위해서는 AI 클라우드 서비스를 이용해야 하고, 전문가 컨설팅을 받아야 한다. 중소벤처기업부는 2020년에 100개 중소기업을 선정해 무료 서비스를 제공하고 있으며, 매년 100곳의 지원 기업을 선정할 계획이다.

콘택트렌즈 제조업체 '인터로조'는 KAMP 사업의 성공 사례 중 하나이다. 인터로조는 2020년 9월에 KAMP 사업에 지원해 12주간 렌즈 공정을 개조하는 작업에 착수했다. 기존에는 담당자가 경험으로 습득한 데이터를 렌즈 공정에 입력하면서 도수 적중률은 70% 수준이었지만 AI를 적용한 결과 도수 적중률이 95%까지 올라감으로써 악성 재고 비용을 연간 11억 원가량 줄일 수 있게 됐다.

일본의 친기업 추진 전략

일본 정부는 일관되게 친기업 정책을 추진하면서 기업들의 부활을 돕고 있다. 규제개혁, 엔저 유도 정책, 법인세율 인하 등 정부가 실행할 수 있는 기업지원 정책을 총망라해 추진해 오면서, AI와 사물인터넷(IoT) 분야의 기업들에 한해 과거 30%인 법인세율을 20%로 대폭 낮추고 있다. 또한 도쿄, 오사카, 오키나와 등 일본 17개 지역을 국가 전략 특구로 지정해 드론, 원격의료 등 신규 사업을 자유롭게 추진할 수 있도록 하였다.

지난 2017년에는 자율주행차의 경쟁력을 높이기 위해 일반 도로에서 무인으로 자동차의 주행 시험을 할 수 있도록 도로법을 개정하

였다. 특정 지역에 한해 운전자가 탑승한 상태에서만 주행 시험을
할 수 있는 우리나라와 비교된다.

환경변화 수용능력의 제고

지금은 AI를 기반으로 하는 글로벌 경쟁시대이다. 기업의 미래 비즈
니스 생태계는 AI와 연계된 소프트웨어(SW) 기술 의존도를 높이는
방향으로 진화하고 있다.

즉, 비즈니스에 대한 전통적인 관점이 생산성을 향상시키거나 비
용을 절감하는 방식으로 이익을 극대화시키는 데에 있었다면, 현대
비즈니스에서는 고객에게 새롭고 더 많은 가치를 제공하면서, AI를
기반으로 개인의 편리성과 기업의 이익을 극대화시키는 방법으로 융
합 발전해 가고 있다.

글로벌 조사기관 가트너(Gartner)는 과거의 한 방향 단일 가치사슬
생태계에서 다수 참여자가 거래하는 플랫폼 생태계를 거쳐, 앞으로
는 분산형 생태계로 진화할 것으로 전망하고 있다.

분산형 생태계란 SW기반 데이터의 연결이 극대화되어 어떤 기업
과도 연계, 협업이 가능한 완전 네트워킹(Fully Networked) 생태계를
의미한다. 분산형 생태계에서 기업 경쟁력의 핵심은 산재한 경영 자
원 즉, 데이터, 기술, 인력, 서비스를 연계하여 가치를 창출하는 것으
로, AI와 같은 SW기술 의존도는 더욱 높아질 것이다.

인터넷, 모바일, DB 등의 정보기술이 현재의 플랫폼 생태계를 이
끌었다면, 인공지능, 블록체인, 클라우드 등 신정보기술은 제품과 서
비스 간, 산업 간, 플랫폼 간, 국가 간 경계를 허물고 데이터와 SW
기반 연결을 극대화시켜 분산형 생태계 구축을 주도하게 될 것이다.

이와 같이 급변하는 환경에서 기업의 경영진과 구성원들은 AI기
술을 좀 더 적극적으로 이해하고, 다양한 활용사례를 분석하여 자체

기업의 비즈니스에 적용 및 활용함으로써 기업의 지속성장을 이루어 나갈 수 있을 것이다.

자동차의 개념이 '소유'에서 '이용'으로 바뀌고 있는 상황에서 차량 공유와 호출 등 새로운 서비스 비즈니스에 뛰어들고 있는 현대자동차의 변신은 눈여겨볼 만하다.

현대차는 동남아시아 카헤일링(Car-hailing: 차량 호출) 업체인 '그랩(Grab)'에 투자하고 동남아시아 모빌리티 서비스 시장에 진출하는 교두보를 마련하였다.

그랩은 동남아시아판 '우버'로 불리며 현재 동남아시아 카헤일링 서비스 시장의 75%를 점유하고 있다. 동남아 8개국 168개 도시에서 서비스를 제공하고 있으며 등록 운전자수 230만 명, 일 평균 350만 건의 운행을 기록 중이다.

동남아시아의 차량 공유시장은 중국, 미국에 이어 세 번째로 큰 시장으로 평가되며 그랩의 규모 역시 중국의 디디(Didi), 미국의 우버에 이어 글로벌 차량 공유시장 3위를 차지하고 있다.

또한 현대차는 호주의 카셰어링(Car-Sharing: 차량 공유) 선도 업체인 '카넥스트도어(Car Next Door)'에 투자하고 현지 카셰어링 시장에 진출함과 동시에, 인구 대국으로 꼽히는 인도의 2위 카셰어링 업체인 '레브(Revv)'에도 투자하고 현지 공유 경제 시장 진출의 발판을 마련하였다. 이처럼 해외의 차량 공유 및 호출업체에 대한 막대한 투자는 대상 사업에서의 수익 창출뿐 아니라 자동차의 매출 효과를 얻기 때문이다.

CBDC(중앙은행 발행 가상화폐)의 도입 추진

최근 블록체인 기반의 가상화폐 중 중앙은행이 발행하는 디지털 화폐가 새롭게 주목을 받고 있다. CBDC(Central Bank Digital Currency)

는 미국뿐만 아니라 중국과 유럽, 일본 그리고 우리나라도 도입을 검토·연구하고 있다.

한국은행은 2020년 2월 디지털화폐 연구팀을 신설하였으며, 2021년 중 가상환경에서 'CBDC 파일럿 시스템'을 구축해 자금이체, 대금결제 기능과 발행, 유통, 환수 등이 시스템에서 각 단계별로 제대로 작동하는지를 점검하고 있다.

국제결제은행(BIS)에 따르면 2020년 기준 전 세계 중앙은행의 86%가 CBDC 관련 연구를 진행하고 있거나 실생활 적용 여부를 실험 중이다. 2017년(65%)에 비해 3년새 21%포인트나 늘어났다. 60%는 CBDC에 대한 실험을 계획하고 있거나 진행 중이고, 시범사업 단계에 있는 곳도 14%나 된다.

이러한 움직임은 코로나 이후 사회적 거리두기 등에 따른 현금사용 감소와 지급결제수단 디지털화가 활발해진 영향으로 풀이된다. 국제결제은행[2]은 향후 3년 내 전 세계 인구의 20%에 해당하는 국가가 CBDC를 도입할 것으로 예측하고 있다.

CBDC는 민간이 발행하는 비트코인과 달리, 중앙은행이 그 가치를 보장하기 때문에 당연히 법정화폐 같은 신뢰도를 갖는다. 액면가가 고정되어 있어 비트코인처럼 가격이 변동되지 않고 은행 계좌나 신용카드가 없어도 결제와 송금이 가능하다. 기업과 개인이 보유한 '블록체인 지갑'이 바로 계좌이며, 월급이나 사업소득이 은행 등 금융기관을 거치지 않고, 블록체인상의 장부를 통해 개인의 전자지갑에 바로 입금된다.

CBDC는 디지털 형태로 발행·유통되기 때문에 현금과 달리 거래

---

2) 스위스 바젤에 본부를 두고 있다. 제1차 세계대전 이후 독일의 배상문제를 처리하기 위해 1930년 미국, 유럽국가 등 12개국이 공동출자해 설립, 지금은 주로 유럽 각국의 중앙은행간 거래의 환업무를 담당하고 있다.

내역이 모두 블록체인에 남는다. 탈세나 테러 자금조달 등의 목적으로 활용되는 불법 자금을 추적하기 쉽고, 지하경제 양성화에도 기여한다.

현재 전 세계에서 CBDC에 가장 앞선 나라는 중국으로 이미 2020년 10월부터 선전, 쑤저우, 베이징 등 주요 도시를 대상으로 일곱 차례에 걸쳐 실험을 했다. 특히 청두에선 4000만 위안(약 70억 원)을 배포해 20만 명의 시민들이 오프라인 매장과 온라인 쇼핑몰에서 디지털 위안화로 물건을 구입하도록 했다. 중국 정부는 2022년 베이징 동계올림픽에서 본격적인 디지털 위안화 발행과 사용을 목표로 하고 있다.

미국도 CBDC 도입에 열을 올리는 중이다. 연방준비제도(Federal Reserve System)는 디지털달러 발행을 준비하고 있는 것으로 알려졌다. 주요국 중 가장 소극적이었으나 코로나를 계기로 CBDC 관련 연구가 필요하다는 입장으로 선회했다.

블록체인 기반의 가상화폐인 비트코인과 CBDC의 차이점은 〈표 5-1〉과 같다.

표 5-1 비트코인과 CBDC의 차이점

	발행·거래내역	발행량	가치
비트코인	• 블록체인상에서 분산되어 기록됨 • 블록체인 참여자가 모두 관리자	• 총 공급량이 미리 정해져 있음(2,100만 개) • 일정 기간마다 공급량이 줄어듦	블록체인 참여자의 신뢰에 기반
CBDC	• 블록체인, 혹은 별도의 데이터 베이스에 기록 • 중앙은행이나 정부 등 정해진 기관이 관리	• 총 공급량이 정해져 있지 않음 • 중앙은행이 공급량을 늘리거나 줄일 수 있음	정부가 보증

4차산업혁명위원회의 권고사항

대통령 직속 4차산업혁명위원회가 2019년 10월에 정부에 제안한 내용 중 'V. 분야별 권고사항 중 3.1항'의 '인공지능·데이터'에서 제시한 제도적인 권고 내용을 살펴보면 다음과 같다.

첫째, 정부는 창의적이고 담대한 인공지능 기업의 출현을 보장하기 위하여 자율적 생태계 기반을 마련해야 한다. 가장 중요한 것은 인재의 양성이다. 개별 산업 분야의 전문지식을 기반으로 하는 융합형 인공지능 인재를 양성하기 위해 산업 현장과의 연계를 활성화하고 이를 도울 수 있는 코디네이터들을 육성해야 한다. 장기적으로는 정규 교육과정에 인공지능 교육을 도입하는 방안을 검토하되, 교육과 R&D의 병행, 인턴십 및 채용연계 프로그램 등을 통해 교육과 산업현장의 간극을 최소화해야 한다.

인공지능 관련 시범사업이나 공공조달을 통하여 초기 시장을 창출함으로써 혁신을 유도하는 정부의 역할도 중요하다. 사업 선정 시에는 중장기적 관점에서 타 산업과의 연계·확산 가능성을 중점적으로 고려해야 한다. 다만 공정성에만 치우쳐 효율성과 창의성을 가로막지 않도록 제도 개선이 전제되어야 하고, 자칫 민간 시장의 왜곡이나 위축을 가져오지 않도록 유의하여야 한다.

둘째, 정부는 데이터의 활용과 유통을 촉진하기 위하여 법제도적, 물적 기반을 마련해야 한다. 법제도적 기반으로 가장 중요한 것은 경직된 개인정보보호 법제 등을 개선하여 개인정보의 활용 및 유통과 관련된 법적 불확실성과 위험을 최소화하는 것이다. 개인정보에 관한 권리는 헌법상 비례의 원칙에 따라 다른 이익과의 조정을 통해 보호 수준이 합리적으로 재설정되어야 한다.

보다 근본적으로는 개인의 사생활·인격권 보호 및 개인정보 자기결정권의 실질적 보장이라는 목적을 위하여 법제가 구성되는 것이 바람직하다. 또한 데이터에 대한 권리(data ownership)와 그 이용에 관한 규율의 내용을 명확히 함으로써 데이터의 거래비용을 감소시킬 필요가 있다. 공공데이터, 데이터 거래 플랫폼과 같은 물적 기반도 확충되고 개선되어야 한다.

이때 정부는 데이터의 등급분류 및 품질 평가를 시행하거나 민간 자문단의 역할을 강화하여 현장에서 필요로 하는 공공데이터를 제공할 수 있어야 한다. 법제도적 기반 없이 물적 기반을 마련하는 것만으로는 충분한 효과를 얻을 수 없다는 점을 유념해야 할 것이다.

셋째, 정부는 신뢰할 수 있고 안전한 인공지능·데이터 이용환경을 조성함으로써 사회적 수용성을 제공하여야 한다. 인공지능 기술의 특성, 특히 학습을 통한 자율성은 책임의 회피, 편견과 차별의 고착화, 다양성의 상실 등과 같은 우려를 낳기도 한다. 특히 '블랙박스'로 표현되는 현재 딥러닝 기술의 특성은 예측과 통제, 그리고 결과에 대한 설명을 어렵게 만들고 있다. 정부는 이를 해소하기 위하여 인간의 존엄과 가치라는 헌법 원리에 기초하여 투명성이나 책임성과 같은 윤리적 기준의 형성을 도와야 한다. 즉 인공지능 윤리는 민간 각 영역에서 자율적으로 형성되고 정부는 이를 지원해야 한다.

다만 민간의 자율적 윤리 기준만으로는 치명적 자율 무기와 같이 인공지능 활용으로 인해 개인의 자유와 권리가 침해되거나 기본적 법질서가 흔들리는 것을 막을 수 없는 경우가 발생하므로, 필요한 경우 법적 조치를 마련하여야 한다. 이때 법적 조치를 통해 연구자나 기업의 자유와 권리를 제한함에 있어서는 헌법상 비례의 원칙에 따라 이익형량(利益衡量)을 거쳐 필요한 최소한도에 그쳐야 할 것이다.

데이터 산업의 성장 환경
4차 산업혁명을 이끄는 주요 기술은 주어진 데이터를 활용하는 기술이기 때문에 어떤 조직이든 의미 있는 데이터가 축적되어 있어야 이러한 기술을 활용할 수 있다. 따라서 생성되는 데이터를 수동적으로 쌓아놓는 것뿐만 아니라 유의미한 데이터를 능동적으로 수집하는 노력이 필요하다.

경영에 대한 지식과 경험을 토대로 한 직관에 의해서 조직을 운영하는 시대는 지났다. 직관에 의해 결정된 방향과 정책이라 할지라도 쌓여진 데이터를 이용해서 시뮬레이션하고 검증한다면 더욱 활력 있는 조직으로 발전할 확률은 더 높아질 것이다. 조직 운영의 모든 경험과 결과가 데이터로 축적되어 있어야 하고, 그 데이터의 분석에 의해 다시 앞으로의 정책이 결정될 수 있다.

미래사회는 인공지능을 빼놓고 얘기할 수 없다. AI가 똑똑해지는 원천은 데이터이며 AI는 데이터를 먹고 성장하기 때문이다. AI 소프트웨어와 데이터가 결합해서 스마트한 것이 만들어지기 때문에, 이때 주목해야 할 것은 우리가 경험한 옛날 데이터가 아니라 기계가 분석할 수 있는 데이터, 즉 컴퓨터가 정보로 삼을 수 있는 데이터를 만들어야 한다.

이를 위해서는 창고에 쌓여있는 데이터를 기계가 읽을 수 있는 데이터로 변환하는 작업이 필요하며, 이런 데이터를 확보해 AI와 결합하면 엄청난 분석결과를 내놓을 것이다.

주요 선진국은 이미 데이터를 공유·유통하고 공동 활용해 경제적 효과를 창출하는 데이터 경제로 산업구조를 바꾸고 있다. 전통적인 제조업, 금융업을 밀어내고 글로벌 시가총액 상위 10위 기업에 오른 애플, 구글, 마이크로소프트, 아마존은 모두 데이터 서비스 기업이다. 세계 데이터 시장 규모는 2020년 2,100억 달러로 연평균 11.9%씩 성장할 전망이다. 국내 데이터 시장도 2020년 7조 8,000억 원으로 연 7.6% 성장할 것으로 예상된다.

빅데이터의 이용율 확대 필요성

데이터 산업의 활성화를 위해서는 첫째로 산업적으로 활용할 수 있는 고가치, 고수요 데이터를 구축하고 개방해야 한다.

한국은 2회 연속 경제협력개발기구(OECD) 공공데이터 개방지수 1위를 달성했다. 하지만 현장 요구에 맞는 양질의 데이터는 여전히 부족하다. 정부에서는 데이터 개방 수요가 있는 공공기관 보유의 공공데이터를 전수 조사하고, 품질 개선으로 국제표준을 준수해 신뢰성 있는 데이터를 민간에 개방할 예정이다. 정부가 양질의 데이터를 얻고 자유롭게 활용할 수 있는 환경을 조성하면 청년 창업자와 스타트업(신생 벤처기업)은 데이터 기반 신규 비즈니스를 창출해낼 것이다.

둘째, 데이터의 자유로운 유통 환경을 조성해서 국민과 기업이 안심하고 데이터를 이용할 수 있는 제도가 확립되어야 한다.

국내 기업의 빅데이터 이용률은 7.5%에 불과하다. 데이터 유통도 개별 기업 중심으로 제한적이며 거래제도 역시 미비하다. 이래서는 데이터의 산업적 활용에 한계가 있다. 공공과 민간의 빅데이터센터를 적극 육성해 데이터를 개방하도록 지원하고 필요한 컴퓨팅 파워도 제공해야 한다.

한국정보화진흥원은 보유한 데이터를 개방하고 공유하려는 기업과 기관을 빅데이터센터로 선정할 예정이다. 데이터를 융합해 활용할 수 있는 빅데이터 플랫폼도 구축할 계획이다.

이와 같은 국가적 요구에 KT는 2020년 11월에 서울대, KAIST, 포항공대, 벤처기업협회 등 22개 기관으로 구성된 '클라우드 원팀'을 출범시켜 토종 클라우드 생태계 확장을 위한 협력 전선을 구축했다. 이에 맞서 SK텔레콤도 통신·카드·부동산 등 각 분야 최고 수준의 데이터 기업들과 함께 '민간 데이터 댐' 구축에 나서기로 했다.

셋째, 데이터 활용 성공 사례를 만들고 이용을 활성화해야 한다. 데이터를 이용하면 삶이 더 안전하고 효율화되며 벤처 스타트업이 성장할 수 있는 환경이 조성된다. 교통사고 위험 지역을 예측할 수 있고, 최적화된 심야버스 노선을 이용해 안전하게 귀가할 수 있다. 미세먼지 발생을 미리 확인해 선제적으로 대응할 수도 있다. 가능성이 있는 빅데이터를 활용해 국민 삶에 실질적인 도움이 되는 서비스가 나오도록 투자를 확대하고 지원해야 한다.

아울러 데이터 경제를 키우려면 두 가지 규제를 개선해야 한다. 개인정보보호법과 공공부문의 민간 클라우드 이용 규제다. 한국 개인정보보호법은 데이터의 활용을 가로막을 뿐만 아니라 제대로 된 보호조차 미흡하다. 실질적인 개인정보가 보호되도록 정보 활용의 제도적 절차를 보완해야 한다. 데이터 이용 환경이 바뀌면 현재 상상할 수 있는 것보다 한 차원 뛰어넘는 결과로 이어질 것이다. 병원 진료정보와 개인 생활 속에서 축적된 건강정보가 결합하면 기존 방식으로는 얻을 수 없었던 정밀한 예방과 치료방법을 얻을 수 있다.

최근 사람들이 많이 사용하는 모바일 내비도 한 차원 높은 수준으로 발전할 것이다. 성묘하러 가야하는데 언제 출발해야 가장 편하게 갈 수 있는지를 안내해주는 세상이 온다. 현재는 빠른 길 정도를 알려주는 수준이지만 성묘객을 분산시켜서 최적화하는 수준에 이를 것이다.

유럽은 최근 개인정보의 보호와 권리를 강화하는 법령(GDPR: General Data Protection Regulation)을 제정했다. 개인정보 보호 책임자를 의무 지정하는 등 기업의 책임을 강화했을 뿐만 아니라 정보 주체로서 개인이 정보이용권을 주장할 수 있도록 하는 등 권리가 추가됐다.

AIoT(AI+IoT)의 활용 현황과 전망

최근 AI 기술은 더 많은 양의 데이터와 보다 빠른 처리 능력, 그리고 더 강력한 알고리즘이 결합되어 더욱 널리 보급되고 있으며, 실제로 AI 기술이 거의 모든 산업에 도입되기 시작하였고, 컴퓨터가 전례 없는 방법으로 말하고, 보고 듣고, 의사 결정을 내릴 수 있게 되면서 광범위한 상호작용이 잠재적 비즈니스 기회로 확대되고 있다.

AI는 IoT 센서와 장치에서 수집한 방대한 양의 데이터를 사용하여 스마트 제조, 의료, 항공 우주, 운송, 텔레콤, 도시 분야에서 고객들에게 흥미로운 경험을 제공한다. 더 나아가 AI와 IoT를 통합하면 산업을 변화시키고 고객 경험을 높이며 비즈니스 성과를 기하급수적으로 가속화 할 수 있는 혁신적인 조합인 AIoT를 얻게 된다.

AI와 IoT의 결합은 소비자, 기업, 산업, 정부 및 시장 부문에서 디지털 혁신의 이점을 크게 가속화할 수 있는 잠재력을 지니고 있다. AI가 의사 결정을 통해 IoT에 가치를 추가하고 IoT가 연결 및 데이터 교환을 통해 AI에 또 다른 가치를 추가함에 따라 이러한 조합을 'AIoT(AI+IoT)'라고 한다.

AIoT는 샤프가 만든 신조어이다. 단순히 사물이 인터넷에 연결하여 데이터를 주고 받을 뿐만 아니라 인공지능에 의해 학습하고 성장하는 시스템을 목표로 하고 있다. 샤프의 AIoT는 원래 가전제품이나 모바일 기기를 위해 태어난 기술이지만 이를 비즈니스 용도로 활용해 다양한 비즈니스 영역에서 장치의 IoT화, 서비스 연계, 자동응답, 음성대화 등을 쉽게 실현할 수 있다.

샤프는 '장비의 AIoT화', 'AIoT 서비스의 확충', 'AIoT 플랫폼의 제공' 등의 세 가지 활동으로 AIoT에 의한 스마트 라이프를 실현하는데 목표를 두었다.

최근에는 AI와 IoT의 융합을 한 단계 더 발전시킨 'AI+IoT+5G'라는 용어를 사용하기도 한다. 이러한 기술의 융합은 다양한 산업 분야와 로봇 공학 및 가상현실과 같은 관련 기술에서 더욱 발전할 수 있는 혁신을 불러일으킬 것으로 보인다.

초기 AIoT 시장의 비즈니스와 산업 내 통합은 궁극적으로 보다 정교하고 가치 있는 비즈니스 및 업계 솔루션으로 이어질 것으로 예상되지만 이러한 솔루션은 시스템 및 네트워크 운영을 최적화하고 분석 및 의사 결정 프로세스를 대폭 개선하여 산업 데이터에서 가치를 추출하는 데 중점을 둘 것으로 보인다.

국내외 적용 사례

국내에서는 유플러스가 선도적으로 5G와 AI, IoT 시장에서 실행력 제고를 목표로 기존 AI사업부를 IoT 부문과 합쳐 AIoT부문으로 재탄생시키고, 홈서비스와 AI, IoT 서비스 간 통일성과 상품 전략을 강화해 시너지를 극대화하고 있다. 새로운 AIoT 플랫폼 도입으로 홈과 모바일의 자유로운 연계를 지원하는 등 사용자 편의성도 대폭 개선하고 있다.

삼성전자와 LG전자 역시 기술개발에 박차를 가하고 있지만 현재, AIoT를 채택한 가전은 주로 프리미엄 신제품부터 출시하고 있다. 달라진 새 경험과 향후 계획은 사실상 일부만을 접하고 있고, 여전히 시장의 향후 전망을 기존 경험이 차지하고 있지만 이 기술의 대중화 속도에 따라, 곧 AIoT를 통해 손쉽게 맞춤형 생활을 맞이하게 될 것으로 예상된다.

특히 2021년의 CES는 초연결 5G와 인공지능이 만난 AIoT가 화두였다. 이 같은 기술의 진보는 기존의 유통지도까지 바꿀 전망이다. CES 2020과 마찬가지로, 미국 라스베이거스에서 개최된 전 세계 600여 개 업체가 참가하는 북미 최대 규모의 주방·욕실 관련 전시회도 AIoT 기반의 새로운 경험이 제시된 미래 주방이 강조됐다.

중국은 IT 기업 다수가 선제적인 AIoT의 행보를 가속하고 있다. 샤오미는 메머드급 'AIoT 전략위원회'를 출범시켜, IoT 플랫폼 부문, AI 부문, 생태계 부문, 스마트 하드웨어 부문, 모바일 부문, TV 부문 등 모두 10개 부문으로 구성하고, 스마트폰과 AIoT 전략을 더욱 발전시키는데 중점을 두었다.

화웨이는 2018년 말 처음으로 'AIoT 전략'을 발표하고 개인, 가정, 사무실 등 모든 것이 연결된 초연결 네트워크에 주력하면서 'HiAI'라는 AIoT 생태계를 기본으로 글로벌 파트너를 확대하고 있다. 현재 화웨이에 연결된 IoT 기기는 3억 개, 연결된 가정은 2억 가구에 이르며, 100여 개 제품과 200개 브랜드가 화웨이 AIoT 생태계에 속해있으며, 오는 2025년까지 1,000억 개의 연결을 추진할 예정이다.

중국의 대표 가전기업 TCL[3]은 AIoT를 핵심으로 하는 4T (T-HOME, T-LIFE, T-LODGE, T-PARK) 전략을 내놓고 가정과 생활, 숙박, 레저 전반에서 사용될 수 있는 제품과 서비스를 만들어 이 영역에서 오는 2023년 판매액 2,000억 위안(약 35조 4천억 원)을 돌파하겠다는 목표를 세웠다.

향후 AIoT의 활용 전망

제조업은 AIoT로부터 큰 혜택을 받을 산업이다. 예를 들어, 복잡한 원거리 음성의 상호 작용은 제조 공정의 거의 모든 부분을 변화시킨다. 기계 작업자는 긴급 상황에서 장비를 종료하기 위해 정지버튼을 찾아 누르는 대신 음성을 사용한다. 더욱 중요한 것은 현장에서 매

---

3) Today China Lion: TCL집단은 1981년에 세워진 중국 기업으로 1985년에 'TTK 가전 기기 회사'와 'TCL 전자 장비 주식회사'를 병합하면서, 지금에 이르렀다. 현재는 TV 를 주로 만드는 기업이다.

초 단위로 생성되는 수많은 데이터 분석을 통해 안전과 제작 오류를 감지하고 기계 유지보수를 선점할 수 있어 운영 효율성과 생산성을 극대화시킨다.

철도 운송에서도 AIoT는 진정한 가치와 성능을 제공할 수 있는 여객 정보 시스템, 철도 안전성 탐지, 기차역 감시, 철도 위험 감지 등 다양한 어플리케이션에 적용할 수 있다. 현재 AIoT솔루션이 적용된 철도의 지능형 플랫폼은 병렬 컴퓨팅 및 딥러닝으로 구동되는 정교한 알고리즘을 통해 120km/h의 열차 속도에서도 잠재적인 장비 결함을 효과적으로 식별하고 경보를 발생시켜 유지 · 보수센터에 알린다.

의료산업 또한 AIoT의 혜택을 크게 누릴 수 있다. 심박수 및 호흡 패턴과 같은 것을 모니터링할 수 있는 AIoT 지원 의료 장치는 환자의 위급상황이 발생하기 전에 미리 건강 상태를 확인할 수 있으며, 확인된 데이터를 병원과 직접 공유함으로써 의료진이 적시에 올바른 의료서비스를 제공하는 데 혁신적으로 기여할 수 있다.

AIoT의 도입에 대한 주요 장벽 중 하나로는 AI 구현에 필요한 처리 능력을 제공하는 데 필요한 고성능 CPU 비용이다. 이에 대응하는 칩 산업은 고성능과 다양성을 유지하면서 칩의 가격을 낮추어야 하는 과제에 직면해 있다. 이를 위해서는 동일한 수준의 성능을 제공하지만 경제성과 사용 편의성이 뛰어난 접근 방식이 필요하다.

아울러 단순한 디바이스 간 연결에서 벗어나 부가가치 창출과 더불어, 시장의 니즈에 부합하는 새로운 서비스 창출로 새로운 소비시장을 조성하는 것이 AIoT의 성공의 승패를 좌우하게 될 것으로 전망된다.

결론적으로 AIoT는 산업의 또 다른 변곡점이 될 것이다. 이에 혁신을 주도하고 경쟁 우위를 확보하려면 단순히 장치를 연결하고 데이터를 수집하는 것 이상이 필요한 시점이다.

AI 응용 프로그램은 오늘날의 유틸리티, 제조업체, 소매업체, 병원, 보험사 등의 IoT 데이터 홍수에 적합하지 않은 경우 적응성에 어려움을 겪을 수 있으나, AIoT는 고객 경험을 확보하고 요구를 예상하는 등 진정으로 AI 경영의 뒷받침이 될 수 있는 무한한 잠재력과 능력을 제공한다. 따라서 AIoT는 산업을 변화시키고, 고객 경험을 살리며 비즈니스 성과를 기하급수적으로 가속화할 수 있는 혁신적인 조합인 것이다.

정보 보안의 중요성 확대

최근 정보기술(IT)업계에서는 정보 보안이 최대 현안으로 대두되고 있다. 과거보다 IT나 제품 수준이 일취월장해진 반면 보안에 대한 위협도 커지고 있기 때문이다. 특히 IT업계 중에서도 글로벌 경제에 막대한 영향력을 미치고 있는 주요 IT 기업들에 대한 비판의 목소리도 커지고 있다.

이런 상황이 전개되자 글로벌 IT 기업들은 앞다퉈 개인의 정보 보호를 집중 강조하고 있다. 사생활 데이터 유출 문제로 홍역을 치른 페이스북은 개인정보 보호를 최우선 정책으로 홍보하고 있다.

개인 정보 유출 사고는 역설적으로 IT 산업을 이끄는 첨단기술의 발전과 관련이 깊다. 최근 클라우드 컴퓨팅이 업계 표준으로 자리 잡으면서 수많은 데이터가 클라우드 시스템으로 집약되는 등 중앙 집중화되고 있다. 클라우드 시스템은 언제 어디서나 업무를 수월하게 처리할 수 있는 편리성을 제공하지만 동시에 보안 공격의 주요 표적이 되고 있고, 사물인터넷 등 통신 네트워크가 촘촘히 구축되면서 보안 사고 역시 연쇄적으로 커지고 있다. 과거에는 보안 공격의 피해가 소수의 기기에만 영향을 미쳤다면 이제는 보안 공격의 피해가 광범위하게 확대되고 있다.

신기술을 활용해 보안 문제를 해결하기 위한 노력도 이어지고 있다. 에지(edge) 컴퓨팅[4]은 데이터 전송 속도뿐만 아니라 보안성에서도 강점을 가진 기술로 각광 받고 있다. 정보를 클라우드에 모두 저장하는 대신 에지 컴퓨팅 기기에 분산해 저장할 수 있다면 수많은 정보들의 대량 유출 피해를 최소화할 수 있기 때문이다.

한편 해킹 공격으로 인한 정보의 위·변조 가능성을 차단할 수 있다는 점에서 블록체인도 정보 보안을 강화할 수 있는 기술로 주목받고 있다. 아직은 이들 기술 역시 성능을 개선할 필요가 있지만 보안 피해가 커지는 상황을 고려하면 향후 더욱 많은 관심을 받게 될 것으로 보인다.

향후 많은 소비자들이 보안성을 중요한 제품 선택 기준으로 간주할 가능성이 높기 때문에 경쟁 기업보다 강력한 보안 역량을 갖추기 위한 투자가 더욱 늘어날 것으로 전망된다.

신기술의 도입이나 제품 및 서비스 기능 변경만으로 완벽한 보안을 달성할 수 있는 것은 아니다. 보안 기술에 대한 투자는 해마다 늘고 있지만 보안 사고의 피해나 대중의 불안감 역시 비례적으로 증가하고 있기 때문이다.

아무리 뛰어난 기술이 등장해도 제품의 작은 결함이나 사용자의 방심, 실수 등 다양한 원인으로 보안 사고가 발생하고 있기 때문에, 기술 개발은 물론 보안 사고를 미연에 방지하기 위한 정책과 홍보, 지속적인 점검 등 다각적이 노력이 병행돼야 한다.

---

4) 데이터 처리를 중앙 서버가 아닌 데이터가 발생하는 주변(edge)에서 데이터를 처리하는 기술을 말한다. 에지 컴퓨팅 방식을 이용하면 IoT 단말기 주변에서 데이터를 분산 처리해 중앙 서버에 데이터를 전달, 분석, 결과를 처리하는 시간을 줄일 수 있다.

코로나 이후의 환경 변화

전 세계로 확산된 코로나19는 사람들 간의 물리적 접촉을 최소화시키면서 집단주의 성향의 오프라인 문화를 개인주의 성향의 비대면 문화로 확산시키고 있다. 재택근무 및 원격교육이 보편화되고 경제, 사회, 문화, 교육, 스포츠 등 모든 영역이 큰 변화를 맞이하면서 인류 역사는 코로나19 이전과 이후로 구분되고 있다.

정부의 거리두기 추진과 더불어 코로나 감염을 우려한 많은 사람들이 외출을 자제하고 대부분 집안이나 직장 실내에서 각종 경제 활동을 영위하는 것을 의미하는 소위 '홈코노미(Home+Economy)' 시장이 급부상하고 있다. 이러한 변화는 온라인 비즈니스의 확장과 디지털 전환의 가속화를 부추기고 있다.

4대 환경변화와 사회 · 경제적 파급효과

최근 과학기술정보통신부가 전문가들과의 논의를 거쳐 정리한 포스트 코로나19 시대의 4대 환경변화로 ① 비대면 · 원격사회로의 전환 ② 바이오 시장의 새로운 도전과 기회 ③ 자국중심주의 강화에 따른 글로벌 공급망 재편과 산업의 스마트화 가속 ④ 위험대응 일상화 및 회복력 중시 사회를 제시했다.

이 4대 환경변화에 의해 큰 변화가 예상되는 사회 · 경제영역으로 헬스케어, 교육, 교통, 물류, 제조, 환경, 문화, 정보 보안 등의 8개 영역을 선정했고 각 분야별로 5년 내에 현실화가 가능하면서 기술혁신성과 사회 · 경제적 파급효과가 큰 유망기술 25개를 선정했는데 요약 정리하면 〈표 5-2〉와 같다.

이 중에서 코로나19 이후 확산되고 있는 온라인을 이용한 상거래와 원격교육에 대한 필요성이 높아졌고, 재택근무 등 비대면은 일시적인 사회 현상이 아니라 집단 면역이 이뤄지기 전까지는 지속될 변

표 5-2 사회·경제 영역별 25개 유망 기술

사회·경제 영역	유망 기술
헬스케어	디지털 치료제, AI 기반 질병진단, 실시간 생체정보 측정, 감염별 예측, RNA바이러스 대항 백신 기술
교 육	실감형 VR 기술, AI빅데이터 기반 맞춤형 학습, 온라인 수업용 대용량 통신기술
교 통	감염 의심자 이송 자율주행차, 개인 맞춤형 이동 수단, 통합형 교통 서비스
물 류	ICT기반 물류정보 플랫폼, 자율주행 배송 로봇, 유통센터 스마트화
제 조	디지털트윈5), 인간증강기술, 협동로봇기술
환 경	의료폐기물 운반로봇, 인수공통 감염병 통합관리 기술
문 화	실감중계 서비스, 딥페이크 탐지기술, 드론기반의 GIS 구축 기술
정보 보안	화상회의 보안 확보, 화상 보안통신, 암호이용 동선추적시스템

화의 흐름이 될 것이기 때문에 AI 기술을 기반으로 하는 소비문화와 교육 패러다임의 대 전환이 요구되는 시점이다.

소비문화의 일반화로 스마트폰을 이용한 먹거리, 의류, 명품, 해외 주식 등의 상거래가 활발히 진행되고 있으며, 온라인 선물하기도 인기를 끌고 있어 네이버 쇼핑, 11번가, 신세계인터내셔널, CJ몰 등이 2020년부터 선물하기 기능을 도입해 운영하고 있다.

원격교육은 학생주도의 자기학습 형태의 교육 방법의 변화가 필요하고 미래 교육의 토대가 될 수 있도록 빅데이터와 AI 기술이 융합된 교육 플랫폼을 개발하여 학생들이 쉽게 활용하고 학습 효과를 높일 수 있도록 해야 한다.

재택근무의 경우 대면 접촉이 줄면서 대안으로 자리 잡은 것이 줌

---

5) 가상공간에 실물과 똑같은 물체를 만들어 다양한 모의시험(시뮬레이션)으로 검증해 보는 기술을 말한다. 미국 가전업체인 제너럴 일렉트릭(GE)이 주창한 개념으로 2000년 대 들어 제조업에 도입되기 시작했으며 항공, 건설, 헬스케어, 에너지, 국방, 도시설계 등 다양한 분야에서도 활용되고 있다.

(ZOOM) 같은 온라인 화상회의다. 하지만 줌을 이용한 회의가 일상화
되면서 소셜미디어 등을 통해 정신·신체적 피로를 호소하는 사람들
이 급증하고 있다. 줌 피로(ZOOM fatigue) 같은 신조어가 생길 정도
다. 이런 문제를 해결하기 위해 화상회의 없는 날, 예를 들면 일주일
에 하루는 회의 없는 날로 정하여 실시하고 있는 기업이 있음은 좋
은 예라 할 수 있다.

또한 1년이 넘게 재택·원격 근무를 겪으면서 굳이 지속할 필요가
없다는 분위기도 팽배해지고 있다. 특히 젊은 신입 사원들의 경우
제대로 된 사회생활을 해보지 못하고 화상으로 업무를 배우면서, 선
배들의 업무 노하우를 전수받거나 조직 문화를 습득하지 못해 불만
을 토로한다는 것이다.

미국의 경우 코로나 백신이 빠르게 보급되고 경제 회복세도 예상
보다 강해지면서, 직원들의 사무실 출근을 재개하고 있는 기업들이
늘어나고 있다고 한다. 주로 협업이 많이 필요하고 보안이 까다로운
업종을 중심으로 금융회사와 빅테크 관련회사들이 사무실 복귀를 서
두르고 있다.

우리나라의 경우도 집중적인 백신 투여로 집단 면역이 이뤄지면
재택근무나 원격 교육의 양상이 급격히 변화될 것으로 기대된다.

하이브리드 오피스의 출현

재택근무의 보편화를 지나 상황에 따라 재택과 사무실 출근을 선택
하는 하이브리드 근무형태가 현실화되고 있다. 전체 직원의 20~30%
만 회사로 출근할 수 있고, 집에서는 업무처리를 하기 어려운 상황
에서, 회사 지원을 받아 이용할 수 있는 공유 오피스가 주목을 받고
있다.

'1인 기업' 혹은 직장인들이 일할 수 있는 하이브리드 오피스 수

요를 겨냥한 스타트업도 등장하고 있다. 공유 오피스 스타트업인 '집무실'은 서울 정동과 석촌동 등에 독서실처럼 사무 공간을 꾸며 놓고 직장인들에게 업무 공간을 제공한다. SK디엔디가 운영하는 '하이브리드 오피스'는 직원들이 근무 형태에 맞게 선택할 수 있도록 자유석, 스탠딩석 등을 설치했다.

일본에서는 주택규모가 작아 재택근무를 불편해하는 사람이 많기 때문에 각종 빈 공간을 사무실로 고쳐 쓰는 사례가 나오고 있다. 지하철역 부근 또는 빌딩 1층에 가로세로 각 2m 크기로 들어선 '박스 오피스'가 대표적이다. 후지제록스와 텔레큐브 등은 1인용 사무실에 대형모니터를 완비해 화상회의에 사용할 수 있도록 했으며, 자동차 회사인 닛산은 캠핑카를 사무실로 고쳐 제공하고 있다.

다양한 기술로 재택근무 시대를 이끌어온 구글은 오피스 재창조에 나서면서 격리가 가능한 사무실을 개발하고 사무실 구조도 바꿨다. 책상, 의자, 사물함 등 필요에 따라 쉽게 옮기거나 조립할 수 있는 1인용 격리 모듈 형태로 만들고 있다. 코로나 감염을 우려해 실내에 들어가길 꺼리는 직원들을 위해, 주차장과 잔디구역, 테니스장을 야외 사무공간으로 바꾸면서 와이파이가 전역에서 서비스되고 곳곳에 천막, 테이블과 의자가 배치되어 있다.

아마존, 마이크로소프트, 페이스북 등 재택근무에 앞장섰던 기업들도 하이브리드 오피스 등을 마련하면서 직원들의 사무실 복귀를 준비하고 있다

차별화된 스몰데이터

비대면 문화가 지속되면서 개인주의 성향이 증대되고 있으며, 가격이나 품질과 상관없이 개인의 만족을 위해 상품을 구매하는 소비 형태도 증가하고 있다. 이런 개인의 취향이나 기호를 파악할 수 있는

스몰데이터의 가치가 급격히 부상하고 있다.

빅데이터가 이용자의 구매 성향을 분석해 특정 타깃층을 만들어 낸다면 스몰데이터는 이용자의 취향에 맞는 상품을 선별해 추천한다. 스몰데이터는 이용자 개개인의 취향, 독자적인 소비 성향, 기호 등을 세부적으로 파악해 내는데 유리하다. 공통적인 성향이 아니라 개인의 차별화된 특성이나 행동 패턴을 파악하는 데 특화돼 있기 때문이다.

따라서 개인의 선호 브랜드, 선호하는 디자인·색상·캐릭터, 상품의 콘셉트 등 개인의 취향을 세부적으로 알아낼 수 있고 이를 바탕으로 소비자가 선호할 만한 상품을 선별해 맞춤 서비스의 기반을 제공할 수 있다.

국내외 많은 인터넷이나 커머스 플랫폼은 이미 AI 기술을 활용한 개인화 추천 서비스를 제공하고 있다. 네이버의 '에이아이템즈(Aitems)'는 대표적인 AI 기반의 개인화 추천 서비스다. 이용자의 네이버 서비스 이용 데이터를 분석해 관심사와 취향을 분석한 후 맞춤형 상품을 추천해 구매를 유도한다.

위메프, 티몬, 쿠팡 등 국내 커머스 플랫폼의 개인화 추천 서비스도 고도화 진행 중이다.

개인 맞춤형 서비스의 확대

다가오는 미래에는 개인을 대상으로 하는 맞춤형 상품이 폭넓게 제조, 보급될 것으로 예상된다. 개별 고객에 관해 대량의 스몰데이터를 확보하여 처리하고, 소프트웨어가 자동으로 답을 도출하는 시스템이 상용화되면 고객 한 사람 한 사람의 니즈를 분석하고 이해할 수 있게 된다. 이를 토대로 개별 소비자에게 특화된 맞춤형 제품과 서비스를 개발하고, 저비용으로 신속하게 생산, 제공되는 시대가 도래할 것이다.

실제로 3D프린팅 기술이나 로봇을 이용한 생산자동화 시스템은 그런 시대를 서서히 실현해나가고 있다. 일례로 스포츠용품 제조사인 아디다스는 3D프린터를 이용해 운동선수 한 명 한 명의 발 모양과 보법에 맞춘 깔창을 제공한다. 앞으로도 이런 추세는 폭넓게 확대되어 더 많은 고객들이 세상에 단 하나뿐인 자신만의 상품을 손에 넣게 된다.

제조업뿐만 아니라 서비스업계에서도 같은 종류의 혁신이 일어날 수 있다. 매장을 딱 한 번 방문한 고객이라도 그 사람의 소비 행동과 요구사항, 기타 정보를 정확히 기록하고 다수의 백그라운드 데이터를 바탕으로 분석해 최적의 서비스를 제공할 수 있다. 이렇게 되면 기존에는 숙련된 스태프의 경험에 의존했던 맞춤형 서비스를, 신입 스태프들도 시스템이나 로봇의 지원을 받아 충실하게 제공할 수 있게 된다.

원격의료의 추진 가능성

세계는 이미 일상적으로 원격의료를 받는 시대로 접어들었다. 코로나 사태 이후 병원을 찾아가야 하는 환자의 입장뿐 아니라 환자를 직접 만나기를 꺼려하는 의료진의 입장에서도 원격의료는 안전과 효율적인 시간관리 면에서도 장점이 많기 때문이다.

프랑스에서는 원격의료가 코로나를 계기로 완전히 정착됐다. 2020년 한 해 동안 1,900만 회 원격의료가 이뤄졌으며, 한 번 이상 원격의료를 체험한 프랑스인은 전 국민의 20%(약 1,310만 명)로 추산된다. 프랑스의 '국민의료 앱'으로 불리는 '독토리브(Doctolib)' 같은 원격의료 플랫폼은 20개 정도가 있으며, 선두주자인 독토리브에는 원격의료가 가능한 의사 3만여 명이 등록돼 있다.

미국 원격의료 플랫폼 대표 주자는 뉴욕주에 본사를 둔 텔라닥(Teladoc)이다. 보험 종류와 성별, 언어, 질환 등을 입력하면 원하는 시간대, 원하는 의사를 선택할 수 있으며, 1회 진료비는 대면 진료비의 절반 정도이다. 2020년 팬데믹 선포 직후 텔라닥 정기 회원은 2배 이상 늘어난 7,000만 명이 됐다.

미국 제약회사 애보트는 2020년 10월 당뇨환자의 혈당 변동 데이터를 실시간으로 클라우드에 올려, 멀리 떨어져 있는 의사가 언제든 환자에게 처방을 내릴 수 있는 서비스를 출시했다. 100원 동전 크기 센서를 환자 몸에 부착해 혈당을 측정하면 무선으로 연결된 스마트폰 크기의 판독 장치가 혈당 데이터를 정리해 15분마다 클라우드에 올린다. 주치의는 자신의 집무실 컴퓨터로 환자의 혈당 수치를 확인할 수 있다.

일본 의료기기 기업 오므론헬스케어는 2020년 원격 환자 모니터링 설루션인 '바이탈 사이트'를 공개했다. 환자가 혈압을 측정하면 그 정보를 의료진에게 실시간으로 전달하고 이상 수치가 나오면 의사가 바로 환자에게 경고를 보낸다.

국토 면적이 넓고 의료 시설이 부족한 중국은 원격의료에 대한 연구와 투자를 확대하고 있다. 의료진과 환자를 화상으로 연결해 단순 진료하는 수준을 넘어 5G기술과 수술용 로봇을 결합해 안구(眼球), 관절, 종양 제거 등 복잡한 수술까지 시도하고 있다. 정교한 원격 수술이 가능한 것은 의사들의 노력과 함께 기술 발전 덕분이다. 원격 수술에 사용하는 수술 로봇은 중국의 '웨이가오'그룹이 만든 '묘수(妙手)'라는 로봇이며, 지름 1mm 이하 미세 혈관을 수술할 수 있다고 한다.

우리나라는 현행 의료법상 원격의료는 의사와 의료인에만 허용되고 있으나, 의사와 환자 사이 비대면 진단·처방 등 행위는 원칙적으로 금지되고 있다. 의료법 33조는 의사나 간호사 등 의료인은 '의료

기관 내'에서만 의료업을 해야 한다고 명시하고 있다. 방문 진료나 가정 간호 사업, 길거리 응급 환자 처치 등 특수한 경우만 예외로 두고 있다.

또한 의료법 17조에 따르면, 의사는 환자를 직접 대면해야 법적 효력을 갖는 진단서를 발부할 수 있다. 이는 의사가 환자를 대면하지 않은 진료는 법적 효력을 갖지 못한다는 의미다. 원격진료를 하다가 부득이하게 문제가 생긴다면 본인 과실이 없더라도 의사가 책임을 면할 수 없는 구조다.

2021년 5월 산업자원통산부 규제특례심의위원회는 닥터가이드, 엠디스퀘어, 부민병원 등이 신청한 '재외 국민 비대면 진료·상담 사업'을 임시 허가했다. 2020년 6월 인하대병원·라이프시맨틱스에 이은 추가 임시허가다.

사업에 참여하는 의료기관은 온라인 플랫폼을 활용한 전화·화상을 통해 재외 국민에게 의료상담·진료 등 서비스를 제공하고 환자 요청 시 의료진 판단 아래 처방전을 발급하고 있다.

로보어드바이저의 투자 추천

주식시장 호황을 타고 새로 투자에 입문하는 사람들 사이에 AI가 투자 종목을 추천해 주는 '로보어드바이저' 이용이 크게 증가하고 있다. 최근에는 최고의 금융 엘리트만 모인다는 골드만삭스와 세계 최대 자산운용사 블랙록6)도 이 분야에 뛰어들었다.

로보어드바이저는 로봇(robot)과 투자전문가(advisor)를 합성한 용어다. AI 알고리즘이 각종 경제지표와 과거 주가 등의 상관관계 등의

---

6) Black Rock: 1988년 래리 핑크(Laurence Fink)에 의해 설립된 글로벌 자산운용사다. 블랙록은 미국 뉴욕의 조그만 사무실에서 8명의 직원으로 시작해 2018년 06월 30일 기준 미화 6.3조 달러에 상당하는 자산을 운용하고 있다.

빅데이터를 분석해 투자 전략을 짜고, 이를 고객의 성향에 맞춰 각종 펀드와 채권, 예금 등으로 적절하게 배분해 투자하도록 안내해 준다. 투자나 펀드 매니저 같은 인간 전문가가 하던 일을 소프트웨어가 대신해주는 것이다.

국내 로보어드바이저 전문 업체인 파운트, 에임, 불릴레오, 핀트 등의 서비스가 인기를 얻자 기존 금융회사들도 유사한 서비스를 제공하고 있다. 신한은행의 '엠폴리오', KEB하나은행의 '하이로보', 우리은행의 '우리 로보-알파', NH농협은행의 'NH로보-프로' 등이다.

02 교육 환경

창의적 능력 배양

주입식 교육의 한계

전통적인 주입식 교육 방식으로 교육을 받은 기성세대가 경제발전에 기여해 왔음은 주지의 사실이다. 그러나 앞으로 닥칠 미래가 지금까지 우리가 경험해 오던 사회와 전혀 다른 사회가 된다면 종전의 사회구조에 알맞게 짜인 교육시스템이 그대로 유지될 수도 없고 유지되어서도 안 될 것이다.

주입식 교육으로 이미 경직된 사고체계가 형성되어 버린 학생들에게는 졸업 후에 새롭고 보람 있는 것을 만들어내는 힘을 기대할 수 없고, 새롭게 변해가는 사회에 적응하기도 매우 어렵게 될 것이다.

특히 고등학교에서 학생들을 문과와 이과로 나누어 굳이 반쪽 인재로 만들면서 주입식 교육과 암기 위주의 교육으로 중요한 청소년기를 보내 버리게 하고 고도의 감수성과 창의성을 기를 기회를 부여받지도 못하게 하는 것은 기성세대가 반성해야 한다.

단순 지식을 주입하면서 주어진 문제를 실수 없이 푸는 식의 입시 위주의 교육으로는 AI, 사물인터넷, 빅데이터 등이 본격적으로 펼쳐지는 장래에 무식자만 만들어 낼 뿐이다. 또 대학을 나와도 인공지능을 넘어서는 창의력과 소프트웨어 활용 능력을 배양하지 못한다면, 졸업 후 일자리를 얻기는 점점 더 어려워질 것이다. 현재의 학교 교육시스템을 전반적으로 개혁하는데 지혜를 모으고, 교육계에서도 기득권을 과감히 내려놓는 자세가 필요하다.

미래학자 앨빈 토플러는 "대한민국 학생들은 하루 15시간 동안 학교와 학원에서 미래에 필요하지도 않을 지식과 존재하지도 않을 직업을 위해 시간을 낭비하고 있다"고 했다.

이스라엘 히브리대 역사학과 교수이자 베스트셀러 《사피엔스》[7]의 저자인 유발 하라리는 "지금 학교에서 배우는 것의 80~90%는 아이들이 40대가 됐을 때 별로 필요 없는 것일 가능성이 높다"고 주장한다. 이것이 우리 아이들의 현실이다.

20년 이내에 우리가 알고 있는 직업의 절반이 사라질 것으로 예측되는 무서운 미래가 다가오고 있다. 대한민국의 대학은 첫 직장을 만들어주는 데에만 신경을 쓰고 있지만, 100세 시대에 직업은 여섯, 일곱 번까지도 바뀔 수 있다고 한다.

이제는 대학을 졸업하고 좋은 직장에 들어가서 30년 이상을 안정적

---

7) 2011년 유발 하라리가 이스라엘에서 출간한 책으로, 호모 사피엔스라는 동물이 어떻게 지구를 지배하게 되었는지에 대해 인지 혁명·농업혁명·인류통합·과학혁명의 네 장으로 나누어 설명하고 있다.

으로 보장받고 싶다는 생각을 버리고 자기 삶을 개척해 나갈 수 있는 능력을 키워야 한다. 이를 위해서는 암기식 교육이 아니라 토론을 통하여 문제를 푸는 방법을 가르쳐서, 문제의 핵심을 파악하고 문제를 어떻게 해결할지에 대해 창의적으로 접근하는 능력을 배양해야 한다.

창의적 지능과 배양 사례

하버드대 교수를 역임한 미국의 사회학자 다니엘 벨(Daniel Bell)은 미국이 세상 어느 나라보다도 창조적인 인재를 길러내는 대학을 많이 가지고 있기 때문에 다른 어떤 나라보다도 오래도록 1등 자리를 지킬 것이라고 예측한 바 있다.

창의력은 변화하는 환경에 적응하는 사고 능력으로 새로운 생각이나 개념을 찾아내고, 이미 존재하는 생각이나 개념들을 새롭게 조합해 내는 것이며, 창의력을 바탕으로 문제의 해결력을 기르려면 미래에 대비한 교육시스템을 조성하고 다음 세대의 주인공들이 과학·공학 능력에다 인문학적 성찰과 예술적 감성을 조화롭게 갖추도록 해야 한다.

4차 산업혁명 시대에 필요한 창의적 지능에 대해 세계경제포럼(다보스포럼)의 창립자이자 회장을 역임한 클라우스 슈밥(Klaus Schwab)은 네 가지로 설명하고 있다.

첫째, 상황맥락(contextual)지능 '정신'이다. 이는 우리나라가 닥친 다자외교와 마찬가지로 다양한 네트워크의 가치에 대해서 이해하고 다양한 이해관계와 의견을 통합해야 한다는 것이다.

둘째, 정서(emotional)지능 '마음'이다. 리더와 정책입안자들은 자기인식, 자기조절, 동기부여, 감정이입, 사회적 기술과 같은 능력을 갖춰야 한다는 것이다.

셋째, 영감지능 '영혼(inspiration)'이다. 영감은 '숨을 쉬다'라는 라틴어의 'spirare'에서 파생된 말로 의미와 목적에 대해서 끊임없이 탐구하는 능력이기도 하다. 사실 종교적인 가치와 많이 연결되어 있다.

넷째, 신체(physical)지능 '몸'이다. 건강한 신체에 건강한 정신이 깃든다는 말이 있듯이 앞의 세 가지 기능을 뒷받침하는 것이다.

실리콘밸리의 유명 사립학교 '페닌슐라'는 컴퓨터가 발명되기 이전 형태의 교실을 운영한다. 스마트폰 할 시간에 다른 아이들과 놀고 대화하며 타인과 공감하고 조화를 이루는 능력을 길러주기 위해서다. 다른 사람과 다르게 생각하는 힘을 기르고, 내 안의 컴퓨터 즉, 창조적 두뇌를 다루는 법을 배우게 하려는 취지다.

잡스는 IT 기기 사용을 금지시켰다. 빌 게이츠도 자녀들에게 무려 14년 동안 IT 기기를 못 쓰게 했다. 트위터 창업자인 에번 윌리엄스는 집에 아예 IT 기기가 없다. IT 기기를 차단하는 능력을 갖지 못하는 사람들은 결국 그에 중독되고 인공지능에도 종속된다는 믿음이다.

창의적 사고 기법 스캠퍼

'스캠퍼(SCAMPER)'는 대체, 결합, 응용, 변형, 다른 용도, 제거, 뒤집기, 재배열의 영어 단어 첫 자를 따서 만든 용어이다. 이 기법은 기존의 것에 대하여 새롭고 창의적인 아이디어를 도출할 수 있는 질문을 통해서 고정된 사고의 틀에서 벗어나 다각적인 측면에서 새로운 사고를 창출하는데 활용되는 기법이다. 영어 단어별 질문 내용은 〈표 5-3〉과 같다.

창조적 인지 능력의 함양

4차 산업혁명 시대에 요구되는 창조적 지식은 비판적 사고, 판단력, 협상능력, 인지 유연성 및 지식의 습득과 관리 등 다양하다. 현대인

표 5-3 창의적 사고 기법 SCAMPER

	영어 철자	새로운 아이디어를 얻기 위한 질문 내용
대체	S: Substitute	다른 무엇으로? 다른 누가? 다른 성분으로?
결합	C: Combine	새로운 무엇과 결합시키면? 여러 가지 목적을 결합하면? 컴퓨터 프린터에는 복사와 팩스가 결합되어 있다.
응용	A: Adapt	이것과 비슷한 것은? 과거의 것과 비슷한 것은?
변형	M: Magnify	약간 변형하면? 더 간소화하면? 색 · 모양 등 바꿀 수 있나? 보다 작게, 가볍게, 짧게 만들 수 있나? 확대는 가능?
다른용도	P: Put to other use	다른 사용 용도는? 폐차된 버스를 음식점으로 활용
제거	E: Eliminate	이것을 제거해 버리면? 없어도 할 수 있는 것은? 자동차의 지붕을 제거한 오픈카
뒤집기	R: Reverse	순서나 모양을 뒤집어 보면 어떠한가?
재배열	R: Rearrange	어떻게 재정리할 수 있는가? 반대로 하는 것은 어떤가?

들이 필수적으로 사용하는 대부분의 휴대용 기기는 인공지능에 의해 구동되는 인지 기술에 기반하고 있다.

또한 우리가 생활하면서 외면할 수 없는 세 가지 영역, 즉 ① 인지 로봇, 자동 드론, 자율주행자동차, 3D 프린팅과 스마트 센서 같은 물리적인 영역, ② 사물인터넷, 빅데이터 등의 디지털 영역과 ③ 합성 생물학, 각 개인의 유전적 조성과 바이오-프린팅 같은 생물학적 영역의 기술들이 우리가 일하고 배우고 살아가는데 결정적으로 작용하고 있다.

알리바바 그룹의 창업자인 잭 마(Jack Ma)는 "우리는 어린이들을 기계와 경쟁하도록 가르칠 순 없다"고 말한 바 있다. 실제로 미래 세대의 직업은 기계가 할 수 없는 일들에 해당될 것이다. 미래의 직업 창출의 조정자인 인간이 기계를 이기는 핵심적인 영역은 체험과 독서를 통한 과학적 발견으로부터 얻는 지식 그리고 기업가 정신을 창출하는 창의적인 노력의 상호작용이다.

노벨상 수상자 중 유대인이 22%를 차지하고 있는데 이들의 연평균 독서량이 68권이며, 일본이 60권인데 반해 한국인은 9.1권에 지나지 않다는 점에서 독서를 통한 창조적 인지능력에 차이가 있음을 보여준다.

교육시스템의 변화

사회적응력 향상을 위한 교육 내용의 개선

대학에서 시험에 초점을 둔 논리만을 배우고 유연성과 분석력이 부족한 우리 학생들은 사회에 나와서 적응력이 떨어지기 마련이다. 현재의 밀레니엄 세대는 조직보다 자신에게 충성하고 워라밸(일과 삶의 균형)을 중시하며, 옳고 그름에 대한 의사 표현이 분명할 뿐 아니라 일의 효율성을 중요시 한다. 또 자신이 좋아하는 일에 적극적으로 다가가는 이런 세대를 교육해야 하는데 기존의 교육체계가 맞는지, 교육방법은 적절한지 고민하지 않을 수 없다.

4차 산업혁명 시대라는 새로운 물결에서 번영의 기회를 잡기 위해서는 한 국가의 고등교육 시스템이 지식 기반의 숙련된 인력의 양성에만 초점을 맞추는 것이 아니라, 과학기술자의 혁신적 재능을 배양하는 정책을 동시에 세워야 한다.

이 시대의 과학기술자는 인문학과 사회과학을 이해할 수 있도록 학제 간 환경에서 교육·훈련돼야 한다. 인간과 기계의 능력을 수렴하는 과정에서, 과학기술과 인문학 및 사회과학 사이의 간극이 줄어들고 있기 때문이다.

디지털시대에 국가의 고등교육 시스템은 혁신을 최우선 과제로 삼아야 하고, 기존의 패러다임에서 벗어나 미래에 대비한 혁신적인 교육 시스템을 만들어야 한다. 다음 세대의 주인공들이 과학·공학 능력에다 인문학적 성찰과 예술적 감성을 조화롭게 갖추도록 해야 한다.

소위 아이비리그라고 불리는 미국의 대학에서는 인문학과 기초과학만을 가르친다. 그것이 바로 학문의 뼈대이기 때문이다. 하버드 경영대학원은 최근 설립 100년 만에 처음으로 교육개혁을 단행했다. 핵심은 노잉(Knowing) 위주 교육을 비잉(Being) 및 두잉(Doing) 위주로 바꾸는 것이다. 인공지능은 결코 가질 수 없는 공감 능력을 기르는 것을 목적으로 하는 대화 위주 토론이다.

일론 머스크가 만든 학교는 모든 교육을 소크라테스식 대화법으로 진행한다. 철학적 사고 능력은 법학과 논리학 수사학을 통해 육성할 수 있다고 보기 때문이다.

컬럼비아 의대는 소설 창작을 가르친다. 미래에 의사가 갖춰야 할 필수 능력이 환자의 심적 육체적 두려움과 고통에 공감하고 환자 질병을 창의적으로 대하는 것인데, 소설 창작이 이를 잘 키워줄 수 있다고 믿기 때문이란다.

2013년 6월부터 일본은 150여 년 만에 AI 교육혁명을 추진하고 있다. 2020년까지 입시교육을 폐지하고 공교육에 논술과 철학을 필수로 하는 국제 바칼로레아[8]를 도입하여 대학 입학 자격시험으로 대체키로 한 것이다. 현재는 기존 교육과정에 토론과 소논문 쓰기를 추가한 정도에 그치지만, 나름 의미 있는 시도라는 평가다. 동아시아

---

8) Baccalauréat: 프랑스에서 교육과정의 중등과정 졸업시험이다. 바칼로레아에서 50%이상의 점수를 받는 모든 사람에게 일반적인 국공립대학 입학 자격이 주어지며 절대평가다. 우리나라의 수학 능력 시험, 영국의 A-Level, 미국의 SAT, 아일랜드의 Leaving Certificate, 오스트레일리아의 Higher School Certificate, 독일의 Abitur 정도의 중요한 시험이다.

에 주입식 교육으로 대표되는 입시교육을 정착시킨 주범인 일본이기에 더욱 주목을 끈다. 기존 주입식 교육으로는 인공지능으로 대표되는 4차 산업혁명 시대에 살아남을 수 없다고 판단한 때문이다.

교육방법의 다변화

최근의 교육은 클라우드 기술을 응용한 모바일 기기와 연결돼 있기 때문에 지식의 이용 한계가 없어지고 있으며, 기술 습득의 폭이 확장되고 있다. 국가적 또는 전 세계적으로 네트워크 서비스가 확장됨에 따라 물리적 경계는 더 이상 장벽이 아니기 때문에 '강의실 기반' 교육의 수요가 감소하고 있다.

이전의 교육과정에서 학생들은 교수의 강의를 듣기 위해 강의실로 모여야 했지만 기술혁신은 이러한 제약을 뛰어넘어 고등교육에 급격한 변화를 초래하고 있다. 특히 코로나19의 계기로 경험한 온라인으로 독립된 교육과정을 제공하는 대규모 공개강좌(MOOC: Massive Open Online Courses)[9]가 그 예이다.

하버드 대학 등 유명 대학의 공개강의(MOOC)를 듣고, 그 강의를 완벽하게 이해했다는 증명서만 있다면 기업 취업도 가능하다. 세계 3대 MOOC 사이트 중 하나인 유다시티[10]의 경우, 미국 통신업체 AT&T와 연계하여 학위 취득자 100명을 인턴으로 채용하는 학위 프로그램을 개설했다.

물론 교육에서 교육자와 학습자 간의 면대면 상호작용의 중요성을 간과해서는 안 된다. 그런 면에서 본다면 전통적인 전달식 교육방법

---

9) 웹을 기반으로 이루어지는 거대 규모의 교육으로 인터넷 토론 게시판을 중심으로 커뮤니티를 만들어 수업을 진행한다.
10) Udacity: 2011년 구글 연구소 초대 소장인 세바스찬 스탠퍼드 대 교수가 설립하였다. 컴퓨터 관련 교육을 주로 제공하고 있으며 기업과 연계하여 취업 맞춤형 강의를 제공하고 있다.

과 더불어 보다 많은 사람들이 더 많은 정보를 활용할 수 있는 MOOC의 적절한 활용이 유용할 것이다.

또한 창의력의 기반은 자유라는 측면에서 영국, 아일랜드, 덴마크 등에서 유래된 자율 학기제의 도입도 눈여겨볼 만하다. 한 학기 정도는 기존의 수업 부담에서 벗어나 자유로운 생활 속에서 자발적으로 창의력을 키울 수 있도록 하자는 취지에서 우리나라에서도 약간의 변형을 거쳐 실시하는 학교들이 있다.

로봇교사의 등장도 획기적이다. 2016년 초에 미국 조지아공대에서 300여명의 학생들이 인공지능 강의를 온라인으로 수강했는데, 종강할 때까지 '질 왓슨'이라는 조교가 인공지능이라는 사실을 깨닫지 못했다고 한다. 질 왓슨은 스스로를 '박사 과정중인 20대 백인'으로 너무나 자연스럽게 행세했으며 답변의 정확도나 속도에서 매우 뛰어났고, 유머까지 섞어가며 강의를 진행해 수강생들은 인간적 매력을 느꼈을 정도라고 한다. 온라인 강의 조교 질 왓슨은 '어텐션(attention) 기반의 언어모델'[11]을 활용해서 IBM이 제작하였다.

기술 발전으로 인간 교사보다 친절하고, 잘 가르치는 AI 교사가 속속 등장할 것이며, 실력이 좋은 학생의 경우 난이도를 빠르게 높여가며 어려운 문제를 풀게 하고, 그렇지 못한 학생에게는 개념을 이해할 때까지 반복적으로 학습해서 학습 부진 문제를 해결할 수 있다. 교사는 AI 교사에게서 학생들의 학습정보를 받고 부족한 지식을 보완하고 AI 교사로 인해 학습 전달에 대한 부담이 줄어든 만큼 AI 시대에 필요한 창의성과 인성 교육에 집중할 수 있다.

정부는 2025년부터 초·중·고교에 적용되는 새 교육과정에 AI교

---

11) 어텐션의 원리는 말그대로 입력 정보 중 중요한 단어에 집중해 사용자의 발언 의도를 분석하는 방식이다. 중요한 단어들을 계속해서 업데이트하며 학습하고 사용자의 발언 의도와 문맥 분석에 집중하며 학습을 거듭한다.

육을 정식 도입할 방침이지만, 사교육업계는 이미 AI 기술에 깊이 참여하면서 AI교육 시장을 선점하고 있다.

비대면 교육환경과 '에듀테크'

4차 산업혁명 시대의 교육 방향성은 '에듀테크'로 설명할 수 있다. 에듀테크란 교육(Education)과 기술(Technology)이라는 단어가 결합된 형태로, 교육에 인공지능(AI), 정보통신기술(ICT), 가상현실(VR), 증강현실(AR) 등을 이용해 학습자의 교육 효과를 높이는 교육과정이라 할 수 있다.

특히 코로나19로 인해 사회적 거리두기가 확산되고 원격수업이 적극적으로 이루어지면서 에듀테크의 중요성이 더욱 부각되고 있다. 정부는 디지털 뉴딜을 통해 디지털 기반 교육 인프라를 대대적으로 구축할 계획으로 전국 초중고 38만 교실에 와이파이존 구축, 전국 28개 국립대의 노후서버 및 네트워크 장비 전면 교체를 추진할 계획이다. 또한 10개 권역별 미래교육센터와 원격교육지원센터를 설치·운영할 예정이다.

기존 이러닝 산업에서 조금 더 발전한 에듀테크 부분이 학습관리 플랫폼을 기반으로하는 '자가학습 이러닝' 형태였다면 이제는 센서, 로봇, 게임과 같은 기술과 연계되어 제공되는 ICT 융합적인 에듀테크 시장이 만들어지고 있다.

현재 활용되고 있는 에듀테크 시장을 기술별로 살펴보면 〈표 5-4〉와 같다.

코로나 19로 인해 비대면 교육에 대한 니즈가 증가하며 이를 위한 디지털 솔루션 및 정보 인프라가 확대되고 이로 인해 원격 및 모바일 교육 플랫폼이 성장하였으며 다양한 에듀테크 기술들이 대두되게 되었다.

표 5-4 에듀테크 시장 현황

방식	교육기술	주요 내용
전통 방식	자가학습 이러닝 (Self-paced eLearning)	규격화된 콘텐츠, 설치용 학습 관리 플랫폼·서비스 등을 바탕으로 하는 교육용 프로그램
ICT 융합 방식	인공지능 기반 교육 (AI-Based Learning)	디지털 교육 콘텐츠 내에 인공지능 기술을 접목시켜 개인 맞춤형 교육서비스를 제공해주는 프로그램
	혼합현실 교육 (Mixed Reality Learning)	시뮬레이션 기반 교육 기법으로 가상현실(VR) 및 증강현실(AR)보다 한 단계 진화된 기술인 혼합현실(MR)을 활용한 교육 프로그램
	게임기반 교육 (Game-based learning)	게임기법을 사용한 교육방식으로, 자신 또는 타인과의 경쟁을 통한 '게임 플레이'를 활용하는 교육프로그램. 게임과 동일한 보상/ 패널티 시스템을 포함함
	인지 교육 (Cognitive learning)	통찰력, 기억력, 이해력, 공감능력, 문제해결능력, 추론능력 등의 향상을 목적으로 하는 행동 수정을 위한 교육프로그램
	모바일 교육 (Mobile learning)	교육 목적으로 모바일 장치를 통해 접하는 지식 전달 이벤트, 콘텐츠, 도구 및 응용 프로그램
	위치기반 교육 (Location-Based Learning)	실제 공간정보와 AR, VR 등 가상공간에 대한 시뮬레이션 기술을 활용한 교육 프로그램
	교육 로봇 (Educational Robot)	프로그래밍 교육 로봇, 인공지능 기반 로봇 등 교육용 로봇을 활용한 교육 프로그램

비대면 교육 환경의 위기 속에서도 4차 산업혁명 시대 혁신 인재를 양성하기 위해서는 필요한 역량을 기르고 진로의 방향성을 설정할 수 있는 제도와 사회적 분위기가 조성되어야 할 시점이라고 할 수 있다.

에듀테크와 더불어 디지털 사회로의 전환 가속화로 4차 산업혁명과 관련된 기술의 중요성이 커지면서 정부 차원에서 실시하는 4차 산업혁명 관련 교육과 자격증 등도 눈여겨볼 만하다.

미 애리조나주립대의 사례

AI 기술은 전통적 명문대의 아성에 균열을 내고 있다. '맞춤형 교육'을 내건 AI가 학생들의 역량을 강화하는 데 성공하면서 대학 서열에도 변화를 몰고 온 것이다. 미 주간지 《US 뉴스 & 월드 리포트》가 발표하는 '가장 혁신적인 대학' 평가에서 애리조나주립대는 2015년부터 2020년까지 6년 연속 1위를 차지했다.

애리조나주립대의 모든 신입생은 교수보다 AI 튜터 '알렉스'를 먼저 만난다. 필수 이수 과목인 대학수학 수업을 듣기 위해서다. 2015년만 해도 학생 150명이 강의실에 모여 교과서와 필기구를 꺼내 수업을 들었지만 지금의 강의실엔 교수도 조교도 교과서도 없다. 커리큘럼을 마칠 때까지 수업과 평가는 알렉스가 도맡는다. 모르는 문제를 질문해도 알렉스가 마치 사람처럼 즉각 답해준다. 각자 역량에 맞춰서 수업을 들을 수 있어 진도가 빠른 학생은 5주 만에 종강하기도 한다.

애리조나주립대의 AI 챗봇 서니(Sunny)는 수강신청이나 장학금, 기숙사비 등 학교생활에 관한 모든 질문에 답해준다. 서니가 대답하기 어려운 질문은 '사람의 도움이 필요한 질문' 리스트에 올라가는데, 2019년 8월부터 5개월간 서니가 받은 2만 6,000건 메시지 중 교직원에게 전달된 건 155개였다.

기타 AI 교육 사례

원격 수업 같은 온라인 수업에 AI 교육을 도입하는 나라가 점점 증가하고 있다. 미국과 영국 외에도 핀란드, 캐나다, 브라질, 홍콩, 아랍에미리트 등지에서 에듀테크(교육+기술) 기업들이 개발한 다양한

AI 프로그램이 일대일 맞춤형 교육으로 활용되고 있다.

미국 텍사스주에 있는 공립중학교 주빌리아카데미의 한 교실에 있는 학생 25명이 노트북에 깔린 '매시아(MATHia)'라는 AI 프로그램으로 각자 수학 공부를 한다. 정규 수업을 마친 뒤 각자 진도율에 따라 일차방정식 문제를 푸는 학생이 있고, 연립방정식 개념을 익히는 학생도 있다. 진도가 빠른 학생은 방정식 챕터를 마치고 기하학을 시작한다. 한 교실에서 25개의 서로 다른 수준별 수업이 진행되는 것이다. 담임교사는 1명이지만 학생마다 한 개씩 25개의 'AI 튜터'를 둔 덕이다.

영국 런던 알드리지아카데미에서는 수업을 따라오지 못하는 학생에게 '서드스페이스 러닝(TSL)'이라는 일대일 온라인 과외 강사를 붙여준다. AI를 통한 학력 향상이 확인되자 영국 정부는 2020년 11월 TSL을 '국가 과외 프로그램'으로 공식 선정했다. 현재 2,700여 곳 학교에서 8만 명 넘는 학생들이 TSL로 공부한다. 2021년 2월에 발표된 TSL 보고서에 따르면, AI 수업을 받은 학생 90%가 그동안 배운 개념에 대한 확실한 이해를 보였고, 수학 과목에 자신감이 없다던 학생 중 70%가 TSL 학습 이후 자신감이 생겼다고 한다.

핀란드 헬싱키대학의 교육심리학 연구를 바탕으로 개발된 소프트웨어 '클랜드(Claned)'는 다른 AI 교육 소프트웨어처럼 개인화된 교과과정을 제공하지만 학업 스트레스를 관리해 중도 포기를 막는 데 초점을 맞추고 있다. 이 프로그램에선 학생들이 사진을 올리거나 댓글을 쓸 수 있고, 토론을 하거나 노트 필기를 공유할 수도 있다. 코로나 이후 학교에 가지 않는 날이 많아졌지만 이런 프로그램을 통해 친구들과 유대 관계를 맺을 수 있다는 것도 장점으로 꼽힌다.

대학 연구기능의 강화

현재 대학의 연구기능은 기초연구에 국한해서 이뤄지고 있는 실정이

다. 기초연구와 실용화는 분리될 수 없는 동전의 양면으로, 실현 가
능성이 없는 연구는 실용화에 이르지 못하기 때문에 대학이 두 가지
기능을 동시에 수행할 수 있도록 연구 기능을 강화함으로써 불필요
한 인력 낭비를 막을 수 있다. 또한 기업이 감당하기 어려운 기초연
구 부분을 대학에 이관하면 대학도 활성화되고 우수한 인재를 양성
한다는 측면에서도 많은 도움이 될 것이다.

기업은 자본 운용상 단기적인 성과를 노리는 투자자의 요구가 커
지면 10년 후, 20년 후를 바라보는 연구를 기업이 유지하기는 어려
운 일이다. 기초 연구는 본래 사회의 공공재이기 때문에 개별 기업
이 위험을 감수하기 보다는 대학이나 공공연구기관이 담당하는 것이
올바른 길이다. 미국의 경우 1980년대에서 1990년대에 걸쳐 AT&T
의 벨연구소, 제록스의 파로아트연구소, IBM의 왓슨연구소도 역할
을 축소하거나 폐쇄했다. 그 대신 연구기능은 스탠포드 대학, 캘리포
니아 공과대학, 하바드, MIT 등 우수대학이나 공공연구기관으로 이
전됐다. 결과적으로 미국은 기초연구에 강하고 벤처도 다수 배출하
면서 산업계와 연구기능이 효율적으로 연계되어 산학협동이 강화되
고 있다. 기업은 연구개발 비용을 낮추면서 대학으로부터 연구 성과
를 얻을 수 있고 대학은 우수한 인재를 확보하여 연구 성과에 따른
수익성을 높이고 있다.

AI 인재 양성

캐나다 소재 AI 기업 '앨리먼트 AI'가 발표한 '글로벌 AI 인재보고
서 2020'에 따르면 한국의 AI 전문 인력 규모는 세계 0.5%에 불과
한 것으로 드러났다.

전 세계 AI 전문 기술 인력 규모는 총 47만 7,000여 명이고, 이중
한국 국적 인력은 2,500여 명에 불과했다. 가장 많은 인력을 배출한

나라는 미국으로 전체 인력 중 39.4%를 차지했고 그 뒤를 이어 인도가 16.0%, 영국 7.4%, 중국 4.6%를 차지했다.

또한 '앨리먼트 AI'의 '글로벌 AI 인재보고서 2019'에 따르면 AI 원천기술을 연구하는 '최고급 AI인재'의 경우 중국 2525명에 비해 한국은 7분의 1에 불과한 405명에 그쳤다. 해외에 나가 있는 연구 인력을 제외하면 국내 인력은 극히 적을 것이다. 한때 IT강국이라고 자부했지만 4차 산업혁명 시대엔 크게 뒤처져 있는 현실을 보여주고 있다.

미래의 국가 판도를 좌우할 AI 주도권을 장악하기 위해 세계 주요 경쟁 국가들은 AI 인재 확보를 위해 발 빠르게 움직이고 있다. AI 기술이 모든 산업 분야로 확대되면서 전 세계는 AI 기술에 적극 투자하고 있으며 AI 개발 인재 양성을 최우선 과제로 삼고 있다. 미국 MIT는 무려 1조 원 규모의 기금을 조성해 AI 대학을 설립했고, 중국과 일본은 각각 차세대 'AI 발전계획'과 'AI 전략'이라는 이름으로 국가 차원의 인력 양성 정책을 추진 중이다. 특히 중국의 '바이두'는 3년간 AI 인력 10만 명을 확보하겠다며 해외 전문가들을 무차별 스카우트하고 있다.

우리나라도 중장기적인 관점에서 AI 기초교육을 강화해야 한다. 중고등학교에서는 진로 맞춤형 다양한 AI 역량을 위한 교육과정을 강화하고, 대학에서는 AI 전문 역량교육을 강화해서 교육 전 과정이 AI 연구 및 활용을 위한 AI 융합교육이 절실한 시점이다.

AI 인력 양성 추진 현황

과학기술정보통신부는 2025년까지 AI인력 10만 명을 양성하고 정부가 보유한 관련 데이터를 민간에 공개하며, 2030년까지 디지털경쟁력 세계 3위, 지능화 경제효과 455조 원, 삶의 질 세계 10위 달성 목표도 제시했다.

또한 2019년에 발표한 'AI 국가전략'을 통해 세계를 선도하는 AI 생태계 구축을 선포했고, 2020년 현재 8개 AI 대학원을 선정, 운영하고 있다. 2019년에 선정된 KAIST, 고려대, 성균관대를 비롯하여 포항공대, 연세대, 한양대, 울산과기대(UNIST), 광주과기대(GIST)이다.

인공지능대학원이 일부 과열 조짐이 있다고 걱정하는 말들이 나오기도 하지만, 이제 시작 단계에 불과하다. 한국의 AI인재들을 양성하는 명실상부한 교육 기관으로 제대로 자리 잡을 수 있도록 지원하는 것이 필요한 시점이다.

특히 카이스트 AI 대학원은 '글로벌 리더급 AI 핵심인재'와 주력 산업을 혁신하는 'AI+X(헬스케어·자율주행·제조·보안·이머징 등 5개 중점연구 분야) 융합형 인재' 양성이란 투 트랙 전략을 병행·추진해 세계 최고 수준의 글로벌 AI 선도대학으로 부상하겠다는 목표를 마련했으며 이를 위해 향후 5년간 각각 정부 예산 90억 원과 학교 예산 42억 원 등 총 132억 원의 자금을 투입할 계획이다. KAIST AI 대학원은 석사·박사·석박사통합 등 총 3개의 학위과정과 머신러닝·AI 핵심기술 중심의 교과 과정으로 운영된다.

고려대는 4대 특화 분야를 선정하였다. 헬스케어와 지능형 에이전트, 게임, 자율주행 분야에 AI를 접목해 새로운 경제효과를 창출하는 게 목적이다.

성균관대도 제조업, 헬스케어, 비즈니스의 3대 분야를 선정했다. 이공계가 아닌 인문·사회학계열 학생에게도 기회를 줘 AI 연구를 이식할 계획이다.

특히 2021년부터는 AI를 다른 학문과 융합하는 'AI+X' 관련 학부·학과·전공도 신설하는 추세다. 보건의료, 농업, 경영 등 여러 분야에서 AI 기술을 접목할 수 있는 미래 인재를 양성하겠다는 목표에서다.

이처럼 정부와 학계, 그리고 산업 현장에서 AI 인력 양성에 우선적인 지원과 적극적인 교육 활동에도 불구하고 대학의 정원 규제와 기존의 교육자원으로 소기의 성과를 얻기에는 많은 어려움을 내포하고 있다.

우선 수도권정비법(1982년 제정)에 의해 수도권 소재 대학의 총정원을 동결해놓았기 때문이다. 총 정원 안에서 대학이 학과 간 정원을 조정하는 방법이 있지만 이는 정원이 축소될 학과 교수들의 반발에 막혀 진전되지 않고 있다. AI, 빅데이터 분야의 인재를 양성하기 위해 설립된 서울대 데이터사이언스대학원의 경우 입학 경쟁률이 5~6 대 1을 웃돌지만 정원규제에 묶여 한 해 석사 40명, 박사 15명만을 양성할 수밖에 없는 상황이 좋은 사례이다.

또한, 국내에는 AI를 제대로 가르칠 전문가가 극소수에 불과하고, 관련 시설이나 기자재 등이 부족하다는 점이다. 국내에는 AI 교육 기반이 거의 없는 상황이라 구글이나 마이크로소프트 같은 해외 IT 기업에 의존하고 있는 실정이다.

구글은 서울대에 이어 카이스트와 손잡고 AI 인재 양성에 참여했으며, 관련 교수들에게는 연구비를 지원하고 우수 학생에게는 구글 인턴 기회도 제공한다. 장기적으로는 AI 인재를 길러낼 뿐 아니라, 우수 인력과 기술까지 흡수하고 영향력을 행사하겠다는 것이다.

마이크로소프트도 연구비 지원, 해외 본사 근무 등 파격적인 조건을 제시하며 유명 대학들과 연구 협력을 논의하고 있다.

이들 해외 IT 기업들은 자사의 AI 개발 기술을 활용해 가르치기 때문에 앞으로 자사 기업에서 바로 이들을 기술 개발 현장에 투입할 가능성이 크지만 국내 기업들은 이런 역량이 부족하다. 이런 상황이 지속되면 국내 기업들은 나중에 고액을 주고도 우수 인재를 영입하지 못하고, 다시 기술 격차가 커지는 악순환이 계속될 수도 있음을 간과해서는 안 될 것이다.

이런 문제점들을 해결하기 위해서는 정부는 물론 산학협력의 차원에서나 기업들의 AI 기술 확보의 차원에서 AI 인재 양성에 적극적으로 참여해야 할 것이다.

삼성전자가 일부 대학과 산학 협력을 다짐했고, SK텔레콤은 서울대, 한양대, 서강대와 AI 교육과정을 개발하기로 하는 등 기업들의 적극적인 참여가 기대된다.

KT는 자사를 비롯해 현대중공업그룹, LG전자, LG유플러스, 한국투자증권, 동원그룹, KAIST, 한양대, ETRI 등으로 이뤄진 AI원팀(AI One Team)이 국내 AI 역량 강화를 위해 기업 실무형 AI 인재양성 교육과정을 개발하고 AI 인재양성 활동을 시작하였다.

특히 AI원팀 기업들의 실제 AI 적용 사례와 데이터를 기반으로 교육과정을 개발하고, 더욱 효과적인 AI 실습을 위해 KT에서 개발한 AI 분석 플랫폼(AIDU)을 활용하고 있다. 교육 후 실무에서도 활용할 수 있도록 AI 분석 플랫폼을 제공할 예정이다.

로봇 소프트웨어 개발 기사 자격증

우리나라는 여러 산업 분야에서 로봇의 활용도가 높고, 첨단기술의 수용도 높기 때문에 로봇 산업 인력에 대한 수요가 꾸준히 증가할 전망이다. 로봇 소프트웨어 개발 기사 자격증은 로봇 관련 소프트웨어를 설계, 개발, 시험 및 평가할 수 있는 개발 인력 양성을 위한 목적으로 제정되었다.

자격증 보유 기사는 로봇 사용자의 요구 사항 파악 후, 로봇 서비스를 구현하기 위한 소프트웨어 구조를 설계하고, 필요한 기능을 구현하여 로봇의 동작을 시험·평가하게 된다.

드론 전문 조종사 자격증

드론 산업은 꾸준한 성장세를 보이는 산업 중 하나로, 드론 조종과 관련된 직업이 증가하고 있다. 이에 따라 드론 자격증에 대한 사람들의 관심도 커지고 있다. 우리가 흔히 드론 자격증이라 부르는 자격증의 정식 명칭은 '초경량 비행 장치 조종자' 자격증으로 시험 응시를 위해서는 일정 조건이 충족되어야 한다.

시험은 학과시험과 실기시험으로 진행되는데, 학과시험은 총 40문제 중 70% 이상이 되어야 하고 실기시험은 모든 항목에서 'S'등급 이상을 받아야 합격이다.

구직자를 위한 교육과정 'HRD-Net'

고용노동부와 한국고용정보원은 코로나19에 대비한 비대면 수요에 빠르게 대응하고자 직업훈련포털(HRD-Net)에서 새로운 수요자 맞춤형 서비스와 콘텐츠를 제공하고 있다.

구직자, 재직자 등의 직무능력 향상과 취·창업 지원을 위한 능력개발 훈련과정으로 훈련기관, 훈련과정, 훈련비 등 다양한 정보와 서비스를 제공하고 있다.

다양한 훈련 유형 중 4차 산업혁명 인력양성 과정은 4차 산업에 대비하여 복합문제의 해결 역량을 갖춘 인재양성을 목표로 하는 고급 훈련과정이다. 이 유형은 IoT, 블록체인, AI 등 4차 산업과 관련된 기술들을 배워볼 수 있는 훈련으로 구성되어 있다. 또한, 해당 훈련에 등록하는 구직자는 훈련비 전액과 훈련 장려금이 지급되며, 훈련이수 후 취업이 지원된다.

AI 인재 양성을 위한 '이노베이션 스퀘어'

과학기술정보통신부가 운영하는 이노베이션 스퀘어는 4차 산업혁명의 핵심 기술인 AI, 블록체인, 3D 프린팅 등 SW 분야의 교육과 개발, 사업화 지원을 통해 실무형 고급인재를 양성하는 기관이다. 현재 AI 이노베이션 스퀘어는 인공지능 기술 활용과 비즈니스 창출 역량 배양을 통한 AI 인재 10만 명과 2025년까지 핵심 실무 인재 3만 7천 명 양성을 목표로 교육을 진행하고 있다.

직무능력 향상을 위한 '매치업(Match-Up)'

교육부는 성인학습자들이 4차 산업혁명 분야의 직무를 온라인을 통해 단기간에 학습할 수 있도록 매치업 교육과정을 개강했다. 매치업은 4차 산업혁명 등 급격한 기술변화에 따른 산업과 교육 간의 불일치 해소를 위해 시작한 교육 프로그램이다.

매치업은 구직자뿐만 아니라 재직자 등 오프라인 교육에 참여하기 어려운 성인학습자의 4차 산업혁명 대비 직무능력 향상을 위해 도입하는 온라인 중심 단기 교육프로그램이며, 2019년에는 인공지능, 빅데이터, 스마트 물류 등 3개 분야의 강의를 진행한 바 있다.

2021년에는 신에너지 자동차, 지능형 농장(스마트팜), 블록체인 3개 분야 교육과정이 개강되었으며 4차 산업혁명 분야에 관심이 많은 성인 학습자라면 누구나 매치업 과정에 참여할 수 있다. 학습자들은 매치업 과정을 통해 신산업 분야의 첨단기술을 현업 전문가 등의 온라인 강의를 접할 수 있으며, 과정 이수 후 직무 능력 인증평가를 통해 해당 분야 직무 능력을 인정받게 된다.

03 창작 경영 환경

디지털 기술의 발달로 개인의 일상생활과 비즈니스 측면에서의 변화를 느끼면서 우리가 모르는 사이에 생활 모든 분야에 AI 기술이 깊숙이 자리 잡고 있음을 발견할 수 있다. 그 중에서 가장 주목받고 있는 AI와 디지털 기술은 소통과 참여를 유발시키며 창조적 혁신과 융합을 통해 더욱 확산하고 있다.

그동안 '창의성' 만큼은 인간의 영역이라고 생각되어 왔는데 점점 발전하는 AI를 포함한 디지털 기술이 기하급수적으로 발전하면서 인간의 전유물인 창작에도 도전하는 인공지능이 등장하고 있다. 그 결과 인간성 최후의 보루라 할 수 있는 창작과 예술의 주체라는 존재감이 심각하게 도전받고 있다.

미술작품만이 아니라 음악도 작곡하고 문학 작품도 쓸 수 있다. 더 나아가 서로 다른 장르인 음악과 미술, 그리고 문학을 융합할 수도 있다. 그림을 보면서 영감을 얻어 서정시를 쓸 수 있고, 음악을 감상하면서 풍경화를 그릴 수도 있다는 것이다.

AI가 창작의 영역을 대체하는 것은 아직은 초기 단계이지만 AI는 인간보다 많은 양의 빅데이터를 분석 및 처리하고 학습할 수 있기 때문에 머지않아 인간이 상상하지 못했던 창작활동과 다양한 시도를 통해서 인간의 능력 이상의 능력을 발휘할 수 있을 것으로 예측된다.

미술, 패션 디자인 부문

렘브란트의 화풍으로 그림도~

2018년 10월 뉴욕의 크리스티 경매에서 AI 작품의 인물 초상화가 43만 2,500달러(약 5억 원)에 팔렸다. '에드몬드 드 벨라미(Edmond de Belamy)'라는 이름의 이 그림은 프랑스 팀이 AI를 이용해 그린 그림으로, 역사상 최초로 크리스티 경매에서 거래된 AI 그림이다.

구글의 AI 화가 '딥드림'이 그린 그림 29점은 미국 샌프란시스코에서 열린 경매에서 9만 7,000달러(약 1억 1천만 원)에 낙찰됐다.

마이크로소프트와 네덜란드 델프트공대가 함께 진행하는 AI 프로젝트 '넥스트 렘브란트(Next Rembrandt)'는 안면인식 기술을 활용, 렘브란트의 작품 300점 이상을 분석해 데이터를 얻은 후 3D 프린터를 이용해 렘브란트 특유의 화풍을 모방한 그림을 출력한다. 이러한 과정을 통해 만들어진 그림은 렘브란트가 자주 사용한 구도, 색채 및 유화의 질감까지 재현해 낼 수 있다.

AI 화가인 '페인트봇(PaintBot)'은 주어진 이미지 없이도 그림을 그린다. 천재 화가들의 작품을 학습하고 예술가의 감각으로 그림에 적용한다. 페인트봇은 메릴랜드 대학교와 바이트댄스 AI 연구소(ByteDance AI Lab) 연구진이 함께 개발했다.

고객 취향에 맞는 패션 디자인을 창작

취향과 라이프스타일이 주요하게 반영되는 패션 부문에서도 AI 존재감은 두드러진다. AI가 온라인상에 공개된 수백만 벌의 의상 데이터를 수집하고 분석해 고객이 선호할만한 옷이나 잘 팔릴 것 같은 옷을 디자인한다. AI가 기획한 결과물에 디자이너의 피드백이 더해져 최종 디자인이 완성된다.

반복적이고 시간도 많이 소요되던 수작업 방식이 AI 기술을 통해 자동화되면서, 작업시간이 줄고 과정도 단순화되며 디자이너들이 더욱 편하게 작업할 수 있는 환경을 제공한다. 새로운 디자인으로 의외성을 선사한다는 점도 AI의 매력이다. 디자이너가 일반적으로 생각할 수 있는 관행적인 디자인이 아니라, 독특한 디자인을 다양하게 제공하는 AI가 소비자 니즈를 폭넓게 만족시킬 수 있기 때문이다.

미국의 패션계에도 바람이 불고 있다. 미국의 대표 패션 브랜드 타미 힐피거는 IBM과 공동 프로젝트를 진행하는 제휴를 맺고 AI에 타미 힐피거의 런웨이 제품 이미지를 전부 학습시킨 뒤 이를 새롭게 조합한 디자인을 창작시키는 프로젝트를 진행하고 있다. 아마존도 온라인상의 최신 트랜드 패션 이미지를 분석하고 새로운 옷의 디자인을 그려내는 AI기술을 운영하고 있다.

작곡, 연주 부문

구글은 피아노를 칠 수 없는 사람도 즉흥적인 피아노 연주를 할 수 있도록 돕는 AI 컨트롤러 '피아노 지니'를 개발했다. 사용자가 컨트롤러의 버튼을 무작위로 누르면 이와 연결되어 있는 피아노의 건반이 저절로 눌리며 음악이 창작된다. '피아노 지니'는 방대한 양의 클래식 음악을 학습해 특정 음정 뒤에는 어떤 음정이 따라올 때 자연스러운지를 예측하는 방식으로 작곡한다.

AI 기술로 인한 예술 부문의 변화 중 특히 음악 분야가 큰 변화를 보이고 있다. 변화 내용을 예술 사회학 분야에서 문화 현상 요인을 분석할 때 사용하는 '문화 다이아몬드(Cultural Diamond) 모델'[12])을 사

---

12) 웬디 그리스올드(Wendy Griswold)는 '문화 다이아몬드 모델'을 통하여 예술과 사회 간의 관계에 대하여 기존의 관점을 넘어, 보다 포괄적인 관점을 제시하고 있다. 문화 다이아몬드 모델에 의하면 예술은 예술가 혹은 예술가 집단에 의해 창조 되는 것이며, 사회에 대한 예술의 영향은 사회 구성원인 개인에 의해 매개된다는 것이다.

용해서 작곡자, 콘텐츠, 전달 방법, 이용자의 네 가지 측면에서 분석해 보면 다음과 같다.

작곡자 측면

우선 작곡자 측면에서 소니는 '플로머신'이라고 명명한 AI가 작곡한 비틀즈와 유사한 스타일의 '대디스카' 및 '미스터섀도'를 유튜브에 공개했다. AI만으로 완벽하게 구현된 것은 아니고 멜로디 등 기본 작곡은 AI가 하고 편곡 같은 마무리 작업은 사람이 했다. 구글은 이보다 앞서 창작 활동을 하는 AI를 개발한 '마젠타' 프로젝트를 발표하고 구글 기계학습 기술을 활용해 작곡한 90초 분량의 피아노곡을 공개했다.

최근에는 정신 건강 문제 등으로 요절한 아티스트들을 기리는 음악 프로젝트 단체인 오버더브릿지(Over the brigde)에서 AI를 이용해 새로운 너바나(Nirvana)의 음악을 만들었다. 너바나는 대중음악사에 한 획을 그은 세계적인 록 밴드다. 싱어송라이터이자 너바나의 보컬이었던 커트 코베인이 1994년 세상을 떠난 이후로 너바나의 활동은 사실상 중단됐지만 음악팬들은 여전히 너바나의 음악을 듣는다. 너바나의 음악 24곡이 작곡에 반영됐고, 계속 활동했다면 나왔을 만한 너바나 스타일의 음악을 구현해낸 것이다.

곡의 이름은 'Drowned in the Sun'이며 너바나 헌정 밴드의 리더인 에릭 호건이 불렀다. 그의 목소리를 제외하고 음악에 삽입된 모든 소리는 AI가 생성해낸 것이다. 사용된 AI는 구글의 예술 창작 AI '마젠타(Magenta)'이며, 80초짜리 피아노곡을 만들어 발표하기도 했다.

국내에서도 AI와 음악 작곡을 접목시킨 사례가 이미 등장했다. 인공지능 음악 플랫폼인 음반제작사 엔터아츠(Enterarts)와 영국 음악 관련 스타트업 업체가 협력해서 운영하는 AI 레이블 AIM은 '세계 최초 인공지능×인간감성 음반 레이블'로 출범하는 쇼케이스를 개최했다. AI가 음악을 작곡하면 사람이 가사를 붙이고 편곡한 뒤 가수가 노래를 부르게 된다.

콘텐츠 측면

콘텐츠 측면에서도 다양한 시도가 진행되고 있다. 야마하는 유명 무용수 몸에 많은 수의 센서를 장착하고 자동 반주 기능이 있는 피아노가 무용수 움직임에 따라 피아노 멜로디를 자동으로 만들어서 반주하는 장면을 시연했다.

국내 유명 전자음악 작곡가는 오케스트라와 전자음악이 동시 연주되는 4차 산업혁명을 주제로 '오케스트라와 노트북을 위한 자동 몰입' '오케스트라와 노트북을 위한 마음의 흐름' 두 개의 곡을 만들었다. 약 10분 분량이며, 기본 콘셉트는 오케스트라에 전자음악이 더해지는 것이다.

전달 방법 측면

전달 방법 측면에선 멜론, 지니뮤직, 네이버의 바이브 앱 등 국내 주요 음원 서비스 업체가 AI 스피커는 물론 이동통신사와 결합한 AI 음원 재생 서비스를 제공하고 있는가 하면, 빅데이터를 활용한 맞춤형 음원 추천 기능을 포함하여 웹툰·팟캐스트·영상콘텐츠 등이 다양한 플랫폼 확보를 위해 경쟁을 전개하고 있다.

한국생산기술연구원은 세계 최초 여성 로봇가수 '에버'를 선보이며 인간과 협연하고 판소리 '사랑가'를 부르는 등 가수로서 첫 무대에 올랐다. 독일에서는 오페라 주연 여가수 '프리마돈나' 역을 오페라 로봇이 담당했으며, 노래는 물론 배우와 호흡을 맞추며 연기력까지 뽐냈다.

이용자 측면

마지막으로 이용자 측면에선 소셜미디어나 정보기술(IT) 기기에 능숙한 젊은 세대뿐만 아니라 자동화 미디어, AI 스피커, 로봇을 이용해 자신의 환경과 감정에 맞춰 자동 선곡으로 음악을 즐길 수 있기 때문에 다양한 세대로 음악 소비가 증가할 것이다. 주52시간 근무제, 탄력근무제로 인해 여유 있는 시간을 이용해 성악과 기악을 공부하거나 합창단에 속해 음악을 즐기는 사람이 늘고 있다.

음악에서 4차 산업혁명은 유튜브 등 영상에 국한되어온 음악 소비가 AI 스피커로 되살아나고 있듯이 제작은 간소화되고, 소프트웨어(SW)를 사용해 누구나 음악 콘텐츠를 생산하고 유통할 수 있는 기회를 맞이하고 있는 것이다.

AI 음악 개발에 참여한 이들은 인간의 고유 영역이라고 생각되는 창작 영역에 위협을 가하는 것이 아니라 오히려 인간의 창의성을 극대화할 수 있다고 믿고 있다. 4차 산업혁명은 기술에 매이지 않고 예술을 즐기는 아름다운 인생을 만들어 가는 틀이 되어가기 때문이다.

문학, 요리 부문

AI가 흉내 내기 어려웠던 음악, 미술뿐 아니라 문학과 음식 요리 부문에도 AI의 진출이 암암리에 이뤄지고 있다.

소설과 시를 창작

AI 문학의 역사는 의외로 역사가 깊다. 1973년 미국에서는 위스콘신 대학 연구팀이 2100자 길이의 추리 소설을 작성할 수 있는 AI 시스템을 발표했다.

2013년 일본에서는 니혼게이자이 신문사가 개최한 '호시신이치(星新一) 문학상 공모전'에서 AI가 쓴 소설 《컴퓨터가 소설을 쓰는 날》이

1차 심사를 통과한 일도 있었다. 놀라운 사실은 심사위원들은 공모 작품 가운데 인공지능이 쓴 소설이 있다는 사실을 모른 채 평가했다는 것이다. 총 1,400여 편의 응모작 중 11편은 AI가 쓴 소설이었다.

하코타테(函館) 미래대학의 마쓰바라 진(松原仁) 교수팀이 공모한 이 소설은 사람이 구체적인 스토리와 상황을 주면 AI가 그에 맞는 문장을 만들어내는 방식으로 썼다. 공모 2차 심사에서는 탈락했지만 100점 만점에 60점을 받으며 업계에 충격을 줬다.

최근에는 AI가 '시' 분야까지 진출했다. 2017년 마이크로소프트(MS)는 중국에서 만든 AI 기반의 챗봇 '샤오이스(Xiaoice)'가 현대 시인 519명의 작품을 학습해 작성한 약 1만 편의 시 중 139편을 선정해 시집 《햇살은 유리창을 잃고(Sunshine Misses Windows)》를 출간했다. 이 시집의 제목도 AI가 직접 지었다.

AI의 문학은 새로운 문학적 가치를 갖거나 모티브를 만들어내는 데는 아직 부족하지만 인간의 영역이라 여겨지던 문학의 영역에 인공지능이 등장했다는 사실과 이러한 도전으로 인간의 창의성이 더욱 강조되고 있다는 점에서 주목할 만하다.

유명 셰프의 맛 재현

네이버는 최근 유명 셰프의 조리법대로 음식을 조리하는 로봇을 개발한 푸드 테크 스타트업에 투자했다. 투자를 받은 '비욘드 허니컴(Beyond Honeycomb)'은 AI 기술 및 분자 센서를 활용해 유명 셰프의 음식 맛을 똑같이 재현하는 'AI 셰프 설루션'을 개발한 스타트업이다.

요리 로봇인 비욘드허니컴이 셰프의 맛을 재현하는 원리를 살펴보면, 먼저 주방 조리기구에 탑재한 고성능 센서로 음식 조리 과정을 분자 단위까지 분석한다. 셰프가 사용하는 다양한 열원(오븐, 프라이팬 등) 정보와 온도 제어 과정도 전부 수집한다. 수집한 데이터를 AI

로봇을 이용해 48시간 동안 학습하면 로봇팔로 조리 기구를 조작해 셰프의 레시피대로 음식을 만들어 낼 수 있다.

비욘드허니컴은 2021년 중 시제품을 선보이고, 하반기에는 한국과 미국에서 AI 로봇을 본격 출시할 예정이다. 이 로봇이 각광받는 이유는 로봇을 조작할 수 있는 알바생 두 명만 고용해도 유명 셰프의 요리를 맛볼 수 있는 레스토랑을 운영할 수 있다는 점이다.

AI 소믈리에 탄생

인공지능이 맛과 향 같은 인간의 주관적 감각 영역에도 도전장을 내밀고 있다. 미국 캘리포니아에 있는 스타트업 '테이스트리(Tastry)'는 수천 종의 와인에 포함된 성분을 분석하고, 전문가들의 와인 평가 결과를 AI에 학습시켰다. 테이스트리는 또 과일과 채소, 기호식품들에 대한 선호도를 조사해 소비자들의 와인 기호도를 파악하고, 소비자 개인마다 안성맞춤인 와인을 제안할 수 있는 AI 소믈리에를 탄생시켰다.

테이스트리는 AI가 제안한 와인이 소비자 기호와 92% 일치했고 그 결과 와인 구매 만족도도 45% 높아졌다며, AI의 도움을 받으면 와인 판매가 20%까지 증가할 것으로 전망했다.

미 경제전문지 포브스는 "AI가 사람마다 다른 기호를 파악하고 그에 맞는 와인을 제안해 와인업계를 바꾸고 있다"고 전했다. 테이스트리의 사례는 AI가 와인 시장뿐 아니라 맥주나 담배, 향수 시장도 뒤흔들 수 있는 가능성을 보여준다고 식품업계에서 평가하고 있다.

영국 이코노미스트는 2021년 4월 "기계가 맛을 평가하고 궁극적으로 재현할 수 있다면 식품 생산에 혁명을 가져올 것"이라고 하면서, 예를 들어 AI와 센서기술을 이용해 상추 잎으로도 소고기 버거 맛을 낸다면 축산업으로 인한 열대우림의 파괴를 막을 수 있을 것으로 전망했다.

6장

지능형(Smart) 시설 운영의 활성화 방안

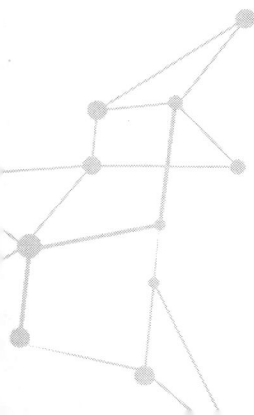

01 스마트 도시(Smart City)

세계 인구의 절반이 도시에 살고 있으며 세계 경제생산의 30%가 100개 도시에서 이뤄지고 있다. 앞으로 도시화가 가속화되면서 2050년에는 전 세계 인구의 66%가 도시에 살게 될 것으로 전문가들은 예측하고 있다. 이같이 심화되고 있는 도시화는 환경, 교통, 재난·안전, 에너지 등 다양한 과제를 인류에게 던지고 있으며, 도시를 어떻게 디자인하고 운영할지에 미래가 달려있다. 이를 해결하기 위해 정보통신기술(ICT)을 활용한 스마트 도시의 구축이 관심의 대상이 되고 있다.

스마트 도시란 발전하는 AI 기반의 정보통신기술, 특히 사물인터넷과 빅데이터 등 신기술을 융합하여 도시 인프라의 지능화를 통해 각종 도시 문제를 해결하고, 시민의 삶의 질을 향상시키는 지속가능한 도시를 의미한다.

'스마트도시 조성 및 산업진흥 등에 관한 법률(약칭: 스마트도시법)'에서는 "스마트 도시란 도시의 경쟁력과 삶의 질의 향상을 위하여 건설·정보통신기술 등을 융·복합하여 건설된 도시기반시설을 바탕으로 다양한 도시서비스를 제공하는 지속가능한 도시"라고 정의한다.

스마트 도시의 핵심 키워드는 ICT와 IoT 개념이 적용된 스마트(지능화)한 도시기반시설과 도시 경쟁력 제고이다. 도시 안의 센서와 CCTV로 다량의 데이터를 수집하고 이 빅데이터를 토대로 교통, 환경, 주거, 교육, 의료, 전력, 수도 등의 문제를 해결함으로써 도시 자원의 최적 배분 시스템을 구축하고 일상생활에서 IT의 접촉성을 촉진하면서 시민들의 삶을 업그레이드시킬 수 있는 도시이다.

교통부문을 예로 들 경우 신호체계, 버스정류장 등의 교통시설이 교통량과 차량이동을 인식하고 통제함으로써 교통흐름을 원활하도록 관리하고, 이용자에게 실시간 교통정보를 제공하는 서비스라고 볼 수 있다. 차량 공유 제공 서비스가 활성화되면 도심의 차는 줄어들고 자동화된 신호시스템으로 차량 정체가 사라질 것이다.

스마트 가로등의 진화도 눈여겨볼 만하다. 통행하는 사람 수에 따른 가로등의 밝기 조절에서 더 나아가 방범용 CCTV와 와이파이(무선인터넷) 서비스를 제공하면서, 무선 센서 네트워크를 이용하여 주변 소음을 체크하고 유동인구와 교통량을 파악해 도시 정책에도 반영한다.

스마트 도시가 되기 위해서는 세 가지 조건을 갖춰야 하는데 인구가 많아야 하고, 인구 밀집도가 높으며 거주하는 도시민의 소득수준이 높아야 한다. 소득이 높은 많은 사람들이 좁은 공간에서 북적거리고 생활하는 것이 더 많은 빅데이터가 쌓여 효율적인 스마트 도시를 건설하는 조건이 된다.

여러 측면에서 서울은 폭넓은 데이터를 수집하고 활용하는 데 앞서 있으며, 2013년 유엔 산하 국제전기통신연합(ITU)이 선정한 최고의 스마트 시티에 선정된 바 있다. 시내버스와 지하철 통합 교통카드 시스템을 비롯하여 곧 도착 예정인 버스와 버스 내부의 혼잡도, 교통카드와 현금 탑승자의 비율 등의 정보를 제공한다. 안전 측면에서도 서울 곳곳에 구축한 관제센터에서 수집한 CCTV 정보를 경찰이나 소방서 등과 공유하고 있기 때문에 화재 시 소방차가 출동할 때 다양한 교통 정보, 행사 정보, 공사 등의 정보를 활용하여 현장에 빨리 도착할 수 있다.

영국의 시장조사업체인 주니퍼리서치(Juniper Research)는 스마트 도시의 이동성, 공공안전, 생산성, 건강관리 면에서 각 시민들에게 연간 125시간씩 돌려줄 수 있다는 연구 결과를 발표했다.

우선 이동할 때 아낄 수 있는 시간이 연간 59.5시간으로 가장 많았는데 지능형 신호등으로 인한 신호 주기 조절, 목적지 주변의 주차 안내, 자동 주차료와 통행료 정산과 같은 시스템으로 시간을 아껴준다.

공공안전 분야에선 34.7시간을 아낄 수 있는데, 지속적으로 축적된 지역별 범죄 데이터를 이용해서 어느 시간대에 어떤 지역에서 범죄가 일어날지를 예측해 미리 순찰을 강화하는 식이다. 생산성 분야에선 불필요한 종이 문서 대신 모든 절차를 온라인·모바일로 해결하여 21.2시간 절약이 가능하다.

건강관리 측면에서도 원격 진료 등을 통해 9.7시간을 아낄 수 있는 것으로 추정했다. 연간 125시간을 하루로 계산하면 평균 20분 이상의 시간을 아낄 수 있다.

국내외 많은 도시가 각기 특성을 살린 경쟁력 있는 스마트 도시 건설을 위해 노력하고 있는 이유이다.

국내 도시 사례

우리의 삶을 유지하는 도시가 환경오염, 교통체증, 에너지 과다소비 등 여러 문제에 직면한 상태이다. 특히 우리나라는 도시화율 92%(세계 평균 56%)를 보이고 있어 해결책이 시급한 상황에서 코로나19 사태까지 장기화되면서 도시의 기능과 역할에 대한 재검토가 요구되고 있다.

4차산업혁명위원회는 2008년에 제정된 유비쿼터스시티(U-CITY: ubiquitous city)법의 단계적인 사업 진행에서 나타난 문제점과 한계점을 보완하여 선정한 스마트 시티 7대 혁신 변화를 기반으로 국내 스마트 도시 사업을 추진하고 있다.

4차산업혁명위원회가 선정한 7대 혁신 변화는 다음과 같다.

① 사람 중심

생활 편의성, 도시 경쟁력, 안전포용성 등 다양한 가치를 포괄하고, 취약 계층을 배려하는 사람 중심의 스마트 도시 조성

② 혁신성장 동력

도시에 다양한 신기술을 접목하고 실증하여 도시 자체가 혁신성장의 동력을 키워낼 수 있도록 정책 추진

③ 체감형

체감형 도시를 위해 ICT를 활용한 효율성 제고, 수요자의 서비스 체감 제고 및 수요자의 체감 관점에서 접근

④ 맞춤형

도시 여건에 따라 기술구현 수준, 공공·민간 등 주체별 역할을 결정해 공간·기술·주체별 맞춤형 스마트 도시 구현

⑤ 지속가능성

스마트 도시의 '도시플랫폼' 역할 강조를 통해 기본 인프라 위에 공공·민간의 다양한 기술들이 도입·개선되는 지속가능성 추구

⑥ 개방형

도시와 민간 시민의 의견이 도시 설계 운영에 반영된 열린 스마트 도시 구축

⑦ 융합·연계형

각 부처의 유관 정책과 사업이 도시를 중심으로 융합·연계

또한 4차위는 각 도시의 상태를 파악하고, 도시 성장 단계를 3단계로 구분하여 각 단계별로 맞춤형 스마트 도시를 추진하고 있다.

이와 더불어 스마트 도시에 활용할 수 있는 네트워크, 빅데이터, 인공지능 등 미래 공통 선도 기술에서부터 자율주행, 스마트그리드, 가상현실 등 시민체감 기술까지 직접 육성할 계획이다.

정부 주도하에 국내 많은 도시들이 스마트 도시로의 변신을 모색하고 있다. 스마트 도시를 혁신 성장 8대 선도 사업으로 선정하고 국정 과제로 추진하고 있기 때문이다. 우선 1차 국가시범도시로 선정되어 스마트 도시를 추진하고 있는 세종시와 부산시의 에코델타시티를 들 수 있다.

세종 스마트시티

세종시의 경우 세종5-1생활권인 연동면 일원 83만 평에 계획 가구수 11,400가구(29,300명) 규모의 스마트시티를 한국토지주택공사가 2023년 4월 입주 목표로 추진하고 있다. 세종시는 정부종합청사를 비롯해 국책연구단지, 카이스트, 대덕연구단지, 오송생명과학단지, 첨단산업단지가 들어서 있다. 주거 · 행정 · 연구 · 산업 등 다양한 기능을 수행할 수 있는 도시라는 평가를 받고 있다.

도시 모든 영역이 IoT로 연결되어 모빌리티(자율주행, 차량공유), 헬스케어(원격진료), 교육, 에너지 등 7개 분야에서 미래 기술을 접목한 혁신적 생활환경을 제공한다. 세종시는 최적화된 이동수단(모빌리티) 서비스를 제공할 수 있도록 도시 공간구조를 새롭게 계획하고, 자율주행을 위한 공유 기반의 교통수단 전용도로와 개인 소유차량 진입 제한 구역을 설치할 예정이다. 또한, 시민의 생명과 안전을 지키기 위해 건강관리(헬스케어) 서비스를 제공하며, 골든아워 확보를 위해 응급용 드론을 활용하고, 응급센터까지 최적의 경로를 안내하는 서비스도 실현할 계획이다. 세종시가 추진하고 있는 7개 분야의 서비스 계획은 〈표 6-1〉과 같다.

표 6-1　세종 생활권 7대 혁신요소별 서비스 계획

모빌리티	공유교통수단과 자율주행 등 다양한 모빌리티 서비스 도입을 통해 도시 생활의 편리함을 유지하면서 자동차 수를 점진적으로 축소 - 카셰어링, 카헤일링, 스마트 주차장, 자율주행BRT 버스 및 셔틀 도입, 스마트 도로 구축 등
헬스케어	개별 병원이 네트워크로 연결되어 신속한 의료 정보를 제공하고, 응급데이터센터에서 시민들의 생명과 안전을 위해 신속하게 대응 - 스마트 응급호출, 드론 활용 응급키트 발송, 긴급호송 교통 최적화, 응급차 내 원격지도, AI 스마트 문진 등
교육	청소년들에게는 비판적이고 창의적인 사고를 증진시키는 교육, 어른들에게는 창업과 취업을 위한 생애교육 제공 - 창의적인 학교설계, 3D 프린터, 로봇 팔 등 메이킹 공간 마련, 국제 표준 수준의 교육 체제 도입 등
에너지/ 환경	환경친화적 에너지 혁신기술 도입을 통해 시민의 삶의 질이 향상된 지속가능한 친환경 미래에너지 도시 조성 - CEMS(건설기술관리시스템) 구축을 통한 효율적인 에너지 관리, 소규모 전력중개사업, 제로에너지 건축물 도입 등
거버넌스	시민 참여형 의사결정 시스템을 제공하고 블록체인을 통한 인센티브로 시민 참여 촉진 - 시민소통채널, 리빙랩 플랫폼, 사회공헌 플랫폼 운영 및 블록체인 기반 지역화폐 및 M-Voting(모바일 투표 서비스) 등
문화/ 쇼핑	시민들에게 맞춤형 문화 · 예술 · 공연 · 서비스를 연중 제공하고, 도시 어디서나 편리한 쇼핑이 가능하도록 스마트 쇼핑 서비스 제공 - 지역화폐 결제시스템, 쇼핑도우미, 자율주행 쇼핑카트, 무인배송 시스템, 스마트 물품보관 서비스 등
일자리	창조적 기회를 제공하는 혁신성장 선도사업의 핵심 거점으로 조성함으로써 도시 지속가능성을 확보 - 창업인큐베이팅센서 구축, 창업기업 지원, 대기업과 중소기업간 상생 · 협업 · 융합 · 촉진, 스타트업 지원 등

　세종시의 스마트 도시는 도시의 계획부터 운영까지 시민과 함께 만드는 도시로, 시민의 다양한 참여 기반을 조성하고 효율적인 협업 체계를 구성하여 시민이 체감할 수 있는 스마트 서비스를 제공할 계획이다.

부산에코델타시티

부산에코델타시티는 조성부지 66만 평을 시범도시로 지정하고 물 관리, 에너지, 교통, 안전 등 시민 체감형 혁신기술 적용으로 시민의 삶의 질과 함께 도시의 가치 제고를 도모하고 있다. 부산에코델타시티의 가장 큰 특징은 '수변도시'다. 워터 시티라는 특징을 살려 국제 물류망과 연계하는 스마트 도시를 구현하고자 한다. 근거리의 공항과 항만을 동시에 두고 있는 우수한 교통 여건이 이를 뒷받침한다.

부산은 급격한 고령화나 일자리 감소 등 도시문제에 대응하기 위해 5대 혁신산업(공공자율혁신, 헬스케어·로봇, 수열에너지, 워터에너지사이언스, 신한류 VR/AR) 클러스터를 조성하여 도시의 경제적 지속 가능성을 확보하는 양질의 일자리를 창출할 계획이다. 부산 에코델타스마트시티는 슈퍼컴퓨팅 및 AR·VR 기반의 도시운영·관리 플랫폼을 구축한 후 이를 활용하여 개인, 사회, 공공, 도시 등 4대 분야에서 기존 도시와 확연히 구분되는 혁신적 변화 창출을 위해 〈표 6-2〉와 같은 10대 전략과제를 추진한다.

부산 에코델타스마트시티는 생활 전반에 웨어러블 로봇, 주차로봇, 물류이송 로봇이나 의료로봇 재활센터 등의 도입과 도시 내 물순환 전 과정에 스마트 기술과 서비스를 적용한 한국형 물 특화 도시모델 구축을 통해 시민의 삶을 효율적이고 안전하게 만드는 도시를 구축할 계획이다.

기타 스마트 도시 추진 사례

새만금에도 스마트 도시가 조성된다. 새만금개발청은 국제협력용지에 면적 6.6km², 인구 2만여 명 규모의 아름다운 수변도시를 건설할 계획이다. 주거단지에는 스마트 홈서비스와 스마트폴(첨단가로등)을 통한 방범·교통·생활정보 통합서비스가 제공되고, 차가 없어도 어

표 6-2 부산 에코델타스마트시티 10대 전략과제

로봇 활용 생활혁신	시민 일상생활(육아, 교육, 의료 등) 및 취약계층, 영세상공인 지원에 로봇을 활용하여 세계적인 로봇 도시로 조성 - 가정용 AI 비서 로봇, 배송로봇, 재활로봇 도입 및 로봇 테스트 베드 제공 등
배움 · 일 · 놀이 (LWP)	배움, 일, 놀이가 하나의 공간에서 이루어지는 복합기능의 Hub 공간을 조성하고, 커뮤니티 기반의 일자리 창출 - LWP센터(도서관, 스마트 워크센터, 메이커스페이스) 등 인프라 구축 및 프로그램 운영
도시행정 · 도시관리 지능화	도시운영 · 관리 통합플랫폼을 기반으로 사용자 중심의 도시행정 서비스를 제공하고, 인공지능 기반의 도시관리 효율성 극대화 - 증강도시 활용 도시행정, 로봇을 활용한 도시 유지관리, 시민자치 행정 등
스마트 워터	도시 물순환 전과정(강우–하천–정수–하수–재이용)에 스마트 물관리 기술을 적용하여 국민이 신뢰할 수 있는 물로 특화된 도시로 조성 - 도시강우 레이더, 스마트 정수장, 스마트 물관리(SWM), 하수 재활용 등 도입
제로 에너지 도시	물, 태양광 등 자연이 주는 신재생에너지를 활용하여 온실가스 배출을 저감하고 친환경에너지를 통한 에너지 자립율 100% 달성 - 수소연료전지, 수열 및 재생열 활용 열에너지 공급, 제로에너지 주택시범단지 도입
스마트 교육 & 리빙	도시 전체를 스마트 기술 교육장으로 활용하고, 스마트홈, 스마트 쇼핑 등 시민 체감형 콘텐츠를 도입하여 편리한 삶 제공 - 에듀테크, City App 도입, 스마트홈, 스마트쇼핑센터 도입 등
스마트 헬스	헬스케어 클러스터를 도입하여 개인 특성에 맞는 건강관리 방법을 체크하고 일상에서 시민의 건강한 삶을 돕는 도시로 조성 - 실시간 건강모니터링 시스템, 헬스케어 클러스터 도입(대학병원, 연구시설 등)
스마트 모빌리티	최소한의 비용으로 가장 효율적이고 친환경적이며 빠르게 목적지까지 이동할 수 있는 도시로 조성 - 스마트 도로 · 차량 · 주차 · 퍼스널 모빌리티를 연계한 토탈 모빌리티 솔루션 제공
스마트 안전	4차 산업기술을 활용한 통합안전관리시스템을 구축하여 지능형 재난 · 재해 예측 및 신속 · 정확한 시민 안전서비스 제공 - 비상 응급상황 대응 최적화 시스템, 빌딩 내 대피유도 시스템, 지능형 CCTV 도입 등
스마트 공원	사람중심의 'smart tech'와 'design'을 결합하여 더 건강한 자연 · 환경 제공과 일상 속 스마트 기술을 체감할 수 있는 공원으로 계획 - 도시문제 해결(미세먼지 저감, 물 재이용), 신재생 에너지 등 스마트 기술 체험 공원

디든 갈 수 있는 자율주행 순환형 대중교통과 공유형 교통수단 이용이 활성화된다. 또한 도시 내 어디서나 필요한 물품과 서비스의 배달이 가능하도록 드론 등을 활용한 스마트 물류시스템과 쇼핑·레저·교통 등의 서비스에 대한 스마트 결제서비스도 일상화된다. 새만금에는 일상생활에 관련된 서비스뿐만 아니라 도시의 교통·에너지·수질 관리가 지능형으로 이루어지는 명품 스마트 도시로 탄생할 것이다.

광주광역시는 주로 방범을 위해 지난 2016년부터 가로등에 카메라가 장착된 블랙박스를 설치하고, 자동 긴급 구조 요청을 할 수 있는 시스템을 갖춘 '빛고을 스마트 가로등' 3,300개를 운영하고 있으며 최근에 1,150개를 추가로 설치하였다.

인천국제공항과 항만을 포함하여 송도·영종·청라로 구성된 인천 경제자유구역(IFEZ: Incheon Free Economic Zone)[1]은 3개 지역의 모든 시설물을 'IFEZ 스마트시티 플랫폼'으로 통합 관리한다. 모니터 화면에서는 3개 지역에 있는 CCTV·센서·IoT 설비 등 4,550개의 스마트 시설물에 대한 모든 데이터가 시각화돼 나타나며, 이 데이터들은 3개 지역의 방범·방재·교통·환경 등 다양한 정보를 제공한다.

대구 수성알파시티는 대구시와 대구도시공사가 추진하고 있으며, 스마트시티 기술이 집약된 테스트 베드다. 대구시는 30만 평에 달하는 수성알파시티에 스마트 도시기반 기술을 구축한 후 기술 개발과 테스트를 거쳐 향후에는 대구시 전체로 스마트 도시 인프라를 확장할 계획이다.

---

1) 산하 인천스마트시티㈜는 2021년 4월 캐나다에 본사를 둔 글로벌 도시개발투자회사인 키네시스 인베스트먼트사와 스마트 헬스케어 시티 프로젝트에 대한 업무협약을 체결했다. 이번 협약은 사업 대상 지역에 지열 발전소를 구축해 재생에너지를 에너지원으로 공급하고 최첨단 의료시설을 갖춘 스마트시티로 특화하는 것이 핵심 내용이다. 첫 사업 대상 지역은 말레이시아 또는 인도네시아가 유력한 것으로 알려졌다.

경기도 시흥시는 기초 자치단체 중 유일하게 국가 스마트 도시 혁신 성장 프로젝트의 실증도시로 선정됐다. 한국의 중소 도시의 특징인 고령화, 인구 과밀, 지역 산업 쇠퇴의 특징을 보유하고 있기 때문이다. 이 사업은 정왕동 일대에서 IoT를 기반으로 R&D 기술을 실험하고 검증하는 리빙 랩(living lab: 생활 실험실) 방식으로 추진되며, '사람 중심형 스마트 시티'를 핵심으로 하고 있다.

전북 고창군에서는 '인공지능 캔·페트병 자동 선별 회수 기기'를 설치해서 운영에 들어갔다. 자판기에 캔이나 페트병을 투입하고 휴대전화 번호를 입력하면 자동으로 품목별로 분류돼 보관되며 보상으로 포인트가 적립된다. 1포인트는 1원으로 환산되며, 캔은 7포인트, 페트병은 5포인트다. 2,000포인트 이상 적립 시 환급신청을 하면 본인계좌로 이체돼 현금처럼 사용할 수 있다.

해외 도시 사례

싱가폴과 바르셀로나 등은 도시관리에서 생산되는 빅데이터를 기반으로 다양한 서비스를 개발하고 있으며, 중국과 인도는 급격한 도시화 문제해결을 위한 수단으로 스마트 도시 건설에 집중하고 있다.

싱가폴의 경우 도시 기능을 향상시키는 중요한 요소의 하나로 공공 교통기관의 접근성에 두고 있다. 2030년까지 전 세대의 80%가 자택에서 걸어서 10분 이내에 전철을 탈 수 있도록 역을 정비하고, 이동자의 75%가 공공 교통기관을 이용토록 할 계획이다. 가능하면 많은 시민이 공공 교통기관을 이용토록 함으로써 쾌적한 도시를 조성하는데 목표를 두고 있다.

샌프란시스코시는 최근 스마트 기기와 무선 센서 네트워크를 이용하여 주차장을 쉽게 찾을 수 있는 서비스를 실시하고 생활의 편리성과 연료 자원 절약 및 환경 보존 효과를 누리고 있다.

미국 남서부 도시 샌디에이고는 가로등 주변 도로의 주차 공간 정보와 불법 주차정보를 알려주는 가로등 3,200대를 시내에 설치하였다. 이 가로등의 가장 위에는 빛이 조절되는 LED(발광다이오드) 조명이 달려있고 조명 바로 아래에는 6대의 CCTV가 설치돼 있어 가로등 반경 50m 영역을 감시할 수 있다.

알리바바 AI 시스템인 '시티 브레인'[2]은 도시 전역의 교통정보를 수집해 실시간으로 제어함으로써 교통 흐름을 원활하게 바꿨다.

스마트 가로등은 상대적으로 적은 비용으로 여러 기능을 수행할 수 있다는 이점 때문에 최근 확산 추세이며 애틀랜터, 시카고 등 미국 도시뿐 아니라 영국 런던, 중국 충친 등 각국 도시에서도 도입을 적극 추진하고 있다.

02 스마트 공장(Smart Factory)

정부가 8대 핵심 선도 사업으로 선정한 스마트 공장은 4차 산업혁명 시대를 이끌 제조업 분야의 핵심 사업으로 손꼽는다. ICT 기술을 기반으로 제품의 기획, 설계, 생산, 유통, 판매에 이르는 전 과정을 자동화하고 지능화하여 최소 비용과 시간으로 제품을 생산하는 미래형 공장을 지칭한다.

---

2) 주로 항저우 시내 신호등 및 교차로에 설치된 CCTV 128개에서 촬영되는 영상을 통해 AI시스템이 교통량 및 차량 이동 방향을 인식하고 그에 따라 신호등 시간을 조절하는 것이 시티브레인의 주요 기능이며 시범지역 통행시간이 15.3% 줄어들고 구급차 현장 도착 시간이 평균 14분에서 7분으로 감소했다.

중소벤처기업부는 스마트 공장을 ICT와 설비 및 자동화 솔루션이 융합돼 시장과 고객이 요구하는 제품을 적시에 생산·납품할 수 있도록 실시간 의사결정과 운영체계가 최적화된 인공지능형 공장으로 정의한다.

스마트 공장은 제조공정 단계마다 센서와 소프트웨어를 이용해 가동률, 재고, 품질 등의 자료를 실시간으로 수집·분석하고 AI, 빅데이터를 활용해 공정을 유연하게 바꾸는 시스템이다. 제품 불량이 발생하거나 장비가 문제를 일으키면 곧바로 대응할 수 있어 생산성을 대폭 높일 수 있다. 이러한 스마트 공장이 나타나게 된 배경으로는 노동원가와 원자재 비용이 장기적으로 상승하면서 야기된 경기 침체로 전 세계적으로 제조업 분야의 성장이 한계에 부딪혔기 때문이다.

이에 따라 미국, 독일 등 제조 강국들을 중심으로 AI 등의 정보통신기술을 활용하여 제조 라인을 관리하고 최소의 비용과 시간을 투자해서 고객맞춤형 제품을 생산하는 환경을 조성하면서 스마트 공장이라는 개념이 탄생하게 되었다.

소품종 대량생산방식에서 벗어나 고객의 니즈에 적응하여 생산 시스템을 갖추고 고객의 생각을 읽어서 먼저 원하는 것을 제안하는 기업으로 나가야 하기 때문이다.

스마트 공장은 제조 과정을 사람의 개입을 최소화하면서 기계가 하도록 하는 무인화 공장과 달리 제조 전 과정을 ICT로 통합해서 디지털화된 지능형 공장으로 볼 수 있다. 스마트 공장에 ICT를 적용해 첨단화하기 위해서는 공장을 ICT 영역인 시스템 가상세계와 연결해야 한다. 즉 현실세계(공장)와 가상세계의 연결로 ICT 영역의 첨단 서비스를 지원받을 수 있기 때문이다. 현실과 가상을 연결하기 위해서는 관련된 기술들을 단계적으로 추진해야 하며, 이를 위해서는 인프라, 플랫폼, 인터페이스 순으로 구현해야 한다.

인프라는 현실(공장)과 가상(시스템) 간을 연결하기 위해 구축되는 기반 시설을 말한다. 이러한 기반 기술을 통해 통신 역할을 하는 IoT는 네트워크 센서로 볼 수 있는데 공장의 정보를 가상 데이터로 전환해 시스템으로 전송하는 역할을 한다.

플랫폼으로는 클라우드, 에지 컴퓨팅, 블록체인 등이 있으며, 에지 컴퓨팅의 경우 클라우드의 처리량을 줄여주기 위해 고안됐으며 중앙 서버가 아니라 사용자와 근접한 기기에서 대신 서비스를 제공한다.

인터페이스는 공장 운영자에게 제공되는 화면 정보로 디지털 트윈 (Digital Twin)을 통해서 공장 현황을 쉽게 파악할 수 있을 뿐만 아니라 시뮬레이션을 통해 운영을 개선할 수 있다.

스마트 공장 범위는 제품개발부터 설계, 제조, 유통, 판매까지 시장 수요 예측과 모기업의 주문부터 완제품 출하까지 모든 제조 관련 과정을 포함한다.

미래의 공장은 지금보다는 훨씬 스마트한 소프트웨어에 의해서 운영될 것이고, 통신이나 사진, 음악 및 영화와 같이 디지털에 의해서 혁신적 변화를 겪은 산업처럼 제조업에서의 디지털화도 혁신을 가져올 것이다. 특히 디지털화로의 변화는 대기업보다는 유연한 대처가 가능한 중견 혹은 중소 벤처기업에서 시작될 것이라 기대한다.

또한 3D 프린팅 기술을 제공할 수 있는 기업이나 SNS 네트워크 기반의 3D 프린팅 제품 서비스를 하는 곳들이 진화하고 있다. 3D 프린팅 기술이 차세대 제조업에 중요한 역할을 할 것으로 기대하는 이유는 최근 급속도로 발전하고 있는 ICT와의 결합 및 융합 가능성 때문일 것이다. 현재는 스마트 네트워크나 클라우드 컴퓨팅 환경 그리고 3D 프린팅 기술에 의해서 다양한 분야에서 디지털화가 이루어지고 있으며 이를 기반으로 하는 스마트 공장의 디지털화가 빠르게 진행되고 있다. 여기에서 새로운 비즈니스 모델과 생산·유통·소비의 패턴들이 새롭게 형성되고 있다.

그리고 사물인터넷(IoT) 기술이 적용되면서 실시간으로 자재 현황, 고객들의 요구 등을 확인할 수 있게 되고 이를 통해 효율적인 원가 관리나 자재 관리 등을 통하여 적재적소에 맞춤형 제품을 생산하면서 생산성을 더욱 향상 시킬 수 있다.

또한 빅데이터 분석기술을 통해 시장의 트렌드를 효율적으로 판단하면서 고객이 원하는 제품 생산 및 공급을 원활하게 할 수 있을 뿐만 아니라 시장 수요 예측의 정확성을 높여 불필요한 재고 비용도 줄여준다. 이러한 스마트 공장들의 여러 특징들은 제조업의 혁신을 불러 일으켜 공장에서는 좀 더 생산성을 높일 수 있고 고객은 보다 만족스러운 제품을 얻을 수 있다.

소품종 대량생산 시대에서 다품종 소량생산으로의 개인맞춤 시대가 다가오면서 데이터를 활용한 스마트 공장에서는 다양한 형태의 공장 레이아웃을 구현할 수 있고 시뮬레이션을 통해 최적의 생산 운영 체계를 구성할 수 있으며 공장 시설 변경에 대한 빠른 업데이트가 가능하다. 소품종 대량생산 체제의 컨베이어 시스템에서 다품종 소량생산 체제의 작은 공간인 셀(Cell) 시스템으로의 전환에 필요한 과정이다.

스마트 공장은 공장 내 무선으로 연결된 많은 카메라와 센서들이 불량품의 발생 시점의 정보를 수집하고 그 정보들을 분석하여 개선하는 방식으로 제품의 불량률을 혁신적으로 낮추고 있다.

더구나 스마트 공장으로 인한 자동화는 노동시간 단축과 노동자의 안전성 보장이라는 결과를 이끌어 내는데, 이는 최저임금이 상승하고 노동시간이 단축된다는 측면에서 스마트 공장이 이제는 선택이 아닌 필수라는 걸 말해준다.

최근에는 탄소 감축 등 친환경 경영에서도 스마트 공장이 중요한 역할을 하고 있다. 에너지를 가장 효율적으로 사용하는 방법을 제시하고, 불필요한 작업 공정을 제어하는 기능을 갖고 있기 때문이다.

스마트 공장의 국내 사례

스마트 공장을 차세대 성장 동력으로 삼고 사업을 확대하고 있는 대표적인 국내 기업으로 삼성SDS, 포스코ICT, LG CNS, SK(주) C&C를 들 수 있다.

삼성SDS는 하루 평균 수십TB(테라바이트) 이상의 빅데이터를 수집, 분석하는 '넥스플랜트(Nexplant)'를 도입하였고, 삼성전자와 삼성디스플레이 등 계열사들은 물론이고 현대모비스, 효성 등 국내외 300여 공장에 이 시스템을 적용하고 있다.

포스코ICT는 철강·에너지 같은 중후장대 산업에 특화된 스마트 공장 플랫폼 '포스프레임(PosFrame)'을 포스코, 포스코에너지 등 계열사에 제공하고 있다.

LG CNS도 스마트 공장 프렛폼인 '팩토바(Factova)'를 도입하고 LG화학, LG디스플레이 등 계열사에 공급하고 있으며, SK(주) C&C는 산업용 빅데이터 분석 AI인 '스키테일(Skytale)'을 통해 스마트 공장 시장에 진출하였다.

이 외에도 많은 기업들이 스마트 공장의 활성화에 적극 참여하고 있다.

포스코는 2016년 하반기부터 딥러닝을 활용해 포항제철소 2고로의 스마트화를 본격 추진했다. 이를 통해 포항 2고로의 2017년 생산량은 5% 개선됐고 연료비는 4% 절감되는 효과를 거뒀다. 또한 연속공정용 스마트 공장 플랫폼인 '포스프레임(FosFrame)'을 활용해 생산 계획 수립부터 제품 생산까지 연속 공정의 효율을 극대화시켰다. 한편 축적된 스마트 공장 노하우를 활용해 협력업체인 중소기업의 스마트공장 구축사업을 지원하고 있다.

LG화학은 업무의 효율성과 편의성 증대를 위해 AI 채팅 로봇인 '켐봇(ChemBot)'을 전사 업무에 도입했다. 생명 과학 부문의 경우에는 IBM의 AI 서비스 왓슨을 활용해 몇 분 만에 수만 건의 문헌을 검색하고 대상 후보 물질을 수집할 수 있게 됐다.

두산중공업은 2016년부터 원자력 공장에 원자로 자동 용접로봇을 도입해서 쪼그려 앉아서 작업하는 직원의 안전사고 위험이 사라졌고 품질 불량 확률도 크게 줄었다. 창원공장 설비에는 사물인터넷 방식을 적용해 고장 나기 전 이상 징후를 알려주거나 부품 교환의 최적 시기 등을 스스로 파악해서 알려준다.

한화그룹의 창원 엔진 부품 공장에는 자동조립로봇, 연마로봇, 용접로봇, 물류로봇을 비롯한 첨단장비 80여 대가 작업자 없이 정해진 공정에 따라 쉴 새 없이 가동하고 있다. 한화가 개발 중인 협동로봇은 기존 산업용 로봇과 달리 편의성과 안전성뿐 아니라 투자비가 낮아 중소기업의 자동화에 큰 도움을 주고 있다.

현대로보틱스는 30여 년간 쌓은 로봇 자동화 기술을 바탕으로 스마트 공장 시장을 선점하기 위해 역량을 집중해 왔다. 2018년에는 중국 로봇 기업인 하궁즈닝(哈工智能)과 합자회사를 설립하고 산업용 로봇을 연간 최대 2만 대 규모로 생산할 수 있는 스마트 공장을 건설하기로 했으며, 상하이와 화동지역에 2022년까지 1만 7,000대 이상 판매될 것으로 예상하고 있다. 산업용 로봇 글로벌 톱 메이커들인 일본의 화낙, 독일 쿠카, 스위스 ABB 등이 스마트 공장 사업에 참여하고 있는데, 국내 1위 산업용 로봇 메이커인 현대로보틱스도 2023년까지는 스마트 공장 역량을 보유한 글로벌 5대 종합 기업으로의 성장을 목표로 하고 있다.

LG유플러스는 반월, 구미, 울산 산업단지에 'AI 비전검사 플랫폼', '모터 진단 솔루션', '제조 빅데이터 플랫폼', 'AI 기반 설비 예지보전(豫知保全)' 서비스 등 다양한 솔루션을 구축해 제공하고 있다. 산업단지 입주 기업의 생산성 향상을 위한 'AI 비전검사 플랫폼'은 생산 공장에서 카메라로 찍은 제품 사진을 AI가 실시간으로 분석해 불량품을 자동으로 판정을 해주기 때문에 작업시간이 줄어들고 정확도가 늘어나 생산성이 크게 향상되고 있다.

'모터 진단 솔루션'은 구미 산업단지의 용수공급시설에 설치돼 갑작스러운 모터 고장을 방지하고, 1,300만 개 이상의 빅데이터를 통해 모터에 공급되는 전류를 분석해 고장 원인을 사전에 진단하는 시스템이 가동되고 있다. 스마트 공장에서 AI 활용이 가장 활발한 분야인 'AI기반 설비 예지보전' 서비스는 AI를 활용해 산업용 설비의 고장과 장애 여부를 진단하고 예측하게 해준다.

국내 스마트 공장에 대한 정책 지원 현황

중소벤처기업부는 2019년 5월에 '스마트공장 보급사업 성과분석' 결과 발표를 통해 "스마트 공장을 도입한 중소기업은 평균적으로 생산성 30% 증가, 품질 43.5% 향상, 원가 15.9% 감소, 납기 준수율 15.5% 증가하는 등 경쟁력이 높아졌다"고 밝혔다. 또한 "매출이 증가(7.7%)하면서 고용이 평균 3명이 증가하였고, 산업 재해는 18.3% 감소하는 등 양질의 일자리를 창출하는 것으로 나타났다"고 발표했다.

동 조사는 2014년부터 2017년까지 스마트 공장을 도입한 5,003개 기업을 대상으로 분석하였으며, 조사 결과를 향후 스마트공장 정책 수립 기초자료로 활용하고 있다. 특히, 이번 조사는 기존에 수행했던 설문조사 방식에서 벗어나 기업데이터, 고용노동부 자료 등 행정 데이터를 적극 활용했고, 스마트 공장 미도입 기업 중 유사 조건을 가진 기업과 비교분석을 실시하여 신뢰도를 높인 것이 특징이다.

중기부는 스마트 공장 구축 지원 사업인 캠프 포털 사이트를 열고 공장 데이터 수집부터 분석, 클라우드 등 다양한 자원을 무료로 활용할 수 있는 사업을 확대하고 있다.

제조업은 우리나라 총 생산의 약 30%, 수출의 85%를 차지하는 우리 경제의 근간으로서 정부는 2017년 11월 '스마트 공장 보급 및 확산'을 8대 국가전략산업으로 선정하고 스마트 공장 분야에 가장 많은 예산을 투입하고 있으며, 2025년까지 3만 개의 제조 기업이 스마트 공장으로 변화하도록 지원할 계획이다. 2018년 4월에는 대기업의 스마트 공장 노하우를 중소기업에 전수할 수 있도록 '정부 매칭 시스템'을 도입했다.

또한 근로자 작업 효율과 안전 향상을 위해 로봇 등 자동화 설비를 비롯하여 위해탐지 및 저감장치 등 지원을 강화하고, 로봇 도입 비용을 최대 3억 원까지 지원하는 동시에 근로자 재배치를 위한 직무 개발과 교육도 지원하고 있다.

중소벤처기업부에서 주관하는 2021년 스마트공장 보급 정부지원 사업은 스마트공장의 보급, 확산, 사후관리 등 정책 전반을 '양적 보급 중심에서 질적 고도화로 전환' 하면서 단계별 구현 상황에 맞춰 상응하는 지원을 추진하고 있다.

스마트 공장의 단계별 구현 형태는 〈표 6-3〉과 같다.

미·중 무역 분쟁 심화, 세계 경제 부진, 인건비 상승 등 대내외 여건 악화로 어려운 상황에서도 국내 기업들은 스마트 공장 확대를 통하여 4차 산업혁명 시대를 주도해 나가고 있다.

중소기업기술정보진흥원은 AI·데이터 기반의 질적 고도화를 중심으로 스마트 공장을 지원하고 있으며, 2020년 말부터는 세계 최초로 AI·데이터 기반의 민관 합동 스마트공장 제조 플랫폼인 'KAMP (Korea AI Manufacturing Platform)'를 운영하고 있다. 코로나로 온라인·

표 6-3 스마트 공장 단계별 구현 형태

단계	단계별 구현 형태
1단계	수작업, 엑셀 정도의 프로그램을 활용하고 시스템을 갖추지 못한 상태
2단계	생산 이력 추적관리, 일부 공정 자동화 단계 기초적인 ICT를 활용해 생산 일부 분야의 정보를 수집, 활용하고 모기업 인프라 활용 등을 통해 최소비용으로 자사의 정보시스템을 구축하는 수준
3단계	광범위한 생산정보 실시간 집계 및 모니터링 단계 필요 정보를 최대한 자동으로 획득하고, 모기업과 고신뢰성 정보를 공유해 기업운영의 자동화 수준을 지향하는 수준
4단계	IT, SW 기반 실시간 자동 제어 단계 모기업과 관련 정보를 공유하며, 글로벌 계획 최적화와 제어 자동화를 기반으로 실시간 의사결정 및 제어형 공장을 달성하는 수준
5단계	IoT, CPS 기반 맞춤형 유연 생산 단계 사물과 서비스를 IoT, CPS를 통한 실시간 대화 체제를 구축하고, 사이버 공간상에서 비즈니스를 실현하는 수준

비대면 업무가 많아지고 해외 기업과 협력을 추진하는 데 애로가 많은 중소·벤처기업은 이 플랫폼을 통해 비대면 업무 효율을 향상시키고 디지털화를 촉진할 수 있다. 시공간 제약 없이 화상 회의실 서비스를 활용할 수 있으며 주 1회는 24시간 활용도 가능하다.

스마트 공장의 독일 사례

우리나라와 마찬가지로 제조업 분야의 비중이 큰 독일은 제조업을 기반으로 '인더스트리 4.0'을 추진하고 있고, 독일의 스마트공장 사례를 통해서 세계의 산업 지형 자체가 변하고 있음을 실감할 수 있다.

독일의 엔지니어링 회사 지멘스의 암베르크 공장은 '스마트팩토리'의 전형으로 유명한데, 2억 유로(약 2천 700억 원)가 넘는 비용을 들여 건설한 공장으로, 1,500만 개의 산업용 PC 제품을 생산함에도 불구하고 불량률이 10만 개당 1.1개꼴이라고 한다. 지멘스는 현재 산업용 PC 컨트롤러 약 1,000개가 생산부터 배송까지 가동되는데 24시간 안에 전 세계 6만 고객에게 배송될 제품을 생산하고 있다. 부품의 자동화 수송 시스템으로 소재를 창고에서 기계까지 이송하는 데 15분밖에 안 걸린다고 한다.

독일 폭스바겐에서 생산되는 자동차의 차체 안에는 RFID[3] 카드가 들어 있는데, 이 카드에는 고객 각자가 원하는 자동차 종류가 입력된다. 자동차 생산과정에서 RFID는 차의 색, 전륜 또는 후륜, 세단 또는 SUV 등으로 입력된 정보를 제작하고 있는 로봇에게 전파로 전달하고 로봇은 주문을 이해하고 그대로 만들어 준다. 차체에 어떤 RFID 카드를 가지고 있느냐에 따라 매번 다른 모습의 자동차가 생산된다.

03 스마트 농장(Smart Farm)

코로나가 퍼지자 식량 수출을 제한하는 나라가 나오고, 기상 이변의 일상화로 '국가안보산업'으로서의 농업에 대한 인식이 커지면서 스마트 농장에 대한 관심이 더욱 확산되고 있다.

스마트 농장은 사물인터넷, 빅데이터, AI 등의 기술을 이용하여 농작물, 가축 및 수산물 등의 생육 환경을 적정하게 유지·관리하고,

---

3) Radio Frequency Identification: 자동인식 기술의 하나로 초소형 반도체에 식별정보를 입력하고 무선주파수를 이용하여 먼 거리에서 정보를 인식하는 기술로 이 칩을 지닌 물체나 동물 등을 판독, 추적, 관리할 수 있다.

PC와 스마트폰 등으로 원격에서 자동 관리할 수 있어, 생산의 효율성뿐만 아니라 편리성도 높일 수 있다.

2016년 서울대 연구보고서에 의하면 스마트 농장을 운영했을 때 생산량은 27.9% 증가하고, 인건비와 병해충·질병은 각각 16%, 53.7% 감소하는 것으로 나타났다.

정보통신기술(ICT)을 활용한 스마트팜 기술을 통해 환경 정보(강수량·온도·상대습도·광량·이산화탄소·토양 등)와 생육 정보(수분량·질소량·병해충 상태·미생물 함유량 등)에 대한 정확한 데이터를 기반으로 생육 단계별 정밀한 관리와 예측 등이 가능하여 수확량, 품질 등을 향상시켜 수익성을 높일 수 있다. 또한, 노동력과 에너지를 효율적으로 관리함으로써 생산비를 절감할 수 있다.

예를 들면, 기존에는 작물에 관수할 때 직접 밸브를 열고 모터를 작동해야 했다면, 스마트 농장에서는 전자밸브가 설정 값에 맞춰 자동으로 관수를 할 수 있으며, 스마트폰을 이용해 비닐하우스 내부의 온도와 습도, 급수와 배수, 비료공급 등을 원격에서 제어할 수 있다.

또한, 토양 대신 영양분이 첨가된 물에서 수경 재배 방식으로 키우고, 햇빛 대신 LED(발광 다이오드) 빛을 쬐어주면 식물은 훨씬 효율적으로 영양분을 흡수할 수 있고 농부는 수확 시기를 조절할 수 있다. 특히 작물을 아파트처럼 수직으로 쌓아서 재배할 수 있기 때문에 동일한 농지 면적보다 수백 배 더 많이 수확할 수 있다.

처음에 스마트 농장은 온실이나 축사처럼 닫친 실내 공간에서 이뤄졌지만, 이제는 드론이 등장하면서 넓은 야외 농장까지 감당할 수 있게 됐다. 농약 살포 기능을 탑재한 드론은 항공 방제 분야에서 시간과 비용, 안전 등에서 이미 획기적인 효용성을 입증했으며, 앞으로는 파종에서 수확까지 전 생산 과정에 걸쳐 드론이 활약할 것으로 예상된다. 사물인터넷과 드론 기술이 융합해 미래 농업을 일구는 스마트 농장 시대를 앞당길 것으로 기대된다.

스마트 농장의 국내 사례

국내에서는 스마트 농장 기술을 개발단계에 따라 3단계로 구분하고 있다. 편리성 증진을 중점으로 하고 있는 1단계, 생산성 향상을 목표로 하는 2단계, 무인화·자동화시스템을 구현해 스마트 농장 전 과정의 통합제어 및 생산관리를 가능케 하는 수준을 목표로 하는 완전 자율형인 3단계로 구분하고 있다.

현재 국내 스마트 농장의 수준은 주로 1~2단계로 3단계로 조기 진입하기 위해 농림축산식품부는 '스마트팜 혁신밸리'를 조성하여 '보육센터', '청년임대형 스마트팜', '스마트팜 실증단지'를 핵심시설로 추진하여 스마트 농장의 집적화 및 농업인·기업·연구기관 간 시너지를 창출하는 거점으로 활용할 계획이다.

농림축산식품부가 스마트 농장 확산의 거점으로 조성하는 스마트팜 혁신밸리는 스마트 농장에 특화된 청년농을 육성하고, 스마트 농장 기자재 연구 및 실증 기능을 집약한 공간을 뜻한다. 2021년 중 경북 상주와 전북 김제에, 2022년도에는 경남 밀양과 전남 고흥에 스마트팜 혁신밸리를 운영할 예정이다.

한국생산기술연구원은 스마트폰 기반의 환경 계측·제어 기술로 인터넷망 없이도 스마트폰 사용이 가능한 곳이면 어디든 활용할 수 있는 스마트 팜 기술을 개발해 상용화하였고, 경기도 화성시에 있는 포도농장 70곳이 이 시스템을 적용하고 있다.

SK텔레콤은 제주도 서귀포와 경북 성주지역에 농업과 인터넷 연결로 과학 영농을 실현한 지능형 비닐하우스 관리 시스템을 구축하고, 세종시에서도 대규모 스마트 팜 서비스를 제공하고 있다. 해당 영농인들은 이러한 스마트팜 기능을 활용하여 국내·외 여행 등으로 현장에 없더라도 농작물의 관리가 가능하다.

우리나라는 쌀 소비량이 꾸준히 감소하고 있다, 쌀 대신 다른 작물에 대한 수요가 높아져 농지범용화가 필요하다는 목소리가 높다. 실제 1970년에는 1인당 연간 쌀 소비량이 136.4kg이었는데, 50년이 지난 2019년에는 59.2kg로 크게 줄었다. 농지범용화 사업이 성공하면 밭작물을 선호하는 청년 농부 유입에도 도움이 될 전망이다.

농어촌공사는 벼농사 하나일 때보다 밭작물을 재배할 때 소득이 최대 3배 높다는 점을 감안하여 현재 2km² 규모의 범용농지를 오는 2030년에는 스마트 농장을 포함하여 80배 많은 161km²까지 늘릴 계획이다.

산지 농산물은 도매시장을 거쳐 소매시장으로 재분산되는 복잡한 유통 과정을 거치면서 많은 물류비용과 신선도 하락이 고질적인 문제점으로 지적되어 왔다. 이런 문제를 해결하기 위해 도심 속 지하철 역사 안이나 방치된 지하상가, 유휴공간에 스마트 농장이 속속 등장하고 있다.

서울 남부터미널역 지하상가에는 스마트팜 기업인 '넥스트온'이 2021년 1월 완공한 1,652m²(500평) 규모의 스마트팜에서 보랏빛 LED 조명 아래 채소가 자란다. 5단 수직 농장으로 실재배 면적은 2,500평이며, 연간 100여 톤의 상추와 허브를 수확한다. 농장 안에는 최대 200kg까지 운반 가능한 AI 자동화 로봇도 도입했다.

스마트팜 기업 '팜에이트'는 총 1,200여 평에 달하는 평택 본사의 스마트팜과 천안 농장 등에서 하루 1.5톤 이상의 샐러드 채소를 생산한다. 이 채소는 매일 서브웨이, KFC, 버거킹 등 프랜차이즈 업체들과 아워홈, 위메프, 쿠팡 등에 납품된다.

스마트팜 기업 '엔씽'은 2020년 6월 이마트 여덟 점포에 로메인 상추, 버터헤드, 바질 등 채소를 이틀에 한 번씩 납품하고 있으며,

글로벌 시장에도 진출에 성공했다. 엔씽은 2020년 아랍에미리트 사리야 그룹과 300만 달러 규모의 컨테이너 농장 구축 계약을 맺었다. 핵심 키워드는 수직·수경 재배다. 컨테이너 안에 수경재배 스마트팜 설비를 갖추고 수직 수평으로 확장할 수 있도록 했다.

스마트팜의 재배 작물은 LED(유기발광 다이오드)로 광합성하고, LoT 기술로 온도, 습도 등 생육 환경을 관리한다. 컨테이너 농장 내부는 멸균 상태를 유지해 병충해 문제가 없다. 환경적 측면에서는 농약이나 살충제를 사용하지 않는다는 점, 노지 재배보다 물을 98% 적게 사용하는 점이 강점이다.

스마트 농장의 해외 사례

외국에서도 농업생산 분야에 AI를 활용하기 위한 연구가 활발하게 진행되고 있다. 구글(google)은 가까운 시일 내 상용화를 목적으로 AI 기술을 적용한 과일 수확 로봇이나 자동 분사 드론을 연구 중이며, 미래의 여러 가지 신기술을 개발하고 있는 구글의 연구소 구글엑스(Google X)는 AI를 통해 식량 생산에 영향을 미치는 기후변화를 분석하고 이를 패턴화 시켜 해충이나 재해를 사전에 차단하는 기술을 연구중이다.

듀폰(DuPont)은 농장관리 소프트웨어 벤처인 그래뉼러(Granular)를 인수하고 농사에 큰 경험이 없는 농민들도 최적화된 의사결정을 내릴 수 있게끔 도와주는 서비스를 개발하였고, 미국 MIT 미디어랩은 식물 재배에 필요한 주요 환경 요소를 인위적으로 구현해 채소의 미세한 맛과 색감까지 조절하는 '푸드 컴퓨터'기술을 연구 중이다.

미국의 앱하비스트(AppHarvest)는 실내 수경재배(흙 없이 작물을 키우는 농법) 전문기업으로 AI와 IoT, 로봇, 드론과 같은 최첨단기술을 접목해 생산성을 극대화하고 첨단 농업을 추구하는 '수직 농업

(Vertical Farming)'의 대표적 기업이다.

수직 농업은 공장형 온실에 작물을 심은 여러 개의 판을 아파트처럼 높게 쌓아 올려 운영한다. 온실 내 온도와 습도, 일사량 등의 기후 조건은 센서와 LED 조명을 통해 자동 조절된다.

영국 식품유통매체 더그로서(The Grocer)는 "수직 농법의 상추 재배량은 $1m^2$당 100kg으로 일반 밭(3.9kg)의 25배에 달한다"고 밝힌 바 있다. 케임브리지대 연구진은 기계 수확이 어려운 양상추 수확용 로봇 '배지봇(Vegebot)'을 발표했고, 플리머스대에서 창업한 필드웍로보틱스는 하루에 나무딸기 2만 5,000개 이상을 수확할 수 있는 수확 로봇 '로보크롭(Robocrop)'을 개발했다.

벨기에 옥티니온사는 로봇 '루비온(Rubion)'이 집게손가락으로 하루 360kg의 밭딸기를 수확했다고 밝혔다. 사람은 하루 50kg 수확에 그친다.

네덜란드 농업은 빅데이터를 바탕으로 작물과 가축을 키우는 'AI 농장' 시대로 도약하고 있다. 네덜란드 남부 패닝엔에 소재한 축사 제조업체 팬콤(Fancom)은 사육부터 출하까지 완전히 자동화된 축사를 제공한다. 환기시스템은 축사 내부의 온습도에 따라 환기를 자동으로 조절하고, 천장에 설치된 적외선 카메라는 돼지의 부피를 알아서 측정한 뒤 무게를 추산해 기록한다. 농민이 축사에 들어가는 횟수가 줄어 전염병 발생도 크게 준다.

중국 정부도 식량안보, 물가안정, 식품안전, 탈빈곤화 사업 등의 다양한 목적을 위해 스마트 농장을 적극 지원하고 있다. 더욱이 미·중 무역 분쟁으로 미국산 대두의 수입대체선 확보가 시급해진 중국 입장에선 식량 안보의 중요성이 커지면서 스마트농장 육성 필요성이 더욱 높아졌다.

일본 IT 스타트업 팜노트가 개발한 '팜노트 컬러'는 소의 목에 거는 웨어러블 기기로 전후, 좌우, 상하 움직임을 감지해 소의 운동량, 되새김질, 휴식 여부 등 300여 가지에 달하는 정보를 파악한다. 특히 소의 발정 여부를 파악하는 데 도움을 줘 교배 건수가 이전보다 10% 정도 늘었다고 한다.

세계농업 AI 대회 결과

농업의 영역, 특히 농업 생산 분야에서 AI가 인간의 능력보다 뛰어난 결과를 도출할 수 있다는 메시지를 던져주는 사례가 있다. 바로 2020년 6월 한국을 비롯해 중국, 일본, 유럽 등 전 세계 21개팀 200여명이 참가한 '제2회 세계 농업 AI 대회'가 보여준 결과이다.

동 대회는 네덜란드 바헤닝언 대학(Wageningen University)에서 주최하고 중국 IT기업 텐센트가 후원하였다. 먼저 대회 진행방식을 살펴보면, '방울토마토'를 품목으로 선정하여 가상농장에서 컴퓨터 시뮬레이션으로 재배하는 예선을 치르고, 5개팀을 선발한 뒤 6개월간 실제 방울토마토를 재배하여 모양과 당도, AI 전략·수확량·지속가능성 등을 평가하는 방식으로 이루어졌다.

대회 과정 중에 참가팀들은 토마토 재배를 위해 유리온실을 짓는 단계까지만 직접 개입이 가능하고 온실공사가 완료된 이후는 직접 방문하지 않고 AI를 활용하여 원격제어를 통해서만 재배에 참여할 수 있다. 본선 진출 팀 중 네덜란드팀 중 1개팀은 지난 대회 2위를 차지한 인간 농부팀으로 구성하여 AI 팀과 경쟁하는 방식으로 진행되었다.

한국팀도 예선과정을 거쳐 본선에 진출했는데, 본선에 오른 나머지 4개팀은 1회 대회에도 출전한 경험이 있으나 국내 참가팀은 이번이 첫 참가였다. 동 대회에서 국내팀은 유리온실을 기반으로 품질부분에서 1위, 종합평가에서 3위의 성적을 거두었다.

주목할 만한 결과는 참가팀 중에는 네덜란드 방울토마토 최고 생산량과 품질을 자랑하고 지난 대회 2위를 차지했던 인간 농부팀이 본선 최하위로 AI팀에 패배했다는 점이다. 1회 대회 때만 해도 인간팀은 2위의 성적으로 AI팀보다 어느 정도 우위에 있음을 보여주었으나, 일년이 지난 2회 대회에서는 최하위를 기록하여, 스마트 농장 분야에서 인공지능이 인간의 재배노하우를 넘어서는 성과를 달성할 수 있다는 사례를 보여주었다는 점이다.

이번 대회에서 국내 참가팀인 '디지로그'가 세계와 경쟁하여 얻은 성과는 그동안 국내 스마트팜 기술수준이 성장했다는 증거이며, 농업분야에서도 AI와 빅데이터 등 융복합 기술창업 활성화의 필요성 및 성공 가능성을 제시해준 사례로 주목할 만하다. 컴퓨터가 인간의 지능적인 행동을 모방할 수 있도록 발전하고 있는데 농업 생산 분야에서도 AI의 적용 가능성과 사업화 가능성을 보여주었다는 점에서 큰 의의가 있다.

04 스마트 홈(Smart Home)

스마트홈에 대한 정의는 각국의 정책에 따라서 또는 기술과 서비스에 따라서 각기 다르며, 여기서는 한국스마트홈산업협회에서 내린 정의를 인용한다. 스마트홈이란 "주거 환경에 IT를 융합하여 국민의 편익과 복지증진, 안전한 생활이 가능하도록 하는 인간 중심적인 스마트 라이프 환경"으로 정의한다. 여기서 주거 환경은 가전기기, 보안기기, 스마트폰 등 가정 내에서 사용하는 모든 기기와 주거지에 설치되어 있는 각종 센서, 월패드[4], 각종 미터기 등을 모두 포함한다. 이런 주거 환경에 IT가 융합되면 스마트 워크, 스마트 케어, 스마트 그리드[5] 등의 새로운 서비스가 창출된다. 최종적으로 이런 서비스로 부터 거주자는 편익 증대, 복지 증진, 안전한 생활을 추구할 수 있다.

스마트홈에서는 퇴근해 집 현관 앞에 도착하면 비밀번호를 누르거나 열쇠를 찾을 필요가 없어진다. 스마트도어가 안면 인식이나 내장된 칩셋을 통해 신원을 확인하고 문을 자동으로 열어준다. 택배가 오면 택배기사에게 일회용 QR를 보내고, 택배기사는 QR코드로 현관에 접근하여 택배 보관함에 물건을 넣는다.

냉장고 안을 들여다보며 저녁에 뭘 먹을지 고민도 줄어든다. 삼성 전자의 '2020년형 패밀리허브 냉장고'는 내부 식재료 현황을 자동으로 파악하고 기호에 맞는 맞춤형 레시피를 일주일 단위로 추천한다. 식재료가 부족하면 온라인에서 추가로 구입할지도 묻는다. '삼성봇 셰프'는 로봇팔을 이용하여 요리도 돕는다.

이렇듯 스마트홈은 가전·조명·에너지관리·보안·냉난방·홈엔터테인먼트 등을 비롯해 다양한 스마트기기들과 ICT기반의 홈네트워크를 연동시킨 융합기술(모니터링, 제어, 원격 조종 기술 등)이 발전되어 삶의 질을 높이는데 일조한다.

---

4) Wall Pad: 가정의 주방이나 거실 벽면에 부착된 형태로 존재하는 홈 네트워크 핵심 기기로 보통 5~15인치 정도 크기의 화면과 몇 개의 버튼으로 이루어져 있으며 대부분 터치스크린 방식이다. 기능은 기본 도어 폰이 제공하는 기능 이외에도 방범, 방재, 가전·조명 기기 제어를 비롯하여 다양한 부가 기능을 제공할 뿐 아니라 아파트 세대 간 화상 통화, 인터넷 접속, TV 수신 등의 기능을 제공하는 제품도 출시되고 있다.
5) Smart Grid: 기존의 전력망에 정보통신기술(ICT)을 접목해 전력 공급자와 소비자가 양방향으로 실시간 전력 정보를 교환함으로써 에너지 효율을 최적화하는 차세대 지능형 전력망을 뜻한다. 전력 소비가 많은 시간에 전기를 사용하면 비싼 가격을 내고, 적은 시간에 사용하면 저렴하게 쓸 수 있는 '시간·계절별 차등 요금제'를 기반으로 하고 있다

스마트홈 국내 사례

KT는 스마트폰을 활용한 주택 방범, 전력제어, 검침 등이 가능한 스마트홈 서비스를 제공하고 있으며. 원격지에서도 거주자가 스마트폰으로 KT 사물인터넷 플랫폼을 통해 실시간으로 댁내 환경을 모니터링 할 수 있다. 또한 간단한 스마트폰 작동을 통해 전등, 출입문 등을 제어할 수 있고 실시간 침입 및 화재 경보 수신으로 스마트 원격관제 서비스도 가능하다.

삼성전자는 스마트폰 애플리케이션과 스마트홈 허브를 통해 여러 가전제품을 연결해주는 IoT 플랫폼 개발 스타트업인 스마트싱스(SmartThings)를 인수하였다. 스마트싱스는 앱을 통해 냉장고, 에어컨, 세탁기, 로봇청소기 등 가전제품을 모니터링하고 제어할 수 있다.

LG전자가 개발한 'LG씽큐 홈 컨시어지(스마트미러)'는 가족이 집 어디에 있는지를 알려 주고 가전제품의 작동상태와 집안 전체의 에너지 소비량을 감시하며 조절한다. 이 스마트미러로 집안의 모든 스마트 가구와 가전제품을 원격 조종할 수 있다.

국내 스타트업 '모닛'은 아기의 기저귀에 부착해 사용하는 '스마트 기저귀 알람'을 출시했다. 아이가 소변을 보면 부모의 스마트폰에 교체 알람이 울린다.

GS건설이 출시한 스마트홈 시스템 '자이 AI 플랫폼'이 아파트 단지에 적용되면 각 가정에서 모든 전자 기기를 스마트폰이나 음성으로 제어할 수 있게 된다. 또 GS건설은 기존 카카오 미니 음성인식 연동에 이어 'SKT 누구', 'KT 지니', 'LG 클로이', '네이버 클로바', '아마존 알렉사'까지 국내에 출시된 주요 AI 스피커 연동을 완료했다. 자이 아파트 입주민이면 통신사와는 관계없이 누구나 '자이 AI 플랫폼'을 사용할 수 있다는 뜻이다.

식품의약품안전처는 불량식품 경고나 식중독 조기 경보 등의 식품 관련 정보를 실시간 제공하여 식품 회수와 판매중지 여부, 외국산 위해식품 등 분야별 위해 정보를 알 수 있어 사용자는 안심하고 식재료를 구매할 수 있다. 이렇듯 사물인터넷 기술들은 스마트홈 환경에서 다양한 형태로 적용되어 거주자 삶의 편의성을 향상시켜 준다.

스마트홈을 위한 표준 플랫폼의 등장

스마트 환경의 편리함에도 불구하고 아직까지 수익 창출을 위한 뚜렷한 비즈니스 모델이 없고 기술 확산이 더딘 이유 중 한 가지는 표준화된 단일 플랫폼이 없기 때문이다. 위에 예로든 여러 경우만 보더라도 각각 자사에 특화된 사물인터넷 플랫폼을 사용하여 서비스를 제공하고 있으며, 타사와 호환이 되지 않는다. 삼성 냉장고와 호환을 하기 위해서는 삼성에서 만든 센서가 필요하며 결국에는 스마트홈 가전기기를 모두 단일 회사로 교체해야 원활한 스마트홈 서비스를 이용할 수 있다.

이런 문제점들을 해결하고자 스마트홈에 적용 가능한 사물인터넷 표준 플랫폼이 개발되었으며 현재 가장 많이 사용되는 플랫폼은 oneM2M[6]을 비롯하여, 사물인터넷 민간국제표준단체인 OCF(Open Connectivity Foundation), DLNA[7] 등이다. 앞으로 이들 플랫폼에서 제공하는 스마트홈 서비스에 대해서 검토·분석하여 제조사가 자사의 서비스에 적합한 사물인터넷 플랫폼을 선택하면 될 것이다.

---

6) one Machine-To-Machine: 원엠투엠(oneM2M)에는 세계 표준화 단체인 한국정보통신 기술협회(TTA)를 비롯한 세계 통신 관련 기관들이 중심이 되고 이에 속한 수많은 기업과 연구 기관, 대학 등이 참여하고 있다. 협력체는 공통 M2M 서비스 플랫폼 표준 개발을 위한 사용 예(Use Case) 및 요구 사항, M2M 단말·모듈 측면의 공통 사용 예 및 인터페이스 등의 업무를 추진한다.
7) Digital Living Network Alliance: 소니가 2003년 6월에 설립한 비영리 단체로, 모바일, 가전 기기, PC, 서비스 제공자 산업의 250개 이상의 회사와 연계하고 있다.

구글의 네스트 플랫폼은 네스트 랩스(Nest Labs)라는 학습형 온도조절기로 집주인의 생활 패턴뿐만 아니라, 외부의 온도, 날씨 정보를 활용하여 사용자에게 최적의 집안 온도를 제공하는 제품이다. 화재경보기의 역할도 수행하며 연기나 일산화탄소를 감지하면 자체 알람 소리와 동시에 스마트폰으로 상황 정보를 전송한다.

구글 네스트 플랫폼에 연결할 수 있는 제품들은 자동온도조절기와 화재경보기 외에도 원격 카메라인 Nest Cam, Dropcam, Dropcam Pro 등이 있으며 필요시 원격에서 집안의 온도 조절이나 화재 발생 등 집안의 상황 감시가 가능하다.

구글, 샤오미 같은 기존 대기업부터 전문 스타트업을 포함한 다양한 기업들은 사물인터넷과 AI 기술을 활용한 베이비 테크 제품을 출시하면서 스마트홈의 환경 조성에 많은 도움을 주고 있다. 최근에는 각종 첨단 육아 보조 기기들이 쏟아지면서 초보 부모의 고민을 덜어주고 있다. 영·유아의 몸 상태를 측정해 스마트폰 앱으로 부모에게 알리는 모니터링 장비부터 임산부를 위한 태아 관리 제품, 모유 수유를 도와주는 제품 등이 다양하게 나오고 있다.

05 스마트 상점(Smart Shop)

코로나19의 영향으로 인터넷과 모바일 쇼핑의 확산이 가속화되면서, 오프라인 매장에서의 판매는 더욱 위축되고 있다. 일과 삶의 균형(워라밸)이라는 시대적 흐름에 따라 직장인의 저녁 회식은 계속 줄어들고, 대면 거래가 위축되면서 도심의 자영업은 갈수록 어려움을 겪고 있다.

우리나라 자영업은 너무 과밀한 구조로 되어 있어서, 특정 업종, 특히 외식업 등에 편중되는 현상은 매우 심각한 수준이라 할 수 있다. 자영업 스스로도 점포 운영 고정비와 판매 원가를 줄이는 등 쉼 없는 혁신과 노력이 필요하며, 이와 함께 정부의 지원 대책이 어우러져야 튼튼한 자영업과 장수기업이 만들어질 것이다.

자영업의 어려운 환경을 개선하기 위해서 얼마 전 정부 대책 가운데 눈에 띄는 것이 '간편결제(제로페이) 서비스'다. 스마트폰과 간편결제 앱을 활용하여 젊은 소비자와 전통시장의 판매자가 직접 결제하게 된다면, 중간 단계가 없어져서 판매자의 수수료가 최소화된다.

무인 매장의 확산

더 나아가 AI는 오프라인 매장을 똑똑하게 만드는 것을 넘어 점원 없이 운영되는 무인점포의 등장을 활발히 유도하고 있다. 미국의 아마존이 처음으로 무인매장 '아마존고(Amazon Go)'에서 일반인 고객을 대상으로 영업을 시작했다. 고객이 스마트폰을 출입구에 찍고 무인점포에 입장하면, 매장 내부에 설치된 보안 카메라와 센서는 매장 내 고객의 동선을 실시간으로 파악한다. 상품을 고른 고객은 나갈 때 스마트폰을 찍는 방식으로 결제와 동시에 매장에서 나갈 수 있다.

이러한 아마존의 아성도 이름조차 생소한 쇼핑 플랫폼 '쇼피파이'에 흔들리고 있다. 쇼피파이(Shopify)는 매달 29달러를 내면 소상공인과 기업에게 온라인 쇼핑몰 개설부터 마케팅·주문처리·결제를 지원해주는 IT 서비스 업체다. 아마존의 30%에 이르는 입점 수수료 압박에 불만을 품은 소상공인들을 흡수하며 덩치를 키웠다. 2020년

블랙프라이데이 시즌 쇼피파이 이용 업체들의 매출은 51억 달러로 같은 기간 아마존에 입점한 업체들의 매출(48억 달러)을 넘어섰다.

중국의 '징둥'은 고객의 얼굴을 인식해 자동으로 결제하는 단말기와 스스로 고객의 뒤를 따라다니는 자율주행 카트 등 첨단기술을 적용한 무인점포를 운영하고 있다. 이 시스템이 도입되면서 장바구니를 들고 다니거나 카트를 밀고 다닐 수고를 덜 수 있다.

국내에서는 신세계가 운영하는 24시간 무인 편의점인 '이마트24'를 비롯하여 세븐일레븐, 롯데마트, CU, 미니스톱 등 미래형 무인점포들도 속속 문을 열고 있다.

현대백화점은 여의도 더현대서울에 무인 매장 '언커먼스토어(uncommon store)'를 설치했다. QR 코드를 찍고 매장에 들어가면 매장에 설치된 40대의 AI 카메라와 150개 무게감지 센서가 고객이 고른 상품을 파악한다. 고객이 제품을 들고 매장을 나가면 스마트폰 앱에 등록된 결제 수단으로 자동 결제가 된다.

온라인 거래와 맞춤형 서비스

매장에 좋은 상품을 가져다 놓는 것만으로 오프라인 매장을 활성화하는 것은 더 이상 역부족인 것이 현실이다. 그만큼 온라인 유통을 지배하는 이커머스의 저력이 만만치 않다. 쿠팡만 보더라도 판매 중인 상품 수는 대형마트를 뛰어넘었고 가격측면에서도 큰 차이를 느끼지 못할 정도다. 게다가 계산대 앞에서 길게 줄을 서는 수고도 들일 필요 없이 빠르게 집 앞까지 배달해주는 장점도 있으니 이용객이 늘 수 밖에 없다.

이처럼 오프라인 유통이 어려움을 겪고 있는 가운데 온라인에서는 경험하지 못한 개인 맞춤형 서비스를 도입하여 대응하는 곳도 나타나고 있다. 최근 이마트의 수산물·정육 코너는 소비자들이 원하는 방식으로 상품을 제공하고 있다. 고객의 취향을 존중하고 수고를 덜어주자는 차원에서 상품구매 시 고객이 원하는 방식대로 생선을 토막 내서 판매하고 있다. 가령 고등어는 '구이'나 '조림' 등 조리 방법 또는 소비자 취향에 따라 요구되는 커팅 방식이 다르다.

또한 매장 곳곳에 시각적 정보를 담은 안내판을 설치해 고객에게 알짜 정보를 주는 '정보 강화형' 매장으로 탈바꿈하는 모습이다. 진열대 곳곳마다 관련 상품들의 요리방법, 손질하는 법, 보관법 등을 알려주는 모니터를 설치했고 이를 늘려 나가고 있다.

CJ제일제당은 2019년 새롭게 개편한 'CJ더마켓'을 통해서 일부 품목에 한정됐던 정기 배송 전용 상품을 대부분의 상품으로 확대하고, 소비자는 원하는 날짜에 상품을 배송 받을 수 있도록 했다. 동원그룹도 급성장하는 가정간편식 시장에서의 지배력 강화를 목적으로 온라인 반찬 마켓인 '더 반찬'을 따로 운영 중이다.

대상은 '정원e샵'을 통해 청정원·웰라이프·종가집·초록마을 등에서 약 1000개에 달하는 자사 제품을 판매 중이며, 유료 회원제를 도입해 다양한 할인 혜택을 제공하고 있다. 특히 해외여행 시 가지고 갈 김치나 고추장 같은 제품을 공항까지 배송해 주는 '공항 배송' 등도 선보이며 차별화된 전략을 펼치고 있다.

도매영업에서도 AI의 활용은 큰 도움을 준다. 동대문 패션시장은 반경 2km 안에서 디자인·생산·유통이 다 이뤄지며 이 안에서 일하는 직원들만 17만 명, 연간 거래액은 15조 원에 달한다. 규모만 컸지 체계적인 거래 시스템이 없는 이 시장에 젊은 스타트업들이 진출하면서 디지털 혁신을 끌어들이고 있다.

'초고속 옷 배송'을 내세운 소매 앱 '브랜디'는 잠들기 전에 옷을 주문하면 눈을 뜰 즈음엔 옷 배송이 완료돼 유명해졌다. 의류산업에서는 재고가 수익과 직결된다. 브랜디의 AI는 동대문 물류·배송 데이터를 통해 언제 어떤 옷이 얼마나 팔리는지를 쉽게 분석해낸다. 미국 최대 온라인 쇼핑몰인 아마존이 쓰는 수요 예측 시스템과 비슷한 방식이다. 데이터가 늘어날수록 수요예측이 정밀해져서 98% 가까이 정확도가 올라간다고 한다. 브랜디는 소비자가 가입할 때 연령대를 입력하면 AI를 통해 나이에 어울릴 법한 옷을 추천도 하고 있다.

동대문시장의 원단도 가상공간에 입점했다. 스타트업 '패브릭타임'은 동대문시장 원단 20만 개를 데이터베이스로 만들어 미국, 프랑스 등 52개국에 수출하는 업체로, 최근 자사가 취급하는 원단 600여 종을 디지털 상품으로 만들었다. 외국 바이어는 실제 샘플을 우편으로 받아보지 않아도 디지털 샘플을 구입해 3D(3차원)의 영상 의상을 제작해 볼 수 있다.

스마트 상점에 대한 정책지원 사례

중소벤처기업부가 '최우수 스마트상점'으로 선정한 경남 김해의 치킨집 '디떽'에서는 로봇이 치킨을 튀긴다. 튀김 반죽을 입힌 닭고기를 철제 바구니에 담고 '조리' 버튼을 누르면 로봇팔이 바구니를 들어 기름에 담근다. 로봇은 닭다리, 날개 등 부위별로 튀기는 시간을 달리해서 정확한 시각에 건지기 때문에 항상 바삭하고 균일한 맛을 낸다. 2019년 6월 로봇을 도입한 이후, 한 달여 만에 매출이 50% 늘고 손님은 3배로 늘었으며 두 명이던 직원도 네 명으로 늘었다고 한다.

소상공인시장진흥공단(이하:소진공)은 사물인터넷과 가상현실(VR)·증강현실(AR) 등 AI 기술을 소상공인 경영현장에 접목해 영업 현장의 서비스와 마케팅을 혁신하는 '소상공인 스마트상점 기술 보급 사업'을 도입해 중점적으로 추진하고 있다. 전국 주요 상권에 스마트 상점을 육성하는 '스마트 시범상가'를 조성하고, 상가 안의 소상공인 점포의 업종과 특성에 맞는 스마트 기술을 도입했다.

소진공은 2020년 한 해 전국에 55곳의 스마트 시범 상가를 조성하고, 4,025개의 스마트 상점을 육성했다. 소상공인 상점에 비대면(모바일, QR코드 등)으로 주문하고 결제가 가능한 스마트 오더, 디지털 메뉴 보드 등 총 23개의 신기술 도입도 지원하고 있다. 이 밖에도 지자체 추천 등을 통해 스마트 미러, 키오스크, 서빙 로봇 등 230개의 스마트 기술을 발굴하고 분야별·업종별로 적용 가능한 정보를 제공하고 있다.

중소기업유통센터는 비대면 소비문화가 확산하고 있는 가운데 중소벤처기업부와 함께 중·소상공인을 대상으로 '라이브 커머스' 지원 사업을 운영하고 있다. 라이브 커머스는 온라인 플랫폼의 실시간 스트리밍 서비스를 통해 상품을 소개하고 구매하는 새로운 유통방식이다. 온라인의 편리함을 그대로 유지하면서, 오프라인 매장에서 구매하듯 판매자와 실시간 소통하며 소비자의 참여를 극대화했다.

하이퍼로컬(Hyperlocal)

코로나 장기화로 사람들의 생활반경이 좁아지고, 동네 반경을 중심으로 한 서비스가 늘면서 범위가 좁은 특정 지역에 맞춘 하이퍼로컬(Hyperlocal)이라는 개념이 주목받고 있다. 하이퍼로컬 서비스를 주도해 온 당근마켓은 매매·세탁·이사·구인구직 같은 다양한 분야의 업체들과 제휴해 서비스 범위를 넓히고 있다. 예를 들면 당근마켓 앱 안에서 편의점 GS25의 할인 정보를 실시간으로 제공하면서 이용자 주변에 있는 GS25에서 떨이 상품을 판매하면 알려주는 식이다. 세탁 스타트업 '세탁특공대', 청소·이사 스타트업 '미소', 반려동물 돌봄 스타트업 '펫트너' 등도 당근마켓에 참여했다.

당근마켓이 주도하던 국내 하이퍼로컬 시장에 네이버도 2021년 3월에 본격적인 동네시장 공략을 시작하면서, 주변 재래시장에서 온라인으로 장을 볼 수 있는 '동네 시장 장보기' 서비스를 출시했다. 하이퍼로컬이 급부상하는 중에 반찬 스타트업 '슈퍼키친'은 서울 마포·강남 등 아파트 단지 중심으로 오프라인 반찬 가게를 33곳까지 늘렸다.

하이퍼로컬 서비스는 전 세계적으로 확산하는 추세이다. 미국의 하이퍼로컬 스타트업 '넥스트도어'는 동네를 기반으로 중고거래와 부동산·구인구직·가게 광고 같은 콘텐츠를 제공하는 업체로, 2021년 초 한파로 인한 정전·단수에 생활 필수품마저 부족해지자 사람들이 몰려든 곳이다. 넥스트도어는 자신이 갖고 있는 마스크와 생필품을 나눠 주는가 하면, 건강 정보를 공유하기도 했다. 미국 4가구당 1가구꼴로 넥스트도어를 이용할 정도다.

영국에서는 남은 식자재와 중고 물품 등을 이웃과 공유하는 서비스 '올리오'가 인기라고 한다.

중국에서는 같은 아파트 주민끼리 단체 채팅방을 만들어 공동으로 물건을 사는 '커뮤니티 공동 구매'가 새로운 트렌드로 급부상하고 있다.

농산물과 식료품 공동 구매가 주력인 인터넷 쇼핑몰 '핀둬둬(拼多多)'는 사람이 많이 모이면 50%까지 가격을 깎아주는 전략으로 대성공을 거뒀다. 핀둬둬에서는 상품 기획자 역할을 AI가 대신하고 있으며, 고객 개개인의 취향에 맞춰 상품을 추천하기 때문에 모바일 앱 화면이 사람마다 다르다. 창업한지 6년에 불과한 핀둬둬는 중국 소비시장의 절대 강자로 군림하던 2020년에 알리바바의 이용자 수를 추월하는 기적을 이뤘다.

7장

AI 경영의
발전 방안

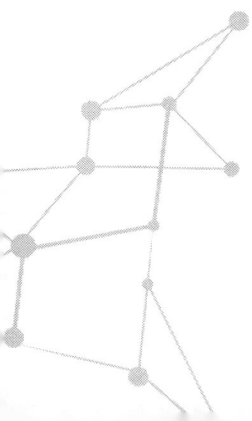

AI를 통한 초연결 사회의 구현

4차 산업혁명은 사람과 사물, 사물과 사물이 글로벌 차원에서 연결되는 초고속인터넷과 함께 기술과 기술의 융합, 제조와 서비스의 융합, 온라인과 오프라인의 융합, 하드웨어와 소프트웨어의 융합이 이뤄지면서 기하급수적인 변화를 만들어내고 있다.

우선 변화가 격심한 4차 산업혁명시대에 살아남으려면 미래예측을 위한 노력에 지금보다 훨씬 더 많은 관심을 기울일 필요가 있다. 과거에는 미래 예측을 하지 않아도 변화 자체가 크지 않았기 때문에 한 우물을 파고 열심히만 하면 생존이 가능했다. 그러나 이제는 변화가 너무 급격해서 제대로 대응하지 않으면 생존 자체가 어려운 상황이다.

이러한 문제를 극복하기 위해서는 CEO 자신이 미래변화에 대해 부단한 학습을 할 뿐만 아니라 임직원들도 기하급수적인 변화의 양상을 예측하고, 예상되는 시나리오와 대응방안에 대해 정기적으로 토론을 하고 공유하는 방식 등의 도입을 추진해야 한다.

또한 4차 산업혁명의 본질이 연결과 융합에 있다는 사실을 바탕으로, 변화 대응방식에서 경영 주체의 내부와 외부의 자원을 최대로 동원하고 활용하는 오픈 마인드와 오픈경영이 필수불가결하다. 미래변화에 대응한 전략을 수립하면 즉시 실행에 옮겨야 한다. 격변의 시대에는 치밀한 전략을 세웠어도 우물쭈물하면 순식간에 타이밍을 잃는 경우가 많기 때문이다.

래리 페이지(Larry Page) 구글 CEO는 "느리면서 좋은 의사결정이란 없다. 빠르면서 좋은 의사결정이 있을 뿐이다"라고 말한다. 기하급수적 변화가 일어나는 격변의 시대에는 스피드경영만이 생존과 성장의 전략이 될 수 있다.

4차 산업 열풍은 기업의 경영활동뿐만 아니라 우리의 일상적인 생활과 소비자들의 쇼핑 행동을 혁신적으로 바꾸고 있다. 특히 코로나 팬데믹으로 모든 인적·물적 서비스가 언제 어디에서나 실시간으로 연결되는 초연결사회가 도래하면서 상거래 및 유통환경도 기존의 유통 방법과는 완전히 다른 세상으로 진화하고 있다.

블록체인 네트워크의 도입이 좋은 예이다. 여러 대의 컴퓨터가 데이터의 원본을 나눠 소장하고 있어 기존처럼 중앙서버에 데이터를 통째로 보관할 때보다 훨씬 안전하다. 또한 블록체인 네트워크에 참여하는 컴퓨터 간 정보 공유가 가능해 불필요한 서류 제출을 없애는 등 업무 효율성을 크게 높일 수 있다.

환자가 병원을 옮길 때도 서류를 일일이 작성하거나 엑스레이를 다시 찍지 않아도 된다. 병원 간 환자 정보가 공유되기 때문이다. 블록체인 기술이 본격적으로 도입되면 경영관리 면에서나 행정 서비스 이용이 매우 간편해질 것이다.

AI 경영의 확산 추세

지금은 4차 산업혁명의 핵심이라 할 수 있는 AI 기반의 글로벌 경쟁 시대라 할 수 있다. 인공지능 활용의 성패는 기업의 다양한 경영자원 즉, 데이터, 기술, 인력, 서비스 간의 창의적 연계를 통해 새로운 가치를 창출하고 활용하는데 달려있다.

AI 기능을 탑재한 스마트 기기의 확산과 더불어 모바일과 디지털 플랫폼 기술의 발전은 기업의 경쟁력 강화를 위한 중요한 도구로 활용되고 있으며 AI 경영의 확산에 많은 영향을 미치고 있다.

에어비엔비(AirBNB), 우버(Uber), 페이스북(Bacebook), 투이터(Twitter) 등과 같이 웹(Web)과 사회연결망(SNS)을 활용한 비즈니스모델들은 온라인과 오프라인을 넘나들며 긴밀하게 연결되어 큰 성공을 거두면서 전 세계적으로 확산되고 있다.

2020년에는 테슬라가 설립한 오픈AI가 '초거대(하이퍼스케일)AI' 와 'GPT-3'을 공개했다. GPT-3은 역사적 위인이나 캐릭터로 둔갑해 이용자와 채팅을 하고 소설이나 시 같은 문학작품뿐 아니라 칼럼 같은 글도 써낼 수 있다. 인간의 뇌처럼 스스로 추론하고 창작의 영역까지 넘보는 것이다. 이런 역량을 갖추려면 기존 AI보다 최소 수백 배가 넘는 데이터양이 필요하다.

2021년 5월에는 네이버가 국내기업 중 최초로 초거대 AI '하이퍼클로바'를 공개했다. 하이퍼클로바는 GPT-3보다 뛰어난 연산 능력을 보유하고 있으며, 한국어 데이터를 GPT-3보다 6,500배 넘게 학습했다. 네이버는 검색 서비스에 하이퍼클로바를 적용해 사용자의 오타를 올바른 단어로 자동 전환해 결과를 보여주거나 적절한 검색어를 추천해주고 있다.

국내 IT 대기업들도 초거대 AI 연구에 본격적으로 뛰어들고 있는데 LG, 카카오, KT 등이 대표적이다.

유통환경의 변화

유통환경 면에서도 많은 변화가 일어나고 있다. 현실과 가상현실이 혼재되는 디지털 기반의 새로운 비대면 경제 환경에서 상거래의 혁신과 글로벌 O2O(Online to Offline)으로 대표되는 새로운 유통의 시대가 도래하고 있으며 이러한 혁신적인 유통환경에서 소비자들의 쇼핑 방식과 생활양식의 변화는 앞으로도 더욱 진화하게 될 것이다. 기업들은 이러한 새로운 유통환경의 변화와 소비자 행동의 변화를 예측하고 혁신적인 상거래 서비스 환경을 구축하는데 많은 투자를 하고 시장의 변화를 주도해야 한다.

인터넷을 이용하여 국경을 넘나들며 온라인마켓에서 수입과 수출을 하는 글로벌셀러는 해외구매대행, 직구, 역직구 등으로 불리면서 매년 200% 이상 성장하는 신성장 직종이다. 인터넷을 활용하여 국내쇼핑몰과 해외쇼핑몰을 통해 국가간의 경쟁력있는 제품들을 수출입하면서 소득을 극대화하는 비즈니스다.

글로벌 셀러들이 모여 2013년 발족한 글로벌비즈니스 협동조합은 글로벌셀러의 경쟁력 강화를 위한 시스템 개발과 미국, 일본, 영국, 프랑스, 이탈리아, 스페인 등에 해외 지사망을 구축하고 각 나라의 경쟁력 있는 제품들의 원활한 유통을 통한 수익의 극대화를 목적으로 설립되었다.

웨비나의 역할 확대

대면 영업이 어려워진 상황에서 업종에 따라서는 비대면 '디지털 영업'을 확대하고 있는데 제품 홍보를 위한 이른바 '웨비나(웹+세미나)'가 대안으로 각광을 받고 있다. 웨비나는 인터넷을 통해 열리는 '온라인 회의'를 일컫는데, 대규모 모임을 갖기 어려워진 상황에서 부족한 틈을 채워주는 역할을 수행하고 있다.

가장 대표적인 분야가 제약이다. 전통적으로 신제품이 출시되면 심포지움이나 세미나 등의 이름으로 대규모 행사를 개최한 후 영업사원들이 의사들을 직접 찾아다니며 시제품 정보를 제공하는 방식이 대부분이었다. 증권사나 자산운용사 등 그동안 대면 상담이 주를 이뤄 왔던 금융 투자업계에서도 웨비나를 통해 온라인 투자 설명회를 진행하고 있다.

현재 국내 기업들이 웨비나를 위해 가장 자주 사용하는 채널은

'유튜브'와 '카카오TV'다. 카메라 등의 장비만 갖추면 손쉽게 웨비나를 열 수 있는 데다 무엇보다 웨비나에 참석해야 하는 사용자들에게 가장 친숙한 채널이기 때문이다. 전 세계적으로 가장 많이 활용되는 대표적인 프로그램은 재택근무 화상 회의 앱으로도 널리 이용되고 있는 '줌(ZOOM)'이다. 상대적으로 합리적인 가격에 100여 명이 넘는 참석자들에게도 안정적인 서비스를 제공한다는 점에서 부각되고 있다.

IoT를 통한 재택근무의 보편화

코로나 이후 재택근무가 일상화되면서 기업들이 다양한 대책을 내놓고 있다. 코로나 방역 차원에서 재택근무와 사무실 출근을 병행했지만 코로나 방역이 진행되면서도 상당수 기업들이 재택근무를 정식 근무 체제로 받아들이는 경향을 보이고 있다.

근무 지역에 대한 제한을 두지 않는 기업도 늘어나면서 회사와 멀리 떨어진 곳에서도 일하는 것을 허용하고 있다. 지방이나 해외 근무 때 가족을 동반하지 않는 단신 부임이 가정불화의 주요 원인으로 지목됐는데, 코로나 이후 재택근무가 확산되면서 이 문제가 크게 줄고 있다. 부동산 정보 제공 업체인 직방은 오프라인 출근을 없애고 전 직원 200명이 원하는 장소에서 근무하도록 하고 있다. 세계 최대 음원 서비스업체인 스포티파이[1]는 본사가 스웨덴에 있지만, 영국이나 프랑스 등에 거주하면서 원격으로 근무할 수 있도록 하였다.

사무실로 출근하는 인력이 대폭 줄면서 기업의 사무실 규모도 줄어드는 추세다. 미국 클라우드 컴퓨팅 서비스 업체인 세일즈포스는

---

[1] Spotify: 전 세계에서 약 2억 명에 달하는 가입자를 확보한 세계 최대 음원 스트리밍 서비스다. 2006년 스웨덴에서 설립했다. 서버 기반 스트리밍과 사용자들 간 P2P(Peer To Peer) 기술을 조합해 사용하고 있어 인터넷 접속이 느려도 음원 재생이 원활하다. 또한 소니뮤직, EMI, 워너뮤직, 유니버설 등과 제휴해 방대한 음원을 보유하고 있다.

샌프란시스코 61층 본사 건물을 비롯해 주요 도시의 사무실을 축소하고 있다. 일본 전자업체 후지쓰도 소속 근무지 외 지역에 거주하면서 일할 수 있는 제도를 도입하면서 일본 내 사무실 면적을 절반 수준으로 줄이고 있다.

재택근무가 보편화한지 1년이 지난 시점에서 마이크로소프트(MS)는 한국을 비롯한 전 세계 31개국 직원들을 대상으로 조사한 결과를 발표하였는데, 직장인 4명 중 3명은 재택근무가 지속되길 바라고, 경영자 3명 중 2명은 사무실 공간 재설계를 고민하고 있는 것으로 나타났다. 원격근무를 통해서 업무 미팅 시간은 전년 동기 대비 148% 늘어났고, 업무 관련 채팅과 문서의 양도 각각 45%, 66% 증가했으며 이메일 양도 대폭적으로 증가한 것으로 나타나, 팬데믹 기간 업무 강도는 오히려 크게 증가한 것으로 보인다.

이처럼 원격근무의 환경이 조성되면서 국내에서도 사무실 공간 개편이 확산되고 있다. SK텔레콤, LG이노텍 등 대기업들은 수도권 곳곳에 거점 오피스를 마련했고, 부동산 스타트업 직방은 전 직원을 재택근무로 전환하면서 서울 강남 사무실을 회의와 미팅 중심의 라운지 형식으로 개편했다.

기업들은 재택근무 도입 이후 가장 큰 문제로 지적된 근무시간 연장 문제 해결에 주력하고 있다. 메신저·이메일을 통해 수시로 업무 지시가 가능해지면서 업무시간 외 초과근무가 늘었다는 불만이 크게 늘었기 때문이다. 이에 따라 재택근무 직원에게 대여한 업무용 노트북 PC를 근무시간이 끝나는 시각에 자동으로 종료되도록 설정하거나 일과 시간 이후에 강제로 PC 사용을 차단하고 있다.

직원들의 재택근무 적응을 돕기 위한 지원 방안도 나오고 있다. 집에 머무는 시간이 많아진 직원들을 대상으로 취미활동에 도움이 되는 프로그램이나 직무와 관련된 온라인 강좌를 운영하고 있다. 게임 업체 넥슨은 원격 근무로 교류가 뜸해진 직원들을 위해 매달 부서별 소식을 담은 영상콘텐츠를 제작·배포하고 있다.

코로나 사태가 끝날 경우에도 재택근무가 완전히 사라지지 않으면서 이른바 혼합형 근무가 새로운 표준이 될 것이란 전망이 나온다. 한국은행은 재택근무에 대한 보고서에서 '재택근무는 추세적으로 늘어날 전망'이라며 상시적인 재택보다는 혼합형 재택근무가 활성화될 것이라고 예상했다.

구글, 마이크로소프트, 시티그룹 등 해외 유명 기업들은 이미 혼합형 근무제도 도입을 준비 중이라고 한다.

수평적 기업문화의 조성

1·2차 산업혁명이나 3차 산업혁명은 인간의 노동력을 절감시켜 준다는 면에서 제조 분야의 혁명이라고 볼 수 있다. 반면 4차 산업혁명은 생산자 중심 산업에서 소비자 중심 산업으로의 이동을 의미한다. 소비자의 요구를 얼마나 빨리 인식하고 대응하느냐가 기업 경쟁력의 핵심이 될 것이며 그 중에서도 가장 두각을 드러낼 분야는 유통과 창조 직능일 것이다.

4차 산업혁명은 지금까지 축적된 산업혁명의 결과물을 바탕으로 초연결과 초지능을 특징으로 하기 때문에 더 넓은 범위와 더 빠른 스피드로 더 많은 사람들에게 영향을 미칠 것이 분명하다. 다시 말하면 사람들이 먹고 마시고 말하는 일상적인 행위들이 인터넷을 통해 다 연결되고 기록되어 빅데이터화되면 그것을 산업적으로 활용하여 발 빠르게 움직이는 기업만이 수익을 거둔다는 뜻이다.

유통업을 예로 들면, 전 세계적으로 2018년 3월 기준 유통 관련 스타트업에만 총 590억 달러, 우리 돈으로 67조 8,000억 원이 투자되었다고 한다. 알리바바, 바이두, 아마존 등 세계적인 공룡기업들이

AI를 비롯한 혁신 기술을 이용해서 유통을 점령하기 위해 박차를 가하고 있다.

과거에는 어떤 소비가 어떻게 이루어질지 몰랐지만 이제는 수 세기 동안의 기후변화와 작물현황, 소비자들의 행동 패턴, 1인 가구의 소비 형태 등이 다 빅데이터화되어서 시기별로, 제품별로 얼마가 팔릴지 예측이 가능한 시대가 되는 것이다.

과거에는 제품을 확보하고 팔리기를 바라는 유통의 개념에서, 판매를 예측하고 제품을 확보하는 맞춤형 생산기반(On The Demand)의 확충이라는 개념으로 바뀌고 있다. 따라서 팔릴지 모르는 제품을 구비하느라 매장을 유지하는 소매업종은 자연스럽게 도태될 것이며, 고객의 니즈에 바로 적응하여 생산 시스템을 갖추고 예측 가능한 정보와 활용도 높은 기술을 보유하는 기업은 더욱 발전할 것이다.

On The Demand 시스템을 통해 성공한 기업으로 넷플릭스와 TSMC[2]를 들 수 있다. 넷플릭스는 자사의 드라마를 청취하는 시청자들이 원하는 내용과 드라마에 가장 적절하다고 여기는 배우는 누구인지를 빅데이터로 선정한 후 해당 배우를 출연시키는 방법으로 성공을 이끌고 있다.

이렇듯 기업경쟁력을 높이기 위해서는 각종의 정보를 공유하고 각계각층의 의견을 폭넓게 수렴할 수 있는 수평적 기업문화의 조성이 큰 도움이 될 것이다.

컨설팅업체인 맥킨지의 조사에 따르면 기업경영진의 다양성 수준이 상위 25%인 기업들은 하위 25%인 기업들보다 영업이익이 평균 21% 높았다. 남녀 구분 없이 인적구성이 다양해야 새로운 아이디어가 튀어나오기 때문이다.

---

2) Taiwan Semiconductor Manufacturing Company: 대만의 반도체 회사로 타 기업으로부터 설계도를 위탁받아 반도체를 생산하는 파운드리 기업이다.

자유로운 의사소통이 핵심

혁신은 경영진이 통제한다고 해서 발현되는 것이 아니라 직원들이 자기 주도적으로 업무를 수행하면서 자유롭게 소통할 때 발현되기 쉽다.

국내에서는 최근 공정성, 투명성에 민감하게 반응하는 소위 MZ세대의 부상으로 수평적 조직 문화 형성에 크게 기여하고 있다. MZ세대란 1980년대 초~2000년대 초에 태어난 밀레니얼(M:Millennial Generation) 세대와 1990년대 중반~2010년대 초반에 출생한 Z세대를 통칭하는 용어로 2000년대의 주역이 될 세대이며, SNS·스마트폰 등 디지털 환경에 익숙하고 개인주의 성향이 강하다. 이들은 소셜미디어와 온라인 게시판 등을 적극적으로 활용하면서 원하는 것을 명확하고 직설적으로 표현하기 때문에 회사도 이들의 의견을 수렴하면서 자유로운 소통에 큰 도움이 되고 있다.

기업들은 유능한 MZ 세대 직원이 잘 적응할 수 있도록 상급자들의 생각과 소통 방식을 바꾸기 위한 교육 프로그램을 운영하고, 수평적 조직 문화를 만들기 위해 노력하고 있으며 대표적으로 LG유플러스와 포스코를 들 수 있다.

사내 게시판을 통한 소통 강화 시도는 삼성그룹의 계열사에서도 활발히 일어나고 있다. 삼성전자의 경우 '청와대 국민청원' 코너와 비슷한 사내 익명 게시판을 도입, 다수 임직원이 공감한 게시 글에는 경영진이 직접 답변하는 제도를 도입했다. MZ세대 직원들과 소통하려는 시도다. 임직원이 경영진의 공식 답변을 요구하는 내용의 글을 올려 1개월 이내에 5,000명 이상으로부터 '공감' 클릭을 얻으면, 회사 또는 담당 임원 명의로 그 글에 직접 답변해준다는 콘셉트의 코너이다.

페이스북 CEO 마크 저커버그는 매주 금요일 사내 식당에서 직원들을 불러 모아 질문을 받고 답하는 시간을 갖고, 구글 공동 창업자인 세르게이 브린(Sergey Brin)과 래리 페이지(Larry Page)도 정기적으로 직원과의 간담회 시간을 통하여 수평적 기업문화를 유지하면서 기술 혁신을 선도하고 있다.

세계적 반도체 제조업체인 인텔이 2017년 3월 153억 달러에 인수한 이스라엘의 모빌아이(Mobileye)는 자율주행 분야에서 세계 최고 기술을 보유한 업체이다. 모빌아이에서는 직원들이 언제든지 사장실로 찾아가 아이디어를 놓고 토론할 수 있으며, 사장 역시 궁금한 게 있으면 직원들 사무실로 찾아가 의견을 묻는다.

이스라엘의 스타트업에서는 위계질서를 찾을 수 없으며, 자유로운 의사소통을 통하여 사업 아이디어를 더욱 발전시키는 기업문화를 유지하고 있다.

'베이비 모굴(Baby Mogul)'의 성장 환경 조성

베이비 모굴이란 '유력가'를 의미하는 속어인 모굴(Mogul)과 '신예'를 의미하는 베이비(Baby)를 합성한 단어이다. 원래 미국 할리우드 전성기 때 주요 영화사를 통해 화려하게 데뷔한 인기 배우를 칭했던 말에서 유래한 것으로, 현재는 주로 21세기의 디지털 세계를 지배하는 젊은 벤처사업가를 지칭하는 말로 사용되고 있다.

컴퓨터 기술의 발전은 사람들에게 '사이버(Cyber)'라는 새로운 가상의 세계를 선보였다. 그리고 개척되지 않은 블루오션이었던 '사이버 세계'는 혈기왕성하고 도전 정신이 강한 젊은 사업가들에게 도전의식을 불러일으키기에 충분한 무대였다.

더구나 사이버 세계는 한계비용(限界費用)을 많이 들이지 않고도 인터넷 등 네트워크를 통하여 접근이 가능하다는 점이다. 즉 큰 투자 없이 아이디어로 무장한 벤처가 쉽게 등장하게 된 동기를 부여하고,

소비자로서는 획기적인 서비스를 값싼 가격으로 이용할 수 있는 계기가 된다.

그러나 한계비용이 저렴하다는 측면에서 진입 장벽이 높지 않기 때문에 벤처 참여자가 많아지면 경쟁이 심화되고 가격은 한계비용 부근까지 떨어지게 되며 서비스는 무료화에 접근할 수 있다는 점을 간과해서는 안 될 것이다.

젊은 벤처 사업가들은 사이버 세계를 개척하기 위해 다양하고 창의적인 시도를 해왔고, 이러한 시도 끝에 현재 우리가 누리는 디지털 세상이 존재하게 되었다.

베이비 모굴을 대표하는 인물로는 미국 최대의 인터넷 장터 중 하나인 '아마존'의 설립자 제프 베조스(Jeff Bezos)를 들 수 있다. '아마존'은 창립 초기에는 책만 판매하던 곳이었지만 이후 판매 콘텐츠를 확장하여 전자책, 태블릿 PC를 제조하고 판매하면서 디지털 시장을 개척하며 온라인 시장을 장악하였다. 제프 베조스는 여기서 멈추지 않고 기업형 클라우드 서비스인 '아마존 웹서비스(AWS)' 등을 개발하며 클라우드 시장을 개척하는 베이비 모굴로서의 면모를 보여주었다.

제프 베조스 외에도 인터넷 포털사이트 기업 '야후'를 창립한 제리 양(Jerry Yang), 온라인 경매 사이트 'eBay'의 창립자 맥 휘트먼(Meg Whitman), 컴퓨터 보안 프로그램 개발업체 '안랩'의 창립자 안철수 등이 대표적인 베이비 모굴들이다.

이처럼 현재 우리가 사는 IT 사회는 '사이버'라는 영토에 깃발을 꽂고자 했던 혈기왕성한 젊은 벤처 사업가들에 의해 구축되었다. 그리고 지금 이 시각에도 미개척지를 개척하기 위해 밤잠을 설치는 전 세계 수많은 예비 베이비 모굴들이 존재한다. 후에 이들에 의해 바뀔 새로운 디지털 세상은 어떨지 기대 해봐도 좋을 것이다.

중소벤처기업부에 따르면 2019년도 말 기준 벤처기업 3만 6,503

곳이 고용한 정규직은 80만 4천 명으로 같은 기간 삼성, 현대차, LG, SK 4대 그룹 고용 인원보다 13만 6천 명이 더 많은 수준이다. 2019년도에 올린 전체 매출은 전년보다 0.7% 늘어난 193조 3천억 원으로 현대차(179조 원)보다도 컸으며, 업체당 평균 매출은 53억 원이었다.

반면에 베이비 모굴들의 사업 성공률은 매우 저조하다는 점을 유의할 필요가 있다. 국세청 통계에 의하면 100명이 창업하면 1년 후 20명이, 3년 후 50명이, 5년 후에는 80명이 문을 닫아 창업기업의 5년 생존율이 겨우 20%에 지나지 않은 것으로 나타났다.

실패 위험을 줄이기 위해서는 사업계획서 특히 수익성 분석의 절차를 꼭 밟아야 한다. 창업하기 전에 매출액을 미리 추정해 보고 그에 따르는 비용을 추정해서, 얼마의 수익을 올릴 수 있을까 미리 검증에 보는 것은 결국 창업의 실패 위험을 크게 줄이고자 하는 중요한 과정이라 할 수 있다.

정부는 창의와 혁신이 칸막이 규제에 좌절하는 일은 없도록 해야 하며, 스타트업과 벤처기업이 마음껏 신기술과 서비스를 개발해 선보일 수 있는 토양을 만들어 주어야 한다. 벤처기업이 지금처럼 무한 경쟁시대에서 비교우위를 확보하고 강소기업으로 성장하기 위해서는 무엇보다도 시장 진입 환경의 조성이 필요하다.

벤처기업의 시장 진입 지원

KT와 LG유플러스는 AI 1등 국가를 목표로 하는 협의체 'AI원팀'을 조직했다. 한국과학기술원, 한양대, 현대중공업그룹, 한국투자그룹 등 8개 기업 및 기관이 참여했다. AI원팀은 이미 다양한 교육프로그램을 통해 부족한 AI 인재 양성에 참여하고 있으며, 중소 벤처·스타트업이 자유롭게 참여하는 오픈형 AI 생태계의 조성에 앞장서고 있다.

중소벤처기업부와 소상공인시장진흥공단에서 추진하고 있는 신사업창업사관학교는 이름에서 알 수 있듯이 소상공인 창업에 알맞은 신사업 모델을 발굴하고 발전시키기 위한 정부차원의 정책적 사업이다. 자영업 창업희망자를 위해서 신사업 모델의 발굴과 육성은 매우 중요한 일이기 때문에 정부가 꼭 추진해야 하는 사업이라 할 수 있다.

이와 같은 창업 교육은 두 가지 측면에서 도움을 준다. 첫째는 교육 그 자체를 통한 지식과 정보의 습득이고, 둘째는 강사 또는 다른 교육생과의 인적 네트워킹이다. 창업은 혼자서 준비하기보다는 누군가의 조언도 필요하고, 함께 준비할 사람도 도움이 되기 때문이다.

또한 중소벤처기업부는 창업자와 소상공인이 상권과 입지 분석에 좀 더 쉽게 접근할 수 있는 프로그램으로 '상권정보시스템'을 운영하고 있다. 이 시스템은 여러 기관과 기업들이 생산한 빅데이터 등을 활용해서 만든 데이터로, 상권과 입지 분석에 필요한 각종 정보를 쉽게 구할 수 있는 장점이 있다.

창업진흥원은 중소벤처기업부 산하기관으로 지난 10여 년간 국내외 창업 생태계 활성화를 견인하며 제2 벤처 붐을 이끌고 있다. 그동안 창업진흥원은 5만 5,000여 개의 유망 기술 창업기업을 발굴하고 지원했다. 창업 지원 기업의 평균 생존율은 비지원 기업보다 약 25% 높고, 신규 고용은 연평균 18.6% 증가해 비지원 기업 대비 약 3배 높은 것으로 나타났다.

창업진흥원은 중소·벤처기업의 혁신 성장을 견인할 디지털·비대면·그린경제 등 유망 분야를 집중 지원하고 있다. 디지털·비대면 경제 활성화를 위해 혁신 분야 창업패키지와 비대면 서비스 플랫폼 지원을 추진하고 있으며, 그린경제를 주도하는 벤처·스타트업을 육성하기 위해서는 그린 스타트업 타운 조성을 추진하고 있다. 2017년

'세계 100대 AI 스타트업'으로 뽑혔던 루닛[3], 2020년 2월 코스닥에 상장한 뷰노[4]와 같은 해 '100대 AI 스타트업'으로 뽑힌 뤼이드[5]도 창업진흥원이 지원했던 기업이다.

또한 구글플레이·마이크로소프트 등 글로벌 기업과 협업해 스타트업의 글로벌 시장 진출과 성장을 지원하고 있다. 2019년 구글플레이를 시작으로 2020년에는 아마존·마이크로소프트 등 협업 기업을 5개로 확대하고 미래 신산업 분야로 성과 모델을 확산했다.

전용쇼핑몰 '벤처나라'

조달청에서는 초기 시장 진입에 어려움을 겪는 기업에게 선순환 성장을 지원하기 위한 공공조달시장 진입을 지원하고 있다. 그 중 하나가 벤처·창업기업 전용쇼핑몰 '벤처나라'이다. 기술력 있는 창업·벤처기업의 판로를 조달청에서 지원하는 것이다.

벤처나라는 창업, 벤처기업 전용 쇼핑몰로 조달시장에 초기제품을 홍보하고, 거래를 할 수 있는 플랫폼이다.

---

3) Lunit: 2013년 설립된 딥러닝 기술을 기반으로 한 의료 인공지능 기업으로 의료영상을 AI로 분석하고 솔루션을 제공하는 업체다. 식품의약품안전처로부터 흉부 X-ray를 AI로 분석하는 소프트웨어에 대한 인허가를 얻었으며, 폐 질환 진단 기술이 세계보건기구(WHO)의 '결핵 검진 통합 가이드라인'으로 선정됐다. 루닛은 해당 AI 소프트웨어를 25개국 250개 병원에 판매했으며 국내에서도 서울대병원, 아산병원, 국립암센터 등 상위 10개 병원 중 7곳이 루닛의 AI 소프트웨어를 의사 보조용으로 도입했다.
4) VUNO: 식품의약품안전처로부터 제1호 혁신의료기기(뷰노메드 펀더스 AI)와 제6호 혁신의료기기(뷰노메드 딥카스)를 지정받으면서 각 솔루션의 기술 혁신성에 대해 입증 받았고, 혁신의료기기소프트웨어 제조기업 인증을 최초 획득하였다. 뷰노는 자체 개발한 인공지능 기반 딥러닝 엔진 (VUNO net)을 통하여 엑스레이/CT/MRI/음성정보/생체신호 등 다양한 정보원에 대한 분석 솔루션을 보유하고 있다.
5) Riiid: 소프트뱅크 비전펀드로부터 2,000억 원(1억 7,500만 달러) 규모의 투자를 유치하였다. 한국 법인으로는 첫 번째 투자 유치이며 예비 유니콘(기업가치 10억 달러 이상 비상장법인) 대열에 합류했다. 뤼이드는 개인맞춤형 교육으로 유명한 '산타토익'과 '산타공인중개사'를 개발 서비스 중인 인공지능(AI) 기술 기업이다. 6문항의 진단 테스트를 거치면 딥러닝(심층학습)만으로 어떤 문제를 맞히고 틀리는지 90% 이상 적중률로 분석해낸다.

벤처나라는 정부 차원에서 우수한 벤처기업과 창업기업의 공공구매 판로 확대를 지원하기 위해 2016년 10월 구축한 "벤처·창업기업 전용 온라인 상품 몰"로 조달청에서 운영·관리하고 있다.

기존의 나라장터 종합쇼핑몰은 신용평가등급, 납품실적 등을 요구하기 때문에 초기 창업기업들이 진입하기에 여러가지 어려움이 존재한다. 이런 어려움을 극복하기 위해서 조달청은 신용평가등급, 납품실적 등의 요구조건을 없애고 창업초기기업과 벤처기업에게 공공조달시장 진출의 판로를 확보해주기 위해 벤처나라 사이트를 개설하게 된 것이다.

벤처나라에 등록된 상품은 국내 신산업 및 신생 중소기업의 판로 개척을 지원하는 산업통상자원부, 중소벤처기업부, 창조경제혁신센터 등이 발굴하고 추천한 후보 상품을 대상으로 조달청의 최종 심사를 거쳐 선정된 '우수 벤처·창업기업 상품'이다.

벤처나라 시스템은 구매자(대한민국 공공기관)와 판매자(벤처·창업기업)간 온라인으로 직접 거래가 가능한 '오픈마켓'으로 뛰어난 기술력을 가지고 있음에도 불구하고 생산한 상품을 홍보하고 판매하는데 어려움을 겪고 있는 벤처기업과 창업기업을 위한 전용 온라인 홍보공간이자 거래의 장이다.

02 ESG 경영의 활성화

ESG를 통한 상생경영

기업에 대한 신뢰가 실추되고 대기업의 경영구조나 비즈니스 관행에 대한 비판이 이뤄지고 있는 상황에서, 기업들은 환경문제나 기업의 사회적 책임 그리고 기업지배구조에 관한 문제를 개선하라는 사회적 압력을 받고 있다.

기업들이 사회적 비판과 코로나가 가져온 불확실성 속에서 '상생 경영'의 중요성을 절감하고 있는 가운데 ESG 경영 바람이 더욱 거세지고 있다. 기업들의 상생 경영은 그 동안 추진되어왔던 기업의 '사회적 책임'에서 한층 더 진화한 개념이다. 단순한 환경 보호에 그치지 않고 친환경 경영을 기업 정책으로 변환시키고 있다.

'ESG'란 환경(Environmental)·사회(Social)·지배구조(Governance)의 첫 글자를 따서 만든 단어로 기업 활동을 할 때 친환경적이고 사회적 책임을 다하며 기업 지배구조를 투명하게 개선해야 한다는 경영 철학에서 탄생한 개념이다.

ESG를 핵심 공약으로 내세운 미국의 바이든 행정부가 출범하면서 미국, 유럽연합, 일본 등을 중심으로 글로벌 기업들이 잇따라 ESG 경영을 선도적으로 도입하고 있으며, 국내 기업들도 ESG 사업을 확장하고 사내에 관련 조직을 신설하고 있다.

환경이나 노동 조건 등을 기준으로 삼는 소비자가 늘면서 기업들도 이 부분을 내세운 마케팅을 집중적으로 해야 수익성도 좋아질 것이라는 공감대가 형성되고 있다.

환경에 대한 관심이 높아짐에 따라 국내의 환경규제도 엄격해 지면서, 환경범죄에 대한 처벌을 강화하기 위한 '환경범죄단속법'(2020.11.27)과 폐수처리업자 관리를 강화하기 위한 '물환경보전법'(2020.11.27)을 시행하고, 플라스틱 폐기물 감축을 위한 '생활폐기물 탈 플라스틱 대책'(2020.12.24.)을 발표했다.

ESG 추진 현황

국민연금은 2020년부터 ESG를 투자 의사 결정의 중요한 기준으로 삼고 있으며, 삼성, 현대차, SK, LG, GS 등 국내 주요 그룹들도 잇따라 ESG 위원회를 신설하며 ESG를 통한 상생 경영을 강화하고 있다.

현대자동차그룹 계열사인 현대차와 기아, 현대모비스 3사는 2015년 이후 내부 거래 투명성 확보, 주주 권익 보호, 대규모 투자 검토를 위해 이사회 내에 사외이사로만 구성된 투명경영위원회를 설치했다.

GS그룹은 각 계열사 최고 환경책임자로 구성된 '친환경 협의체'를 신설하고, ESG 경영과 친환경 사업 추진에 대한 심의·의결을 담당하는 최고 의사 결정 기구로 사회공헌, 동반성장, 지속가능 경영, 친환경 사업 추진 등을 전담시켰다. 친환경 협의체는 산하에 사회공헌, 동반성장, 지속가능 경영을 담당하는 'ESG 분과'와 대기오염과 탄소배출을 담당하는 '안전·보건·환경 분과', 기후변화 대응과 자원 재순환을 담당하는 '친환경 사업 분과'를 두고 ESG 경영을 그룹 전체로 확산시키고 있다.

삼성증권의 ESG 컨설팅 팀은 2021년 2월부터 시작해 IT 업계 굴지의 기업들을 상대로 컨설팅을 진행하고 있다. 2020년 11월에 신설된 ESG 연구소가 관련 자문 및 전략 발굴을 담당하고 있으며, 포괄적 ESG의 개념부터 각 기업들의 경영 활동에 ESG를 접목하는 방식에 이르기까지 ESG 경영의 가이드라인을 제시하고 있다.

삼성생명은 ESG 경영 내재화를 위해 다양한 사내 캠페인을 추진 중이다. 'ESG 나부터 실천' 캠페인에 이어 2021년 4월에는 '환상(환경과 상생)의 ESG 실천' 캠페인을 통해 텀블러와 친환경 제품 사용, 에너지 절약 등 일상 업무 중 실천할 수 있는 것부터 자발적인 동참을 이끌어 내고 있다. 또한 모바일 청약, 모바일 약관, 스마트 안내 서비스 등 각종 업무를 디지털화해서 고객 편의성을 높이는 한편,

2019년 9월 이후 2020년 말까지 A4용지 약 6,000만 장을 줄여 30년 수령 나무 5,960그루, 탄소 배출량 172톤의 절감 효과를 얻었다.

종합 엔터테인먼트 기업으로 발전한 롯데월드는 ESG 경영전략의 핵심 슬로건을 'A Better World'로 정했다. '더 좋은 세상을 위하여'라는 전체적인 방향성 아래 친환경 가치 창출을 위한 환경(E) 분야는 '그린(Green)', 기업의 사회적 책임을 위한 사회(S) 분야는 '투게더(Together)', 투명하고 공정한 지속가능 경영을 위한 경영체제(G)는 '페어(Fair)'로 키워드를 정했다.

먼저 환경 분야에서는 '자원 재활용 및 친환경 사업 강화'와 '에너지 사용 최소화' 그리고 '생태 및 환경보전'을 추진 과제로 삼았다. 사회 분야에서는 '지역사회 및 파트너사와의 상생'과 '직원들의 다양성 존중'에 방점을 두었다. 지속가능 경영을 투명하고 실천하기 위한 기업 내부 경영 체제 확립에도 힘쓰고 있다.

한국농어촌공사는 세계적으로 탄소 배출 줄이기를 비롯한 환경 문제가 주요 이슈로 떠오르고 있음을 계기로 녹색사회, 포용사회, 투명사회를 핵심 가치로 삼으면서 전국의 농어촌을 위한 ESG 경영을 추진하고 있다. 오는 2030년까지 온실가스 264만 톤 감축을 목표로 농업생산 기반시설을 활용한 재생에너지 사업을 확대한다.

LG화학과 현대중공업은 'ESG 채권'을 발행한다. 이 기업들은 ESG 채권 발행을 통해 조달한 자금으로 탄소 감축, 재생에너지 투자 등에 사용할 예정이다.

미국 애플은 2020년 7월에 "2030년까지 제조 공급망 및 제품 생애 주기를 아우르는 기업 활동 전반에서 탄소 중립화 100%를 달성하겠다"고 발표했다. 모든 애플 기기 생산 과정에서 탄소 배출량을 제로로 만들겠다는 것이다. 따라서 애플에 납품하고 있거나 납품하려는 기업들은 탄소 배출량을 0으로 만들겠다는 계획을 수립하고 설비를 갖춰야 한다.

삼성전자와 LG디스플레이 등이 애플에 부품을 제공하는 대표적인 납품업체다. 이런 곳이 애플뿐만 아니라 ESG 경영을 선언한 마이크로소프트, 구글, 아마존, 페이스북 등 글로벌 기업들과 거래를 하려면 ESG 경영을 하지 않을 수 없게 된 것이다.

금융권에서도 스스로 ESG를 실천하는데 그치지 않고, ESG 경영을 충실히 이행하는 기업이나 소비자들을 우대하는 정책을 펼치고 있다. 우리은행의 '우리 ESG 혁신기업대출'을 비롯하여 NH농협은행의 'NH친환경기업우대론', KB국민은행의 'KB 그린 웨이브 ESG 우수기업대출'을 선보이면서 대출 금리를 우대하고 있다.

금융위원회는 2021년 중 ESG 정보 공개 지침을 발표해 2025년까지 기업들의 '지속 가능 경영보고서' 자율 공시를 활성화한다고 발표했다. 이어 2025년부터 2030년까지는 자산 21조 원 이상의 코스피 상장사에 ESG 정보 공시를 의무화하고, 2030년부터는 코스피 전체 상장사에 ESG 정보 공시를 의무화하기로 했다.

ESG 평가 관련 기관

국내의 대표적인 ESG 평가 기관인 한국기업지배구조원(KCGS:Korea Corporate Governance Service)이 매년 900여 개 상장회사를 대상으로 평가를 진행하고 있다. 이 평가를 통해 기업의 지속가능성 관행을 유도하고 이해관계자에게 판단 정보를 제공하고 있으며, 평가 결과 도출된 통합 및 개별등급은 한국거래소의 KRX 사회책임투자지수 종목을 구성하는데 활용되고 있다.

2019년 KCGS는 ESG 경영 평가의 각 요소 중 사회부문 평가 시 기업들이 준법 경영 체계를 갖췄는지, 인권 경영 강화 흐름에 맞춰 개선 노력을 펼치고 있는지 등을 중점적으로 본다는 방침을 세웠다.

ESG 평가 지표와 관련해서 산업통상자원부는 삼성전자를 비롯한 주요 기업들과 'K-ESG 지표 간담회'를 열어 ESG 지표 초안을 공개하고, 이에 대한 의견 수렴 · 보완 작업을 거친 뒤 최종적인 지표를 발표할 예정이다. ESG 평가 지표가 너무 많고 다양해 혼란스럽다는 산업계의 불만을 반영한 움직임이다.

전국경제인연합회(전경련)가 내놓은 보고서 'ESG 평가 동향과 시사점'을 보면, 국내 매출액 100대 기업 중 국내외 ESG 평가기관 세 곳 모두에서 등급(점수)을 받은 55개 기업의 등급 차이는 평균 1.4단계로 격차가 큰 것으로 나타났다. 여기서 평가기관 세곳은 모건스탠리캐피털 인터내셔널(MSCI), 레피니티브(옛 톰슨로이터), 한국기업지배구조원(KCGS)이다

평가기관별 점수 격차는 평가항목 · 기준이 서로 다른 데서 비롯된 것으로 분석된다고 전경련은 설명했다.

ESG 경영의 추진 방안

최근 재계 전반에 걸쳐 ESG(환경 · 사회 · 지배구조) 경영이 주요 트렌드로 자리 잡고 있다. 단순히 재무적 성과만 가지고 판단하는 고정적인 틀에서 벗어나 기업가치 · 지속가능경영 등 장기적 관점의 비재무적 요소까지 감안해 기업을 평가하자는 취지다. 세계적인 무역 환경이 바뀌고 있는 가운데 기업뿐 아니라 투자자의 사회적 책임이 한층 강화된 결과로 해석된다.

코로나19를 겪으며 기후변화와 생물의 다양성 고갈 등 환경 위기에 대한 관심이 어느 때보다 높은 가운데, 인권과 소비자 보호에서 동물 복지까지 아우르는 사회적 가치와 정당한 이윤 배분 및 투명한 지배 구조 등 기업의 사회적 책임이 어느 때 보다 강조되고 있다.

전국경제인연합회가 최근 15개 증권사 리서치센터장을 대상으로

실시한 조사 결과를 살펴보면, 현재 국내기업의 ESG 대응수준은 선진국 10점을 기준으로 대기업이 7점을 받은 반면 중소기업은 4점에 불과해 기업 규모별 ESG 대응여력의 차이가 클 뿐 아니라 전반적인 대응 능력도 아직 미흡한 것으로 해석된다.

우리나라의 경우 수출 의존도가 높은 만큼 각 기업들의 환경규제 대응 여부는 비즈니스 측면에서도 유불리를 가르는 평가지표로 작용할 것이다.

ESG 경영이 세계적인 화두로 떠오른 가운데 ESG 평가는 각 기업이 환경, 사회, 지배구조 각 부문에서 어떤 성과를 냈고, 어떤 노력을 하고 있는지 등을 가늠케 하는 지표로 활용되고 있다. 지속가능경영의 기본 조건으로 지목되는 'E(환경)' 지표로 범위를 좁혀보면, 기업이 기후변화, 자원고갈 등 문제에 얼마나 효과적으로 대처하고 있는지 등을 평가하는 내용이 골자다. 탄소배출량을 줄이고 있는지, 재생에너지 · 청정기술을 활발하게 사용 · 개발하고 있는지 등이 주요 평가항목이다.

ESG 중 E 부문의 평가기준을 마련하는 데 있어, 기후문제 등은 특정 국가 · 지역의 문제로 한정할 수 없는 만큼 세계적 추세에 맞출 필요가 있다는 측면에서 국내 이슈를 기반으로 E 부분 평가를 하기보다는 글로벌 기준에 맞춰 평가기준을 만드는 게 보다 유의미한 결과를 도출해 낼 수 있다고 할 수 있다. 주요 선진국이 환경규제를 강화한 만큼 세계적으로 통용되는 기준에 대해 우리 기업들의 대응 능력 등을 평가할 필요가 있기 때문이다.

아직까지 우리나라에는 ESG 경영 개념이 도입된 지 얼마 되지 않아, 북미나 유럽 등 해외의 평가 항목을 인용해오다 보니 우리 경제 사정에 맞지 않는 불필요한 항목이 포함돼 있는 경우가 적지 않다고 할 수 있다.

E(환경) 부문의 평가 항목

스카이데일리는 전문가들의 의견을 취합해 '한국형 ESG' 평가 항목을 마련했다. 'E'평가항목은 글로벌 스탠다드에 부합하면서도 국내 기업의 규모, 기술력 등을 고려할 수 있는 방향으로 정해졌다. 각 기업이 국내외 법·규제 등에 얼마나 효과적으로 대응하고 있는지 등을 평가해 비즈니스 역량 등을 가늠할 수 있도록 하는 내용으로 채워졌다.

E(환경) 부문 10가지 평가항목 〈표 7-1〉에서 '친환경 경영혁신'은 친환경 경영과 관련한 로드맵의 제시 여부, 조직 핵심 역량에서 환경성의 강화 여부 등이 주요 평가 내용이다. 글로벌 통상 환경에서 친환경 요소가 강화되고 있는 만큼 각 기업의 친환경 경영 의지 등

표 7-1 한국형 ESG 평가 항목중 E(환경) 부문

평가 항목	평가 내용
친환경 경영 혁신	친환경 경영과 관련한 로드맵을 제시하고 있는가
	조직 핵심 역량에서 환경성을 강화하고 있는가
친환경 경영 인증	국내외 기관의 친환경 인증을 받은 이력이 있는가
친환경 경영 성과	경영 전반에 걸쳐 환경성 개선에 성과를 내고 있는가
친환경 연구 개발	친한경 제품 개발 및 연구개발 등을 진행하고 있는가
환경사고 예방 · 대응	환경사고 예방 활동을 진행하고 있는가
	환경사고 발생시 효과적인 대응 시스템을 구축하고 있는가
생산 · 공급 시스템	생산 · 공급 과정에서 오염물질 저감을 위한 노력을 하고 있는가
	공급관리망 구축 과정에서 친환경적 요소를 고려하고 있는가
온실가스 배출량	온실가스 배출 저감 활동을 하고 있는가
	실제 온실가스 저감량은 어느 정도인가
지역 환경 보호	사업장 등이 지역사회 환경보호 등에 얼마나 기여하고 있는가
환경 규제 대응	국내 · 외 환경규제에 효과적으로 대응하고 있는가
친환경 마케팅	소비자들의 친환경적 선택을 유도하고 있는가

이 유의미하게 다가올 수밖에 없기 때문이다.

'친환경 경영 혁신' 항목에서 다뤄진 내용들은 '친환경 경영 인증' '친환경 경영 성과' '친환경 연구개발' 등 항목을 통해 한층 세밀한 평가가 가능하다. 먼저 '친환경 경영 인증'은 각 기업이 권위 있는 국내외 기관의 친환경 인증을 받은 이력 등이 있는지를 살펴보는 식이다. 각 기업의 친환경 경영 실천 여부를 객관적으로 평가하는 게 목적이다.

'친환경 경영 성과'는 각 기업이 경영 및 사업을 전개하는 과정에서 환경성 개선에 성과를 내고 있는지를 평가하는 것이다. 기업들이 발표한 환경 부문 로드맵 등을 토대로 기존 대비 환경성 개선 수준과 목표 달성률 등을 토대로 점수를 매기는 식이다. 각 기업이 상대적으로 열악한 규모·기술력 등으로 낮은 점수를 받는 것을 방지하면서도 노력과 개선의지 측면에서 최대한 객관적인 평가를 목표로 한다.

'친환경 연구개발'은 각 기업의 친환경 경영 실천 의지 등의 평가를 기본 목표로 한다. △친환경 제품을 개발하고 있는가 △공정작업에서 탄소배출량을 저감하는 기술을 연구하고 있는가 등이 주요 평가내용이다.

'온실가스 배출량'도 기업의 친환경 경영 실천 의지 등을 효과적으로 측정할 수 있는 항목으로 평가된다. 전 세계적으로 기후변화가 주요 의제로 떠오른 가운데 온실가스 배출 저감 노력은 각 기업의 지속가능한 경영 측면에서 중요하기 때문이다. 탄소배출량에 따라 부과되는 '탄소국경세' 도입이 현실화되고 있다는 점에서 각 기업의 온실가스 배출량 측정은 비즈니스 측면에서도 유의미한 것으로 풀이된다.

구체적으로 각 기업에 대해 △온실가스 배출 저감 활동을 하고 있는가 △실제 온실가스 저감량은 어느 정도인가 등을 평가한다. 온실가스 배출 저감 노력과 성과 등을 동시해 평가해 점수를 매기는 식이다.

'환경사고 예방·대응'은 언제든 발생 가능한 환경사고에 각 기업이 얼마나 효과적으로 대처할 수 있는지를 평가한다. 환경사고 피해 최소화도 환경보호에 유의미하게 작용할 수밖에 없어서다. 애초에 사고가 발생하지 않도록 효과적인 예방시스템을 구축했는지 등도 주요 평가 내용 중 하나다.

'생산·공급 시스템'은 기업이 상품 등을 생산·공급하는 과정에서 오염물질을 최소화하고 있는지를 평가한다. 아울러 협력업체 선정 등 공급관리망 구축 과정에서 친환경적 요소를 얼마나 고려했는지 등도 평가하면서 친환경 경영 의지를 확인한다.

'지역환경 보호'는 사업장 등이 지역사회 환경 보호에 얼마나 기여하고 있는지를 평가하는 항목이다. 기업이 운영하는 공장에서 배출하는 폐수 등을 얼마나 감축할 수 있는지, 기부금·사회공헌활동 등을 통해 지역사회 환경개선에 영향을 줬는지 등을 점검하는 식이다.

'환경규제 대응'은 각 기업이 국내외 환경규제에 효과적으로 대응하고 있는가를 평가하는 식으로 이뤄진다. 환경규제 리스크 방지는 경영성과 측면에서 유리하게 작용할 수 있어서다. '그린마케팅'은 소비자들의 친환경적 선택을 유도하고 있는지를 평가한다. 소비자들의 환경보호를 독려하고 있는지 등을 평가해 기업의 사회적 책임 이행 정도를 확인한다.

S(사회) 부문의 평가 항목

스카이데일리는 업계 및 전문가 등의 의견을 취합해 ESG 평가항목 중 '사회(S)' 평가 기준에 대한 기준을 재정립했다. 그 결과 〈표 7-2〉

표 7-2 한 국형 ESG 평가 항목 중 S(사회) 부문

평가 항목	평가 내용
노사 협력성	노사 간의 협력관계 구축을 위해 합리적인 절충안이 있는가
지역경제 활성화	지역경제 활성화를 위해 얼마나 노력하고 있는가
사회공헌 활동	사회공헌 활동을 얼마나 하고 임직원들을 독려하고 있는가
일자리 창출	일자리 창출을 위해 얼마나 노력하고 있는가
근로자 안전성 보장	작업장 종업원 안전을 위해 얼마나 노력하고 있는가
고용 안전성	고용 안정성을 얼마나 보장하고 있는가
공급사슬 관리망	공급사슬 관리망 시스템을 철저하고 완벽하게 구축하고 있는가
상생 경영	협력사들과 얼마나 상생하며 공정한 거래를 하고 있는가
고객 만족 경영	고객만족 경영 실현을 위해 노력하고 있는가
소비자 정보보호	소비자들의 정보보호를 위해 노력하고 있는가

와 같이 △노사협력성 △지역경제활성화 △사회공헌 활동 △일자리 창출 기여 △근로자 안전성 보장 △고용안정성 △공급망 관리 △상생 경영 △고객만족 경영 △소비자 정보보호 등 10가지 항목이 선정됐다.

첫 번째 평가항목인 '노사 협력성'의 경우 기업 경쟁력 향상과 국가 경제 발전이라는 측면에서 가장 관심을 갖고 개선해가야 할 부분이다.

2019년 세계경제포럼(WEF)의 국가경쟁력 평가 결과에 따르면 우리나라 노사협력 순위는 조사 대상 141개국 중 130위 수준에 그쳤다. 이는 주요 선진국(미국, 일본)과 비교하면 거의 꼴찌 수준에 가깝다. 경직된 노동구조 및 잦은 노사갈등이 원인으로 지목된다. 이들 요인은 기업의 생존을 위협하는 원인이 되는 만큼 상생협력적인 노사관계 구축과 절충안이 요구된다.

두 번째 평가항목으로는 '지역경제활성화'가 꼽혔다. 신종 코로나

19의 여파로 지역경제가 크게 위축돼 기업이 지역경제를 이끌어가는 주요 구성원으로 자리매김했기 때문이다. 이에 따라 기업이 지역주체로서 지역발전을 도모하고 세부 추진전략을 구축하는 노력에 대한 평가가 중요해졌다.

세 번째 평가항목으로는 '사회공헌활동'이다. 기업마다 사회공헌활동을 얼마나 하고, 임직원들을 얼마나 독려하는지 평가하는 것이다. 최근 한국경영자총협회의 '2020년 주요기업 코로나19 관련 사회공헌 현황 조사 결과'에 따르면 매출액 상위 50대 기업 중 조사에 응한 34개 기업 모두 코로나로 어려움을 겪은 계층을 지원한 것으로 나타났다.

네 번째 평가항목은 '일자리 창출'이 지목됐다. 최근 신규채용 및 기존 일자리 감소뿐만 아니라 고용문제는 우리 사회 전반에 걸쳐 심각한 문제로 대두되고 있어서다. 각 기업이 일자리 창출을 위해 얼마나 노력하고 기업성장이라는 선순환 구조로 이끌어 가느냐를 객관적으로 평가할 필요가 있다.

다섯 번째, 여섯 번째 평가항목으로는 '근로자 안전성 보장'과 '고용안정성' 등이 꼽혔다. 두 항목 모두 기업이 근로자들의 작업장 안전사고 발생 위험 요인 차단, 안전교육 등의 환경 조성, 근로자들이 안심하고 근무할 수 있는 환경 조성 등 여건 마련에 초점이 맞춰져 있다. 물리적 안정과 심리적 안정 등으로 귀결되는 이들 두 항목은 서로 밀접한 상관관계를 지닌다.

과거 대다수 기업은 자체적인 생산 운영과 직접적으로 연결된 공급자에게만 초점을 맞췄다. 그러나 오늘날 고객 및 이해관계자들은 부가가치를 창출할 수 있도록 최초의 공급업체로부터 최종 소비자에게 이르기까지 상품과 서비스 및 정보의 흐름이 이루어지는 비즈니스 프로세스를 통합적으로 운영하는 핵심 전략으로 부상했다.

이에 각 기업이 고객의 요구를 얼마만큼 만족시키며 효과적이고 효율적인 글로벌 공급망 관리 시스템을 철저히 구축하고 있는지 평가하는 과정이 중요해졌으며, 이에 따라 일곱 번째 항목으로 '공급사슬 관리망' 관련 평가가 지목됐다.

이어 여덟 번째 항목으로는 '상생경영'이 꼽혔다. 날로 갈수록 치열해지는 글로벌 시장 경쟁에서 협력사들 간 경쟁력이 향상되어야 기업도 발전할 수 있다는 인식이 확산된 결과다. 이에 따라 최근 협력사들과 공정거래 문화를 정착시키고 상생 운영을 통한 지속가능경영을 추구하는 분위기가 확산되고 있다.

실제 국내 주요 대기업들은 상대적 약자인 2·3차 협력업체에 자금을 지원하는 동시에 최저임금 상승에 맞춰 하도급 대금을 증액하는 등 다양한 상생 협력 방안 시행에 적극 나서고 있다.

아홉 번째 항목은 고객만족을 최우선의 경영목표로 설정함과 동시에 핵심가치로 삼는 '고객만족경영'이다. 이는 경영의 전 과정에서 고객만족을 실현하고 고객만족 극대화를 최우선 목표를 하는 경영방식으로, 고객의 신뢰감을 쌓을 수 있는 효과가 뒤따른다.

마지막 열 번째 평가항목으로는 '소비자 정보보호'가 선정됐다. 4차 산업혁명, 빅데이터 시대가 도래한 만큼 소비자 정보보호는 기업마다 책임경영의 중요한 요인으로 떠올랐다. 개인정보 유출이나 사생활 침해의 소지가 있다는 우려가 높아지고 있는 상황에서 이를 얼마나 잘 관리하느냐가 기업의 경쟁력을 좌우할 것으로 평가된다. 각 기업이 철저한 보안체계를 구축해서 소비자들의 신뢰를 제고하고 노력하는지를 평가하는 작업이 필요한 이유이다.

03 경영조직의 운영 활성화

기업가 정신의 재정립

경영학에서는 기업가 정신의 핵심으로 창조정신, 개척정신, 공동체 정신의 세 가지를 꼽는다. 경제학자 슘페터는 자본주의 경제가 생산성이 높고 활력 있는 이유는 기업가 정신(entrepreneurship)에서 비롯된다고 하였다. 위험을 무릅쓰고 혁신을 추구하는 기업가의 '창조적 파괴'가 경제 발전의 원동력이라는 것이다.

그런데 요즈음 우리나라 기업의 생태계에 '기업가 정신'이 쇠퇴하고 있다는 걱정이 많다. 세계기업가정신기구(GEDI)가 2019년에 발표한 '세계기업가정신지수(GEI)' 순위에서 우리나라는 경제협력개발기구(OECD) 35개국 중 20위로 중하위권 수준에 머물렀다.

환경변화에 주도적으로 대응해야

4차 산업혁명의 시대, 한국 경제의 미래를 위한 열쇠로 기업가 정신이 강조되고 있는 이유이다. 변화의 속도가 빨라질수록 기업 경영환경의 불확실성 또한 커져간다. 이처럼 변화무쌍한 환경에서 살아남기 위한 가장 확실한 방법은 변화를 주도하고 혁신을 추구하면서, 형식화된 의사결정에 시간을 할당하기보다는, 좀 더 비정형적이고 창조적인 의사결정에 집중하면서 기업경영의 투명성을 제고하는 것이다.

신제품의 발명이나 개발, 새로운 생산 방법의 도입, 신기술의 도입, 새로운 시장의 개척, 새로운 원료나 부품을 찾아내고 공급하는 것, 조직을 새롭게 형성해 생산성을 향상시키는 것이 모든 변화를 주도하는 것이다.

특히 글로벌 경쟁시대에 기업의 AI 활용의 성패는 다양한 경영자원인 조직, 데이터, 기술, 인력, 서비스 간의 창의적 연계를 통해 새로운 가치를 창출하고 활용하는 능력에서 결정될 것이다. 디지털 혁명의 특성인 다양성, 비연속성, 유연성, 신속성, 과단성 등이 경영조직과 그 구성원에게 요구되는 이유이다. 과거에 쌓아올린 '경영자산'이 고정 비용으로 변하면서 '경영부채'로 변할 수 있음을 간과해서는 안 된다.

그동안은 대부분의 산업에서 규모가 큰 회사가 유리했지만 혁명적인 변화의 시대에 있어서는 환경 변화의 속도에 제대로 적응해야 한다. 대도시에서 지방으로, 대기업에서 중소기업으로 옮겨가는 세계적인 추세도 눈여겨봐야 한다. 예를 들면 기존의 은행이 운영해오던 거대한 조직이나 지점망의 조직원이 불필요하게 되면서, 이제까지의 인적 자산은 한순간에 큰 부채로 전환되고 있음을 엿볼 수 있다.

현대 경영학의 창시자로 불리는 피터 드러커(Peter Ferdinand Drucker)는 기업 단위에 국한하지 않고 한 사회의 모든 구성원이 본질적으로 가지고 있어야 할 자기 혁신의 바탕으로 '기업가 정신'을 강조하였다. 기업을 경영하는 최고경영자를 넘어 조직에 속해 있는 직장인이라면 누구나 기업가 정신을 발휘해야 한다고 강조했다.

불확실한 환경이나 위기 상황에 처했을 때 무엇에 중심적인 가치를 두고 행동해 나갈 것인지를 보여주는 것이 기업가 정신이다. 다시 말해 혁신을 추구하는 기업가 정신은 꾸준한 개선 의지와 노력을 통한 결과물인 것이다.

이와 같은 관점에서 무엇을 위해 노력할 것인지의 방향성이 중요하다. 드러커는 기업의 목적은 이윤 창출이 아니라 고객을 창조하는 것이라고 강조하고 있다. 기업가가 고객을 창조하는 혁신에 성공한다면 이익은 자연스럽게 뒤따라오며, 이익은 기업이 경영을 제대로 하고 있는지에 대한 피드백을 주는 신호이지 기업의 목적이 될 수 없다는 것이다.

즉 드러커의 기업가 정신은 기업의 이익이 아니라 사회와 고객과의 관계에서 기업의 사회적 책임을 다하는 것이다.

조직 문화의 혁신

그동안 대부분의 한국의 공직사회나 기업들은 전통적인 군대식 위계 조직과 보고 체계로 이뤄져 조직의 유연성이 떨어지고 창조성 발휘를 저해한다고 평가되어 왔다. 4차 산업혁명 환경에서 가장 시급한 것은 창의적이고 역동적인 조직문화의 확립이다. 유연근무제나 재택근무 등의 업무 환경의 다변화 추세와 함께 효율적인 협업의 중요성이 더욱 강조되고 있고, 조직 문화는 협업을 통한 생산성 향상이라는 새로운 과제를 안게 되었다.

최근 조직 사회에서 많이 사용되는 용어들을 나열해 보면 주52시간 근무, 워라밸(Work life balance), 애자일(Agile)[6], 몰입, 동기부여, 제너레이션(밀레니얼·Z세대) 등이 주를 이룬다. 달라지고 있는 조직의 업무 환경을 단적으로 보여주는 용어들이다. 이런 문제들을 해결하기 위해 기업들은 다양한 교육과 활동을 하고 있다. 대표적인 것이 일하는 방식을 바꾸고 효율성을 높이기 위해 최근 핵심 키워드인 디지털을 활용하면서 관련 혁신 프로젝트를 추진하는 것이다.

현장 중심의 소통과 상호 발전 작용의 중요한 키가 될 수 있는 종합적이면서도 상시적인 성과 관리 시스템이 힘을 발휘할 수 있도록 추진해야 한다.

---

6) 부서 간 경계를 허물어 수평적 조직문화를 조성하고 의사결정 권한을 구성원들과 공유하여 신속하고 효율적으로 업무를 추진하는 조직운영 방식이다.

성과 관리 시스템의 추진 방안

성과 관리 시스템이 최적의 기능을 발휘하기 위해서는 다음 세 가지 영역에 집중적인 관심을 기울여야 한다.

첫째, 비즈니스 현장의 작은 부문에서부터 일하는 방식과 조직 문화의 변화를 모색해야 한다. 기존의 룰과 제도에서 벗어나 자율과 책임 정신 그리고 개방화다. 그냥 본인이 의사결정을 하고 책임지면 된다. 단 조직에 가장 이로운 방향으로 행동하면 된다는 것이다. 이를 실현하기 위해서는 조직의 운영 상황에 대한 최고 수준의 정보를 임직원들과 공유해야 한다.

둘째, 목표 설정과 성과 관리 방식의 변화, 즉 종합적인 성과 관리 시스템의 도입에 따른 구체적인 실행이 필요하다. 지금까지의 비즈니스 성과만을 평가하는 과거 지향적 평가가 아니라 미래 지향적 육성에 초점을 둔 종합적인 성과 평가와 관리가 이뤄져야 한다.

그동안 경영자들이 세운 기업의 목표나 성과 등의 기존 개념은 대개 추상적이거나 측정이 어려운 것이 많았다. 경험에서 얻은 통찰을 활용했기 때문에 불확실성 속에서 의사를 결정할 수밖에 없었다. 하지만 이미 확보된 데이터를 바탕으로 새로운 정보를 찾아내는 AI의 위력은 예측 능력을 발휘한다. AI가 축적된 정보로부터 패턴을 발견하고 자동화를 통해 경영업무를 수행하는 시대로 접어들고 있다.

끝으로, 성과 관리 제도에 변화를 주고 조직 구조를 변형시키는 작업을 병행해야 한다. 조직 개편의 핵심은 온전하게 자율적인 권한과 책임을 부여하는 경영 단위를 구성하는 것, 기능적·위계적 조직이 아닌 유연한 네트워크 조직으로 변신하는 것, 자율적인 경영 단위 간의 협업을 극대화하며 시너지를 낼 수 있는 연결고리 역할을 하는 포지션을 운영하는 것 등이다.

설령 조직 자체를 완전한 자율 경영 조직으로 바로 변형하지는 못하더라도 일을 진행하는 방식 자체를 권한이 확실히 부여된 프로젝트나 태스크포스 중심으로 운영해 볼 수 있다. 이런 절차를 밟으면 좀 더 네트워크 형태의 협업이 이뤄질 수 있는 기존의 조직에 최적화된 방식을 찾을 수 있을 것이다.

조직문화의 경쟁가치 모형

조직문화를 연구하는 분석틀이자 조직문화를 진단하는 도구로 경쟁가치모형(CVM: Competing Values Model)이 활용되고 있다.

경쟁가치모형은 '변화 대 안정'과 '조직내부지향 대 외부지향' 두 가지 차원을 기준으로 하고 있다. 변화는 조직의 신축성과 유연성을, 안정은 통제와 질서 및 효율성을 강조하는 개념이다. 조직내부지향은 기존의 조직을 유지하기 위해 조직 내부의 통합과 조정에 초점을 두고, 외부지향은 조직 외부환경과의 상호작용 및 환경적응과 경쟁을 강조하는 성향이다. 이들의 조합에 따라 조직문화는 관계지향, 혁신지향, 과업지향, 위계지향 문화로 구분된다.

관계지향 문화는 조직구조의 유연성과 조직 내부에 대한 관심에 초점을 둔다. 구성원에 대한 배려와 관심도가 높고 팀워크를 중시하는 편이기 때문에 개인의 발전과 조직구성원의 참여가 강조되고, 인적자원 개발과 조직몰입의 증진이 조직성과의 주된 기준으로 작용한다. 조직의 리더는 구성원에게 권한을 위임함과 동시에 그들의 참여와 헌신과 충성심을 촉진하는 역할을 한다. 따라서 조직구성원은 충성심과 조직의 전통에 대한 인식을 바탕으로 조직에 몰입한다.

혁신지향 문화는 조직구조의 유연성과 조직 외부에 대해 더 많은 관심을 가진다. 조직 구성원의 모험정신이나 창의성 및 기업가 정신에 가치를 두면서 조직의 적응과 성장을 지원할 수 있는 적절한 자원의 구성을 중시한다. 혁신지향 문화는 변화에 적응력이 높고, 혁신

표 7-3 경쟁가치모형에 따른 조직문화 종류와 그 특성

	관계지향 문화	혁신지향 문화	과업지향 문화	위계지향 문화
목적	사기(morale), 인적개발	혁신, 첨단 서비스 개발 및 제공	수익추구, 조직의 성공	효율성, 지속성
수단	화합, 참여, 의사소통	적응력, 창조성, 민첩성	소비자 중심, 생산성 증대	일관성, 업무 혹은 생산과정 표준화
효과	소속감, 연대감	변화, 성장	과업달성	안정
신뢰	조직 내에서 신뢰, 충성, 멤버십을 느낄 때	자신의 업무의 중요성을 인지할 때 적절하게 행동	명확한 목적과 정확한 성과보상에 따라 적절하게 행동	공식적이고 명확한 규율과 규칙에 따라 적절하게 행동

적이고 창의적으로 변화를 관리한다.

과업지향 문화에서는 안정적이고 통제 중심적인 조직구조를 지향하며 외부환경에 치중한다. 과업지향 문화는 성과목표를 달성하는 것을 강조하기 때문에 과업수행에 있어 생산성을 중요시한다. 또한 시장 점유율을 높이고 다른 조직과의 경쟁에서 이기는 것에 가치를 두고, 조직의 생산성을 높이기 위해 구성원들에게 명확한 목표를 제시하고 구성원들의 경쟁을 독려한다.

위계지향 문화는 통제위주의 조직구조를 지향하며 조직 내부 문제에 관심을 가진다. 공식적 명령이나 규칙, 집권적 통제 등을 강조하면서 관료제의 핵심인 능률적 목적 달성을 중시하고, 안정적이고 예측 가능한 성과를 만드는 데 초점을 맞춘다.

각 조직문화유형의 특성을 종류별로 정리하면 〈표 7-3〉과 같다.

인력관리의 합리화

모든 경계의 파괴가 일어나는 4차 산업시대에는 기업의 비전과 사업 전략에서부터 직원 채용, 직원교육, 일하는 방식에 이르기까지 기존

의 틀을 깨고 조직경영의 전반적인 변화와 혁신을 요구한다. 특히 직원 채용방식의 변화는 혁신기업으로 도약하는 첫 단추에 해당한다. 창의적이고 감성지능이 뛰어난 인재는 지시와 관리, 통제에 의해 움직이지 않고 스스로 알아서 행동하고 실천한다. 늘 호기심을 가지고 익숙한 것을 낯설게 보려 하고, 그 속에서 새로운 것을 발견한다.

최근 기업들은 매우 높은 수준이거나 아니면 매우 낮은 수준의 업무 역량을 갖춘 인력들을 필요로 하고 있다. 중간 수준의 업무 능력을 요구하는 직무의 경우는 AI, 머신러닝, 로봇 등이 사람을 대체하고 있는 추세이기 때문이다. 중간관리 계층을 축소하여 비용을 절감하면서 하위 계층에 권한을 위양하여 의사결정에 동참케 함으로써 근로 의욕을 자극하는 계기가 되고 있다.

특히, 코로나 팬데믹이 가져온 경제적 불확실성 등 요인으로 기업들은 비용과 인력 운영 측면에서 효율성을 높이는 데 주목하고 있다. 인재 채용 측면에서도 기업은 다양한 인재풀을 기반으로 적합한 인재를 확보하고 업무에 투입하는 것이 더욱 중요해졌다.

다품종 유연 생산 사회에서는 구성원이 다양해야 다양한 생각, 다양한 제안과 다양한 제품이 나올 수 있다. 인종이나 지역, 전공이나 성별 등에 구애 없이 다양한 취미와 소질을 가진 다양한 인재를 보유한 조직은 성공으로 가는 과정의 절반을 넘어섰다고 보아도 될 것이다.

AI 면접으로 인재 채용

최근 채용관리 시장에서 대세로 자리 잡아 가고 있는 AI 면접은 코로나19 확산으로 비대면 면접 선호 현황에 따라 증가하고 있으며, 국내 약 600곳의 기업에서 도입해 활용하고 있다. 기업의 인사관리에서도 'AI 인사'가 크게 기여하고 있다.

IT 설루션 회사인 마이다스IT가 개발한 AI 역량검사 프로그램인 채용 플랫폼 '잡플렉스(JOBFLEX)' 프로그램은 면접 전문가와 각 직군별 고성과자의 성격과 성향 등 데이터를 학습한 AI가 빅데이터와 뇌신경 과학을 토대로 지원자의 미래성과를 예측 및 판단하는 원리로 설계됐다.

AI 면접은 AI가 미리 습득하거나 학습한 채용 관련 데이터베이스를 기반으로 면접자의 성향, 강점, 직업과의 적성도 등을 평가한다. 또한 지원 서류의 표절 여부, 오탈자 등을 체크할 뿐만 아니라, 면접자의 목소리와 표정, 움직임의 변화를 감지해 당사자의 감정과 분위기를 파악할 수 있는 기술력이 탑재되어 있다고 한다.

2019년 KB국민은행, 부산은행, 우리은행 등 은행권과 한미약품, JW중외제약 등 제약업계, 그리고 한국자산관리공사 등 140여 기업이 AI면접을 실시했으며, 2020년에는 포스코, BGF, 연세세브란스, 현대아산병원 등 내로라하는 기업들이 참여하고 있다. 이들 기업이나 기관들은 대개 지원자들이 많은 1차 면접 단계에서 AI 면접 툴을 활용하고 있다. 면접뿐 아니라 인·적성 검사를 따로 치르는 비용을 줄이기 위해 AI 역량 검사를 활용하는 경우도 있다.

다만 AI 면접은 아직 100% 신뢰받는 것은 아니고 대부분 참고용으로 활용되고 있다. AI 분석 지표가 구직자의 열정이나 능력을 얼마나 보여줄 수 있느냐는 논란이 있기 때문이다. 은행권 최초로 AI 면접을 도입한 국민은행은 인사의 공정성을 높이기 위해 아직은 참고용으로 사용하고 있다고 한다.

AI 인사 시스템을 통한 인력 배치

정부의 인사혁신처는 각 부처의 실·국장, 과장 등에 적합한 맞춤형 인재를 과학적으로 분석하고 추천하는 AI 인사정책지원 플랫폼을 도입하였다. 공정하고 투명한 정부 인사관리 실현을 위한 인사정책 지원 플랫폼 사업의 핵심으로, 전자인사관리시스템의 인사정보와 전자문서 정보를 융합·분석하여 과학적 인사정책을 수립하고 인사행정의 새로운 가치를 창출하기 위함이다.

플랫폼은 먼저, 해당 직위의 직무활동과 직위에 맞는 성과 등 직무요건을 정의하고 AI가 이를 자동으로 생성하도록 했다. 또한 직위가 속한 각 부처의 기능분류 정보를 분석하여 직위의 업무 활동과 성격을 도출하고 직위 대상자의 보직경로, 역량평가, 성과 정보 등 인사정보를 활용·분석하여 직무에 필요한 인사 요건이 만들어지도록 하였다.

한편 실·국장, 과장급 직무에서 최적의 성과를 창출하는데 가장 적합한 인사 추천의 기준을 마련하고, 직무수행에 필요한 맞춤형 인사후보자를 자동 추천해 주는 모델도 개발하였다.

국민은행은 금융권 최초로 2020년에 시도한 'AI 인사'가 좋은 평가를 받으면서 인사관리 혁신에 크게 영향을 미치고 있다. 국민은행의 'AI 인사 시스템'은 네 단계를 거쳐 작동한다.

전국 900여 영업점의 인력 수요와 직원의 직무 경력, 자격 사항, 거주지 등 정보를 입력한다. 그 후 AI에 '대중교통 이용시 출퇴근 1시간 이내', '영업점 마다 고령 직원 균등 배치', '특정 직무 직원의 균형 배치' 등 30여 개의 규칙을 설정하고, AI인사 시스템을 작동시키면 1분도 되기 전에 자동으로 인사 배치 결과가 나온다. 마지막으로 인사 담당자들이 AI의 인사 배치에 문제가 없는지 점검한 후 인사 발령을 내면 된다.

직원들의 호평이 이어지자 2021년도 1월에 있었던 900여 명의 지점장 인사에도 AI 시스템을 활용했다고 한다. 다른 주요 은행들도 AI 인사 실험을 예의 주시하며 시스템 개발에 박차를 가하고 있다.

미국 캘리포니아주에 본사를 둔 매출 규모 세계 2위의 소프트웨어 회사 오라클(Oracle Co.)은 '클라우드 인적자원관리(HCM: Human Capital Management) 솔루션'을 해결책으로 제시했다. 서비스형 소프트웨어(SaaS) 방식으로 제공되는 클라우드 HCM은 직원 채용부터 관리, 성과 평가에 이르는 전 과정을 지원한다. 직원 채용 시에는 AI가 특정 업무에 적합한 지원자를 순위 별로 추천해준다. 직원들을 위한 교육 등 프로그램으로 역량 개발도 지원한다.

이탈리아에 본사를 둔 글로벌 커피전문점 일리카페는 '오라클 클라우드 HCM'을 도입했다. 전세계 1,300명에 이르는 임직원 간의 유대감을 높이기 위한 차원에서 사내 인사 프로그램 표준화를 추진한 것이다. 이를 통해 다양한 지역에 걸쳐 표준 급여와 복리 후생 패키지를 제공하고, 사내 필요한 곳에 적합한 인재를 배치할 수 있었다는 게 회사 측 설명이다. 또 직원들의 역량 향상, 경력 개발 부문도 수월해졌다고 했다.

중간관리 계층 대부분의 업무는 AI가 담당

기업규모가 큰 조직에서 경영관리에 관한 기초 능력이 탁월한 인력은 풍부한 편이며, 대기업의 경우는 중간관리 계층에 인재가 많아 개인 능력을 사장시키는 경우가 많이 발생하고 있다. 문제는 제조 현장에서 사람의 기계적 작업이 줄어든 것과 마찬가지로 지적 작업에서도 동일한 현상이 일어나고 있다는 점이다. 중간관리직 업무의 경우, 특히 조직 내부관리에 관한 업무는 거의 사라지고 외부와의 교섭이 중심이 되는 업무 중심으로 소수의 인력만이 유지될 것이다.

앞으로 AI 경영을 통해 피라미드형 조직을 개선하고 관리계층이 단축되면 고급 인력의 수요는 크게 줄어들게 될 것이고, 이에 따라 적재적소 배치의 원리에 따라 인재이동이 활발히 일어날 것이다. 산업 전반적인 관점에서 중간관리 계층의 중소기업 진출 등 적소 배치에 대한 정책적 접근이 필요한 시점이다.

04 제도적 지원과 업무 환경 개선

친기업 산업정책의 추진

초연결, 초지능의 4차 산업혁명 개념은 2016년 다보스포럼에서 클라우스 슈밥(Klaus Schwab) 회장이 소개한 이후 미래 경쟁력을 좌우할 핵심 요소로 인식되고 있다. 최근에는 모바일 디지털 플랫폼 기술이 확산되면서 많은 기업들이 융합기술을 활용한 제품들을 선보이고 있다.

특히 AI가 탑재된 스마트한 기기는 의료, 자동차, 제조, 금융, 통신 등 다양한 산업 영역에서 빠른 속도로 확산되고 있고, ICT 기술을 활용한 다양한 비즈니스 모델 개발 및 구축이 국가와 기업의 경쟁력 강화를 위한 중요한 전략적 도구로 활용되면서 그 중요성은 더욱 증대되고 있다.

AI를 탑재한 서비스는 이미 우리의 일상생활에 다양한 형태로 다가오면서 AI와 사물인터넷의 융합(AIoT)이 더욱 주목을 받고 있다. 센서, 네트워크, 알고리즘 등 기본적인 사물인터넷 인프라 위에 머신러닝 기술을 통해 더 정교한 판단력과 서비스를 구현하는 것이 기업의 경쟁력이 되고 있다.

우리 정부 또한 그 중요성을 평가하고 국정과제에 포함해 추진하고 있다. 우리나라는 세계적인 정보통신 인프라와 기술력을 보유하고 있어 높은 잠재력을 갖추고 있는데도 불구하고, 이미 수년간 인더스트리 4.0을 추진해 온 독일과 산업에 인터넷의 개념을 성숙시켜온 미국 등에 비해 구체성이 떨어진다는 평가다.

더구나 우리는 할 수 있는 것들을 명시한 포지티브 법 제도를 채택하고 있어 새로운 제품, 서비스가 속속 등장하는 새 시대에 대응하기 어렵다는 지적이다.

규제 개혁을 통한 제도적 역량을 키워야

AI 기술 확산이 빨라질수록 사라지는 일자리 역시 더 많아질 것이므로 사회적 갈등과 정책 선택의 딜레마도 커질 수밖에 없다. 이 과정에서 정부가 해야 할 가장 중요한 과제는 변화를 적극적으로 수용할 수 있는 제도적 역량을 키우는 것이다. 과거의 기술에 고착된 경직적인 제도와 문화로는 신산업혁명의 과실을 얻을 수 없기 때문이다.

물론 혁신을 수용하는 것은 결코 쉬운 일은 아니다. 1865년 영국에서 자동차가 처음 개발됐을 때 의회는 시속 2마일(3.2km)로 운행을 제한하는 '레드 플래그 법'[7]을 시행했다. 자동차 때문에 잃게 되는 일자리를 걱정한 포퓰리즘의 결과였지만, 결국 이 규제로 자동차 제조 신기술은 모두 대륙으로 건너가고 특히 독일에서 융성하는 결과를 가져왔다. 단기적으로는 마차를 몰던 마부들의 일자리를 지킨 것처럼 보였지만 자동차산업을 모두 잃어버리는 우를 범한 것이다.

지금 한국에서도 똑같은 상황이 그대로 연출되고 있다. 드론은 5개 부처에 걸친 규제로, 빅데이터는 개인정보보호 때문에, 핀테크는 금융규제를 이유로 수년째 표류해 이미 중국에도 뒤지고 있다고 한

---

7) Red Flag Act: 자동차 1대에 운전수 3명이 필요하며, 운전수 중 1인은 빨간 깃발(야간에는 빨간 등)을 들고 자동차 앞에서 걸으면서 마차나 행인 등의 접근을 예고한다. 자동차의 최고 속도는 시속 6.4km, 도심에서는 시속 3.2km로 제한하며 다른 도시로 넘어갈 때는 도로세를 내야한다.

다. 기존의 기술과 관행에 고착된 제도 때문에 신기술을 적용한 사업모델이 빛을 보지 못하는 사례가 곳곳에서 나타나고 있다.

정부의 역할은 특정한 부문의 연구개발을 지원하기보다 경제와 사회, 교육 등 모든 분야에서 혁신을 수용할 수 있는 제도 개혁에 앞장서는 것이다. 신기술의 도입을 가로막는 모든 구체제에서 벗어나고 신산업을 선도해 높은 부가가치와 새로운 일자리를 창출할 수 있는 생태계를 조성해야 한다. 동시에 사라질 수밖에 없는 직종에 대해서는 직업훈련과 사회안전망을 확충하고 신산업혁명의 조류에 적응할 수 있는 창의적 인재를 길러내는 교육 시스템을 만들어야 한다. 한 사람, 한 사람이 열린 마음으로 새로운 변화를 받아들이는 생태계가 조성돼야 신산업혁명이 이 땅에서 꽃을 피울 수 있다.

산업 정책의 추진 방향

정보통신기획평가원(IITP)에 따르면 우리나라는 4차 산업혁명의 하드웨어 파워는 강한 편이지만 소프트웨어 파워는 미국 대비 78%수준으로, 유럽(88.1%)은 물론이고 중국(81.9%)에도 미치지 못하는 수준으로 약하다는 평가다. 이처럼 부족한 AI 기술력을 보완하고 향상시키기 위한 정책 방향은 명확하다

첫째, 4차 산업혁명 경쟁에서 뒤처진 것으로 평가되는 요소를 최대한 빨리 추격하는 것이다. 4차 산업혁명이 가져오고 있는 변화를 누구보다 먼저 수용하는 용기가 필요하며, 현재 활용 가능한 4차 산업혁명 관련기술을 업무와 비즈니스에 적용하는 적응력을 높일 수 있도록 지원해야 한다. 산업계는 한 목소리로 4차 산업혁명의 확산을 더디게 하는 규제를 개혁해야 한다고 주장한다.

중국이 4차 산업혁명 시대에 한국을 앞서가기 시작한 이유는 중국 정부의 규제 혁신 때문이며 새로운 제품과 서비스를 가장 먼저 시장

에 내놓을 수 있다는 점이다.

두 번째로 앞서 나갈 준비를 해야 한다. 우리는 선진국이 밟아 갔던 길을 빠른 속도로 추격해 왔고, 같은 궤도에서 추월하려 노력해 왔다. 그러나 4차 산업혁명 시대에 이르러서는 지금까지 우리가 해왔던 방법을 답습함으로써 새로운 시대가 주는 기회마저 잃는 우를 범하지는 안했는지 살펴 봐야한다.

먼저 4차 산업혁명의 흐름을 정확하게 판단하고 지향해야 할 길을 예측해야 한다. 초연결 속성에 의해 생성될 상상하기 힘든 규모의 빅데이터를 처리하고 초지능으로 연계할 수 있는 컴퓨팅 파워와 이를 뒷받침할 수 있는 정책적·재정적 지원이 필요하다.

지역경제의 활성화 추진

글로벌 O2O의 새로운 유통시대를 맞이하면서 그동안 기업 입지에서 소외되어 왔던 지방이 새롭게 조명되고 있다. 대도시는 비용(cost)이 비싸지만 지역은 비용이 저렴하여 투자회수율이 높을 뿐 아니라 AI의 활용가치가 증대되면서 지역화의 효용가치가 높게 평가되고 있기 때문이다.

디지털 혁명이 진전되면서 지방형 산업 즉 고객 대면형, 노동집약형의 서비스 산업, 농업 등 지역밀착형 산업에 큰 기회를 제공하고 있다. 얼마 전까지 디지털 혁명과는 관련이 없다고 생각되어온 산업과 지역에서 활동하고 있는 기업들이 이제는 AI, IoT 혁명 무대에서 많은 영향을 받고 있다. 생산 공정이 단축되고 작업의 대폭적인 자동화·성력화가 이뤄지면서 생산성과 아울러 종업원의 안정적인 임금 향상으로 연결돼 지역 경제권의 활성화를 이루고 있다.

지역경제를 구성하는 소매업, 음식, 숙박, 운수, 물류, 건설, 의료, 복지, 농업을 비롯한 지역 밀착형 산업군은 지역 고객과 하루하루

마주하면서 대면 거래를 한다. 지역 고객과의 관계의 밀착도가 높을수록 지역 내의 산업 활동은 더욱 지역경제를 공고히 다지는 효과를 낼 것이다.

디지털 혁명으로 지방기업이 활성화되고, 생산성 향상을 실현하며 그곳에서 일하는 사람들의 생활수준 향상과 삶의 풍요로움을 느낄 수 있는 수준을 확보하기 위해서는 역시 지방 경제권에 속한 경영인재의 존재 여부가 중요하다.

이러한 배경하에서 지역이 승자가 되기 위해서는 지역 특유의 심볼(symbol)이 되는 업종의 선택과 업종에 걸맞는 경영 인재를 발굴하고 연마하여 지역의 독창성을 발휘해야 한다.

지역경제 활성화 주역은 중소기업

디지털 경제의 확산으로 대도시 위주의 경제권이 중소도시로 분산되고 있는 현상은 세계적인 추세이다. 특히 귀농·귀촌이 이루어지는 농촌공동체에서 자신들이 경험한 기술, 경험 등을 활용하여 농촌경제의 활성화에 크게 기여할 수 있다.

중소벤처기업진흥공단(이하: 중진공)은 지역 균형 발전의 목표인 지역경제 활성화를 위해 지역 산업 육성과 일자리 창출에 앞장서고 있다. 전국 지역본(지)부 32곳과 다양한 정책 수단을 보유한 중진공의 강점을 활용해 지역 주도산업 육성과 혁신 생태계 구축을 위한 '지역 주력산업 성장 촉진 프로젝트'를 추진하고 있다. 지역 특성에 따라, 지역 주력 산업, 한국판 뉴딜 관련 산업 등 중점 지원 대상 산업과 기업을 선정해 중소벤처기업부, 지방중소기업청, 지자체, 유관기관과 함께 일괄 지원하는 체계를 마련하고 있다. 정책 자금, 수출 마케팅 등 중진공 주력사업으로 구성된 지역 특화 프로그램과 기능별 전문성을 가진 지역 혁신 기관의 고유 사업을 연계하는 방식이다.

또한, 지역 주력 산업을 영위하는 청년 스타트업이 수도권 외 지역으로 이전할 경우 성장 단계별로 최대 10억 원을 지원하는 '넥스트 유니콘 프로젝트' 사업을 통해 지역 경제 활성화 및 지역 일자리 창출에 크게 기여할 것으로 예상된다.

지역인재의 육성이 관건

농촌공동체와 지방 기업을 활성화하고 생산성 향상을 충실히 하며, 그곳에서 근무하는 인력의 생활과 인생을 풍요롭게 하기 위해서는 정책적인 지원뿐 아니라 지역경제권에서 근무하는 경영인재의 육성이 관건이다.

장기적으로는 경영 인재를 해당 지역에서 육성해 나가는 것이 바람직하지만 중·단기적으로는 대도시나 대기업에 집중되어 있는 고급 인재를 지역 경제권으로 영입하는 것이 유효한 방법이 될 것이다.

미국의 금융투자 기업 골드만삭스가 AI로봇 '켄쇼'를 입사시킨 후 600명의 고급 인력 중 AI를 도와줄 2명을 제외한 598명을 해고했다는 사례를 이미 언급한 바 있지만 기업 집단에서 고급 인력의 감축은 일반화되고 있다. 이러한 상황에서 유능한 인력이 중견·중소기업으로 자리를 옮겨 능력을 발휘한다면 기업 측면에서나 개인 성장에도 큰 도움이 될 것이다.

미국의 워싱턴포스트지는 "일본의 시골이 도시를 대체하는 현상이 이뤄지고 있다"라고 보도한 바 있다. 일본의 각 지역은 지역고유의 주민들만의 생활양식(life style)을 유지하고 있다. 지역을 전통산업, 식재료, 자연, 역사문화 등의 훌륭한 지역자원과 매력을 품고 있는 장소로 인식하면서 다양한 분야에서 지역을 살릴 경영인재를 육성하고 성공사례를 지속적으로 전파하고 있다. 지역에 생기를 불어넣기 위해서 중요한 것은 경영인재가 필요하다는 것을 입증하고 있다.

천안시의 활성화 사례

천안시는 지방 도시 대부분이 위축되는 상황에서 인구 증가 추세를 보이는 이례적인 도시로 탈바꿈하고 있다. 2020년 12월 말 기준 65만 8천여 명으로 2019년 대비 6,550명이 늘었다. 인구의 질도 좋아서 18~39세 젊은 인구가 21만 6천 명으로 전체의 3분의 1을 차지한다. 그 이유는 기업들이 천안으로 모이고 있기 때문이다. 2020년에는 천안시와 투자협약을 체결하거나 공장을 준공 또는 증설한 업체만 281곳이다. 유치한 기업 투자액은 모두 1조 622억 원이다.

천안은 수도권에 가깝고 집값도 상대적으로 저렴하며 일자리는 계속 늘고 있다. 대학교만 11곳이나 돼 기업이 필요로 하는 인력을 원활하게 공급할 수 있는 여건이 좋은 것도 장점이다. 결국 기업이 늘고, 양질의 일자리가 계속 창출되는 것이 지역 성장의 핵심이다.

천안시는 기업을 위한 인프라도 적극적으로 구축하고 있다. 2021년 현재 10개 산업단지를 동시에 개발 중이다. 2024년까지 1조 9천억 원을 투입해 527만여 m^2 규모의 산업단지와 일자리 2만 4천여 개를 조성할 계획이다. 원도심에는 500개 스타트업 기업을 발굴하고 육성할 '그린 스타트업 타운'을 조성, 미국 실리콘밸리처럼 혁신기술 창업의 메카를 만들 계획이다. 이처럼 천안시는 그린 스타트 타운 조성, 강소연구개발특구 활성화, 산업단지 10개 동시 조성 등 지역경제의 파이를 키울 신성장 동력을 키워가고 있다.

쾌적한 업무 환경 조성

좀 더 쾌적한 일로 확대 기대

인공지능에 의해 인간의 일을 빼앗긴다고 하지만 산업발전 역사나 도구 발전사를 살펴보면 인간의 어려웠던 일들은 AI 이전에도 변함

없이 개선되어 왔다. 힘이 필요할 때 증기기관이 발명되었고 속도를 필요로 할 때 철도나 자동차가 생겼다.

마차가 운송 수단에서 사라질 때 마부도, 말을 돌보는 사람도, 마차 제작하는 사람도 실업자가 되었지만, 대신에 자동차 공장 근로자, 차 수리공, 차 운전자, 주유소 점원 등 새로운 직업이 생겨 장기적으로 보면 대부분의 일자리로 흡수되었다.

마치 말이 일상적인 이동 수단에서 승마 크럽에서 즐기는 수단으로 변한 것처럼, 뛰어다녀야 했던 일 대신에 스포츠를 즐기게 된 것처럼 이전의 일은 없어졌어도 그 이상의 새롭고 쾌적한 일로 변한 것이다.

만일 현재 추진 중에 있는 완전자율운전이 실현된다면 승마 크럽처럼, 운전기술을 맛보기 위한 차운전 크럽도 출현할 것이다. 왜냐하면 자율운전이 보편화되면 차량사고의 주 원인을 제공하는 인간의 공공도로에서의 운전금지로 변하게 될 것이고, 차량 운전은 고급스런 취미로 변할 수 있기 때문이다.

인간의 힘겨운 일이 기계와 AI로 대체되면서 인간은 어려움 없는 쾌적한 환경에서 업무에 임할 수 있게 될 것이다.

AI 업무의 다양화 추진

로봇이 육체노동을 대체한 것처럼 지적 노동의 세계에서도 반복적인 작업에서 겪는 부담에서 벗어나 편리하고 쾌적한 업무로 바뀌고 있다. 우선 기업 내 사무작업의 대부분을 점하고 있는 업무보고용 리포트 대부분을 AI가 작성하게 될 것이다. 사내 리포트는 정서적인 표현이 필요치 않기 때문이다. 읽는 입장에서도 실무 현장에서 일어나는 팩트를 가감없이 있는 그대로 전해줘서 리포트 자체를 신용할 수 있어 좋다.

처음 AI를 활용한 곳은 언론이다. 5W1H로 기사화하는 것이 기본 법칙이기 때문이다. AP통신은 이미 '워드 스미스'라고 하는 AI 기자에게 기업 업적에 관한 기사를 담당시켰다. 사람이 리포트를 작성할 때는 직전 자료의 수치나 상황을 감안해서 작성하기 때문에 객관성이 결여될 가능성이 있지만 AI에 맡기면 간단하고 정확하다는 것이다. 리포트에 업적이 좋지 않게 나오면 상사가 개입해서 조정이 가능하지만, 이를 배제하기 위한 수단으로도 AI의 활용이 권장되고 있다.

또한 초·중·고뿐 아니라 대학교육에 이르기까지 반복해서 배웠던 계산과 지식에 관한 암기도 AI 기계의 몫이다. AI 경영시대에 적응할 수 있는 교육과 직업훈련의 필요성을 강조하는 이유이기도 하다.

AI 경영의 단계별 도입 전략

AI 경영은 사업 전략, 조직 문화, 인재 발굴 등 기업경영의 모든 영역에서 패러다임을 변화시키기 때문에 기업경영의 영역을 종합적으로 고려한 큰 그림의 설계가 필요하다. 고객만족을 위한 제품, 서비스, 비용절감, 공급망 관리, 의사결정 등 기업의 특정업무 영역에서부터 전사적으로 인공지능을 도입하여 경쟁력을 창출할 수 있도록 단계별 도입 전략과 실행이 필요한 시점이다.

단계별 도입을 위해서는 우선 특정업무 영역에서부터 전사적으로 AI를 도입하여 경쟁력 창출에 활용하기 위한 조직을 조성해야 한다. 두 번째로 AI 도입에 대한 구성원의 공감대를 형성하고 기업 내부의 AI 전문 인력 중심의 추진 주체를 확보해야 한다. 전문 인력이란 데이터 분석이나 관리뿐만 아니라 기업 경영에 대한 이해도가 높고, 업무와 데이터 간의 연계를 원활히 수행할 수 있는 인력을 말한다.

세 번째는 경영 목적과 설계에 따라 적합한 AI 기술 및 솔루션을 선택하되, 보유 역량에 알맞는 솔루션을 획득하는 방안이 수립되어야 한다. 기술 및 솔루션 도입 방안으로는 이미 검증된 AI 기술과 제품을 구입하는 방법 또는 자체 개발하거나 AI 기술 기업과 협력해서 구축하는 방법도 고려할 수 있다.

네 번째는 업무별 특성 및 전략적 우선순위를 고려하여 AI를 도입하되, 고객 접점 영역, 데이터 친화적 업무, AI 적용 후 기대성과가 큰 영역부터 도입하는 것이 바람직하다. 마지막으로 AI 적용 성과분석을 통해 성공사례를 타 부문으로 확산하고 전사적인 AI 전략으로 연계시켜야 한다. AI 도입을 부정적으로 인식하던 이해관계자 및 조직 구성원에 대해서는 AI 도입 성과와 향후 목표 등을 공유하고 향후 전사적인 AI 전략 추진의 동력을 확보해야 한다.

결과적으로 기업의 경영진과 구성원들은 AI 기술을 좀 더 적극적으로 이해하고 학습하며, 다양한 활용사례를 분석하여 자체 기업의 비즈니스에 적용 및 활용할 수 있도록 하는 것이 기업의 지속성장에 중요한 요소가 될 것이다.

참고문헌

- 정종기, 《인공지능 완전정복》, 형설출판사, 2020
- 최진기, 《한 권으로 정리하는 4차산업혁명》, 이지퍼블리싱, 2018

찾아보기

저자와의
협의하에
인지를
생략합니다.

위드 코로나 시대의 AI 경영

지은이   양준영
펴낸이   조경희
펴낸곳   경문사
펴낸날   2021년 11월 5일   1판 1쇄
등 록   1979년 11월 9일   제1979-000023호
주 소   04057, 서울특별시 마포구 와우산로 174
전 화   (02)332-2004   팩스 (02)336-5193
이메일   kyungmoon@kyungmoon.com

값 18,000원

ISBN 979-11-6073-493-5

★ 경문사의 다양한 도서와 콘텐츠를 만나보세요!

홈페이지	www.kyungmoon.com	페이스북	facebook.com/kyungmoonsa
포스트	post.naver.com/kyungmoonbooks	블로그	blog.naver.com/kyungmoonbooks
북이오	buk.io/@pa9309	유튜브	https://www.youtube.com/channel/ UClDC8x4xvA8eZIrVaD7QGoQ

경문사 출간 도서 중 수정판에 대한 **정오표**는 **홈페이지 자료실**에 있습니다.